地势坤，君子以厚德载物。

# 春秋左传今注今译

春秋左传今注今译

上

王云五－主编
李宗侗－注译
叶庆炳－校订

中国友谊出版公司

**图书在版编目（CIP）数据**

春秋左传今注今译 / 王云五主编；李宗侗注译．--
北京：中国友谊出版公司，2023.2
ISBN 978-7-5057-5555-0

Ⅰ．①春… Ⅱ．①王… ②李… Ⅲ．①《左传》一注
释②《左传》一译文 Ⅳ．①K225.04

中国版本图书馆CIP数据核字（2022）第161200号



| | |
|---|---|
| **书名** | 春秋左传今注今译 |
| **作者** | 王云五主编　李宗侗注译 |
| **出版** | 中国友谊出版公司 |
| **发行** | 中国友谊出版公司 |
| **经销** | 新华书店 |
| **印刷** | 河北鹏润印刷有限公司 |
| **规格** | 880×1230毫米　32开<br>58.625印张　1538千字 |
| **版次** | 2023年2月第1版 |
| **印次** | 2023年2月第1次印刷 |
| **书号** | ISBN 978-7-5057-5555-0 |
| **定价** | 188.00元（全三册） |
| **地址** | 北京市朝阳区西坝河南里17号楼 |
| **邮编** | 100028 |
| **电话** | （010）64678009 |

**如发现图书质量问题，可联系调换。质量投诉电话：010-82069336**

# 编纂古籍今注今译序

由于语言文字习俗之演变，古代文字原为通俗者，在今日颇多不可解。以故，读古书者，尤以在具有数千年文化之我国中，往往苦其文义之难通。余为协助现代青年对古书之阅读，在距今四十余年前，曾为本馆创编学生国学丛书数十种，其凡例如下：

一、中学以上语文功课，重在课外阅读，自力攻求；教师则为之指导焉耳。唯重篇巨帙，释解纷繁，得失互见，将使学生披沙而得金，贯散以成统，殊非时力所许；是有需乎经过整理之书篇矣。本馆鉴此，遂有学生国学丛书之辑。

二、本丛书所收，均为重要著作，略举大凡；经部如诗、礼、春秋；史部如史、汉、五代；子部如庄、孟、荀、韩，并皆列入；文辞则上溯汉、魏，下迄五代；诗歌则陶、谢、李、杜，均有单本；词则多采五代、两宋；曲则撷取元、明大家；传奇、小说，亦选其英。

三、诸书选辑各篇，以足以表现其书，其作家之思想精神、文学技术者为准；其无关宏旨者，概从删削。所选之篇类不省节，以免割裂之病。

四、诸书均为分段落，作句读，以便省览。

五、诸书均有注释；古籍异释纷如，即采其较长者。

六、诸书卷首，均有新序，述作者生平，本书概要。凡所以示学生研究门径者，不厌其详。

然而此一丛书，仅各选辑全书之若干片段，犹之尝其一脔，而未窥全豹。及一九六四年，余谢政后重主本馆，适公立编译馆有《今注资治通鉴》之编纂，甫出版三册，以经费及流通两方面，均有借助于出版家之必要，商之于余，以其系就全书详注，足以弥补余四十年前编纂学生国学丛书之阙，遂予接受。甫岁余，而全书十有五册，千余万言，已全部问世矣。

余又以《今注资治通鉴》，虽较学生国学丛书已进一步，然因若干古籍，文义晦涩，今注以外，能有今译，则相互为用，今注可明个别意义，今译更有助于通达大体，宁非更进一步欤?

几经考虑，乃于一九六六年秋决定编纂经部今注今译第一集十种，其凡例如下:

一、经部今注今译第一集，暂定十种[1]，其书名及白文[2]字数如下:

| | |
|---|---|
| 《诗经》 | 三九一二四字 |
| 《尚书》 | 二五七〇〇字 |
| 《周易》 | 二四二〇七字 |
| 《周礼》 | 四五八〇六字 |
| 《礼记》 | 九九〇二〇字 |
| 《春秋左氏传》 | 一九六八四五字 |
| 《大学》 | 一七四七字 |
| 《中庸》 | 三五四五字 |

1　编者注：因版权问题，此次简体中文新版本中缺少《周礼今注今译》一书。另外，《大学今注今译》《中庸今注今译》两本合为一本《大学中庸今注今译》。

2　编者注：白文指书的正文部分，亦指不附注释的书。

《论语》　　　　　　　一二七〇〇字

《孟子》　　　　　　　三四六八五字

以上白文共四八三三七九字。

二、今注仿《今注资治通鉴》体例，除对单字词语详加注释外，地名必注今名，年份兼注公元，衣冠文物莫不详释，必要时并附古今比较地图与衣冠文物图案。

三、全书白文四十七万余字，今注假定占白文百分之七十，今译等于白文百分之一百三十，合计白文连注译约为一百四十余万言。

本馆所任之古籍今注今译，经慎选专家定约从事，阅时最久者将及二年，较短者不下一年，则以属稿诸君，无不敬恭将事，求备求详；迄今只有《尚书》及《礼记》二种交稿，所有注译字数，均超出原预算甚多，以《礼记》一书言，竟超过倍数以上。兹当第一种之《尚书今注今译》排印完成，问世有日，谨述缘起及经过如上。

**王云五**

**一九六九年九月二十五日**

# 自　序

王云五先生近年有“古籍今注今译”的提议，嘉惠后学实在并非浅鲜。“今注”这两个字实在是十二年前，我对张晓峰先生注《资治通鉴》时所建议的，经过十一年的工夫，由我及朋友、学生合力完成，但后因并无充足的校刊费用能将全书刊行，于是，商诸商务印书馆，王云五先生欣然答应为之完成。就是出于这个原因，他也用“今注”这个名字。至于“今译”乃为王老先生所独创。我所担任的是《春秋左传今注今译》的编辑工作，对此书我当在序中略有说明。

（一）《隋书·经籍志》载有《春秋左氏解谊》三十一卷，汉九江太守服虔注。他所分卷数与杜预的《春秋左传经传集解》三十卷不同。杜预书亦载于《隋书·经籍志》，自唐作《正义》就用了他，遂为唐后学者通用书。今也照服虔例分为三十一卷，所不同的是庄公杜预只有一卷，而我分为二卷，其余如僖公三卷，襄公六卷，昭公七卷，与杜预相同。我固然不能详悉服虔的分卷方法，但我只能想到庄公可以分为二卷而已。

（二）至于《左氏春秋》的作者，是否即《论语·公冶长》篇之“左丘明耻之，丘亦耻之”所说的左丘明？据姚鼐说：“左氏之书，非出一人所成。自左丘明作《传》以授曾申，申传吴起，起传其子期，期传楚人铎椒，椒传赵人虞卿，虞卿传荀卿。盖后人屡有附益，其为丘明说经之旧，及为后所益者，今不知孰为多寡矣。余考其书，于魏氏事造饰尤甚，窃以为吴起为之者盖尤多。夫魏绛在晋悼公时，甫佐新军，在七人下耳，安得平郑之后，赐乐独以与绛？魏献子合诸侯于位之人，而述其为政之美，词不恤其夸，此岂信史所为论本事而为之传者耶？《国风》之魏，至季札时，亡久矣，与邶、鄘、郐等，而札胡独美之曰：'以德辅此，则明主也。'此与'魏大名''公侯之子孙，必复其始'之谈，皆造饰以媚魏君者耳。又明主之称，乃三晋篡位后之称，非季札时所宜有，适以见其诬焉耳。自东汉以来，其书独重，世皆溺其文辞，宋儒颇知其言之不尽信，然遂以讥及左氏，则过矣。彼儒者亲承孔子学以授其徒，言亦约耳，乌知后人增饰若是之多也哉！若乃其文既富，则以存贤人君子之法言，三代之典章，虽不必丘明所记，而固已足贵，君子择焉可也。"（见《左传补注序》）

（三）孔子《春秋》与《左氏春秋》实是两部书，所以顾炎武《日知录》也说："《春秋》因鲁史而修者也；故所书晋事，自文公主夏盟，交于中国，则以创列之史参之，而一从周正；自惠公以前，则间用夏正，其不出一人明矣。"《左氏春秋》是集合各国的史书而成，此种议论实由唐朝赵匡发端，他在《春秋集传纂例》书中说："盖左氏广集诸国之史以释《春秋》，传成以后，盖其弟子及门人见嘉谋事迹，多不入传，或有虽入而复不同，故各随国编之而成此书，以广异闻尔。"所说"集诸国之史"甚确，但说"以释春秋"则非，然较为《春秋》作传比较更近于真相。不如说它们是两部书更可靠。并且左丘明双姓与《左氏春秋》的左不同，所以朱熹在"语类"中就以为"左氏倚相之后"，所以后来记载楚事甚多。比如，隐公元年，《春秋》所记共七条，而《左氏春秋》就有十三条，有时也有《春秋》有而《左氏春秋》没有的。或是相反的时候。这些皆能证两书的不同。

细看《春秋》与《左氏春秋》皆开始自鲁隐公，而所书纪年只以晋国事而论，亦始于晋文侯，早过于曲沃庄伯，而杜预曾见过真本纪年，他在后序中说："曲沃庄伯三十一年十一月，鲁隐公之元年正月也。"就是公元前七二二年，从此以后各国史料始见丰富，这也是不足为奇的事。观《诗经》中，《雅》多作于西周，彼时东方列国尚无《国风》，卫武公所作抑篇尚用《雅》的诗调，即因卫国尚无他自有的诗调。《国风》的开始在于平王东迁以后，由此可见。东迁是在公元前七七〇年。再以出土的铜器而论，东周时代者多属列国的作品，与西周铜器多属王室者不同。由此观之，东迁以后，文化中心也随着政治中心而渐向东方转移，列国的史料开始愈加发达，这也是自然的现象。《汉书·艺文志》尚载有《公羊外传》五十篇，《公羊杂记》八十三篇，《穀梁外传》二十篇，内容虽然不能详细知道，大约也是记载同《左氏春秋》相类的故事。

（四）再细研究，两书不太相连，并非如《公羊传》《穀梁传》为解释《春秋》而作。兹举一两条为例作证据，如桓公元年末尾说：（1）"宋华父督见孔父之妻于路，目逆而送之，曰'美而艳'。"而二年开首就说：（2）"宋华督攻孔氏，杀孔父而取其妻。"可见（1）同（2）两条本来相连，后经刘歆或杜预两书相合后，始有现在的现象。又如桓公五年：（1）"冬，淳于公如曹，度其国危，遂不复。"六年就说：（2）"春，自曹来朝，书曰'寔来'，不复其国也。"此类尚多，举此例以概其余。

所谓《左氏春秋》是"以列国之史参之"，这话甚有道理。比如，宋国事常举六官的姓名，晋事常举三军或六军帅佐的姓名，必是抄自宋晋各国史官所记载的材料。

至于汉以后又发生刘歆请立《左氏传》于学官的问题，见《汉书》三十六卷《楚元王传》，刘向是楚元王的玄孙，而刘歆是他的儿子。他移书太常博士书责让他们，他又将《左氏传》与《公羊》《穀梁》二传并列为释经的传。其实汉朝学官已近于功名的途径，多立一科目则旧者必有所畏惧，因此必引起争端，所谓“利禄之途，然也”就是这种理由，书甚长现在不能博引，阅者可翻《楚元王传》即能明白，所以在此不必细讲。出于这种原因，刘歆必须将《左氏春秋》改为《春秋左氏传》，而博士弟子必说“左氏不传春秋”，以不抵制。至西晋杜预更“分经之年与传之年相附”（见杜预《春秋序》）遂成现行的体系，杜并解释为“故传或先经以始事，或后经以终义”（见上序中）以辨别两书的不同各点，而不欲说他们是两部书。自唐以后遂相仍而不改，此书也不好例外；若独创一格，反使读者莫名其妙了，只在序中略说明我的见解。

至于编纂的经过亦当略述如后，最初“今注”由我口述而由文长徐女士笔录，至于“今译”则由刘翠溶女士担任，这是僖公二十八年城濮之战以前的情形。这时刘女士往美国哈佛大学读书，自隐公元年至僖公二十八年共九十一年，恰与《春秋》二百四十二年的三分之一相近。以后我自己写了几年就由我口述而由李敏慧女士笔录，辅以其妹李素贞襄助抄写，以底于成，特记于此并志对诸位的感谢。

**1970 年 2 月夏正元旦·高阳**

**李宗侗**

# 总目录

## 上



## 中

## 下

# 卷一　隐公

## 隐公元年（公元前七二二年）

传　惠公[1]元妃[2]孟子[3]。孟子卒[4]，继室[5]以声子[6]生隐公[7]。宋[8]武公[9]生仲子[10]，仲子生而有文[11]在其手[12]，曰为鲁夫人[13]，故仲子归[14]于我[15]。生桓公而惠公薨[16]，是以隐公立而奉之[17]。

**今注**

1　鲁惠公：鲁为周文王第四子周公旦之子伯禽所封，初封在今河南省鲁山县；及成王灭武庚践奄以后，遂改封于今山东省曲阜县，国名仍旧曰鲁不改，以上皆见傅斯年先生《大东小东说》。伯禽至惠公凡十二君。惠公为孝公子，名弗皇（此据杜注，《史记·鲁世家》作“弗湟”），谥法“爱人好与曰惠”。

2　元妃：嫡夫人。

3　孟子：宋国，子姓，长女为孟子。

4　卒：死亡。

5　继室：古者贵族娶夫人时，以姪或娣从嫁，名曰媵。姪是兄的女儿，娣是女弟。及夫人卒后，则以媵治内室曰继室。

6　声子：孟子之妹或姪，谥法“不生其国曰声”。

7　隐公：惠公与声子所生之子，名息姑，谥法“不尸其位曰隐”。

8 宋：子姓，周公成王灭武庚以后，封殷帝乙之子微子启为宋公，在今河南省商丘县。

9 武公：为微子九世孙。

10 仲子：孟子之妹。

11 文：手纹亦曰文。

12 手：手掌。

13 鲁夫人：按《石经》古文鲁作㐆，鲁夫人作“㐆夫人”，手纹或有近似之者。

14 归：女子谓嫁人为归。

15 我：指鲁而言。

16 生桓公而惠公薨：生桓公以后而惠公死，非同年的事。诸侯死曰薨。

17 立而奉之：隐公摄政而奉敬桓公。

**今译**

鲁惠公的嫡夫人叫孟子。孟子死后，以声子为继室，声子生了隐公。宋武公生次女仲子，仲子生来手中就有手纹。手纹上说“为鲁夫人”，所以仲子嫁到我鲁国。仲子生了桓公。惠公薨以后，隐公虽嗣立，但出于摄政的缘故，仍奉敬桓公。

**经** 元年，春王正月。

**传** 元年（公元前七二二年），春王周正月[1]不书即位[2]摄也[3]。

**今注**

1 周正月：杜注，言周以别夏、殷。所以说周正月者，因为春秋的时代，各国各用自己的正朔。比如，晋国就是用的夏正，以正月为岁首。宋国是用的殷正，以十二月为岁首；而只有遵守周正者，方用周正，以十一月为岁首。这些我们皆是根据《左传》本身就可以考察明白的。

2　不书即位：不修即位之礼，故史不书于策。

3　摄也：郑玄《周礼》注：摄，训为代，或云：摄，假也。洪亮吉说，杜预本此。

**今译**

元年，春，王周的正月，经上不记载鲁隐公即位，是因为他摄政。

**经**　三月，公及邾仪父盟于蔑。

**传**　三月，公及邾[1]仪父[2]盟于蔑[3]，邾子克[4]也。未王命，故不书爵[5]，曰“仪父”，贵之[6]也，公摄位而欲求好于邾，故为蔑之盟。

**今注**

1　邾：曹姓，祝融八姓之一，周武王封邾侠为附庸。今为山东省邹城县。

2　仪父：是邾子克的字。

3　蔑：鲁地，据《钦定春秋传说汇纂》说，今泗水县东北四十五里有姑蔑故城。

4　邾子克：是仪父的名。

5　爵：是周王所封的爵位。

6　贵之：是尊敬他。

**今译**

三月，隐公及邾仪父结盟于蔑。邾仪父就是邾子，名字叫克。因他尚未受周王的赐命，所以不记他的爵位，称他的字仪父，是尊敬他。隐公摄位，想要寻求和好于邾国，所以和邾国缔结蔑之盟。

**传** 夏，四月，费伯[1]帅师城郎[2]，不书，非公命也[3]。

**今注**

1 费伯：鲁大夫。费庈夫食邑于费，读如字，与季氏费邑读曰祕者有别，在今山东省鱼台县西南。

2 城郎：鲁邑，在今山东省鱼台县东北九十里。《说文》：郎，鲁亭也。洪亮吉说，杜预本此。

3 非公命也：不写在策上，因这不是遵守鲁侯的命令。

**今译**

夏，四月，费伯率领军队去筑郎城，经上不记载，因为这不是出于隐公的命令，不记于策书上。

**经** 夏，五月郑伯克段于鄢。

**传** 初，郑[1]武公[2]娶于申[3]，曰武姜[4]，生庄公及共叔段[5]。庄公寤生[6]，惊[7]姜氏，故名曰寤生，遂恶之[8]。爱共叔段欲立[9]之，亟[10]请于武公，公弗许，及庄公即位，为之请制[11]，公曰："制，岩邑也，虢叔死焉[12]，佗邑唯命[13]。"请京[14]。使居之，谓之京城大叔。祭仲[15]曰："都城过百雉[16]，国之害也，先王之制，大都不过参国之一[17]，中五之一[18]，小九之一[19]，今京不度[20]，非制[21]也，君将不堪[22]。"公曰："姜氏欲之，焉辟害[23]？"对曰："姜氏何厌[24]之有，不如早为之所[25]。无使滋蔓[26]，蔓难图也[27]。蔓草犹不可除，况君之宠弟[28]乎？"公曰："多行不义，必自毙[29]，子姑[30]待之。"既而大叔命西鄙[31]、北鄙贰[32]于己。公子吕[33]曰："国不堪贰，君将若之何？欲与大叔，臣请事之，若弗与，则请除之，无生民心[34]。"公曰："无庸[35]，将自及。"大叔又收贰以为己邑[36]，至于廪延[37]。子封[38]曰："可矣！厚[39]将得众[40]。"公曰："不义不昵[41]，厚将崩[42]。"大叔完聚[43]，缮[44]甲兵[45]，具[46]卒乘[47]，将袭郑[48]，夫人将启[49]之，公闻其期[50]，曰："可矣[51]！"命子封帅车二百乘[52]以伐京。京叛大叔段，段入于鄢[53]。公伐诸鄢，五月辛丑，大叔出奔共[54]。书曰："郑伯克段于鄢，段不弟[55]，故不言弟；如二君，故曰克[56]，称郑伯[57]讥失教[58]也。谓之郑志[59]，不言[60]出奔难之[61]也。"遂寘[62]姜氏于城颍[63]，而誓之曰："不及黄泉[64]无相见也。"既而悔之，颍考叔[65]为颍穀[66]封人[67]。闻之有献[68]于公，公赐之食，食舍肉[69]。公问之。对曰："小人[70]有母，皆尝小人之食矣，未尝君之羹[71]，请以遗[72]之。"公曰："尔有母遗，繄[73]我独无。"颍考叔曰："敢问何谓也。"公语之故，且告之悔。对曰："君何患[74]焉？若阙[75]地及泉，隧[76]而相见，其谁曰不然。"公从之。公入而赋[77]："大隧之中，其乐也融融[78]！"姜出而赋："大隧之外，其乐也洩洩[79]。"遂为母子如初，君子曰："颍考叔纯[80]孝也！爱其母施及庄公。诗曰：'孝子不匮[81]，永锡[82]尔类[83]。'其是之谓乎[84]。"

## 今注

1　郑：在今河南省新郑县。最初是周宣王封他的弟弟桓公友于郑，在今陕西的华县，至幽王时周乱，桓公遂寄孥于虢、桧，他的儿子武公与平王一齐东迁，遂住于其地，所以名为新郑。

2　武公：桓公友之子。

3　申：故城在今河南省南阳县北二十里。

4　武姜：因为申氏出于伯夷，见于《国语》，所以他是属于姜姓。

5　共叔段：共叔并非谥法，因为他失败以后出奔共国，所以称为共叔。

6　寤生：应劭《风俗通》曰："儿堕地能开目视者为寤生。"又一说：《说文》："寤，逆也。"凡妇人产子，首先出者为顺，足先出者为逆。

7　惊：使她害怕。

8　故名曰寤生，遂恶之：就给他取个名字叫寤生，因此就不喜欢他。

9　立：立为太子。

10　亟：屡次。

11　制：岩邑也。今河南省汜水县。

12　虢叔死焉：杜注，虢叔是东虢君也。恃制岩险而不修德，郑灭之。

13　佗邑唯命：随便你找其他的城皆可以。

14　京：在今河南省荥阳县东南二十里。

15　祭仲：祭音同寨，是郑国大夫。

16　雉：据孔疏：贾逵、马融、郑玄、王肃之徒，为古学者，皆云雉长三丈。据《礼记疏》：古《春秋左氏》说：百雉当长三百丈，方五百步。《左氏春秋》说："一丈为板，板广二尺，五板为堵，一堵之墙，长丈高丈。三堵为雉，一雉之墙，长三丈，高一丈，以度其长者用其长，以度其高者用其高也。"孔疏是引《五经异义》，按诸说不同，杜预本贾说。

17　大都不过参国之一：最大的城不能超过都城的三分之一。

18　中五之一：中等的城不超过都城的五分之一。

19　小九之一：小城不超过都城的九分之一。

20　不度：不合法度。

21　非制：非先王的制度。

22　不堪：不能忍受。

23　焉辟害：安能躲避祸害。

24　厌：满足。

25　早为之所：顾炎武说“言及今制之”。

26　无使滋蔓：服虔说：“滋是益也。蔓是延也。”谓无使其益延长也。

27　蔓难图也：延长以后，就很难解决。

28　宠弟：喜爱的弟弟，指共叔段。

29　毙：韦昭《国语注》，毙，踣也，亦即前覆。杜注本此。

30　姑：姑且。

31　鄙：指郑国的边邑。

32　贰：有二心。

33　公子吕：字子封，郑大夫。

34　无生民心：不要使人民发生祸心。

35　无庸：不用。

36　己邑：自己的属邑。

37　廪延：郑地名，在今河南省延津县北十五里。

38　子封：公子吕。

39　厚：土地广大。

40　得众：收得民众。

41　不义不昵：不义于君，不亲于兄。

42　崩：败坏的意思。

43　完聚：服虔注以聚为聚禾黍也。按：完聚以服说为长。完指修城郭，聚指聚粮食。

44　缮：修整。

45　甲兵：盔甲与武器。

46　具：预备。

47　卒乘：步兵及车辆。

48　袭郑：暗中攻郑都城。

49　启：开城门。

50　期：日期。

51　可矣：时间到了。

52　二百乘：司马法，兵车一乘，甲士三人，步卒七十二人。杜注本此。二百乘共一万五千人。

53　鄢：在今河南省鄢陵县西南四十里。

54　共：在今河南省辉县。

55　弟：音同悌。

56　克：甲国战胜乙国之称。

57　郑伯：所以称庄公为郑伯亦同此意。

58　教：教诲之道。

59　郑志：郑伯的本志。

60　不言：不书。

61　难之：很难说明。

62　寘：同置。

63　城颍：郑地，在今河南省临颍县西北十五里。

64　黄泉：地中之泉。

65　颍考叔：颍是氏，考叔是名字。

66　颍谷：在今河南省登封县。

67　封人：典封疆的小官。

68　献：贡献。

69　舍肉：置肉不吃。

70　小人：颍考叔自称。

71　羹：羹汤。

72　遗：同馈，赠送。

73　繄：语首助词。

74　患：忧虑。

75　阙：同掘。

76　隧：隧道。

77　赋：赋诗。

78　融融：和乐相得貌。

79　洩洩：舒散貌。

80　纯：笃厚。

81　不匮：不缺乏，不断绝。

82　锡：赏赐给。

83　尔类：你的族类。

84　其是之谓乎：指此而说。

**今译**

起初，郑武公娶夫人于申国，名叫武姜，生了庄公及共叔段。庄公生时足先首而出（或说堕地而能开目视物），因此惊吓了姜氏，就给他取个名字叫寤生，因此就不喜欢他，而喜爱共叔段。想立共叔段为太子，屡次向武公请求，武公不允许。等到庄公即位，武姜便为共叔段请求封于制邑。庄公说："制是岩险的地方，从前虢叔恃险而死在那里。若是请求别的城邑，一定听命。"于是请求京城，便令共叔段去住在那里，称为京城大叔。郑大夫祭仲说："一个都城的城墙超过百雉，是国家的祸害。先王的制度，大都不超过国都的三分之一，中都不超过五分之一，小都不超过九分之一。现在京城不合法度，不是先王的制度。君将要不能忍受了。"庄公说："姜氏要这样，我怎能躲过祸害呢？"祭仲回答说："姜氏有什么能使她满足的呢？不如早一点处置共叔段，不要让他的势力滋长蔓延，蔓延以后就很难解决了。蔓草都还不容易斩除，何况君所宠爱的弟弟呢？”庄公说：“他做了许多不义的事，必定自取灭亡，你姑且等着看吧！”过了不久，大叔命令西鄙、北鄙两个地方一面服从于庄公，一面服从于自己。郑大夫公子吕就向庄公说：“一国不能有两个君，您打算怎么办呢？若要把君位给大叔，臣请求去服侍于他；若不要给他，那么请立刻除掉他，不要使人民生发祸心。”庄公说：“不必除掉他，祸患将自己降临到他身上。”大叔又收两属的地方作为自己的城邑，并且延伸到廪延。子封（公子吕）又说：“时机到了，他的土地日渐广大以后，将会得到众多的人民。”庄公说：“他不义于国君，又不亲爱兄长，土地广大正是自取毁灭。”大叔整顿城郭，聚集禾黍，修整盔甲和武器，配备步兵和车辆，准备去偷袭郑国都城。姜氏将为他开启城门。庄公听到了他举事的日期，说：“时机到了！”命子封率领战车二百辆去讨伐京城。京城人民背叛大叔段，大叔段逃入鄢，庄公又向鄢进兵。五月辛丑，大叔出奔到共国。经上记载说：“郑伯克段于鄢。”段不守做弟弟的本分，故不说他是庄公的弟弟。他们两兄弟就像两个国君一样，故说是“克”。称庄公为郑伯，是讥刺他失教诲之道。共叔段明明是出奔，但不书“出奔”，而书“克”，是表明郑伯的本志，所以很难直说。于是郑庄公把姜氏安置在城颍，并发誓说：“不到黄泉，不再相见！”不久他就后悔了。颍考叔是典守颍穀的封人，听到了这件事，就借着贡献的机会来见庄公。庄公赐他饮食，他舍肉不吃，庄公问他原因。他回答说：“小人有母亲，只曾尝过小人奉养的食物，不曾尝过君所赐的羹汤。请让我把它带回赠送母亲。”庄公说：“你有母亲让你赠送，啊！我却没有！”颍考叔说：“敢问你的话是什么意思？”庄公把缘由告诉他，并且把自己的悔意告诉他。颍考叔回答说：“您有什么忧虑的呢？若是掘开地面而达到地下的泉水，在隧道中相见，有谁说不可以呢?”庄公便照他的话去做。庄公走入隧道赋诗说:“在大隧道里面,我感到其乐融融。”姜氏走出隧道而赋诗说:“在大隧道外面,我感到其乐洩洩。”于是又恢复了从前母子的感情。君子说:“颍考叔真是纯笃的孝子。他爱自己的母亲,又把孝心推及庄公。有一句诗说:‘孝子的心不匮乏,甚至于把孝心赐给你的族类。’就是指颍考叔而说的吧!”

**经** 秋,七月,天王使宰咺来归惠公仲子之赗。

**传** 秋,七月,天王[1]使宰[2]咺[3]来归惠公[4]仲子[5]之赗[6],缓[7],且子氏[8]未薨[9],故名[10]。天子七月而葬,同轨[11]毕至,诸侯五月[12],同盟[13]至,大夫三月,同位至[14],士逾月,外姻[15]至。赠死不及尸[16],吊生不及哀[17],豫凶事[18]非礼也[19]。

**今注**

1 天王:指周天子,是时为平王四十九年。

2 宰:天子的太宰。

3 咺:宰之名。

4 惠公:隐公之父。

5 仲子:桓公之母。

6 赗:音凤,助丧的物品。

7 缓:时间甚迟缓。

8 子氏:仲子。

9 未薨:未死。

10 故名:所以称他的名字。

11 同轨:郑玄、服虔皆以轨为车辙,同轨以表示别于四夷国家。

12 五月:指五月而葬,下三月及逾月皆同。

13 同盟：曾同会盟者。

14 同位至：同爵位者。

15 外姻：亲戚。

16 尸：未葬以前为尸。

17 哀：孝子哭泣的时候。

18 豫凶事：人未死而赠赗是预料凶事。

19 非礼也：不合于常礼。

**今译**

秋七月，周天子使太宰咺来赠送惠公及仲子的助丧物品，时间甚迟缓，并且仲子未死，所以称他的名字。天子死后七月下葬，车同轨道的全都到；诸侯死后五月下葬，曾同过会盟的全都到；大夫死后三月下葬，同等官位的全都到；士死后一个月下葬，亲戚全都到。未葬以前不能有所赠，生者哭哀的时候不加以吊，事先预备凶事不合礼。

**传** 八月，纪[1]人伐夷[2]，夷不告[3]，故不书[4]。有蜚[5]不为灾，亦不书。

**今注**

1 纪：在今山东省寿光县。至庄公四年，为齐所灭。

2 夷：在今山东省即墨县西。

3 不告：不通知鲁国。

4 不书：史官不记录在《春秋》上。

5 蜚：《广雅》谓之蟹蛜，小虫也，形圆而薄，气臭，每缘稻茎上，食稻花，令不成实。

**今译**

八月，纪国侵伐夷国，但夷国不通知鲁国，故鲁国史官不记录在《春秋》上。有蜚但不成灾害，也不写在竹简上。

**经** 九月，及宋人盟于宿。

**传** 惠公之季年[1]败宋师于黄[2]，公立而求成[3]焉。九月，及宋人盟于宿[4]始通[5]也。

**今注**

1 季年：末年。

2 黄：宋邑，在今河南省考城县西三十六里。

3 成：和平。

4 宿：在今山东省东平县东二十里。

5 始通：始通和好。

**今译**

在惠公末年的时候，曾打败宋国的军队于黄，隐公即位后就请求和好。九月，盟会于宿，两国始通和好。

**传** 冬十月庚申，改葬惠公，公弗临[1]故不书。惠公之薨也，有宋师[2]，太子少，葬故有阙[3]，是以改葬。

**今注**

1 弗临：不亲往葬地。

2 宋师：服虔以为宋师即黄之师也。是时宋来伐鲁，公自与战。

3 有阙：葬礼缺乏。

**今译**

冬十月，庚申，改葬惠公，隐公没有亲往葬地，所以也不写在《春秋》上。惠公死的时候，恰遇到与宋人打仗，太子又年少，葬礼甚有缺，所以改行葬礼。

**传** 卫侯[1]来会葬，不见公，亦不书。

**今注**

1 卫侯：卫始封于武王弟康叔。卫都在今河南省汲县东北。

**今译**

卫侯来鲁国参加惠公的葬礼，不会见隐公，故史官也不写在《春秋》上。

**传** 郑共叔之乱，公孙滑[1]出奔卫，卫人为之伐郑取廪延[2]，郑人以王师[3]虢师[4]，伐卫南鄙[5]。请师于邾，邾子使私[6]于公子豫[7]。豫请往，公弗许，遂行，及邾[8]人郑人盟于翼[9]，不书非公命也。

**今注**

1 公孙滑：共叔段之子。

2 廪延：在今河南省延津县北十五里。

3 王师：周王师。

4 虢师：虢自东迁以后，在今山西平陆县东五十里。

5 南鄙：南境。

6 私：私自请求。

7 公子豫：鲁大夫。

8 邾：邾地，在今山东省费县西南。

9 翼：在今山东省费县西南。

**今译**

郑国共叔段叛乱的时候，他的儿子公孙滑逃奔卫国，卫人就为他攻伐郑国，占据了廪延。郑国的人用周王的军队及虢国的军队攻伐卫国南境，郑国又向邾国请求军队帮助，邾国的君私求鲁大夫公子豫。豫请率军队前往，但隐公不允许，可是公子豫自己就去了，与邾人、郑人会盟于翼。因为隐公未曾命令他，所以史官不写在《春秋》上。

**传** 新作南门[1]，不书亦非公命也。

**今注**

1 南门：鲁都城之门，亦曰稷门，至僖公二十五年更高而大之，故亦曰高门。

**今译**

新作鲁都城的南门，这件事不写在竹简上，也因为这不是出自隐公的命令。

**经** 冬十有二月，祭伯来。

**传** 十二月，祭伯[1]来非王命也。

**今注**

1 祭伯：周公子旧封于祭，在今河北省长垣之祭城，为周王卿士，东迁后，遂迁于河南省之管城，在今河南省郑县左近。

**今译**

十二月，周王的太宰祭伯来，这不是出自周王的命令。

**经** 公子益师卒。

**传** 众父[1]卒，公不与小敛[2]故不书日。

**今注**

1 众父：公子益师字。

2 小敛：以衣冠为敛为小敛，然后置于棺中为大敛。

**今译**

公子益师，字为众父，死了，隐公不参加他的小敛，所以史官不写他死的日期。

## 隐公二年（公元前七二一年）

**经** 二年春，公会戎于潜。

**传** 二年春，公会戎[1]于潜[2]，修惠公之好也。戎请盟[3]，公辞[4]。

**今注**

1 戎：今山东省曹县故戎城，春秋时称非夏族皆曰戎、狄、夷或蛮。

2 潜：鲁地，盖近戎者，当在鲁国之西南境。

3 盟：盟需有礼节及誓词。

4 辞：只许修好而辞谢其盟。

**今译**

二年春，隐公在潜与戎人会见，这是为了重修惠公时代友好的关系。但戎人请求结盟，隐公推辞不许。

**经** 夏五月，莒人入向。

**传** 莒子娶于向[1]，向姜[2]不安莒[3]而归。夏，莒人[4]入[5]向。以姜氏还。

**今注**

1 向：据《世本》，"向，姜姓"。孔疏所引。江永《春秋地理考实》说："向地在山东者二，《寰宇志》莒州南七十里有向城……以近莒言之此是也。"

2 向姜：向国之女。

3　莒：据《世本》，“莒已姓”，同为孔疏所引。在今山东省莒县。

4　人：将爵位低而所率军队少则称人。

5　入：襄公十三年孔疏说：“人谓入其都邑，制其人民。”

**今译**

莒子娶妻于向国，向姜不安于莒国而回到向国。夏，莒人攻入向国，把姜氏带回。

**经**　无骇帅师入极。

**传**　司空[1]无骇[2]入极[3]，费[4]庈父[5]胜之。

**今注**

1　司空：鲁国共有三卿，即司徒、司马、司空。

2　无骇：鲁卿。

3　极：鲁附庸小国。今山东省鱼台县西有极亭。

4　费：鲁邑，在今山东省鱼台县西南，与季孙氏所封之费，不同地。

5　庈父：庈音琴。鲁大夫，食邑于费者。

**今译**

鲁国的司空无骇攻入极城，费庈父（费伯）把他打败。

**经**　秋八月庚辰，公及戎盟于唐。

**传**　戎请盟，秋，盟于唐[1]，复修戎好也。

**今注**

1　唐：鲁地，在今山东省鱼台县东十二里。

**今译**

戎人请求缔结盟约。秋，结盟于唐。这是再度与戎人修好。

**经** 九月，纪裂繻来逆女。

**传** 九月，纪[1]裂繻[2]来逆女，卿为君逆[3]也。

**今注**

1 纪：姜姓，侯爵，今山东省寿光县东南有纪城。

2 裂繻：是纪卿名。

3 逆：迎接。

**今译**

九月，纪大夫裂繻来迎接鲁隐公的女儿，这是大夫迎娶国君女儿的例子。

**经** 冬十月，伯姬[1]归于纪。

**今注**

1 伯姬：是隐公的长女。

**今译**

冬，十月，鲁隐公的长女伯姬嫁到纪国。

**经** 纪子帛、莒子盟于密。

**传** 冬，纪子帛[1]、莒子盟于密[2]，鲁故也[3]。

**今注**

1 子帛：是纪裂繻的字。《公羊》《穀梁》两传皆作子伯。

2 密：今山东省昌邑县东南十五里有密乡故城。

3 鲁故也：因为鲁与莒不太和好，故纪与盟，以便调停。

**今译**

冬，纪大夫子帛（裂繻）与莒子结盟于密。这是为了让鲁国与莒国和好的缘故。

经 十有二月，乙卯，夫人子氏[1]薨[2]。

**今注**

1 子氏：桓公之母仲子。

2 薨：小君得从君例，故亦曰薨。

**今译**

十二月，乙卯，鲁桓公的母亲子氏薨。

经 郑人伐卫。

传 郑人伐卫，讨公孙滑之乱也[1]。

**今注**

1 卫人为公孙滑伐郑取廪延，见隐公元年。

**今译**

郑国人讨伐卫国，这是为了讨伐公孙滑伐郑取廪延。

## 隐公三年（公元前七二〇年）

经 三年，春王二月，己巳，日有食之[1]。

**今注**

1 日有食之：现在所谓的日食。此经无传。

**今译**

三年，春，周王历二月己巳，有日食现象。

经 三月庚戌，天王崩。

传 三年，春王三月壬戌[1]，平王崩。赴以庚戌故书之。

**今注**

1　壬戌：庚戌是比壬戌早十二天。因为周室希望诸侯赶紧来，所以赴告将它提早十二天。

**今译**

三年，春，周王历的三月，壬戌，周平王驾崩。以庚戌赴告，所以经上就记为庚戌。

**经**　夏，四月辛卯，君氏卒。

**传**　夏，君氏[1]卒，声子也。不赴[2]于诸侯。不反哭于寝[3]，不祔于姑[4]，故不曰薨[5]，不称夫人，故不言葬。不书姓[6]，为公故曰君氏[7]。

**今注**

1　君氏：《公羊》《穀梁》皆看见段缺损的《春秋·经》，误作尹氏。

2　赴：照例应该写到竹简上送往各诸侯国。

3　不反哭于寝：葬后不回到正寝去哭。

4　不祔于姑：因为最初的礼节，并非合葬，所以《礼记·檀弓》篇说："合葬非古也。"按最古为二部制，互通婚姻，下代的妻恰与其姑同姓，故必须祔于姑而不能祔于夫。

5　薨：夫人等于诸侯亦曰薨。

6　不书姓：以避免为正夫人。

7　君氏：因为隐公现在为君，所以称她为君氏。

**今译**

夏，隐公的母亲声子死了。不赴告于诸侯各国；葬后从墓地回来，不到正寝哭祭；并且不祔祭于祖姑。声子的丧礼缺少了这三种礼节，故不说是薨，并且因为不称她夫人，故经上不说是葬。

不写她的姓，然而为了隐公的缘故，称她为君氏。

传　郑武公庄公为平王卿士[1]，王贰于虢[2]，郑伯怨王，王曰无之[3]，故周郑交质[4]，王子狐[5]为质于郑，郑公子忽[6]为质于周。王崩，周人将畀[7]虢公政。四月，郑祭足[8]帅师取温[9]之麦，秋又取成周[10]之禾，周郑交恶[11]。君子曰："信不由中[12]，质无益[13]也？明恕[14]而行，要之以礼[15]，虽无有质，谁能间[16]之，苟有明信[17]，涧、溪、沼、沚[18]之毛[19]，蘋、蘩、蕴、藻[20]之菜，筐、筥、锜、釜[21]之器，潢、汙、行、潦[22]之水，可荐[23]于鬼神，可羞[24]于王公，而况君子结二国之信，行之以礼，又焉[25]用质？《风》[26]有《采蘩》《采蘋》[27]，《雅》[28]有《行苇》《泂酌》[29]，昭[30]忠信也。"

**今注**

1　卿士：就是六卿。

2　贰于虢：在今河南陕县东南有虢城。王欲分政于虢，不复专任郑伯。

3　无之：没有分政的事。

4　交质：交换人质。

5　王子狐：平王之子。

6　公子忽：郑伯之子。

7　畀：给予。

8　祭足：郑大夫。

9　温：周地，在今河南省温县西南三十里。

10　成周：今之洛阳。

11　交恶：互相怨恶。

12　中：心中。

13　无益：没用处。

14　明恕：明察宽大。

15　要之以礼：加之以合礼。

16　间：离间。

17　明信：明定的诚信。

18　涧、溪、沼、沚：山夹水曰涧，山渎无所通曰溪，沼池曰沼，小渚曰沚。

19　毛：毛草。

20　蘋、蘩、蕴、藻：蘋音频，大蓱也。蘩音烦，皤蒿也。藻，水草。顾炎武曰“蕴亦水草”。

21　筐、筥、锜、釜：《诗毛传》：“方曰筐，员曰筥，有足曰锜，无足曰釜。”洪亮吉说：“杜注本此。”

22　潢、汙、行、潦：服虔说：“畜小水谓之潢；水不流谓之汙；行潦，道路之水是也。”

23　荐：备品物。

24　羞：致滋味。

25　焉：安。

26　《风》：《诗经·国风》。

27　《采蘩》《采蘋》：《国风》篇名，意取于不嫌薄物。

28　《雅》：《诗经·大雅》。

29　《行苇》《泂酌》：《大雅》篇名，《行苇》篇意在取忠厚；《泂酌》篇意取虽行潦亦可以共祭祀。

30　昭：表示。

## 今译

郑武公和庄公父子两人皆做过周平王的卿士。平王想把政权分给西虢公。因此郑伯怨恨平王。平王说：“没这回事。”因此周室与郑国互相交换人质。王子狐到郑国做人质，郑公子忽到周室做人质。平王驾崩后，周人将政权给予虢公。四月，郑大夫祭足率领军队去践踏温地的麦田；秋天，又去践踏成周的禾田。于是周室与郑国互相怨恶。君子说："诚信若不是出于心中，交换人质也是没有用处的。只要明察宽大，并且以礼节约束，虽然没有人质，谁又能够离间他们呢？假使有明定的诚信，水涧、山溪、池沼、小渚里生长的毛草；蘋、蘩、蕴、藻一类的水草；方的筐，圆的筥，有足的锜，无足的釜，无论哪一种器物；潢汙的止水，或行潦的流水，都可以上荐于鬼神，进献给王公。何况君子缔结两国的信约，只要照礼去做，又何必用人质呢？《诗经·国风》有《采蘩》《采蘋》两篇，《大雅》有《行苇》《泂酌》两篇，都是表明只要有忠信的行为，微薄的礼物也是可用的。"

**经** 秋，武氏子来求赙。

**传** 武氏子[1]来求赙[2]，王未葬也[3]。

**今注**

1 武氏子：平王崩，桓王未即位，不能命爵，故称武氏。

2 赙：音付，助葬的物品。

3 王未葬也：平王尚未下葬。

**今译**

周大夫武氏的儿子来鲁国求取平王助葬的礼物，因平王尚未下葬，新王还不能行爵命，所以只称武氏，并且不称王使。

**经** 八月庚辰，宋公和卒。

**传** 宋穆公[1]疾，召大司马[2]孔父[3]而属[4]殇公[5]焉，曰："先君[6]舍[7]与夷而立寡人[8]，寡人弗[9]敢忘，若以大夫[10]之灵[11]，得保首领以没[12]，先君若问与夷，其将何辞以对？请子奉之以主社稷[13]，寡人虽死，亦无悔[14]焉。”对曰：“群臣愿奉冯[15]也。”公曰：“不可，先君以寡人为贤，使主社稷，若弃[16]德不让，是废先君之举也，岂曰能贤？光昭[17]先君之令德[18]，可不务[19]乎？吾子其无废先君之功[20]。”使公子冯出居于郑。八月庚辰，宋穆公卒，殇公即位。君子曰：“宋宣公可谓知人[21]矣！立穆公，其子飨[22]之，命以义夫[23]！《商颂》[24]曰：‘殷受命咸宜[25]，百禄是荷[26]！’其是之谓乎！”

**今注**

1　穆公：名和，宣公力之弟。

2　大司马：宋官名。

3　孔父：名嘉，是孔子六代祖。见昭公七年杜注，兹附世系表于下：宋闵公—（宋厉公）—弗父何—宋父周—世子胜—正考父—孔父嘉—木金父—皋夷父—宋厉公，防叔—伯夏—叔梁纥—孔子。

4　属：托付。

5　殇公：宣公子，名与夷。

6　先君：指宣公。

7　舍：放弃。

8　寡人：诸侯自称。

9　弗：不也。

10　大夫：指孔父。

11　灵：《广雅》：“灵，福也。”盖蒙人的恩宠，犹如得神灵的保佑。

12　没：善终。

13　社稷：社是土神，稷是谷神，古人连称为社稷。社稷代表国家。

14　悔：后悔。

15 冯：音凭。是穆公子庄公。

16 弃：废弃。

17 光昭：光大昭明。

18 令德：美德。

19 务：专力。

20 功：功劳。

21 知人：知人能任。

22 飨：享受。

23 命以义夫：这是由义来命令的。

24 《商颂》：《诗经》的一篇。

25 咸宜：皆合适。

26 百禄是荷：所以可以担任百禄。

**今译**

宋穆公病危了，召见大司马孔父，把殇公托付给他，对他说："先君舍去与夷而立我为国君，我不敢忘记先君的恩惠。若是托大夫的福，我能够保全首领而死，先君若是问起与夷，我要怎样回答他呢？请你尊奉与夷，使他主持国家，我虽死，也就不后悔了。"孔父回答说："大臣们愿意尊奉庄公为国君。"穆公说："不可以。先君以为我贤明，故令我主持国家，若是我抛弃贤德而不退让，就是白费了先君的推举，怎能说是贤明呢？为了光耀昭明先君的美德，可以不努力吗？我的先生，请不要废弃了先君的功劳。"于是叫公子冯（庄公）离国去住在郑国。八月，庚辰，宋穆公卒，殇公即位。君子说："宋宣公可以说是知人善任的了！立了穆公，而他自己的儿子享受君位，这是由义而命令的！《诗经·商颂》说：'殷代的汤和武丁受命都是合于正道，所以承受了天下的百禄！'这句诗就是指此而说的！"

**经** 冬，十有二月，齐侯郑伯盟于石门。

**传** 冬，齐、郑盟于石门[1]寻卢[2]之盟也，庚戌[3]，郑伯之车偾[4]于济[5]。

**今注**

1 石门：齐地，在今山东省长清县西南。

2 卢：齐地，在今山东省长清县西南二十五里。

3 庚戌：杜注，十二月无庚戌日，误。

4 偾：翻。

5 济：济水，在山东。

**今译**

冬，齐国与郑国结盟于石门。这是重修卢的盟约。庚戌，郑伯的车子在济水翻车。

**经** 癸未，葬宋穆公[1]。

**今注**

1 此经无传。

**今译**

癸未这天，给宋穆公行葬礼。

**传** 卫庄公[1]娶于齐东宫[2]得臣[3]之妹曰庄姜[4]。美而无子，卫人所为赋《硕人》[5]也。又娶于陈[6]，曰厉妫[7]，生孝伯，早死。其娣[8]戴妫生桓公[9]，庄姜以为己子，公子州吁，嬖人[10]之子也。有宠而好兵[11]，公弗禁[12]，庄姜恶之，石碏[13]谏曰："臣闻爱之，教之以义方[14]，弗纳[15]于邪[16]。骄、奢、淫、泆[17]所自邪也。四者之来，宠禄[18]过也，将立[19]州吁，乃定[20]之矣，若犹未[21]也，阶之为祸[22]。夫宠而不骄，骄而能降[23]，降而不憾[24]，憾而能眕[25]者鲜矣[26]。且夫贱妨[27]贵，少陵[28]长，远间[29]亲，新间旧，小加大[30]，淫破[31]义，所谓六逆[32]也。君义，臣行，父慈，子孝，兄爱，弟敬，所谓六顺也。去[33]顺效[34]逆，所以速[35]祸也。君人者[36]，将祸是务去[37]，而速之，无乃不可乎？”弗听，其子厚[38]与州吁游，禁之，不可，桓公立，乃老[39]。

**今注**

1　卫庄公：名扬。

2　东宫：太子所住的宫曰东宫。

3　得臣：齐太子名。

4　庄姜：孔疏谓为齐庄公之女。春秋时的习惯，女子用母家的姓，所以称为庄姜。

5　《硕人》：《诗经》篇名。

6　陈：在今河南省陈县，虞舜之后。

7　妫：陈姓，武王女大姬适胡公满，封于陈。

8　娣：从嫁女子。

9　桓公：名完。

10　嬖人：贱而为君所宠幸者。

11　好兵：喜战斗。

12　弗禁：不加以禁止。

13　石碏：卫大夫。

14　义方：方正。

15　弗纳：不入。

16　邪：非正曰邪。

17　骄、奢、淫、泆：骄傲、奢侈、淫乱、放纵。

18　宠禄：宠爱厚禄。

19　立：立为太子。

20 定：决定。

21 犹未：尚未定。

22 阶之为祸：由此下去不至于祸患不止。

23 降：降心，抑制。

24 憾：恨。

25 眕：按：《尔雅·释言》：“眕，重也。”

26 鲜矣：很少。

27 妨：妨害。

28 陵：欺凌。

29 间：离间。

30 小加大：小国加兵于大国。

31 破：毁坏。

32 逆：与顺相反，谓之逆。

33 去：离开。

34 效：仿效。

35 速：加快。

36 君人者：为人君者。

37 务去：努力去掉。

38 厚：石碏之子。

39 老：退休。

## 今译

卫庄公娶了齐国太子得臣的妹妹为妻，她名叫庄姜，长得很美但没有生子，卫国人为她赋了一首《硕人》的诗。卫庄公又娶于陈国，名叫厉妫，生了孝伯，而孝伯早死。厉妫从嫁的女子戴妫生了桓公，庄姜把桓公当作自己的儿子一般看待。公子州吁是庄公宠幸的嬖人所生，他恃有庄公的宠爱而非常喜爱战斗。庄公不禁止他，但庄姜厌恶他。卫大夫石碏进谏说：“臣听说爱护自己的儿子，要教导他方正的行为，不要使他陷入邪道。骄傲、奢侈、淫乱、泆荡就是邪道所以发生的原因。这四种行为的发生就是因为宠爱和厚禄太过分。若是将要立州吁为太子，就请赶快决定；若还不决定，等于是给了他攀缘的阶梯，以至于祸患不止。受宠而不骄傲，骄傲而能抑制，抑制而不恨，虽恨而能自重，这种人是很少的。况且卑贱的人妨害高贵的人，年少的人欺凌年长的人，疏远的人离间亲密的人，新人离间旧人，小国而加兵于大国，淫乱而毁坏了正义，这就是所谓六种悖逆的行为。国君有义，臣子行义，父亲慈爱，儿子孝顺，哥哥友爱，弟弟敬爱，这就是所谓六种和顺的行为。摒弃和顺而效法悖逆，就是加速祸患的发生。做国君的人，应该把祸患努力除掉，反而去加速它，不是不可以吗？”卫庄公不听他的话。石碏的儿子石厚与州吁同游，石碏不能禁止他。等到卫桓公嗣位以后，石碏就告老退休了。

## 隐公四年（公元前七一九年）

**经** 四年，春，王二月，莒[1]人伐杞[2]，取[3]牟娄[4]。

**今注**

1 莒：己姓，在今山东省莒县。

2 杞：姒姓，武王克殷，求禹之后东楼公封于杞，在今河南省杞县。

3 取：取得，表示甚容易。

4 牟娄：在今山东省诸城县。此经无传。

**今译**

四年，春，周王历的二月，莒国人攻伐杞国，取得牟娄。

**经** 戊申，卫州吁，弑其君完。

**传** 四年春，卫州吁弑桓公[1]而立[2]，公与宋公为会，将寻[3]宿之盟[4]，未及期[5]，卫人来告乱。

**今注**

1 桓公：名完。

2 而立：州吁遂自立为君。

3 寻：重申。

4 宿之盟：在隐公元年。

5 未及期：未到预约的日期。

**今译**

四年，春，卫国的州吁弑卫桓公而自立。鲁隐公与宋殇公相会，将要重申过去的盟约，还没有到预约的日期，卫国人就来报告乱事。

**经** 夏，公及宋公遇于清。

**传** 夏，公及宋公遇[1]于清[2]。

**今注**

1 遇：未预约曰遇。

2 清：卫地，今山东省东阿县有清亭。

**今译**

夏，鲁隐公及宋殇公在清相遇。

**经** 宋公、陈侯、蔡人、卫人伐郑。

**传** 宋殇公之即位[1]也，公子冯[2]出奔郑，郑人欲纳[3]之。及卫州吁立，将修先君之怨[4]于郑，而求宠[5]于诸侯[6]，以和[7]其民。使告于宋曰："君若伐郑，以除君害[8]，君为主，敝邑[9]以赋[10]与陈[11]、蔡[12]从，则卫国之愿也。”宋人许之，于是陈、蔡方睦[13]于卫，故宋公[14]、陈侯[15]、蔡人、卫人伐郑，围其东门[16]，五日而还。公[17]问于众仲[18]曰：“卫州吁其成乎？”对曰：“臣闻以德[19]和民，不闻以乱[20]。以乱，犹治丝[21]而棼[22]之也。夫州吁阻兵[23]而安忍[24]，阻兵无众，安忍无亲，众叛亲离，难以济[25]矣；夫兵犹火也，弗戢[26]将自焚也。夫州吁弑其君[27]，而虐用[28]其民，于是乎不务令德[29]，而欲以乱成[30]，必不免[31]矣！”

**今注**

1　即位：为君。

2　冯：音凭。

3　纳：纳入宋为君。

4　将修先君之怨：这指隐公二年，郑庄公伐卫的仇怨。

5　宠：会盟。

6　诸侯：各国。

7　和：安定。

8　君害：指公子冯。

9　敝邑：对诸侯自称。

10　赋：是赋税，但暗中指的是军队。

11　陈：妫姓。在今河南省陈县。

12　蔡：姬姓。为文王子蔡叔度之后，蔡仲所封。在今河南省上蔡县。

13　睦：和好。

14　宋公：指宋殇公。

15　陈侯：指陈桓公。

16　东门：郑国都城的东门。

17　公：鲁隐公。

18　众仲：鲁大夫。

19　德：德行。

20　乱：纷乱。

21　治丝：整理乱丝。

22　棼：更加乱。

23　阻兵：凭恃武力。

24　安忍：安于残忍。

25　济：成功。

26　戢：收敛也。

27　其君：指卫桓公。

28　虐用：虐待。

29　不务令德：不致力于美德的进修。

30　成：成功。

31　不免：不免于祸害。

**今译**

宋殇公即位的时候，公子冯出奔到郑国，郑国人想要接纳他，使他为宋君。等到卫国州吁自立为君，将要重提先君时郑庄公伐卫的仇怨，借以寻求各国的会盟，借以安定他的人民。于是便派人去告诉宋国说："你若是讨伐郑国，可顺便除去你的祸害公子冯，你做主国，敝邑以全国的赋税，与陈国、蔡国做从国，这是卫国所愿意的。"宋国人答应了他。于是陈国、蔡国进而与卫国和好。因此，宋殇公、陈桓公、蔡国人、卫国人一同去攻伐郑国，包围了郑国都城的东门，围了五天才退兵回去。鲁隐公问大夫众仲说："卫国的州吁他能够成功吗？"众仲回答说："臣只听说以德行来安定人民，不曾听说以纷乱的办法。以纷乱的办法就好像整理乱丝而更加弄乱它。那个州吁，凭恃武力而安于残忍。恃着兵威则将失去民众，安于残忍则将失去亲人，民众背叛而亲人离心是难以成功的；兵事就好像火一样，不收敛就会烧到自己。那个州吁弑了他的国君，而虐待他的人民，像这样不致力于修养美德，而妄想以纷乱成事，必定不免于祸患败亡的。”

**经** 秋，翚帅师会宋公、陈侯、蔡人、卫人伐郑。

**传** 秋，诸侯复伐郑，宋公使来乞[1]师。公辞[2]之，羽父[3]请以师会之，公弗许，固请[4]而行，故书曰：“翚帅师。”疾[5]之也。诸侯之师，败郑徒兵[6]，取其禾[7]而还。

**今注**

1 乞：请求。

2 辞：不允。

3 羽父：公子翚。

4 固请：坚持请求。

5 疾：贬责。

6 徒兵：步兵。

7 禾：庄稼。

**今译**

秋，各国再去攻伐郑国，宋殇公派使者来鲁国请求派遣军队协助，隐公推辞不允。羽父（公子翚）请求以军队去会战，隐公不许。他坚持请求，而终于去了，所以经上记载：“翚帅师。”以责备他。各国的军队打败郑国的步兵，掠取郑国的庄稼而回。

**经** 九月，卫人杀州吁于濮。

**传** 州吁未能和其民，厚[1]问定君[2]于石子[3]，石子曰：“王觐[4]为可。”曰：“何以得觐？”曰：“陈桓公方有宠[5]于王[6]，陈，卫方睦，若朝[7]陈使请[8]必可得也。”厚从州吁如[9]陈。石碏使[10]告于陈曰：“卫国褊小[11]，老夫耄[12]矣，无能为也。此二人者实弑寡君，敢即图[13]之。”陈人执[14]之，而请莅[15]于卫。九月，卫人使右宰丑[16]莅杀州吁于濮[17]。石碏使其宰[18]獳羊肩[19]莅杀石厚于陈。君子曰：“石碏，纯臣[20]也。恶州吁而厚与[21]焉，大义灭亲[22]，其是之谓乎？”

**今注**

1 厚：石碏之子。

2 定君：安定君位。

3 石子：石碏。

4 王觐：朝见天子为觐。

5 宠：宠爱。

6 王：周桓王。

7 朝：往其他诸侯国为朝。

8 使请：请其为卫请觐王。

9 如：往。

10 使：派人。

11 褊小：狭隘。

12 耄：八十岁曰耄。

13 图：想办法。

14 执：捕获。

15 请莅：请派人来处置。

16 右宰丑：右宰是官名，丑是人名。

17 濮：陈地。

18 宰：石碏家宰。

19 獳羊肩：人名。

20　纯臣：正直的臣。

21　与：波及。

22　大义灭亲：为国家的利益而牺牲自己的亲人。

**今译**

州吁不能够安定他的人民，石厚向他的父亲石碏请问安定君位的方法。石碏说："只有觐见周天子才可以安定君位。"石厚说："怎样才得觐见？"石碏说："陈桓公正受周天子的宠信，而陈国与卫国正互相交好。若是朝见陈国的国君，求他为卫国请求觐见，必定可以得见。"石厚随从州吁到陈国。石碏暗中派人告诉陈国说："卫国领土狭隘，而老夫年纪老耄，不能有所作为。这两个人实在是弑杀了我们的国君，敢请立刻想办法处置他们。"陈国人捉住了他们，而请求卫国人自己来处置。九月，卫国派右宰丑来把州吁杀死于濮。石碏派他的家宰獳羊肩来杀石厚于陈。君子说："石碏真是一位纯笃正直的大臣。因厌恶州吁而波及自己的儿子石厚，为了国家大义而牺牲自己的亲人，不就是这个意思吗？"

**经**　冬，十有二月，卫人立晋。

**传**　卫人逆[1]公子晋[2]于邢[3]。冬十二月，宣公[4]即位。书曰："卫人立晋。"众[5]也。

**今注**

1　逆：迎接。

2　公子晋：宣公。

3　邢：周公之子所封。今河北省邢台县。

4　宣公：公子晋。

5　众：是众人的意思。

**今译**

卫国人迎接公子晋于邢国。冬，十二月，卫宣公即位。经上记载说："卫人立晋。"表示卫宣公是众人所立的。

## 隐公五年（公元前七一八年）

**经** 五年，春，公矢鱼于棠。

**传** 五年春，公将如棠[1]观鱼者[2]。臧僖伯[3]谏[4]曰："凡物[5]不足以讲大事[6]，其材不足以备器用[7]，则君不举[8]焉。君将纳[9]民于轨[10]物者也。故讲事以度轨量谓之轨，取材以章物采谓之物，不轨不物，谓之乱政[11]。乱政亟行，所以败[12]也！故春蒐[13]夏苗[14]秋狝[15]冬狩[16]。皆于农隙[17]以讲事也。三年而治兵[18]入而振旅[19]，归而饮至[20]以数军实[21]，昭文章[22]，明贵贱[23]，辨等列[24]，顺少长[25]，习威仪[26]也。鸟兽之肉，不登于俎[27]，皮革、齿牙[28]，骨角毛羽[29]不登于器[30]，则公不射[31]，古之制也[32]。若夫山林川泽之实[33]，器用之资，皂隶之事[34]，官司之守[35]，非君所及也[36]。"公曰："吾将略地[37]焉！"遂往陈鱼而观之[38]，僖伯称疾不从。书曰："公矢鱼于棠。"非礼也[39]，且言远地[40]也。

**今注**

1 棠：鲁邑，在今山东省鱼台县北十三里。《水经注》说：有高台二丈许，下临菏水。

2 观鱼者：宋代孙觉、叶梦得、朱熹等皆讨论过矢鱼的问题，直到最近1936年陈槃发表了"春秋公矢鱼于棠说"，方才解决了"矢鱼"是"射鱼"。并且他又引用了朱起凤《辞通》说："射"字，古文作"躾"。《左氏春秋》脱其左旁，遂讹为"矢"字。本来矢就是射，周礼"矢其鱼鳖而食之"即同此意。

3　臧僖伯：是孝公之子，名彄。僖伯是谥法。

4　谏：谏诤。

5　物：傅斯年在陈槃文跋中说："物为图腾标识，更显而易见。"在我所著的《中国古代社会史》中说明，我国所谓姓就是图腾，又所有物也是图腾，皆与此意相合。

6　大事：在《左传》的另条中说："国之大事在祀与戎。"祀是祭祀，戎是战争。

7　器用：器用者是为大事之用。

8　则君不举：人君就不亲自举行。

9　纳：归纳。

10　轨：轨道。

11　乱政：政治被扰乱。

12　败：失败。

13　春蒐：《尔雅》，春猎为蒐。

14　夏苗：《尔雅》，夏猎为苗。

15　秋狝：《尔雅》，秋猎为狝。

16　冬狩：《尔雅》，冬猎为狩。

17　农隙：不种田的时候。

18　治兵：整治军队。

19　振旅：鼓舞众军。

20　饮至：饮酒。

21　数军实：数军队所获的食物。

22　昭文章：服虔引司马法"文章是旌旗所建用"。

23　明贵贱：军队中亦以贵贱为分。

24　辨等列：等列等于行伍。

25　顺少长：出师少者在前，还师少者在后。

26　习威仪：练习威仪。

27　俎：是祭宗庙所用器。

28　皮革、齿牙：皮革是兽皮；齿牙是就广义而言。狭义而言，颔上大齿谓之为牙。

29　骨角毛羽：骨、角、毛皆属兽类。羽属鸟类。

30　器：亦是祭宗庙的器物。

31　公不射：公不自己射。

32　古之制也：古代的制度。

33　若夫山林川泽之实：《正义》说："山林之实谓材木樵薪之类；川泽之实谓菱芡鱼蟹之属。"若夫即至于。

34　皂隶之事：是奴隶的事情。

35　官司之守：官司是小臣。此指小臣的职务。

36　非君所及也：不是人君所亲自管理的。

37　略地：巡行边境。

38　观之：观鱼。

39　非礼也：不合于古礼。

40　远地：不在鲁国都城左近。

**今译**

五年，春，鲁隐公将往棠邑射鱼。臧僖伯谏诤说："凡是一种图腾标识不能用于讲习祭祀和战争，一种材料不能用于装备祭祀和战争的器用，那么国君就不举行。国君是要把人民纳入轨道和图腾的人，所以讲习大事而合于轨道法度就叫作上轨道，取用适当的材料以彰明图腾的特色就叫作认识图腾。不上轨道不认识图腾，就是纷乱政事。屡次举行乱政的事，因此才会失败。所以，春、夏、秋、冬各有合时的田猎，都要在农闲时举行。三年举行一次大演习以整治军队。演习完毕，整理队伍回宗庙举行饮酒礼，同时计算军队所获的食物。标明旌旗，分明贵贱，辨明行伍，调顺少长，以练习威仪。鸟兽的肉不放在祭祀宗庙的器物上面，皮革、齿牙、骨角、毛羽不用于装饰祭祀的器物。那么，公自己不射猎是古代的制度。至于那些山林川泽里的实物，取来作为器用，则是奴隶的事情，是小官所掌管的职务，不是国君所要亲自管理的。”隐公说：“我将要到边地去巡行哩！”于是就动身前往，陈列了设备来射鱼。僖伯假托生病，没有随同前往。经上记载说：“公矢鱼于棠。”表示这件事不合于礼，并且暗示棠邑是边境的地方。

**传** 曲沃[1]庄伯[2]以郑人邢人[3]伐翼[4]，王使尹氏武氏[5]助之，翼侯奔随[6]。

**今注**

1 曲沃：在今山西省闻喜县。

2 庄伯：成师之子。

3 邢人：邢是姬姓，周公之子所封。在今河北省邢台县西南。

4 翼：今山西省翼城县东南有古翼城。

5 尹氏武氏：二人皆周大夫。

6 随：今山西省介休县有古随城，后为晋士会食邑。

**今译**

晋国的曲沃庄伯借着郑人和邢人去攻伐翼都，而周桓王派了尹氏及武氏去帮助他，结果翼侯逃奔到随邑。

**经** 夏四月，葬卫桓公。

**传** 夏，葬卫桓公[1]，卫乱[2]，是以缓[3]。

**今注**

1　卫桓公：是宣公之父。

2　卫乱：指州吁之乱。

3　缓：卫桓公死后，经过十四月乃葬。

**今译**

夏，下葬卫桓公，因卫国有州吁之乱，故此延迟下葬。

**传**　四月，郑人侵卫牧[1]，以报东门之役[2]，卫人以燕师[3]伐郑。郑祭足、原繁[4]、洩驾[5]以三军军[6]其前，使曼伯[7]与子元[8]潜军军其后，燕人畏郑三军而不虞制人[9]，六月，郑二公子以制人败燕师于北制[10]。君子曰："不备不虞[11]，不可以师[12]。"

**今注**

1　卫牧：牧是卫邑，在今河南省汲县。按：即武王伐纣之牧野。

2　东门之役：东门之役在隐公四年。

3　燕师：燕有南燕、北燕。北燕为姬姓，南燕为姞姓。今河南省汲县西有古燕城。

4　原繁：是郑大夫。

5　洩驾：亦郑大夫。

6　军：是动词，即驻军。

7　曼伯：郑大夫。曼音万。

8　子元：顾炎武疑即郑厉公之字。

9　不虞制人：虞是畏惧，制人是北制。所指不畏惧制人的军队。

10　北制：制人。

11　不备不虞：不准备也不畏惧。

12　不可以师：不可以打仗。

**今译**

四月，郑人侵入卫国的牧邑，为了报复东门之役。卫人借着燕国军队去讨伐郑国。郑国的祭足、原繁、泄驾率领三军攻击燕军的前面，又派曼伯与子元带领军队驻扎在燕军的后面。燕国人虽畏惧郑国的三军，但不畏惧郑国制邑的人民。六月，郑国的曼伯与子元两位公子利用制邑的军队，把燕军打败于北制。君子说："既不戒备又不畏惧，是不可以打仗的。"

**传** 曲沃叛王。秋，王命虢公伐曲沃，而立哀侯[1]于翼。

**今注**

1 哀侯：晋之君。

**今译**

曲沃庄伯背叛了周桓王。秋天，桓王命令虢公讨伐曲沃，扶立哀侯于翼都。

**经** 秋，卫师入郕。

**传** 卫之乱也[1]，郕[2]人侵卫，故卫师入郕。

**今注**

1 卫之乱也：州吁之乱。

2 郕：音成，文王子郕叔武始封，为伯爵。今山东宁阳县北有盛乡城。

**今译**

卫国州吁之乱时，郕国人曾侵入卫国，故现在卫师侵入郕国。

**经** 九月考仲子之宫，初献六羽。

**传** 九月，考[1]仲子[2]之宫[3]将万[4]焉。公问羽[5]数于众仲，对曰：

“天子用八[6]，诸侯用六[7]，大夫四[8]，士二[9]。夫舞所以节八音[10]，而行八风[11]，故自八以下。”公从之，于是初献六羽[12]，始用六佾[13]也。

## 今注

1 考：行落成礼。

2 仲子：是桓公之母，惠公之妃。

3 宫：庙。

4 万：大舞。

5 羽：舞者所执的羽毛。

6 天子用八：天子用八八等于六十四人。

7 诸侯用六：诸侯用六八等于四十八人。

8 大夫四：大夫用四八等于三十二人。

9 士二：士用二八等于十六人。此用服虔说及顾炎武《左传杜解补正》说。

10 八音：指金、石、丝、竹、匏、土、革、木而言。

11 八风：指阊阖风、不周风、广莫风、融风、明庶风、清明风、景风、凉风而言。本贾逵说。

12 六羽：舞时执用六羽，为四十八羽毛。

13 六佾：四十八人。

## 今译

九月，仲子的庙举行落成典礼，将进献万舞。隐公问众仲跳舞执羽的人数，众仲说：“天子用八八等于六十四人，诸侯用六八等于四十八人，大夫用四八等于三十二人，士用二八等于十六人。跳舞的目的是要协调八种音调而表现八方的风情，所以数目从八以下。”隐公听从他的话。于是第一次进献六羽，这是鲁国宗庙采用六佾的开始。

**经** 邾人郑人伐宋。

**传** 宋人取邾田[1]，邾人告于郑曰："请君[2]释憾[3]于宋，敝邑[4]为道[5]。"郑人以王师[6]会之，伐宋入其郛[7]，以报东门之役[8]。宋人使来告命[9]。公闻其入郛也，将救之[10]。问于使者曰："师何及[11]？"对曰："未及国[12]。"公怒乃止，辞使者曰："君命寡人同恤社稷之难[13]，今问诸使者曰：'师未及国。'非寡人之所敢知[14]也！"

**今注**

1 邾田：邾音朱，邾国的田地。

2 君：指郑君。

3 释憾：释四年再见伐之恨。

4 敝邑：邾国自称。

5 道：导引或向导。

6 王师：周王的军队。

7 郛：是郭。

8 东门之役：东门之役在隐公四年。

9 告命：请求帮助。

10 将救之：将去救宋国。

11 师何及：敌军已到何处？

12 未及国：没到国都。

13 同恤社稷之难：共同救助国家的患难。

14 敢知：敢知道。

**今译**

宋人夺取了邾国的田地，邾国派人去郑国请求帮助说："您郑君若去攻宋国以消释您的仇恨，我国愿做您的向导。"郑人便以周王的军队去会合邾国的军队，攻伐宋国，攻进了宋国都的城郭，以报复东门之役。宋国派人到鲁国请求帮助，隐公早听说军队攻入宋国都的城郭，将要派兵去援救。他便问使者说：“敌军已到达什么地方？”使者故意说：“还没有到达国都。”隐公很生气，就停止派兵，辞退使者说：“你来请求我同去救助国家的危难，现在我问你，你反而说：‘敌军尚未到达国都。’这就不是我敢知道的了。”

**经** 冬十有二月，辛巳，公子弬卒。

**传** 冬十二月辛巳，臧僖伯卒。公曰：“叔父[1]有憾[2]于寡人，寡人弗敢忘[3]。”葬之加一等[4]。

**今注**

1 叔父：《曲礼》说：诸侯称同姓曰伯父、叔父。这种现象与近代初民社会颇相仿佛，我曾细加以研究，所谓伯父、叔父者皆指始封的大夫，视当时诸侯的长或幼而定称为伯父或叔父。如长者的大夫，其后代永远是伯父，而幼者则永远是叔父。并且臧氏出自孝公，恰是隐公的叔父。

2 有憾：指谏矢鱼而言。

3 弗敢忘：不敢忘记。

4 葬之加一等：葬礼加命服一等。

**今译**

冬，十二月，辛巳，鲁大夫臧僖伯死了。隐公说：“叔父曾规劝我不要去观棠射鱼，我没有听从，他对我有遗恨，我也不敢忘记。”于是就用加一等的命服来葬他。

**经** 宋人伐郑，围长葛。

**传** 宋人伐郑，围长葛[1]，以报入郛之役也。

**今注**

1 长葛：郑邑。在今河南省长葛县北十二里。

**今译**

宋人攻伐郑国，包围了长葛，用以报复其前次入郭的战役。

## 隐公六年（公元前七一七年）

**经** 六年春，郑人来渝平。

**传** 六年春，郑人来渝平[1]，更成[2]也。

**今注**

1 渝平：服虔曰：公为郑所获，释而不结平，于是更为约束以结之，故曰渝平。

2 更成：重新恢复以前的和平。

**今译**

六年，春，郑人来鲁国“渝平”，就是重新恢复两国和好的关系。

**传** 翼[1]九宗[2]五正[3]顷父之子嘉父[4]，逆晋侯于随[5]，纳诸[6]鄂[7]，晋人谓之鄂侯[8]。

**今注**

1 翼：晋旧都也，周武王子，唐叔始封。在今山西省翼城县东南十五里。

2 九宗：成王封唐叔时，以唐之余民怀姓九宗。

3 五正：并以职官五正，盖为五官之长。“怀姓九宗，职官五正。”亦见《左传·定公四年》。

4 顷父之子嘉父：晋国的大夫。

5 随：晋地。在今山西省介休县东。

6 纳诸：入于。

7 鄂：晋地。在今山西省吉县的东南，近黄河。

8　鄂侯：以别于从前所称的翼侯。

**今译**

晋国翼都的怀姓九宗、五官之长及顷父的儿子嘉父到随去迎接晋侯，把他安置在鄂邑，晋人便称他为鄂侯。

**经**　夏五月辛酉，公会齐侯盟于艾。

**传**　夏，盟于艾[1]，始平[2]于齐[3]也。

**今注**

1　艾：在今山东省蒙阴县西北。

2　平：讲和。

3　齐：太公之后，初封于河南省吕县，及成王灭武庚以后，始封于齐。在今山东省临淄县，见傅斯年先生“大东小东说”。

**今译**

夏，鲁国与齐国结盟于艾，开始与齐国和好。

**传**　五月庚申，郑伯[1]侵陈，大获[2]。往岁[3]，郑伯请成[4]于陈，陈侯[5]不许[6]。五父[7]谏曰：“亲仁善邻[8]，国之宝[9]也。君其许郑[10]。”陈侯曰：“宋、卫实难[11]，郑何能为[12]？”遂不许。君子曰：“善不可失[13]，恶不可长[14]，其陈桓公之谓乎？长恶不悛[15]，从自及[16]也。虽欲救之，其将能乎[17]？《商书》[18]曰：‘恶之易也[19]，如火之燎于原[20]，不可乡迩[21]，其犹可扑灭[22]。’周任[23]有言曰：‘为国家者，见恶[24]如农夫之务去草[25]焉。芟[26]夷[27]蕴[28]崇[29]之，绝其本根，勿使能殖[30]，则善者信[31]矣。’”

**今注**

1　郑伯：郑庄公。

2　大获：全胜。

3 往岁：指前年陈与诸侯同伐郑的旧怨。

4 请成：请求和平。

5 陈侯：陈桓公。

6 不许：不允许。

7 五父：陈公子佗，桓公之弟。

8 亲仁善邻：亲近仁者，陈与郑为邻国，应当亲善。

9 宝：原则。

10 君其许郑：应当允许郑国的要求。

11 实难：实在为陈国的祸患。

12 郑何能为：郑为小国，不足为患。

13 善不可失：善德不可以失掉。

14 恶不可长：过失、错误不可听任其生长。

15 悛：音诠，止也。

16 从自及：将自临于祸害。

17 其将能乎：安能有办法。

18 《商书》：指《尚书·盘庚》篇。

19 恶之易也：恶事的蔓延。王念孙说："按：易者延也，谓恶之蔓延也。"杜谓为难易非。

20 燎于原：平原中起火。

21 乡迩：离近。

22 其犹可扑灭：还可以扑灭。按：《庄公十五年》传亦同，引《商书》皆有"恶之易也"，但今本《尚书·盘庚》篇无此句。

23 周任：周大夫。

24 见恶：看见恶事。

25 务去草：努力去掉野草。

26 芟：除草曰芟。音衫。

27　夷：灭，平。

28　蕴：积累。

29　崇：聚在一起。

30　殖：生长。

31　信：等于伸张。

**今译**

五月，庚申，郑庄公侵入陈国，获得全胜。前年，郑庄公曾向陈国要求讲和，陈侯不答应，陈大夫五父曾进谏说："亲近仁者，友善邻国，是国家的原则，您还是允许郑国的请求吧！"陈侯说："宋、卫两国才是陈国的祸患，郑国能有什么作为呢？"于是不肯答应。君子说："善德不可失去，恶事不可滋长，这是针对陈桓公而说的吧？滋长恶事而不知停止，若是自临于祸害，虽想要挽救，还能有办法吗？《商书》说：'恶事的蔓延，正如火在原野上焚烧，不可以接近，不容易扑灭。'周任也有话说：'为国谋事的人，见了恶事要像农夫见了莠草必要努力除掉一样，把它们割断除掉，堆积起来，断绝它们的本根，不要使它们再繁殖，然后善事才能伸张。'"

**经**　秋七月[1]。

**今注**

1　秋七月：杜注：虽无事而书首月，具四时以成岁。

**今译**

秋天，七月。

**经**　冬，宋人取长葛[1]。

**传**　秋，宋人取长葛。

**今注**

1　长葛：今河南省长葛县北十二里有故城。

**今译**

秋，宋国人取得了长葛。

**传**　冬，京师来告饥[1]，公为之请籴[2]于宋、卫、齐、郑，礼也[3]。

**今注**

1　告饥：无食曰饥。来告无食。

2　请籴：籴音笛，是买谷。请求买谷。

3　礼也：《左传》中所记礼也或非礼也在昭公以前皆常有，但是到了昭公以后，可以说是等于零，无论是礼或非礼，史官全都不加以批评。可以说到了春秋的末代，对于传统的尊重渐渐地愈来愈少，这我在《史官制度——附论对传统之尊重》一文中已经详细地说过，这是《中国上古史》（待定稿）第一篇，亦见于“台大”《文史哲学报》第十四期，读者可以参考。

**今译**

冬，京师有人来鲁国报告发生饥荒。隐公为此向宋、卫、齐、郑四国请求籴谷。这是合于礼的。

**传**　郑伯如[1]周，始朝桓王[2]也。王不礼[3]焉，周桓公言于王曰：“我周之东迁，晋郑焉依[4]。善郑[5]以劝来者[6]，犹惧不蔇[7]，况不礼焉，郑不来矣。”

**今注**

1　如：往。

2　桓王：周平王之子。

3 不礼：不以礼敬。

4 晋郑焉依：唯依靠晋及郑两国。

5 善郑：善与郑交谊。

6 劝来者：奖劝将来的人。

7 犹惧不蔇：蔇（音既）等于至。犹恐怕他不来。

**今译**

郑伯到周，第一次朝见周桓王。周桓王不以礼敬接待他。周桓公就对桓王说："我们周王室的东迁，是依靠了晋、郑两国。对郑国友善以便奖励以后来朝见的人，这样都还怕各国不肯来，何况对他不礼貌呢？郑国将从此不再来朝见了。"

## 隐公七年（公元前七一六年）

**经** 七年春王三月，叔姬归于纪[1]。

**今注**

1 叔姬归于纪：叔姬是伯姬之娣。幼时女弟从姐同嫁，但女弟年过幼的时候，就在母国等候，所谓"待年于国"。等至年龄及时，就独自嫁过去，叔姬就是遵行此礼。此经无传。

**今译**

七年，春，周王历三月，鲁国的叔姬嫁到纪国。

**经** 滕侯卒。

**传** 七年春，滕侯[1]卒。不书名[2]，未同盟[3]也。凡[4]诸侯同盟，于是称名，故薨则赴[5]以名，告终称嗣[6]也。以继好[7]息民[8]，谓之《礼经》[9]。

## 今注

1　滕侯：文王子叔绣所封，今山东省滕县西南十五里有古滕城。后至战国为田齐所灭。

2　不书名：只写滕侯而不写其名。

3　盟：刘熙释名："盟，明也，告其事于神明也。"因告神必须用名，且必须歃血为誓言。

4　凡：凡者以为例，《左传》中言凡者前后共五十见，以后不再赘注。

5　赴：用竹简记其事以送往各国曰赴。

6　告终称嗣：通知君之终及嗣君之立，宋刊本及相台岳刻本皆作"告终称嗣"，后刊本作"告终嗣"，非，可见两事虽相连但仍宜分为两件。

7　继好：继续两国的和好。

8　息民：和好则两国人民皆得安息。

9《礼经》：杜注以为"此言凡例乃周公所制《礼经》"。或有人疑之，以为非是。然细思之，鲁为极保守的国家，虽然在昭公之时已渐变化（顾炎武《日知录》周末风俗条下引李康运命论云："文薄之弊渐于灵景。"景王正与鲁昭公同时），但在《左传・昭公二年》中尚载有："晋韩宣子来（鲁）聘，观书于太史氏，见易象与鲁春秋，曰：'周礼尽在鲁矣！吾乃今知周公之德与周之所以王也！'"可见在对传统尊重渐衰的时候，仍然"周礼尽在鲁"。因为吾人不可忘记，在伯禽初封之时，分以"祝、宗、卜、史，备物典策"（皆见《左传・定公四年》），史所以记事，而典策为"春秋之制"，即此节所谓"礼经"就是。

## 今译

七年，春，滕侯死了。只写滕侯而不写他的名字，因为滕国没有和鲁国缔结同盟。凡是诸侯各国同盟，就称名以告于神。因此国君薨也就以名赴告，一面赴告死者之终，一面称嗣位君主的名，以便继续两国的和好，从而安定两国的人民，这是缘于周公所制定的《礼经》。

**经** 夏城中丘。

**传** 夏，城中丘[1]，书不时也[2]。

**今注**

1 中丘：今山东省临沂县东北三十里有中丘城。

2 书不时也：因不合农时故写在《春秋》上。

**今译**

夏，修筑中丘的城墙，因为不合农时所以把这件事写在《春秋》上。

**经** 齐侯使其弟年来聘。

**传** 齐侯使夷仲年[1]来聘[2]，结艾之盟[3]也。

**今注**

1 夷仲年：齐僖公的母弟，名年，夷仲是谥法。

2 来聘：来鲁国聘问。

3 艾之盟：在隐公六年。

**今译**

齐侯派夷仲年来鲁国聘问，因两国已经缔结艾的同盟。

**经** 秋，公伐邾。

**传** 秋，宋及郑平[1]。七月庚申，盟于宿[2]。公伐邾，为宋讨[3]也。

### 今注

1　平：和平。

2　宿：在今山东省东平县东二十里。

3　为宋讨：邾人导郑伐宋在隐公五年，现宋郑既盟，鲁乃为宋讨邾以示好于宋。

### 今译

秋，宋国与郑国讲和。七月庚申，宋郑两国结盟于宿。鲁隐公讨伐邾国，这是为了示好于宋的缘故。

**经**　冬，天王使凡伯来聘。戎伐凡伯于楚丘以归。

**传**　初，戎[1]朝于周，发币[2]于公卿[3]，凡伯[4]弗宾[5]。冬，王使凡伯来聘[6]，还[7]，戎伐之于楚丘[8]以归。

### 今注

1　戎：在今山东省曹县附近。

2　发币：献布币。

3　公卿：周之公卿。

4　凡伯：周公之子，始封于凡，在今河南省辉县西南二十里。

5　弗宾：不用对宾客的礼节招待他。

6　来聘：来鲁国聘问。

7　还：回去洛阳。

8　楚丘：戎邑，在今山东省曹县东南五十里，与卫文公所迁之楚丘同名而异地。

### 今译

起初，戎人朝见周桓王，献布币给公卿做礼物。凡伯不用对宾客的礼招待他。这一年冬天，周桓王派凡伯来鲁国聘问。他回洛阳的途中，戎人在楚丘攻击他，把他捉了回去。

**传** 陈及郑平[1]，十二月，陈五父[2]如郑莅盟[3]。壬申，及郑伯盟，歃如忘[4]。洩伯[5]曰："五父必不免[6]，不赖盟[7]矣！"郑良佐[8]如陈莅盟，辛巳，及陈侯盟，亦知陈之将乱也。

**今注**

1 陈及郑平：平是讲和。六年，郑侵陈大获，今始谈和。

2 陈五父：陈公子佗。

3 莅盟：莅临盟会。

4 歃如忘：歃血的时候，意不在盟，如忘却此事。

5 洩伯：郑大夫洩驾。

6 不免：不免于难。

7 不赖盟：对盟事不仰仗。

8 良佐：郑大夫。

**今译**

陈国与郑国讲和，十二月，陈公子佗到郑国去莅临盟会。壬申，与郑伯盟誓，歃血的时候，五父不专心。郑大夫洩伯说："五父必定不免于祸患，他对盟事毫不仰赖！"郑大夫良佐到陈国去莅临盟会，辛巳，与陈侯盟誓，他也看出陈国将发生乱事。

**传** 郑公子忽在王所[1]，故陈侯请妻之[2]，郑伯许之，乃成昏[3]。

**今注**

1 王所：隐公三年，周、郑交质，郑公子忽曾为质于周王都城。

2 陈侯请妻之：陈侯误以为郑得王宠，故请成婚姻。

3 成昏：古代成婚于夜晚，故用昏以名礼。

**今译**

郑公子忽在周桓王那里做人质，陈侯误以为他得周王的宠信，就请求把女儿嫁给他。郑伯允许了，于是就成婚了。

## 隐公八年（公元前七一五年）

**经** 八年春，宋公卫侯遇于垂。

**传** 八年春，齐侯将平宋卫[1]，有会期[2]。宋公以币[3]请于卫，请先相见[4]，卫侯许之，故遇[5]于犬丘[6]。

**今注**

1 平宋卫：使宋、卫两国与郑国讲和。

2 有会期：已有会盟的日期。

3 币：布币。

4 请先相见：在会期以前见面。

5 遇：相会。

6 犬丘：犬丘即垂，一地有两名。在今山东省曹县北句阳店。

**今译**

八年，春，齐侯将使宋、卫两国同郑国讲和，已有了会盟的日期。宋殇公用布币请求卫侯先期相会，卫侯答应了，所以宋公与卫侯相遇于犬丘。

**经** 三月，郑伯使宛来归祊。庚寅，我入祊。

**传** 郑伯请释[1]泰山之祀[2]，而祀周公，以泰山之祊[3]易许田[4]。三月，郑伯使宛[5]来归祊，不祀泰山也。

**今注**

1 请释：请求免除。

2 泰山之祀：郑桓公初封时，有助祭泰山之仪在祊，郑以天子现在不能够东巡到泰山，所以请求免除泰山之祀。

3　祊：在今山东省费县故祊城。

4　许田：近许昌之田。《寰宇志》谓在许昌城南四十里。《鲁颂》所谓“居常与许，复周公之宇”即此。

5　宛：郑大夫。

**今译**

郑伯请求免除泰山的祭祀，而改为祭祀周公，便把祭泰山的祊田来交换许昌附近的田。三月，郑伯派大夫宛来归还祊田，因为他不再祭泰山了。

**传**　夏，虢公忌父[1]始作卿士于周。

**今注**

1　忌父：虢公之名。

**今译**

夏，虢公忌父开始做周王的卿士。

**传**　四月甲辰，郑公子忽如陈，逆妇妫[1]。辛亥，以妫氏归。甲寅，入于郑。陈鍼子[2]送女，先配而后祖[3]。鍼子曰：“是不为夫妇，诬其祖矣[4]！非礼也[5]，何以能育[6]。”

**今注**

1　妇妫：公子忽之夫人，陈女妫姓。

2　陈鍼子：陈大夫。

3　先配而后祖：迎接夫人者，必先告于祖庙而后行婚礼。如楚公子围曾告于庄王、共王之庙。

4　诬其祖矣：对祖先不恭敬。

5　非礼也：不合于正礼。

6　何以能育：如何能养育子孙。

**今译**

四月，甲辰，郑公子忽往陈国去迎娶他的夫人妫氏。辛亥，带着妫氏归国。甲寅，进入郑国国都。陈国的大夫鍼子给妫氏送嫁。因为先行婚礼再回郑国去告祖庙，所以鍼子说："这是不成夫妇的。对祖先不恭敬！是非礼的，怎能养育子孙呢！"

**经** 夏六月己亥，蔡侯考父[1]卒。辛亥，宿男[2]卒。

**今注**

1　蔡侯考父：蔡为祭仲所封，曾为周公卿士，在今河南省新蔡县。考父即蔡叔名。

2　宿男：隐公元年，宋、鲁大夫盟于宿，宿亦必参与盟。宿为男国故称宿男。此经无传。

**今译**

夏六月，己亥，蔡叔考父死了。辛亥，宿国的男爵死了。

**经** 秋七月庚午，宋公、齐侯、卫侯盟于瓦屋。

**传** 齐人卒[1]平宋卫于郑。秋，会[2]于温[3]，盟[4]于瓦屋[5]，以释东门之役，礼也[6]。

**今注**

1　卒：终于。

2　会：会见。

3　温：今河南省温县西南三十里有古温城。

4　盟：盟誓。

5　瓦屋：郑地。在今河南省洧川县南二十里。

6　礼也：郑国未来与盟，所以三国自己盟誓，以表示三国的原意，所以说是合于礼。

**今译**

齐人终于使宋、卫两国同郑国讲和。秋，会见于温，盟誓于瓦屋，从此放弃东门之役的仇恨，这是合于礼的。

**经** 八月，葬蔡宣公。[1]

**今注**

1 此经无传。

**今译**

八月，下葬蔡宣公。

**传** 八月丙戌[1]，郑伯以齐人朝王，礼也[2]。

**今注**

1 丙戌：杜注谓七月庚午、九月有辛卯，故八月不得有丙戌，似有误。

2 礼也：郑伯虽以虢公得政，而反以齐人朝王，故称为合于礼。

**今译**

八月，丙戌，郑伯陪着齐人朝见周桓王，这是合于礼的。

**经** 九月辛卯，公及莒人盟于浮来。

**传** 公及莒人盟于浮来[1]，以成纪好[2]也。

**今注**

1 浮来：今山东省莒县西二十里有浮来，但是浮来为莒邑。杜注说是纪邑为误。

2 成纪好：为的是完成鲁与纪的和好。

**今译**

鲁隐公与莒国人结盟于浮来，为的是完成鲁国与纪国的和好。

经 螟[1]。

**今注**

1 螟：食谷之虫，有灾故写于简上。此经无传。

**今译**

发生螟虫的灾害。

传 冬，齐侯使来告成三国[1]。公使众仲对曰："君释三国之图[2]，以鸠其民[3]，君之惠[4]也，寡君闻命[5]矣！敢不承受君之明德[6]。"

**今注**

1 告成三国：使宋、卫、郑三国和平相处。

2 释三国之图：解释三国的图谋。

3 以鸠其民：使三国人民能够安居。

4 惠：恩惠。

5 闻命：从命。

6 明德：聪明的德惠。

**今译**

冬，齐国派人来鲁国报告调和了宋、卫、郑三国。隐公派众仲对他说："您齐君和解了三国的图谋，安居了他们的人民，这是您齐君的恩惠。我国国君当要从命的，岂敢不承受您齐君的贤明德惠呢？"

经 冬十有二月，无骇卒。

传 无骇[1]卒，羽父请谥与族[2]。公问族于众仲，众仲对曰："天子建德，因生以赐姓[3]，胙之土而命之氏[4]，诸侯以字为谥[5]，因以为族，官有世功则有官族[6]，邑亦如之[7]。”公命以字为展氏[8]。

**今注**

1　无骇：为鲁卿，是公子展之孙。

2　族：诸侯之子称公子，再次一辈称公孙，再次一辈则须赐族。

3　因生以赐姓：因所生如禹的母亲，吞薏苡而生禹，故姓姒。商因吞玄鸟卵而生，故姓子。

4　胙之土而命之氏：周语说：“胙四岳国，赐姓曰姜，氏曰有吕。”

5　谥：孙志祖说：“《礼记·檀弓》鲁哀公诔孔子。郑注云：‘诔其行以为谥也，尼父因其字以为之谥。’明用《左传》此语。”

6　官有世功则有官族：比如晋的士氏。

7　邑亦如之：比如韩、赵、卫，皆由于他们的封邑。

8　展氏：因为他是公子展之孙，故为展氏。所以用其祖的字，而不用其父者，因祖孙同昭穆而父子异昭穆。

**今译**

鲁大夫无骇死了。羽父请求赐给他谥号及族氏。隐公问众仲赐族氏的原则，众仲回答说：“天子立有德的人为诸侯，因他所由生而赐他的姓；分给他土地而命他的氏。诸侯的臣子则以他的字做谥号，并且用来赐给他的孙子做族氏。若是做官有世代的功劳，则可用官名为族氏，也可用旧有封邑的名为族氏。”于是，隐公便以无骇的祖父公子展的字，命他的族为展氏。

## 隐公九年（公元前七一四年）

**经**　九年春，天王使南季[1]来聘。

**今注**

1　南季：天子的大夫。南是氏，季是字。此经无传。

**今译**

九年，春，周桓王派大夫南季来鲁国聘问。

**经**　三月癸酉，大雨震电。庚辰，大雨雪。

**传**　九年春王三月癸酉，大雨霖[1]，以震[2]书始[3]也。庚辰，大雨雪[4]，亦如之[5]，书时失[6]也。凡雨自三日以往为霖[7]，平地尺为大雪[8]。

**今注**

1　霖：《尔雅》云："久雨谓之淫，淫雨谓之霖。"

2　以震：震是打雷。有雷震。

3　书始：记载雷的开始。

4　雨雪：雪落如雨。

5　亦如之：也记其开始。

6　书时失：言历法之错误。

7　凡雨自三日以往为霖：这是解释写明霖雨的用意。

8　平地尺为大雪：落雪地上高一尺以上称为大雪。

**今译**

九年，春，周王历三月，癸酉，淫雨成霖并有雷电。经上记载了开始下雨的日子。庚辰，下大雪，也是一样记载了开始的日子。这是说历法有错误之处。凡是下雨，三天以上就叫作霖，下雪而地上积雪一尺以上就叫作大雪。

**经**　挟[1]卒。

**今注**

1　挟：鲁大夫。此经无传。

**今译**

鲁大夫挟死了。

**经**　夏，城郎。

**传**　夏，城郎[1]书不时[2]也。

**今注**

1　郎：此郎非隐公元年之郎。此郎与曲阜相近，所谓近郊之地。

2　书不时：不合农时。

**今译**

夏，修筑郎城，记这件事表示筑城不合农时。

**经**　秋七月[1]。

**今注**

1　《左氏春秋》之经与《公羊》《穀梁》两传不同，《左氏春秋》虽无事可记，仍须四时皆备，并非有深文大义存在。

**今译**

秋，七月。（这一条经文下无记事，因《左氏春秋》每年必使四时全备，虽无事只写四时。）

**传**　宋公不王[1]，郑伯为王左卿士[2]，以王命[3]讨之，伐宋，宋以入郛之役[4]怨公不告命，公怒绝宋使。

**今注**

1　不王：王念孙说："犹言宋公不朝。"

2　左卿士：王有左右二卿士。

3　以王命：用王的命令。

4　入郛之役：在隐公五年。

**今译**

宋殇公不往周朝朝见王，郑伯做周王的左卿士，便借着周王的命令声讨他，而攻伐宋国。宋国因为入郛那次战役而怨恨鲁隐公，便不来通告。隐公很生气，谢绝了宋国派来的使者。

**传**　秋，郑人以王命来告伐宋[1]。

**今注**

1　郑人以王命来告伐宋：郑人伐宋没能战胜，所以又派人往告鲁国。

**今译**

秋，郑人用周王的命令来鲁国通告讨伐宋国。

**经**　冬，公会齐侯于防。

**传**　冬，公会齐侯于防[1]，谋[2]伐宋也。

**今注**

1　防：《公羊传》，防作邴。

2　谋：讨论。

**今译**

冬，鲁隐公在防会见了齐侯，谋划讨伐宋国。

**传**　北戎[1]侵郑，郑伯御之，患[2]戎师。曰："彼徒我车[3]，惧其侵轶[4]我也。"公子突曰："使勇而无刚者，尝寇[5]而速去之。君为三覆[6]以待之。戎轻而不整[7]，贪而无亲，胜不相让，败不相救，先者见获，必务进[8]，进而遇覆[9]必速奔，后者不救则无继[10]矣！乃可以逞[11]。”从之[12]，戎人之前遇覆者奔，祝聃[13]逐之[14]，衷戎师[15]，前后击之，尽殪[16]，戎师大奔[17]。十一月甲寅，郑人大败戎师[18]。

**今注**

1 北戎：大约在今河北省。

2 患：忧虑。

3 彼徒我车：戎人用步兵，而郑人用战车。

4 侵轶：侵略突袭。

5 尝寇：引诱戎兵。

6 三覆：三批埋伏。

7 戎轻而不整：戎人性格轻浮而队伍又不整齐。

8 务进：服虔以为“各自务进，言其贪利”。

9 遇覆：碰见伏兵。

10 无继：没有后援。

11 逞：战役可胜。

12 从之：照公子突的话去做。

13 祝聃：郑大夫。

14 逐之：追逐。

15 衷戎师：将戎师切为两段。

16 尽殪：全杀死。

17 戎师大奔：所余戎师皆大逃奔。

18 郑人大败戎师：至此戎师遂完全为郑师所败。

**今译**

北戎侵略郑国，郑伯出兵抵御。他很忧虑戎人的军队，因而说：“他们用徒兵，我们用战车，我恐怕他们会侵略突袭我们。”公子突说：“先派那些勇敢而不刚毅的人为前锋，引诱戎人入寇，就迅速退后。您准备三批伏兵等待戎人深入。戎人性情轻浮而队伍又不整齐，贪婪而不互相亲爱，胜利不相退让，失败不相援救，前面的戎人看到有所获，必定努力前进，前进而碰见伏兵，必定迅速逃奔，后面的戎人又不肯援救，就不再有后援了！于是我们就可以得胜。”郑伯听从了他的话。果然，戎人的前锋遇到伏兵就奔逃，郑大夫祝聃带兵从后追赶，把戎师从中切为两段，然后前后夹击，全部歼灭。所余的戎师就都赶紧逃奔。十一月，甲寅，郑国人打败了戎人的军队。

## 隐公十年（公元前七一三年）

经　十年春王二月，公会齐侯郑伯于中丘。

传　十年春王正月[1]，公会齐侯、郑伯于中丘[2]。癸丑，盟于邓[3]为师期[4]。

**今注**

1　正月：经作二月，疑误。

2　中丘：今山东省临沂县东北三十里有中丘城。

3　邓：鲁地。

4　为师期：为决定出兵的日期。

**今译**

十年，春，周王历的正月，隐公与齐侯、郑伯会见于中丘。癸丑，结盟于邓，为决定出兵的日期。

经　夏，翚帅师会齐人、郑人伐宋。

传　夏五月，羽父[1]先会齐侯、郑伯伐宋。

**今注**

1　羽父：鲁大夫公子翚。

**今译**

夏，五月，鲁大夫羽父在约定的日期以前先会合齐侯、郑伯攻伐宋国。

**经**　六月壬戌，公败宋师于菅，辛未取郜，辛巳取防。

**传**　六月戊申，公会齐侯、郑伯于老桃[1]。壬戌，公败宋师于菅[2]。庚午，郑师入郜[3]。辛未，归于我[4]。庚辰，郑师入防[5]，辛巳，归于我。君子谓："郑庄公于是乎可谓正矣！以王命讨不庭[6]，不贪其土[7]以劳王爵[8]，正之体也。"

**今注**

1　老桃：杜注为宋地，但《汇纂》以为既在济宁县北六十里，当在齐、鲁边境上。今山东省济宁县北有桃乡城。

2　菅：音坚，当在山东省单县北。

3　郜：为文王子所封，在山东城武县东南二十里。

4　归于我：郑国将郜归给鲁国。

5　防：宋地，在今山东省金乡县西六十里，后入鲁，谓之西防。

6　王命讨不庭：因为郑伯彼时方任王卿士，故以王的命令讨不服王命者。

7　不贪其土：郑国自身并不贪婪他的土地。

8　劳王爵：因为鲁国的爵位长于郑国的伯爵，所以郑国将他得的土地全赠给鲁国。

**今译**

六月，戊申，隐公会见齐侯、郑伯于老桃。壬戌，隐公打败宋国的军队于菅。庚午，郑国军队进入郜邑，辛未，郑国把郜邑归给鲁国。庚辰，郑国军队攻入防邑，辛巳，郑国又把防邑归给鲁国。君子说："郑庄公这样就可以说是方正的了！用周王的命令去讨伐不服王命的宋国，然而自己并不贪婪所得的土地，而用以赠给爵位较尊的鲁国，这是方正的本体。"

**传** 蔡人、卫人、郕人不会王命[1]。

**今注**

1 不会王命：不遵从王命，去会同伐宋。

**今译**

蔡人、卫人、郕人没有遵从周王的命令去会同讨伐宋国。

**经** 秋，宋人、卫人入郑，宋人、蔡人、卫人伐戴，郑伯伐取之。

**传** 秋，七月庚寅，郑师入郊[1]，犹在郊。宋人、卫人入郑，蔡人从之伐戴[2]。八月壬戌，郑伯围戴。癸亥克之，取三师[3]焉。宋卫既入郑，而以伐戴召蔡人，蔡人怒[4]，故不和而败[5]。

**今注**

1 郊：郑都的郊外。

2 戴：在今河南省考城县东南五里有考城故城。

3 取三师：取得宋、卫、蔡三国的军队。

4 怒：不满意。

5 不和而败：因蔡与宋、卫两国不和，而为郑所击败。

**今译**

秋，七月，庚寅，郑国军队刚回到国都的远郊，当他们还在郊外，宋人和卫人就乘虚侵入郑国。蔡人则随从宋、卫两国去攻伐戴国。八月，壬戌，郑伯带兵包围戴国，癸亥，攻克戴国，取得宋、卫、蔡三国的军队。宋、卫两国的军队既已侵入郑国，而又为了攻伐戴国才召集蔡人，蔡人因此很不满意，所以三国失和而为郑国所败。

传　九月戊寅[1]，郑伯入宋[2]。

**今注**

1　戊寅：据长历推算，九月无戊寅，恐日期有错误。

2　郑伯入宋：以报宋入郑的仇恨。

**今译**

九月，戊寅，郑伯攻入宋国。

经　冬十月壬午，齐人、郑人入郕。

传　冬，齐人、郑人入郕，讨违王命[1]也。

**今注**

1　讨违王命：讨伐违反王命不参与伐宋的郕国。

**今译**

冬，齐人及郑人攻入郕国，以讨伐郕国违反周王的命令。

## 隐公十一年（公元前七一二年）

经　十有一年春，滕侯、薛侯来朝。

传　十一年春，滕侯、薛侯[1]来朝[2]，争长[3]。薛侯曰："我先封[4]。"滕侯曰："我，周之卜正[5]也。薛，庶姓[6]也，我不可以后之[7]。"公使羽父请于薛侯曰："君与滕君，辱在寡人[8]。周谚[9]有之曰：'山有木，工则度之[10]。宾有礼[11]，主则择之[12]。'周之宗盟[13]，异姓为后，寡人若朝于薛[14]，不敢与诸任齿[15]。君若辱贶[16]寡人，则愿以滕君为请[17]。"薛侯许之[18]，乃长[19]滕侯。

## 今注

1　薛侯：薛是任姓，为黄帝之后。在今山东省滕县南四十里。

2　来朝：朝觐鲁隐公。

3　争长：争执行礼的先后。

4　我先封：薛祖奚仲为夏代所封，所以说我封在先。

5　卜正：卜官之长。

6　庶姓：不是同姓。

7　不可以后之：不可在他后行礼。

8　辱在寡人：以到寡人处存问为羞辱。王引之说："在，存也；存问之也。"

9　周谚：周代的谚语。

10　工则度之：工匠就去度量它。

11　宾有礼：宾客的举止合度。

12　主则择之：主人则选择所宜而行使。

13　宗盟：定公四年，祝佗所引践土之盟的载书中说：晋重、鲁申一直到郑捷共五人皆同姓，然后方有齐、宋、莒，皆庶姓，可以证明。可见同姓在前，而异姓在后。

14　若朝于薛：若往薛国朝见。

15　不敢与诸任齿：因为鲁隐公是异姓，所以不敢与任姓争行礼的先后。

16　辱贶：以相赐为羞辱。

17　以滕君为请：请滕君先行礼。

18　许之：答应。

19　乃长：于是先请滕侯行礼。

## 今译

十一年，春，滕侯与薛侯来朝见鲁隐公，两人争执行礼的先后。

薛侯说："我受封在先。"滕侯说："我是周的卜正。而且薛是庶姓，我不可以在他的后面行礼。"隐公派羽父请来薛侯说："您和滕君屈辱自己来存问寡人。周代的谚语说：'山里有木材，则由工匠去度量；宾客有合宜的礼节，则由主人加以选择。'周的同姓盟国应在先，异姓的应在后。寡人若是朝见于薛国，必定不敢与各任姓的国家争执行礼的先后，您若是屈辱自己赐惠给寡人，那么愿意向您请求由滕君先行礼。"薛侯允许了。于是就先请滕侯行礼。

**经** 夏，公会郑伯于时来。

**传** 夏，公会郑伯于郲[1]，谋伐许[2]也。郑伯将伐许，五月甲辰，授兵[3]于大宫[4]。公孙阏[5]与颍考叔争车，颍考叔挟辀[6]以走。子都[7]拔棘[8]以逐之，及大逵[9]，弗及[10]，子都怒。

**今注**

1 郲：经作时来，郑地，在今河南省荥阳县东四十里有故厘城。

2 许：姜姓，周武王封其苗裔文叔于许。在今河南省石梁县东三十里。

3 授兵：出征之前交兵器予军队。

4 大宫：是郑国的祖庙。大音泰。

5 公孙阏：郑大夫。

6 挟辀：辀音舟，是车辕。用两手拉着车辕。

7 子都：公孙阏的字。

8 拔棘：棘就是戟。拔出戟。

9 大逵：路宽能容九辆车并走。

10 弗及：没有赶上。

## 今译

夏，隐公会见郑伯于郲，谋划讨伐许国。郑伯将讨伐许国，五月甲辰，先在大宫授兵器给军队。公孙阏与颍考叔争一辆车子，颍考叔用手挟着车辕而走，子都拔出戟来追赶他，追到大路上都没有赶上，子都很愤怒。

**经** 秋七月壬午，公及齐侯郑伯入许。

**传** 秋七月，公会齐侯、郑伯伐许。庚辰，傅[1]于许。颍考叔取郑伯之旗蝥弧[2]以先登[3]，子都自下射之，颠[4]。瑕叔盈[5]又以蝥弧登，周麾[6]而呼曰："君登矣[7]！"郑师毕登。壬午，遂入许，许庄公奔卫。齐侯以许让公[8]，公曰："君谓许不共[9]，故从君讨之。许既伏其罪[10]矣，虽君有命[11]，寡人弗敢与闻[12]。"乃与郑人[13]。郑伯使许大夫百里[14]奉许叔[15]以居许东偏[16]，曰："天祸许国，鬼神实不逞[17]于许君，而假手于我[18]寡人，寡人唯是一二父兄[19]，不能共亿[20]，其敢以许自为功乎！寡人有弟[21]，不能和协，而使糊其口于四方[22]，其况能[23]久有许乎？吾子其奉许叔以抚柔此民[24]也，吾将使获[25]也佐吾子。若寡人得没于地[26]，天其以礼悔祸[27]于许，无宁兹[28]许公复奉其社稷[29]，唯我郑国之有请谒[30]焉，如旧昏媾[31]，其能降以相从[32]也，无滋他族[33]，实偪处此[34]，以与我郑国争此土[35]也。吾子孙其覆亡[36]之不暇，而况能禋祀[37]许乎？寡人之使吾子处此，不唯许国之为[38]，亦聊以固吾圉[39]也。"乃使公孙获处许西偏[40]，曰："凡而器用[41]财贿[42]，无置于许，我死乃亟去之。吾先君新邑于此[43]，王室而既卑[44]矣！周之子孙，日失其序[45]，夫许，大岳之胤[46]也。天而既厌周德[47]矣，吾其能与许争乎？"君子谓："郑庄公于是乎有礼。礼，经国家[48]，定社稷[49]，序民人[50]，利后嗣[51]者也。许无刑而伐之[52]，服而舍之[53]，度德而处之[54]，量力而行之[55]，相时而动[56]，无累后人[57]，可谓知礼矣。”

## 今注

1 傅：军队附着于城墙边。

2 蝥弧：郑伯所使用旗的名。蝥音毛，弧音胡。

3 先登：第一个人上城。

4 颠：由城上坠下而死。

5 瑕叔盈：郑大夫。

6 周麾：遍挥旗而呼。

7 君登矣：因为这是郑伯的旗，所以表示郑伯已经登城。

8 齐侯以许让公：齐侯将许国让给隐公。

9 不共：不共职贡。

10 伏其罪：许君已逃，等于受到处罚。

11 虽君有命：你虽然有命令给我。

12 弗敢与闻：不敢接受。

13 乃与郑人：乃将许国给予郑庄公。

14 百里：许大夫的名字。

15 许叔：是许庄公弟。

16 东偏：许国的东鄙。

17 不逞：不满意。

18 假手于我：假借我的力量。

19 父兄：同姓群臣。

20 共亿：相安。王念孙说：“共字当读去声，犹今人言相安也。”

21 寡人有弟：指共叔段。

22 糊其口于四方：在他国寻求饮食。

23 其况能：怎么能够。

24　抚柔此民：安抚怀柔许国的人民。

25　获：郑大夫公孙获。

26　得没于地：寿终。

27　悔祸：后悔之前的加祸。

28　无宁兹：不但如此。

29　复奉其社稷：重新治理国家。

30　请谒：请求谒见。

31　旧昏媾：等于是旧亲戚。

32　降以相从：降心往来。

33　无滋他族：不要滋聚他族。

34　实偪处此：除此没有旁的办法。

35　此土：指许国。

36　覆亡：亡国。

37　禋祀：絜节斋戒以祭祀谓为禋祀。

38　不唯许国之为：不只是为的许国。

39　圉：边陲。

40　西偏：许的旧西鄙。

41　器用：用具。

42　财贿：钱财。

43　先君新邑于此：先君指郑武公，与平王同时东迁，居于郑国的新都。

44　王室而既卑：周室现已渐渐地趋于卑下。

45　周之子孙，日失其序：于是周的子孙，日渐失掉他的行列。

46　大岳之胤：大音泰。大岳的后嗣。

47　厌周德：厌是厌烦。虽然邹衍的五德相代之说是较后的说法，但是恐怕在春秋时代已经有了新德代旧德之说，所以方有

“天既厌烦周德”的说法，这种思想与前面的几句“王室而既卑矣，周之子孙，日失其序”相互呼应。所以晋文公请隧，周王就回答说：“未有代德，而有二王，亦叔父之所恶也。”可见是同样的思想。

48　经国家：经理国家。

49　定社稷：安定社稷。

50　序民人：使人民贵贱有次序。

51　利后嗣：对后嗣有利。

52　无刑而伐之：郑征伐许，因为许没有法度。

53　服而舍之：他服从就赦免他。

54　度德而处之：郑庄公知道天的既厌周德，而知所以自处。

55　量力而行之：因此他不行极端而灭许国。

56　相时而动：相度情形而动作。

57　无累后人：是他对公孙获说：“我死乃亟去之。”故谓无累后。

**今译**

秋，七月，隐公会合齐侯及郑伯攻伐许国。庚辰，军队附着在许国都城的墙边。颍考叔取了郑伯的旗帜蝥弧首先登城，子都从下面射他，颍考叔从城上坠下而死。瑕叔盈又拿着蝥弧登城，四向挥动着旗帜而呼喊道：“国君登城了！”郑国的军队便都登城。壬午，大军就进入许国都城，许庄公逃奔到卫国。齐侯把许国让给鲁隐公。隐公说：“您说许国不供职贡，所以我随您来讨伐他。现在许国既已接受了责罚，虽然您有命令给我，我也不敢接受。”于是把许国给了郑庄公。郑庄公派许国大夫百里尊奉许叔去住在许国的东鄙，说：“天降祸于许国，鬼神实不满意许君的作为，因而借着我的力量来讨伐许国。但是我连一两位同姓的臣子都不能相安，怎么敢以讨伐许国作为自己的功劳呢？我有一个弟弟，但不能同心协力，而让他在别国寻求饮食，像这样能够永久保有许国吗？请你尊奉许叔以安抚怀柔许国的人民。我将派公孙获辅佐你。若是我能够以寿终，天或要以礼对待许国而后悔从前的加祸，不但如此，还会使许公重新治理他的国家。到那时若是我郑国有所请求谒见，好像旧亲戚一样，希望您许国能降心来往，不要滋聚他族，我不能让他族来与我争许国土地。我的子孙为了挽救自己的倾覆败亡都怕来不及了，怎么还能祭祀许国的山川呢？我所以要把你安置在这里，不仅是为了许国，还是为了想巩固我郑国的边陲哩！”于是派公孙获居住在许国的西边，对他说：“凡是你的器具和钱财，不要放在许国。我死后，就要立刻离开许国。我的先君武公在这新郑地方设立新都，周王室既已卑微，周王的子孙也日渐失掉他们的行列。许国是大岳的后嗣，天既然已厌倦周德，我还能够与许国争胜吗？”君子说：“郑庄公这样做是有礼的。礼，是用以经理国家，安定社稷，序列人民，造福后嗣的。因为许国没有法度而讨伐他，一旦服罪就赦免他。度量自己的德行而自处，估量自己的力量而施行，相度时机而行动，不牵累后人，可以说是知礼的了。”

传　郑伯使卒[1]出豭[2]，行[3]出犬鸡[4]，以诅[5]射颍考叔者。君子谓：“郑庄公失政刑矣！政以治民[6]，刑以正邪[7]，既无德政，又无威刑，是以及邪。邪而诅之，将何益矣！”

**今注**

1　卒：司马法说：百人为卒。

2　豭：音加。《说文》：豭：牡豕也。《广雅》：豭：豕也。

3　行：韦昭《国语注》：行，行列也。

4　犬鸡：用犬或用鸡。

5 诅：郑玄《周礼》注：诅，谓祝之使诅败也。

6 政以治民：用政以治理人民。

7 刑以正邪：用刑法以正邪恶。

**今译**

郑伯命令每一卒出一头猪，每一行出一条犬或出一只鸡，以诅咒射死颍考叔的人。君子说："郑庄公错失了政治和刑法。政治是要治理人民的，刑法是要规正邪恶的。既没有德惠的政治，又没有威严的刑法，所以才会招致邪恶。邪恶不正而反用诅咒，将有什么益处呢？"

**传** 王取邬[1]、刘[2]、蒍[3]、邘[4]之田于郑，而与郑人苏忿生[5]之田温、原[6]、絺[7]、樊[8]、隰郕[9]、欑茅[10]、向[11]、盟[12]、州[13]、陉[14]、隤[15]、怀[16]。君子是以知桓王之失郑也：恕而行之[17]，德之则也[18]，礼之经也[19]，己弗能有，而以与人[20]，人之不至[21]，不亦宜乎！

**今注**

1 邬：在今河南省偃师县西南五十里。

2 刘：在今河南省偃师县南十五里。

3 蒍：在今河南省偃师县与孟县之间。

4 邘：在今河南省河内县西北三十里。

5 苏忿生：在武王时为周司寇，《尚书·立政》篇所谓"司寇苏公"即此人。

6 原：在今河南省济源县西北十五里原乡。

7 絺：在今河南省河内县西南三十二里。

8 樊：亦名阳樊，在今河南省济源县西南十五里。

9 隰郕：在今河南省河内县西三十里。亦名隰城。

10 欑茅：在今河南省修武县西北二十里的大陆村。

11 向：在今河南省济源县西南向城。

12　盟：在今河南省孟津县西南三十里。

13　州：在今河南省河内县东南五十里。

14　陉：音刑。在今河南省河内县西北三十里。

15　隤：在今河南省修武县西北故隤城。

16　怀：今河南省武陟县西南十一里有怀乡故城。

17　恕而行之：以宽恕之道来行。

18　德之则也：进德的规则。

19　礼之经也：礼所经的道路。

20　已弗能有，而以与人：苏忿生的田非周王所有，而周王反以与郑人。

21　人之不至：郑伯不肯来朝觐见周王。

**今译**

周王向郑国取得邬、刘、蒍、邗四邑的田，而把苏忿生的温、原、絺、樊、隰郕、欑茅、向、盟、州、陉、隤、怀十二邑的田给郑国。君子由此知道周桓王失去郑国的原因：以恕道行动，是进德的准则，礼节的规则。把自己不能保有的地方给予他人，人家不再来朝见，不是应该的吗？

**传**　郑息[1]有违言[2]，息侯伐郑，郑伯与战于竟[3]，息师大败而还。君子是以知息之将亡也：不度德[4]，不量力[5]，不亲亲[6]，不征辞[7]，不察有罪[8]，犯五不韪[9]，而以伐人，其丧师[10]也，不亦宜乎！

**今注**

1　息：姬姓国，侯爵。在今河南省新息县。

2　违言：言语之间有违忤处。

3　竟：郑国境内。

4　不度德：不忖度郑庄公之德。

5　不量力：息国小无力。

6　不亲亲：息与郑是同姓之国。

7　不征辞：言语虽相恨，但应当证明话的真假。

8　不察有罪：不考察郑国是否有罪。

9　不韪：不对的事。

10　丧师：丧灭军力。

**今译**

郑、息两国言语之间有互相违忤的地方，因此息侯去伐郑伯，郑伯和他交战于境内，息国军队大败而回。君子由此知道息国将要灭亡：因他不量度郑庄公的贤德，不估量自己的力量，不亲爱亲戚，不证明言辞的真假，不察明罪恶的曲直，自己犯了五种不对的事，反而去讨伐别人，丧失了军力，不也是应该的吗？

**传**　冬十月，郑伯以虢师[1]伐宋。壬戌，大败宋师，以报其入郑[2]也。宋不告命[3]，故不书。凡诸侯有命，告则书，不然则否[4]。师出臧否亦如之[5]。虽及灭国[6]，灭不告败，胜不告克[7]，不书于策[8]。

**今注**

1　以虢师：用虢国的军队。

2　以报其入郑：入郑之役在隐公十年。

3　宋不告命：胜败是国家的大事，而宋不以相告鲁国。

4　不然则否：不告则不书在竹简上。

5　师出臧否亦如之：出兵的得或失也照这样办。

6　虽及灭国：就是到了国家被灭。

7　灭不告败，胜不告克：被灭的国不以战败相告，胜利的国家亦不以战胜相告。

8　不书于策：不写在竹简上。

**今译**

冬，十月，郑伯以虢国军队讨伐宋国。壬戌，打败了宋国军队，借此报复宋国侵入郑国的恨事。宋国不派人来鲁国通告，故不把这件事写在竹简上。凡是诸侯国家有大事和政令，来通告的就记载，不然就不记载。出兵不论胜败也是一样，就是到了国家被灭，被灭的国家不以失败相告，胜利的国家不以胜利相告，也就不记在竹简上。

**经** 冬十有一月壬辰，公薨。

**传** 羽父请杀桓公，将以求大宰[1]。公曰："为其少故也[2]，吾将授之矣[3]。使营菟裘[4]，吾将老焉[5]。"羽父惧，反谮[6]公于桓公而请弑之。公之为公子也，与郑人战于狐壤[7]，止焉[8]。郑人囚诸尹氏[9]，赂[10]尹氏而祷于其主钟巫[11]，遂与尹氏归，而立其主[12]。十一月，公祭钟巫，齐于社圃[13]，馆于寪氏[14]。壬辰，羽父使贼[15]弑公于寪氏，立桓公，而讨寪氏，有死者[16]，不书葬[17]，不成丧[18]也。

**今注**

1 大宰：大音太。按《左传·昭公四年》称"季孙为司徒，叔孙为司马，孟孙为司寇"，可见鲁只有三卿，并无大宰。可能就是由于羽父请求太宰的官而发生隐公被弑的事件，因此鲁国始终未设此官。

2 为其少故也：因为他太年轻。

3 吾将授之矣：我将以君位授给桓公。

4 使营菟裘：菟裘，《公羊传》作涂裘，在今山东省泗水县西北。派人营造菟裘的宫室。

5 吾将老焉：以为退休之地。

6 反谮：反过来向桓公说隐公的坏话。

7 狐壤：郑地。在今河南省。

8　止焉：因为鲁国讳言被擒，所以称为止。

9　尹氏：郑大夫。

10　赂：以钱财相贿赂。

11　其主钟巫：主是尹氏所主祭的。钟巫是其主之名。

12　而立其主：立钟巫之祭于鲁国。

13　齐于社圃：齐同斋。社圃是园名。

14　寪氏：鲁大夫。

15　使贼：羽父使其党羽。

16　有死者：因为隐公是死在寪氏家里，故诬赖寪氏为弑君，遂杀了寪氏几个人。

17　不书葬：经只书公薨，而不书葬，可见是未行葬礼。

18　不成丧：没能正式举行丧礼。

**今译**

羽父请求杀死桓公，借以请求做大宰。隐公说：“因为桓公年纪太轻我才摄政。我将把君位授给桓公。派人去营造菟裘的宫室，我将要告老退休了。”羽父很恐惧，反过来向桓公说隐公的坏话，请求弑杀隐公。隐公从前做公子的时候，曾和郑人交战于狐壤，在那里被俘而停战。郑人把他囚在尹氏家里。隐公用钱财做贿赂而祈祷于尹氏所祭的神钟巫，于是隐公便带着尹氏回国，而立钟巫的神主于鲁国。十一月，隐公要祭祀钟巫，斋戒于社圃，而住在大夫寪氏家里。壬辰，羽父派他的党羽弑隐公于寪氏家，立桓公为鲁君，而讨伐寪氏，有几个人被杀死。经上不记载这件事，因为没有正式为隐公举行葬礼。

# 卷二　桓公

## 桓公元年（公元前七一一年）

经　元年春王正月，公即位。

传　元年春，公[1]即位[2]，修好于郑，郑人请复祀周公，卒易祊田[3]，公许之。

**今注**

1　公：指桓公；名轨，为惠公的儿子，隐公的弟弟，母仲子。谥法，辟土服远曰桓。《史记·鲁世家》说他名允。

2　即位：行即位的典礼。

3　卒易祊田：此事已见隐公八年。

**今译**

元年，春，桓公行即位典礼。桓公即位后，修治鲁国与郑国的和好，郑人请求恢复周公的祭祀，完成祊田的交换，桓公允许了。

经　三月，公会郑伯于垂，郑伯以璧假许田。

传　三月，郑伯以璧假许田[1]，为周公祊故也。

**今注**

1　以璧假许田：璧是玉璧。用璧来假借许田。

### 今译

三月，郑伯用玉璧来假借许田，为的是交换祭周公的祊田。

经 夏四月丁未，公及郑伯盟于越。

传 夏四月丁未，公及郑伯盟于越[1]，结祊成也[2]。盟曰：“渝盟无享国[3]。”

### 今注

1 越：经所云之垂，一名犬邱，在今山东省曹县北三十里。而越在垂左近。

2 结祊成也：为的是完结用许田与祊相换的事件。

3 渝盟无享国：这是盟辞。若变易此盟，就不许享有国家。

### 今译

夏，四月，丁未，桓公与郑伯盟誓于越，以完成许田与祊田交换的事件。盟辞说：“若是变易了这个盟誓，就不能享有国家。”

经 秋，大水。

传 秋，大水，凡平原出水为大水[1]。

### 今注

1 凡平原出水为大水：广平之地出水，并非泉水涌出，则为大水。

### 今译

秋，发生大水。凡是广平的地上出水弥漫，就叫作“大水”。

经 冬十月[1]。

### 今注

1 此经只剩三字，后人遂有种种的忖测之辞，我则以为这竹简因年久而朽烂，遂余下三个字，并无特别的说法。

传　冬，郑伯拜盟[1]。

**今注**

1　拜盟：拜谢越之盟。

**今译**

冬，郑伯来拜谢越的盟约。

传　宋华父督[1]见孔父之妻于路[2]，目逆而送之[3]曰："美而艳[4]。"

**今注**

1　华父督：是宋国的卿，为宋戴公之孙。

2　于路：在路上。

3　目逆而送之：先看见，一直用眼送她到远处。

4　美而艳：貌美而姿色鲜艳。

**今译**

宋国的华父督在路上碰见孔父的妻子，眼看着她走近又一直目送她走远，说："貌美而姿色鲜艳。"

## 桓公二年（公元前七一〇年）

经　二年春王正月，戊申，宋督弑其君与夷及其大夫孔父。

传　二年春，宋督[1]攻孔氏[2]，杀孔父而取其妻[3]。公怒[4]，督惧，遂弑殇公[5]。君子以督为有无君之心，而后动于恶，故先书弑其君[6]，会于稷[7]，以成宋乱[8]，为赂故，立华氏[9]也。宋殇公立，十年十一战[10]，民不堪命[11]，孔父嘉为司马[12]，督为大宰[13]，故因民之不堪命，先宣言曰："司马则然。"已杀孔父而弑殇公，召庄公[14]

于郑，而立之以亲郑[15]，以郜大鼎[16]赂公，齐、陈、郑皆有赂，故遂相宋公[17]。夏四月，取郜大鼎于宋。戊申，纳于大庙[18]，非礼也。臧哀伯[19]谏曰："君人者将昭德塞违[20]，以临照百官[21]，犹惧或失之[22]，故昭令德[23]以示子孙，是以清庙茅屋[24]，大路越席[25]，大羹不致[26]，粢食不凿[27]，昭其俭[28]也。衮[29]冕[30]黻[31]珽[32]，带[33]裳[34]幅[35]舄[36]，衡[37]纨[38]纮[39]綖[40]，昭其度[41]也。藻[42]率[43]鞞[44]鞛[45]，鞶[46]厉[47]游[48]缨[49]，昭其数[50]也。火[51]龙[52]黼黻[53]，昭其文[54]也。五色比象[55]，昭其物[56]也。钖[57]鸾[58]和[59]铃[60]，昭其声[61]也。三辰旂旗[62]，昭其明[63]也。夫德俭而有度[64]，登降有数[65]，文物以纪之[66]，声明以发之[67]，以临照百官[68]，百官于是乎戒惧[69]，而不敢易纪律[70]。今灭德立违[71]，而置其赂器[72]于大庙，以明示[73]百官，百官象之[74]，其又何诛[75]焉？国家之败由官邪[76]也，官之失德宠赂章[77]也。郜鼎在庙，章孰甚[78]焉？武王克商，迁九鼎[79]于雒邑[80]，义士[81]犹或非之[82]，而况将昭违乱之赂器于大庙，其若之何[83]？"公不听，周内史[84]闻之曰："臧孙达其有后于鲁[85]乎？君违[86]不忘谏之以德。"

## 今注

1　宋督：指华父督。

2　攻孔氏：古代各族皆有军队，故华父督用他的军队攻孔氏。

3　杀孔父而取其妻：故先杀孔父而目的在娶其妻。

4　公怒：宋殇公因此发怒。

5　督惧，遂弑殇公：华父督因殇公发怒，遂有所惧，而弑殇公。

6　先书弑其君：事实上杀孔父在先，杀殇公在后，但因他先有无君之心，故先书弑其君。

7　稷：在今河南省商丘左近。

8　以成宋乱：以平定宋国的乱。

9　为赂故，立华氏：因为华父督对各国皆有贿赂，所以才立华父督主持宋政。

10 十年十一战：殇公以隐公四年立，十一战皆在隐公的时代。

11 民不堪命：人民不能忍受。

12 司马：是主兵之卿。

13 大宰：宋卿名。大音泰。

14 庄公：是公子冯。

15 立之以亲郑：因为在隐公三年，公子冯出居于郑。

16 以郜大鼎：郜为文王子所封，今山东省城武县东南有北郜城。用郜国所造的铜器。

17 遂相宋公：春秋时代，“相”字最初为临时的名称，如孔子在夹谷相礼，是用的原义。至战国时代方有宰相的名称。“相宋公”这种字样是头一次见于春秋时代。

18 纳于大庙：大音泰。安置在鲁国的祖庙内。

19 臧哀伯：鲁大夫，是臧僖伯之子。

20 昭德塞违：昭明德行，闭塞违邪。

21 临照百官：专门做给百官看，作为榜样。

22 犹惧或失之：仍然害怕不能成功。

23 昭令德：昭明好的德行。

24 清庙茅屋：清庙就是祖先的庙。其屋上以茅草覆盖，以示节俭。

25 大路越席：大路是祀天的玉路。以结草为席，也以示俭。

26 大羹不致：大羹是宗庙祭祀时所用，只用肉汁，不加五味。

27 粢食不凿：祭祀所用的谷皆不精凿。

28 昭其俭：以上四类皆是表示俭省。

29 衮：是用玄色而画以龙。

30 冕：是礼帽。

31　韍：音弗，是用皮所做，为蔽膝之用。

32　珽：音挺，用玉所做的笏板。

33　带：皮带。

34　裳：古人谓衣以下为裳，等于现在的裙子。

35　幅：音逼，若晋朝人所谓的行縢。

36　舄：音细，等于现在的鞋。

37　衡：以玉做成，是用来维持冠冕与发的。

38　紞：以线织成，垂于冠下。

39　纮：从下而上的缨。

40　綖：以木为干，上面盖以玄色的布，称为綖。

41　昭其度：因为尊卑各有制度，所以表示。

42　藻：画藻，以皮做成。

43　率：音律，即刷巾。据傅逊说，率带诸侯大夫皆五彩，士二彩。

44　鞞：《诗毛传》说佩刀鞘下的装饰曰鞞。

45　鞛：音北，《诗毛传》说佩刀鞘上的装饰曰鞛。

46　鞶：音盘，是绅带。

47　厉：是大带之垂者。

48　游：是旌旗的穗子。

49　缨：是马胸前的五彩装饰物。

50　昭其数：表示尊卑各有等级。

51　火：画有火形。

52　龙：画有龙形。

53　黼：音斧，白与黑名谓黼，形若斧头。黻：音浮，黑青名谓黻，它是两两相背的形状。

54　昭其文：以表示他的文章贵贱。

55　五色比象：《考工记》说“东青、南赤、西白、北黑、天玄、地黄是其比象”。此是六色，而称为五色，因为玄色是在赤色与黑色之间。

56　昭其物：以昭明器物的不虚设。

57　钖：音扬，安在马面上，有声响。

58　鸾：是在马口两边所系的铃铛。

59　和：附在车轼上的铃铛。

60　铃：是在旌旗上的铃铛。

61　昭其声：昭示它的声音。

62　三辰旂旗：将日、月、星画在旗子上面。

63　昭其明：所以昭示天的光明。

64　俭而有度：俭省而有制度。

65　登降有数：王引之说：“登谓增其数，降谓减其数。”杜注为上下尊卑，不对。

66　文物以纪之：文物所以记载它。

67　声明以发之：声音与颜色来发展它。

68　临照百官：用以训示所有的官吏。

69　戒惧：警惕遂害怕。

70　易纪律：改易纪律。

71　灭德立违：王念孙说：“违，邪也。与回邪之回声近而义同。”按：上文昭德塞违；下文又说昭违乱之赂器于大庙，“违”全作为“邪”字讲。

72　赂器：指郜鼎。

73　明示：明白地告示。

74　百官象之：百官以它为表象。

75　何诛：如何惩罚。

76　官邪：官的行为不正。

77　宠赂章：所得的恩宠及贿赂很彰显。

78　章孰甚：何事再比它更彰明显著。

79　九鼎：为夏人所铸。

80　雒邑：雒音洛。雒邑是周公所营，后谓之王城，在今河南省洛阳县。

81　义士：守正义的人士。

82　犹或非之：不以为然。

83　其若之何：又怎么办。

84　周内史：周国的史官。

85　有后于鲁：他的后人必可以维持住职位于鲁国。

86　君违：君若有邪政。

**今译**

二年，春，宋华父督攻击孔氏，杀死孔父而夺取他的妻子。宋殇公很生气，华父督很恐惧，于是就弑殇公。君子以为华父督先存有“无君”的心，然后才动弑君的恶念，所以经上先写“弑其君”。鲁桓公与齐侯及陈侯会见于稷邑，商量平定宋国的乱事。因为接受了华父督的贿赂，而立华氏主持宋政。宋殇公在位十年发生十一次战争，宋国的人民不能忍受。孔父嘉为司马，华父督为大宰，所以他利用人民不能忍受的心理，先公开宣布说：“这些战争实在都是由司马造成的。”既已杀了孔父而又弑殇公，从郑国召回宋庄公而立为国君。借此亲于郑国，用郜国的大鼎贿赂鲁桓公，齐、陈、郑三国也都有贿赂，所以华父督就做了宋庄公时掌政权的人。夏，四月，鲁国从宋国取来郜国的大鼎。戊申，安置在太庙里面，这是不合礼的。臧哀伯谏诤说：“做国君的人，要昭明德行闭塞违邪，以便作为百官的榜样来影响他们。仍然害怕不能成功，所以要昭明良好的德行以告示子孙。这就是祖先的庙只用茅草盖屋顶，祀天的玉路只结草做席，肉汁不加五味，祭祀用的黍稷都不用精凿，以这四种方法来表示他的俭省。画着龙的上衣、礼帽、蔽膝、玉笏、皮带、裙子、缠腿、鞋子，以及礼帽上的衡、紞、纮、綖，都有一定的规则，以表示他的制度。衬玉的画藻、刷巾、佩刀的装饰、绅带和垂下的大带、旌旗的穗子、马胸前的缨索，也都有一定的规则，以表示合于尊卑的数目。用火、龙、黼、黻等花纹图案做装饰，以表示他的文章贵贱。车服器械用五色来象征，以表示器物的实体。用马额上的锡，马口两边的鸾，车轼上的和，以及旌旗上的铃，以表示他的声音。用画有日、月、星的旗帜，以表示他的明德如天的光明一样。所谓德，就是要能做到俭省而有制度，增加或减少有一定的数目，用文章与器物来记载，用声音和光明来发挥，这样来训示百官，百官就能警戒畏惧，而不敢改变纪律。现在灭了有德的人而立了违邪的人，并且把他所贿赂的器物安置在大庙，公开展示给百官，百官若是仿效了这种行为，又怎能处罚他们呢？国家的败亡，是由于官员行为不正，官员的丧失德行，是由于宠爱贿赂彰明显著。现在郜国的大鼎放在大庙里，有比这个更明显的吗？周武王克服商朝以后，把九鼎迁移到洛邑，守正义的人士都还不以为然，何况把表示邪恶乱政的赂器放在大庙，又怎么办呢？”桓公不听他的话。周的内史听到了这件事，说：“臧孙达的后人必可以维持住他们的职位于鲁国。国君有邪政，不忘用德行谏诤。”

**经** 滕子来朝[1]。

**今注**

1 此经无传。

**今译**

滕子来鲁国朝见。

**经** 三月，公会齐侯、陈侯、郑伯于稷，以成宋乱[1]。

**今注**

1 此经之传见前文。

**今译**

三月，鲁桓公会见齐侯、陈侯及郑伯于稷邑，以平定宋国的乱事。

**经** 夏四月，取郜大鼎于宋。戊申，纳于大庙[1]。

**今注**

1 此经之传亦见前文。

**今译**

四月，鲁国从宋国取来郜国的大鼎。戊申，安置在大庙里。（见前文。）

**经** 秋七月，杞侯来朝。

**传** 秋七月，杞侯[1]来朝，不敬。杞侯归，乃谋伐之。

**今注**

1 杞侯：杞是姒姓，周武王伐纣求禹之后得东楼公，而封于杞。在今河南省杞县。

**今译**

秋，七月，杞侯来鲁国朝见，杞侯不敬。杞侯归国，鲁国就谋划要讨伐他。

**经** 蔡侯、郑伯会于邓。

传　蔡侯、郑伯会于邓[1]，始惧楚也。

**今注**

1　邓：在今河南省郾城县东南三十五里有邓城。

**今译**

蔡侯与郑伯会见于邓，开始畏惧楚国的势力。

经　九月，入杞。

传　九月，入杞，讨不敬[1]也。

**今注**

1　讨不敬：因为杞侯来朝不敬。

**今译**

九月，攻入杞国，讨伐杞侯的不敬。

经　公及戎盟于唐，冬，公至自唐。

传　公及戎盟于唐，修旧好[1]也。

**今注**

1　修旧好：指惠公与隐公的旧盟誓。

**今译**

鲁桓公及戎人会盟于唐，以修治旧时的和好。

传　冬，公至自唐，告于庙[1]也。凡公行，告于宗庙。反，行饮至[2]舍爵策勋[3]焉，礼也。特相会，往来称地[4]，让事[5]也。自参以上[6]，则往称地[7]，来称会[8]，成事[9]也。

**今注**

1　告于庙：告于祖庙。

2　行饮至：行饮至的礼节。

3　舍爵策勋：爵是饮酒所用的器皿。既饮之后，放下酒杯，则将随从的人的勋劳写到竹简上。

4　往来称地：写上会盟的地方。

5　让事：因为两国相会，莫肯为主人，互相谦让，所以只写会盟的地方。

6　自参以上：由三国以上会盟。

7　则往称地：去时称所往的地名。

8　来称会：回来时就称会盟。

9　成事：表示会盟已经成功。

**今译**

冬，鲁桓公从唐回国，告于祖庙。凡是公出国，要告于祖庙，回国，举行饮至礼，放下酒杯，就将随从人员的功劳记在竹简上，这是合于礼的。只有两国会盟，去时回时都写上会盟的地名，因为两国会盟，彼此谦让，不肯做主，会盟不成，所以只写会盟的地方；由三国以上会盟，则去时称所要去的地名，回时就称会盟，表示会盟成功。

**传**　初，晋穆侯[1]之夫人姜氏，以条[2]之役生大子[3]，命之曰仇[4]。其弟以千亩之战[5]生，命之曰成师。师服[6]曰："异哉，君之名子也。夫名以制义[7]，义以出礼[8]，礼以体政[9]，政以正民，是以政成而民听，易则生乱[10]。嘉耦曰妃[11]，怨耦曰仇[12]，古之命也[13]。今君命大子曰仇，弟曰成师，始兆乱[14]矣。兄其替[15]乎！"惠[16]之二十四年，晋始乱[17]，故封桓叔[18]于曲沃[19]。靖侯[20]之孙栾宾傅之[21]。师服曰："吾闻国家之立也，本大而末小[22]，是以能固[23]。故天子建国，诸侯立家，卿置侧室[24]，大夫有贰宗[25]，士有隶子弟[26]，庶人、工、商，各有分亲[27]，皆有等衰[28]，是以民服事其上[29]，而下无觊觎[30]。今晋，甸侯[31]也，而建国，本既弱矣，其能久乎？"惠之三十年，晋潘父[32]弑昭侯[33]，而纳桓叔，不克，晋人立孝侯[34]。惠之四十五年，曲沃庄伯[35]伐翼[36]，弑孝侯，翼人立其弟鄂侯，鄂侯生哀侯[37]，哀侯侵陉庭[38]之田，陉庭南鄙[39]，启[40]曲沃伐翼。

**今注**

1　晋穆侯：为晋献侯之子，他为成王封其弟叔虞于唐的第九君。晋是姬姓。

2　条：在今山西省安邑县北三十里鸣条冈。

3　大子：大音太，即后之晋文侯。

4　命之曰仇：命等于名。命之曰仇即名之曰仇。

5　千亩之战：千亩在今山西省界休县。据《国语》说："宣王三十九年，战于千亩，王师败绩于姜氏之戎。"据《史记·周本纪》也说：宣王三十九年有千亩之战。

6　师服：晋大夫。

7　名以制义：名以制定义法。

8　义以出礼：礼自义而来。

9　礼以体政：政由礼而成。

10　易则生乱：变易礼及义，乱就生出来。

11　嘉耦曰妃：好的配偶就叫作妃。

12　怨耦曰仇：相怨的配偶就叫作仇。

13　古之命也：这是古人用的名称。

14　兆乱：乱的预兆。

15　兄其替：替即废。兄将来被废。

16　惠：鲁惠公。

17　晋始乱：指晋文侯卒。

18　桓叔：成师谥法。

19　曲沃：在今山西省闻喜县。

20　靖侯：桓叔的高祖父。

21　栾宾傅之：栾宾为公孙，任桓叔的师傅。

22　本大而末小：根本粗大而末枝细小。

23　是以能固：所以能牢固。

24　卿置侧室：侧室所出为庶子。

25　大夫有贰宗：大夫的嫡子为小宗。贰宗是庶子的后人。

26　士有隶子弟：士低于大夫，以他的子弟为仆隶。

27　庶人、工、商，各有分亲：在春秋时士与庶人尚不并称，自孟子时，方才开始士与庶人连称，由此可看出春秋与战国的分野。庶人与工商皆在贵族与小人之间。

28　皆有等衰：皆有等级高下。

29　民服事其上：百姓听从上面的命令。

30　觊觎：下希望占有上的位置。

31　甸侯：其爵位为侯，而封的地位为甸服。

32　潘父：晋大夫。

33　昭侯：晋文侯子。

34　孝侯：昭侯之子。

35　庄伯：桓叔子。

36　翼：在今山西省翼城县东南十五里。

37　哀侯：鄂侯之子。

38　陉庭：《史记·晋世家》庭作廷。陉庭即荧庭，在今山西省翼城县东南七十五里。

39　南鄙：南郊。

40　启：开启。

**今译**

起初，晋穆侯的夫人姜氏在条之役时生下了太子，命名叫作仇，仇的弟弟在千亩之战时出生，命名叫作成师。晋大夫师服说：“奇怪呀！国君竟这样给他的儿子起名字。命名以制定义法，从义法而生出礼节，用礼节以完成政治，用政治以匡正人民，所以政治才有成效而人民听命服从。变易礼节和义法就要发生乱事。好的配偶叫作妃，相怨的配偶叫作仇，这是古人用的名称。现在国君叫他的太子作仇，太子的弟弟叫成师，这就开始预兆乱事的发生。做哥哥的将来岂不被废吗？”在鲁惠公二十四年，晋国开始发生乱事，所以封桓叔于曲沃，由靖侯的孙子栾宾做他的师傅。师服说：“我听说一个国家的成立，根本大而末枝小，才能够巩固。所以天子封建诸侯，诸侯封建卿大夫，卿设置侧室，大夫除嫡子外另立贰宗，士有他的子弟做仆隶，庶人及工商各有分别的亲戚，亲疏都有等差，这样人民才服从他的长上，而下面的人不敢觊觎上位。现在晋国只是甸侯的国家，而封建另一个侯国，根本既已衰弱了，还能长久存在吗？”在鲁惠公三十年，晋大夫潘父弑昭侯而接纳桓叔，没有成功。晋国人立孝侯为国君。在鲁惠公四十五年，曲沃庄伯攻伐翼都，弑孝侯，翼都的人立他的弟弟鄂侯为国君。鄂侯生哀侯，哀侯侵占陉庭地方的田，陉庭就是翼都的南鄙。这件事开启了曲沃攻击翼都的事端。

## 桓公三年（公元前七〇九年）

传　三年春，曲沃武公[1]伐翼，次[2]于陉庭，韩万[3]御戎，梁弘为右，逐翼侯于汾隰[4]，骖絓而止[5]，夜获之及栾共叔[6]。

### 今注

1　曲沃武公：是曲沃庄伯之子。

2　次：久留，据庄公三年传说：“再宿为信，过信为次。”

3 韩万：庄伯之弟。

4 汾隰：在汾水边上。

5 骖絓而止：骖是驾车的第三匹马。絓：马遇到树。此指全车都被停止了。

6 栾共叔：桓公的叔父，栾宾的儿子。

**今译**

三年，春，曲沃武公攻伐翼都，久留在陉庭。韩万驾戎车，梁弘做车右，追逐翼侯于汾水边，直到骖马被绊住，戎车不能前进才停止。到了夜里，他们俘获了翼侯及栾共叔。

**经** 三年春正月，公会齐侯于嬴。

**传** 会于嬴[1]，成昏[2]于齐也。

**今注**

1 嬴：在今山东省泰安县东南五十里。

2 成昏：聘娶齐女为桓公夫人。

**今译**

鲁桓公与齐侯会见于嬴，和齐侯订成婚约。

**经** 夏，齐侯、卫侯胥命于蒲。

**传** 夏，齐侯、卫侯胥命[1]于蒲[2]，不盟也。

**今注**

1 胥命：只是申明约言，而不歃血。

2 蒲：是卫地，在今河南省长垣县故蒲城。

**今译**

夏，齐侯与卫侯在蒲互申约言，没有歃血盟誓。

**经** 六月，公会杞侯于郕。

**传** 公会杞侯于郕，杞求成[1]也。

**今注**

1 求成：求和平。

**今译**

鲁桓公会见杞侯于郕，因杞侯请求和平。

**经** 秋七月壬辰朔，日有食之，既[1]。

**今注**

1 既：完全看不到。此经无传。

**今译**

秋，七月，壬辰朔，日食，太阳完全看不到。

**经** 公子翚如齐逆女。九月，齐侯送姜氏于讙，公会齐侯于讙，夫人姜氏至自齐。

**传** 秋，公子翚如齐逆女[1]，修先君之好[2]，故曰公子。齐侯送姜氏于讙，非礼也。凡公女嫁于敌国[3]，姊妹则上卿送之，以礼于先君[4]；公子则下卿送之，于大国，虽公子亦上卿送之；于天子，则诸卿[5]皆行，公不自送；于小国，则上大夫送之。

**今注**

1 逆女：迎接来嫁之女。

2 修先君之好：《礼记·昏仪》说："合二姓之好。"先君遂代表女姓，故曰"修先君之好"。

3 敌国：同等的国家。

4 礼于先君：尊礼姐妹的父亲。

5 诸卿：各卿士。

**今译**

秋，鲁大夫公子翚到齐国迎接来嫁的小姐。名义上是修先君的和好，所以称说“公子”。齐侯送姜氏出嫁，是不合礼的。凡是公国的女儿嫁到同等的国家，公的姊妹则由上卿送嫁，以表示尊礼于她们的父亲，公的女儿则由下卿送嫁。对于大国，虽是公的女儿，也由上卿送嫁。对于天子，则各位卿士都出动，公不自己送嫁。对于小国，则由上大夫送嫁。

**经** 冬，齐侯使其弟年来聘。

**传** 冬，齐仲年来聘，致夫人[1]也。

**今注**

1 致夫人：为的是表示送至文姜。

**今译**

冬，齐侯的弟弟仲年来鲁国聘问，为了桓公夫人的缘故来致殷勤的问候。

**经** 有年[1]。

**今注**

1 有年：五谷皆熟为有年。此经无传。

**今译**

今年五谷都熟。

**传** 芮伯万[1]之母芮姜，恶芮伯之多宠人[2]也，故逐之，出居于魏[3]。

**今注**

1 芮伯万：芮是姬姓，在今陕西省朝邑县有芮故城，在黄河西岸。伯是伯爵，名万。

2　多宠人：很多宠爱的人。

3　魏：姬姓，在今山西省芮城县河北故城。

**今译**

芮伯万的母亲芮姜，不喜欢芮伯有很多宠爱的人，所以驱逐他。芮伯只好离开，去住在魏国。

## 桓公四年（公元前七〇八年）

经　四年春正月，公狩于郎。

传　四年春正月，公狩于郎，书时礼[1]也。

**今注**

1　书时礼：周之春天等于夏历的冬天，这种狩猎不妨害农时，所以称为合礼。

**今译**

四年，春，正月，鲁桓公狩猎于郎，记载狩猎的时间，是合于礼的。

经　夏，天王使宰渠伯纠来聘。

传　夏，周宰渠伯纠[1]来聘，父在，故名[2]。

**今注**

1　渠伯纠：渠是氏，伯纠是名，其父为宰而以其子摄位出聘，所以书于竹简，以示讥讽。

2　父在故名：因为他是摄父位，所以竹简称他的名字。

**今译**

夏，周王的宰渠伯纠来鲁国聘问。因他的父亲尚在，所以写了他的名字。

**传** 秋，秦师侵芮败焉，小之[1]也。

**今注**

1　小之：秦以芮军队为少，故轻之，遂为芮所败。

**今译**

秋，秦国军队侵略芮国，结果失败，因为秦国小看了芮国的力量。

**传** 冬，王师秦师围魏，执芮伯以归[1]。

**今注**

1　执芮伯以归：盖欲纳芮伯于其国。

**今译**

冬，周王的军队及秦国的军队包围魏国，捉着芮伯而回。

**别注**

按：《臧琳经义杂记》之《公》《穀》不具四时条下："初学记文部引刘歆《七略》曰：'春秋两家文，或具四时，或不于古文无事不必具四时。'按：春秋两家，谓今文《公羊》《穀梁》也，古文谓《左氏春秋》也。或不当句，不读为否，不必具四时，不衍字也。谓《公》《穀》之经，或有不具四时，《左氏春秋》虽无事必具也。"

## 桓公五年（公元前七〇七年）

**经** 五年春正月，甲戌，己丑，陈侯鲍卒。

**传** 五年春正月，甲戌己丑[1]，陈侯鲍[2]卒，再赴[3]也。于是陈乱，文公子佗[4]杀大子免[5]而代之。公疾病[6]，而乱作，国人分散，故再赴。

**今注**

1　甲戌己丑：甲戌是首次赴的日期，己丑是再赴的日期。

2　陈侯鲍：鲁侯未予同盟，照例不写名字，而这次写名者，因为陈国的两次赴告皆称名字。

3　再赴：所以有两个日期。

4　公子佗：是桓公之弟五父。

5　大子免：桓公太子。

6　疾病：郑元《论语》注，病谓疾困也。按：《白虎通·巡狩》篇：传曰："甲戌之日亡，己丑之日死，而得有狂易之病蜚亡而死由不绝也。"

**今译**

五年，春，正月，甲戌和己丑，陈国两次来赴告陈侯鲍死了。于是，陈国发生内乱，陈桓公的弟弟文公子佗杀死太子免而自己代为国君。陈桓公病危而乱事发生，陈国人分散，所以再来赴告一次。

**经**　夏，齐侯、郑伯如纪。

**传**　夏，齐侯、郑伯朝于纪，欲以袭之[1]，纪人知之[2]。

**今注**

1　欲以袭之：不明着宣战曰袭。

2　纪人知之：纪人已经暗中知道，所以戒备来告鲁国。此乃鲁国史书所书齐郑袭纪的缘故。

**今译**

夏，齐侯与郑侯到纪国朝见，想乘机偷袭纪国。纪国人暗中知道了，而求援于鲁国，所以鲁国的史书记载了这件事。

**经** 天王使仍叔之子来聘。

**今译**

周桓王派仍叔的儿子来鲁国聘问。此经无传。

**经** 葬陈桓公[1]。

**今注**

1 陈桓公：陈侯鲍。此经无传。

**今译**

安葬陈桓公。

**经** 城祝丘[1]。

**今注**

1 祝丘：在今山东省临沂县东南五十里，即邱城。此经无传。

**今译**

修筑祝丘的城墙。

**传** 王夺郑伯政[1]，郑伯不朝。

**今注**

1 王夺郑伯政：自从郑武公、庄公为周平王卿士，郑国时常参与周王的政策，后来周王又分郑权予虢公林父，所以说王夺郑伯政。按：周自立国以后，就始是兄弟共权制度，如周公为太宰，康叔为司寇，聃季为司空，见于定公四年的记载，皆为王室的卿士。又如，《尚书·顾命》篇列举“保奭、芮伯、彤伯、毕公、卫侯、毛公”，皆足证。

**今译**

周桓王夺掉郑庄公参与王政的权力，所以郑庄公不朝见周王。

**经** 秋，蔡人、卫人、陈人从王伐郑。

**传** 秋，王以诸侯伐郑，郑伯御之，王为中军[1]，虢公林父将[2]右军，蔡人卫人属焉；周公黑肩将左军[3]，陈人属焉。郑子元[4]请为左拒[5]，以当[6]蔡人卫人；为右拒[7]，以当陈人，曰："陈乱，民莫有斗心，若先犯之[8]，必奔；王卒顾之[9]，必乱；蔡卫不枝[10]，固将先奔。既而萃[11]于王卒，可以集事[12]。"从之。曼伯[13]为右拒，祭仲足[14]为左拒，原繁、高渠弥[15]以中军奉公，为鱼丽之陈[16]，先偏后伍，伍承弥缝[17]，战于繻葛[18]。命二拒曰："旝动而鼓[19]。"蔡、卫、陈皆奔，王卒乱。郑师合以攻之[20]，王卒大败，祝聃[21]射王中肩，王亦能军[22]，祝聃请从之[23]。公曰："君子不欲多上人[24]，况敢陵[25]天子乎？苟自救也，社稷无陨，多矣[26]！"夜，郑伯使祭足劳王，且问左右[27]。

**今注**

1 王为中军：王亲率领中军。

2 将：率领。

3 周公黑肩将左军：周公黑肩即周桓公，为王卿士，率领左军。

4 子元：杜注为郑公子。顾炎武则谓为郑厉公。

5 左拒：等于左军，专以抵抗周王的右拒。

6 当：同挡。

7 右拒：等于右军，以抵抗周王的左军。

8 若先犯之：要先去攻打他。

9 王卒顾之：王率领的军队看见。

10 不枝：中军及左军既败，右军也没办法支持。

11 萃：聚。

12 集事：成事。

13 曼伯：郑大夫檀伯。曼音万。

14　祭仲足：祭仲，郑大夫。

15　原繁、高渠弥：二人皆郑大夫。

16　鱼丽之陈：陈音阵。阵名。

17　先偏后伍，伍承弥缝：司马法，二十五乘为偏，五人为伍。车居前而步卒居后，步兵当车的空隙之处，使两车中间无缺缝。

18　繻葛：郑地，今河南省长葛县北十二里有故城。

19　旝动而鼓：贾逵以旝为发石，一曰飞石。鼓即鸣鼓。

20　郑师合以攻之：郑军全体进攻。

21　祝聃：郑大夫。

22　王亦能军：王引之说："亦当为不字，形相似而误，此言王之余师不复能成军耳。"

23　请从之：请求追逐。

24　君子不欲多上人：君子不愿意多在人上。

25　陵：欺凌。

26　社稷无陨，多矣：不使社稷坠落，就甚满意了。

27　左右：周王的群臣。

**今译**

秋天，周桓王用诸侯的军队讨伐郑国。郑庄公抵御。周桓王亲自率领中军，虢公林父率领右军，蔡国人及卫国人隶属于他。周公黑肩率领左军，陈国人隶属于他。郑国的子元请求组成左拒以抵挡蔡人和卫人，组成右拒以抵挡陈人，他说："陈国刚发生乱事，人民没有战斗的心意，若是先攻击他们，他们必定逃奔；周王率领的军队看见了，必定发生纷乱；蔡人和卫人不能互相支持，固然将会先逃奔。然后我们集中力量攻击周王率领的军队，这样便可以成功。"郑庄公依照他的话去做。由曼伯率领右拒，祭仲足率领左拒，原繁和高渠弥奉郑庄公率领中军，排成鱼丽的阵式。前面安排二十五辆战车，接着是步卒，五人一排，排在两车间空隙的地方，形成不能中断的阵式。交战于繻葛。命令二拒说：“飞石一动就打起战鼓。”蔡、卫、陈三国人都逃奔。周王的军队大乱，郑国军队合力攻击，周王的军队大败。祝聃射中周王的肩部，周王的余军不再能成军。祝聃请求追逐，郑庄公说：“君子不愿意多在人之上，何况敢欺凌天子吗？假如能够自救，不使社稷坠落，已经很够了。”夜里，郑庄公派祭足慰劳周王，并且慰问他左右的人。

**传** 仍叔[1]之子，弱也。

**今注**

1 仍叔：天子之大夫。其经见第三。

**今译**

仍叔的儿子，还是一位幼弱的童子。

**经** 大雩。

**传** 秋，大雩[1]，书不时[2]也。凡祀，启蛰而郊[3]，龙见而雩[4]，始杀而尝[5]，闭蛰而烝[6]，过则书[7]。

**今注**

1 大雩：雩音于，一种祭祀的名称。

2 书不时：书写以表示祭祀的不是时候。

3 启蛰而郊：启蛰是夏正建寅之月。郊是祭天。

4 龙见而雩：龙见是建巳之月。雩是求雨。

5 始杀而尝：始杀是建酉之月，谷方熟，尝以祭祖先。

6 闭蛰而烝：闭蛰是建亥之月。烝亦祭祖先之名。

7 过则书：时间不对，就写在竹简上。

**今译**

秋，举行大雩的祭典。经上记载这件事的不合时宜。凡是祭祀，启蛰时举行郊祭，龙见时举行雩祭，始杀时举行尝祭，闭蛰时举行烝祭。过时举行就记载，表示时间不对。

**经** 螽[1]。

**今注**

1　螽：音终。蝗虫类，因为为灾，所以写到竹简上。

**今译**

发生螽灾。

**经** 冬，州公如曹。

**传** 冬，淳于公[1]如曹，度其国危[2]，遂不复[3]。

**今注**

1　淳于公：淳于即州国。州是姜姓。在今山东省安邱县东北三十里有淳于城。

2　度其国危：测度他的国很危险。

3　遂不复：就不再回到本国。

**今译**

冬，淳于公到曹国，测度他的国将有危难，就不再回国。

## 桓公六年（公元前七〇六年）

**经** 六年春正月，寔来。

**传** 六年春，自曹来朝，书曰“寔来[1]”，不复其国[2]也。

**今注**

1　寔来：寔等于实，就住在鲁国。

2　不复其国：不再回到州国。

**今译**

六年，春，淳于公从曹国到鲁国来朝见。经上记载“寔来”，表示他实在是来住在鲁国，不再回到他的国家。

传　楚[1]武王侵随[2]，使薳章[3]求成[4]焉。军于瑕[5]以待之[6]，随人使少师[7]董成[8]。鬬伯比[9]言于楚子曰：“吾不得志于汉东[10]也，我则使然[11]。我张吾三军而被[12]吾甲兵，以武临之[13]。彼则惧而协以谋我[14]，故难间[15]也。汉东之国，随为大，随张，必弃小国[16]。小国离[17]，楚之利也；少师侈[18]，请羸师以张之[19]。”熊率且比[20]曰：“季梁[21]在，何益？”鬬伯比曰：“以为后图，少师得其君[22]。”王毁军而纳少师[23]，少师归，请追楚师，随侯将许之。季梁止之曰：“天方授楚[24]，楚之羸，其诱我也，君何急焉？臣闻小之能敌大也，小道大淫[25]。所谓道，忠于民，而信于神也。上思利民忠[26]也，祝史正辞信[27]也。今民馁[28]而君逞欲[29]，祝史矫举以祭[30]，臣不知其可也。”公曰：“吾牲牷肥腯[31]，粢盛丰备[32]；何则不信？”对曰：“夫民，神之主也，是以圣王先成民[33]，而后致力于神[34]，故奉牲以告曰：‘博硕肥腯[35]。’谓民力之普存[36]也，谓其畜之硕大蕃滋[37]也，谓其不疾瘯蠡[38]也；谓其备腯咸有[39]也。奉盛[40]以告曰：‘絜粢丰盛。’谓其三时不害[41]，而民和年丰[42]也。奉酒醴[43]以告曰：‘嘉栗旨酒[44]。’谓其上下皆有嘉德而无违心[45]也；所谓馨香无谗慝[46]也，故务其三时[47]，修其五教[48]，亲其九族[49]，以致其禋祀[50]，于是乎民和而神降之福。故动则有成[51]，今民各有心[52]，而鬼神乏主[53]，君虽独丰[54]，其何福之有？君姑修政而亲兄弟之国[55]，庶免于难[56]。”随侯惧而修政，楚不敢伐。

**今注**

1　楚：是芈姓，春秋称为子爵，但楚自己称王，他是祝融八姓之一。最初据丹阳，在今湖北省秭归县东七里。至楚文王时，迁都于郢，在今湖北省江陵县北十里纪南城。

2　随：姬姓，后为楚所灭，在今湖北省随县南有古随城。

3　薳章：楚大夫。

4　求成：求和平。

5　瑕：随地。

6　以待之：以等候薳章。

7　少师：随大夫。

8　董成：办理和平的交涉。

9　鬬伯比：楚大夫，是令尹子文的父亲。

10　汉东：汉水以东。

11　我则使然：是我的政策使其如此。

12　被：装备。

13　以武临之：用武力来威胁他们。

14　协以谋我：联合起来算计我。

15　故难间：所以不易离间他们。

16　随张，必弃小国：随国自己以为侈大，必定舍弃四围小国。

17　小国离：小国要离弃。

18　少师侈：少师很侈大。

19　请羸师以张之：请削弱我们的军队，以使少师自我张大其心。

20　熊率且比：楚大夫。率音律。

21　季梁：随贤臣。

22　少师得其君：少师很得随侯的信任。

23　王毁军而纳少师：王削减军队然后迎接少师。

24　天方授楚：天正授楚以天命。

25　小道大淫：小国很合道理而大国却淫乱。

26　上思利民忠：在上的人想使民有利，就合于忠道。

27　祝史正辞信：庙祝及史官祝告的辞很合于正派，就叫作诚信。

28　民馁：民饥饿。

29　君逞欲：人君逞快他的私欲。

30　矫举以祭：虚言辞在祭祀的时候。

31　牲牷肥腯：牲牷（音全）是纯颜色的牛羊豕。腯同肥。

32　粢盛丰备：盛在祭器中的粮食完备而丰盛。

33　先成民：先造福他的人民。

34　致力于神：专力对神。

35　博硕肥腯：广大而肥壮。

36　民力之普存：人民的力量普遍地存在。

37　硕大蕃滋：壮大并且生产很茂盛。

38　不疾瘯蠡：皮毛并没有皮肤病。

39　备腯咸有：各种条件都具备了。

40　奉盛：装着食品的祭器。

41　三时不害：三时即春、夏、秋。不害是对食物皆没有妨害。

42　民和年丰：人民和善，因此各种谷类也丰收。

43　奉酒醴：奉音捧。酒醴即酒。

44　嘉栗旨酒：恭敬地敬献美酒。

45　无违心：不存有邪心。

46　馨香无谗慝：酒味可远闻，足证人心并无邪僻。

47　务其三时：在春、夏、秋三时皆尽力。

48　修其五教：修即修整。五教即父义、母慈、兄友、弟恭、子孝。

49　亲其九族：亲近他的九族。九族是由高祖到玄孙各成一族，此据郑康成说法，与杜预释九族不同。

50　禋祀：禋音因。洁净的祭祀为禋祀。

51　动则有成：凡有举动皆能成功。

52　民各有心：因为饥馑，所以人各有心。

53　鬼神乏主：因为民是神的主，所以鬼神就没有主人。

54　虽独丰：虽然独自丰足。

55　亲兄弟之国：所谓亲近九族。

56　庶免于难：庶几可以免于患难。

**今译**

楚武王侵略随国，楚国大夫派薳章去要求随军投降，亲自驻军在瑕等待。随国派少师办理和平的交涉。楚大夫鬬伯比对楚王说："我国不能得志于汉水以东，是我的政策使其如此。我扩张我国的三军，而装备我国的甲兵，用武力威临他们，他们因为畏惧而联合起来算计我，所以不容易离间他们。汉水以东的国家，以随国最大，随国夸张自己的力量，必定舍弃其他小国，小国离心，符合楚国的利益。随国的少师很自大，请削弱我们的军队，以使少师张大他的野心。"熊率且比说："随国有贤臣季梁在，这样做有什么益处呢？"鬬伯比说："季梁的意见随侯总认为是末后的不急之务，而少师正得着他国君的信任哩！"楚王削弱了军队，然后迎接少师。少师回到随国，请求追逐楚国的军队，随侯将要准许他，季梁阻止说："天正要把命授给楚国，楚国的羸弱，是他诱骗我国的，您为什么这样着急呢？臣听说小国所以能敌得过大国，是因为小国有道而大国淫乱。

所谓道，就是忠于人民而信于神。在上的人想造福人民，就是忠；庙祝史官的言辞正直，就是信。现在人民饥饿而国君只想逞他的私欲，庙祝和史官用虚伪的言辞祭祀，臣不知道像这种情形是可以成功的。”随侯说：“我的牲畜毛色纯而身体肥，盛在祭器里的黍稷丰美而完备，为什么不算诚信呢？”季梁回答说：“人民是鬼神的主人，因此圣王先造福人民然后专力对神。所以奉献牲畜而祝告说：‘广大而肥壮。’这表示人民的财力普遍存在，表示他的牲畜壮大而生产蕃滋，表示他的牲畜皮毛没有癣疥，表示他各种条件都具备了。奉献装着黍稷的祭器而祝告说：‘黍稷洁净而丰盛。’这表示春夏秋三时都没有灾害，而人民和洽，年岁丰收。奉献酒醴而祝告说：‘恭敬地敬献美酒。’这表示他的国家上下都有嘉善的德行，而不存邪心。所谓酒香可以远闻，足证人心没有邪僻。所以，春夏秋三时都勤力工作，修整五教，亲爱九族，以致献洁净的祭祀。像这样，人民和洽而神祇降福给他，因此有所行动则能成功。现在人民各怀异心，而鬼神没有主人，国君虽然自己很丰足，他有什么幸福呢？您姑且修明政治，而亲近兄弟之国，庶几可以免于患难。”随侯畏惧而修明政治，楚国便不敢攻伐。

**经** 夏，四月，公会纪侯于成。

**传** 夏，会于成[1]，纪来谘谋齐难[2]也。

**今注**

1 成：鲁地。今山东省宁阳县东北九十里有故城址，就是古成城。

2 来谘谋齐难：纪被齐威胁，有被齐灭的可能，故与鲁商议。

**今译**

夏，鲁桓公会见纪侯于成邑。纪侯来咨询谋划应付齐国的威胁。

传　北戎[1]伐齐，齐使乞师于郑[2]，郑大子[3]忽帅师救齐。六月，大败戎师，获其二帅大良、少良[4]，甲首三百[5]，以献于齐。于是诸侯之大夫戍齐，齐人馈之饩[6]，使鲁为其班[7]，后郑[8]。郑忽以其有功也，怒，故有郎之师[9]。公之未昏于齐也，齐侯欲以文姜妻郑大子忽，大子忽辞。人问其故，大子曰："人各有耦[10]，齐大非吾耦[11]也。《诗》云：'自求多福[12]。'在我而已，大国何为？"君子曰："善自为谋[13]。"及其败戎师也，齐侯又请妻之，固辞。人问其故，大子曰："无事于齐，吾犹不敢[14]；今以君命奔齐之急[15]，而受室以归[16]，是以师昏[17]也，民其谓我何[18]？"遂辞诸郑伯[19]。

## 今注

1　北戎：春秋时候齐国的边界，北到河北省无棣县，更以北皆为北戎地。

2　使乞师于郑：派人去要求郑国的军队帮助。

3　大子：大音太。太子。

4　大良、少良：戎国二帅的名字。

5　甲首三百：披甲的军队，被割下来的首级有三百个。

6　馈之饩：未煮熟的食物。馈是赠送。

7　使鲁为其班：使鲁国戍齐的大夫为送饩的班次。

8　后郑：把郑国列在最后。

9　郎之师：在桓公十年十二月。

10　人各有耦：每人各有合适的配偶。

11　齐大非吾耦：齐是大国，不适合做我的配偶。

12　自求多福：《诗经·大雅·文王》篇句。

13　善自为谋：自己谋算的甚好。

14 无事于齐，吾犹不敢：对齐没有帮助，我尚且不敢。

15 奔齐之急：齐国有急难，而跑去奔救。

16 受室以归：接受夫人归国。

17 师昏：借着军队来成婚。

18 民其谓我何：人民对我将如何批评。

19 遂辞诸郑伯：于是假托郑伯之名而辞谢。

**今译**

北戎攻伐齐国，齐国派使者向郑国乞求援军。郑太子忽率领军队去救齐国。六月，大败北戎的军队，把俘获的两位将领大良和少良，以及披甲的军队被割下的首级三百个，献给齐国。当时诸侯各国的大夫戍守齐国，齐国人用生的食物赠送他们，派鲁国大夫负责分送，把郑国列在最后，郑太子忽因自己有功劳，因此很生气，所以鲁桓公十年有郎的战役。当鲁桓公还没有成婚于齐国以前，齐侯想把文姜嫁给郑太子忽，太子忽拒绝了。人家问他拒绝的理由，太子说："每个人各有合适的配偶，齐是大国，不适合做我的配偶。《诗经·大雅》说：'自求多福。'追求幸福靠我自己罢了，大国有什么好处呢？"君子说："太子忽很会替自己打算。"等到他打败北戎的军队，齐侯又请求把别的女儿嫁给他，他坚持推辞，人家又问他理由，太子说："对齐国没有帮助，我尚且不敢接受。现在为了国君的命令奔援齐国的急难，因而接受妻室才回国，是仗着军队而结婚，人民将怎样批评我呢？"于是假托郑伯的名义而辞谢。

**经** 秋八月壬午，大阅，蔡人杀陈佗。

**传** 秋，大阅[1]，简车马[2]也。

**今注**

1 大阅：检阅军队。

2　简车马：检阅车马的数目。因为郑太子忽怒鲁国班后郑，所以鲁人惧而备战，故检阅军队。又按：经曰：蔡人杀陈佗。陈佗立未会诸侯，故不称爵位。

**今译**

秋，举行大检阅，为的是检阅车马。

**经**　九月丁卯，子同生。

**传**　九月丁卯，子同[1]生，以大子生之礼举之[2]，接以大牢[3]，卜士负之[4]，士妻食之[5]，公与文姜宗妇命之[6]。公问名于申繻[7]，对曰："名有五：有信、有义、有象、有假、有类，以名生为信[8]，以德命为义[9]，以类命为象[10]，取于物为假[11]，取于父为类[12]。不以国[13]，不以官[14]，不以山川[15]，不以隐疾[16]，不以畜牲[17]，不以器币[18]。周人以讳事神[19]，名终将讳之[20]。故以国则废名[21]，以官则废职[22]，以山川则废主[23]，以畜牲则废祀[24]，以器币则废礼[25]，晋以僖侯废司徒[26]，宋以武公废司空[27]，先君献武废二山[28]，是以大物不可以命[29]。"公曰："是其生也，与吾同物[30]，命之[31]曰同。"

**今注**

1　子同：庄公名。

2　以大子生之礼举之：大音太。举之是接待的意思。

3　大牢：大音太。指牛、羊、豕。

4　卜士负之：《礼记·内则》篇说：卜士扶着他，以桑弧蓬矢射天地四方。

5　士妻食之：卜士的妻也以乳喂他。

6　公与文姜宗妇命之：宗妇是同宗的夫人。命之是取名字的意思。

7　申繻：繻音须，鲁大夫。

8　以名生为信：比如唐叔虞、鲁公子友及郑穆公兰。

9　以德命为义：比如文王名昌，武王名发。

10　以类命为象：比如孔子首像尼丘，故名丘，字仲尼。

11　取于物为假：比如孔子之子叫孔鲤，字伯鱼。生时遇人恰好送来鲤鱼，故名鲤，字伯鱼。

12　取于父为类：比如子与他的父亲同一天生，故名叫子同。

13　不以国：不能拿本国的名字为名。

14　不以官：不能拿职官为名。

15　不以山川：不拿山或河流的名为名。

16　不以隐疾：不拿隐痛疾患为名。

17　不以畜牲：不以马、牛、羊、豕、犬、鸡六畜的名字为名。

18　不以器币：不拿铜器玉币为名字。

19　周人以讳事神：周人对于祖先的名字避讳。

20　名终将讳之：对于新死者的名字将避讳。

21　故以国则废名：所以要用本国的名字，只好更易国名。

22　以官则废职：用官为名，只好把这个职务去掉。

23　以山川则废主：每个山水皆有它的主神。

24　以畜牲则废祀：若以六畜为名，则当用的畜牲祭礼时不能用，如名猪则废猪，名羊则废羊。

25　以器币则废礼：祭祀或者盟誓所用的器物及玉币要以为名，皆不能用，所以说是废礼。

26　晋以僖侯废司徒：晋僖侯名司徒，改为中军。

27　宋以武公废司空：宋武公名司空，改为司城。

28　先君献武废二山：鲁献公名具，武公名敖，就将具山同敖山改名。

29　大物不可以命：大物就指以上所说的国、官、山川、畜牲及器币。不可以命是不可以给人起名。

30　同物：《史记·鲁世家》也作同日。

31　命之：给他起名。

**今译**

九月，丁卯，子同出生。用太子出生的礼迎接他的诞生，准备了牛羊豕的太牢来迎接。出生三天，由卜士背负着他，由卜士的妻子以乳喂他。出生三月，桓公与文姜以及同宗的夫人给太子取名。桓公向申繻问取名的原则，申繻回答说："取名有五种原则：信、义、象、假、类。以出生时身上的字纹取名，就是信；以他的德行取名，就是义；以他身体的特殊形状取名，就是像；取物品的名做他的名，就是假；取和他父亲有关的事为名，就是类。不用国名为名，不用官名为名，不用山川的名为名，不用隐痛疾病的名为名，不用牲畜的名为名，不用铜器玉帛的名为名。周人对于祀奉祖先避讳而不称名，一个人的名字，终究将要避讳。所以用国名为名就要废去国名，用官名为名就要废去职官，用山川的名字做人名就要废去山川的主神，用牲畜的名字做人名就要废去祭祀，用铜器玉帛的名字做人名就要废去礼节。晋国为了僖侯名司徒的缘故，而废去司徒的官名，宋国为了武公名司空的缘故，而废去司空的官名，我们鲁国为了先君献公和武公的名字而废去二山的名字，所以重大的事物不能拿来取名。"桓公说："那么他出生和我同一天，就叫他同。"

**经**　冬，纪侯来朝。

**传**　冬，纪侯来朝，请王命[1]，以求成于齐[2]，公告不能。

**今注**

1　请王命：请鲁国代求王的命令。

2　求成于齐：求与齐国讲和。

**今译**

冬，纪侯来鲁国朝见，请鲁国代他求得周王的命令，以便求和于齐国。桓公告诉他不能办到。

## 桓公七年（公元前七〇五年）

**经** 七年春二月己亥，焚咸丘[1]。

**今注**

1 焚咸丘：焚即烧。咸丘：鲁地，在今山东省巨野县南有咸亭。此经无传。

**今译**

七年，春，二月己亥，在咸丘地方打猎，用火焚烧原野。

**经** 夏，穀伯绥来朝。

**经** 邓侯吾离来朝。

**传** 七年春，穀伯[1]、邓侯[2]来朝，名贱之也[3]。

**今注**

1 穀伯：伯爵，在今湖北省谷城县北。

2 邓侯：侯爵，在今河南省邓县。

3 名贱之也：称他们的名字是轻视他们两国。

**今译**

七年，春，穀国的伯爵、邓国的侯爵来鲁国朝见。经上称呼他们的名字，是贱视他们。

**传** 夏，盟[1]向求成于郑，既而背之[2]。

**今注**

1　盟：音孟。

2　既而背之：后来又反悔。

**今译**

夏，盟邑和向邑求和于郑国，后来又反悔。

**传**　秋，郑人、齐人、卫人伐盟向，王迁盟向之民于郏[1]。

**今注**

1　郏：又名王城，在今河南省洛阳县西的郏鄏陌，也称作郏山。

**今译**

秋，郑人、齐人和卫人讨伐盟邑和向邑。周王把盟邑和向邑的人民迁徙到郏。

**传**　冬，曲沃伯[1]诱晋小子侯[2]杀之。

**今注**

1　曲沃伯：曲沃武公。

2　小子侯：是哀侯子。

**今译**

冬，曲沃武公诱骗晋国的小子侯而把他杀死。

## 桓公八年（公元前七〇四年）

**经**　八年春正月己卯，烝[1]。

**今注**

1 烝：是冬天祭祀。此经无传。

**今译**

八年，春，正月己卯，举行烝祭。

经 天王使家父[1]来聘。

**今注**

1 家父：是周天子的大夫。此经无传。

**今译**

周桓王派家父来鲁国聘问。

传 八年春，灭翼[1]。

**今注**

1 灭翼：实在是被曲沃武公所灭。

**今译**

八年，春，曲沃武公消灭翼都。

经 夏五月丁丑，烝[1]。

**今注**

1 烝：烝祭。此经无传。

**今译**

夏，五月，丁丑，举行烝祭。

经 秋，伐邾[1]。

**今注**

1 此经无传。

**今译**

秋，鲁国讨伐邾国。

**传** 随少师有宠，楚鬬伯比曰："可矣，仇有衅，不可失[1]也。"夏，楚子合诸侯于沈鹿[2]，黄[3]随不会，使薳章让黄。楚子伐随，军于汉淮[4]之间。季梁请下之[5]，弗许，而后战，所以怒我而怠寇[6]也。少师谓随侯曰："必速战，不然将失楚师。"随侯御之，望楚师[7]。季梁曰："楚人上左，君必左[8]，无与王遇，且攻其右，右无良[9]焉，必败，偏败[10]，众乃携[11]矣。"少师曰："不当王，非敌也。"弗从[12]。战于速杞[13]，随师败绩[14]，随侯逸[15]。鬬丹[16]获其戎车[17]与其戎右[18]少师。秋，随及楚平。楚子将不许，鬬伯比曰："天去其疾[19]矣！随未可克也。"乃盟而还。

**今注**

1 仇有衅，不可失：仇国有间隙，机会不可丢掉。

2 沈鹿：楚地。在今湖北省钟祥县东六十里有鹿湖，池深不可测。

3 黄：国名，在今河南省潢川县西潢城。

4 汉淮：指汉水、淮水。

5 请下之：请先服从。

6 怒我而怠寇：这为的是使我军队激怒振奋，而使敌人懈怠。

7 望楚师：遥望楚师。

8 君必左：楚君必在左面。

9 右无良：楚君既在左边，他的右边必定没有良好的军队。

10 偏败：右边一偏败了。

11 众乃携：众军必定四散。

12 弗从：不从梁的计谋。

13　速杞：随地，在今湖北省应山县境。

14　败绩：全军覆没。

15　逸：逃遁。

16　鬬丹：楚大夫。

17　戎车：是随侯所乘的兵车。

18　戎右：古代兵车上共有甲士三人，一是将，一是御者，一是戎右。

19　天去其疾：这是指随国少师被擒获而死。

**今译**

随国的少师得随侯的宠信。楚国鬬伯比说："可以了，我们的敌国内部有了间隙，机会不可失去。"夏天，楚子会合诸侯于沈鹿。黄国与随国没有到会。楚子便派薳章去责问黄国，而亲自讨伐随国。驻军在汉水与淮水间的地方。季梁请求随侯先向楚国表示服从，若不允许然后才战，这样做为的是使我国的军队激怒振奋，而使敌人的军队懈怠。但是少师对随侯说："必定要速战，不然，将会失去打败楚军的机会。"随侯听了少师的话，率兵抵御。遥望楚国军队。季梁说："楚国人以左边为上位，国君必定在左边。我们不要与楚王正面冲突，姑且攻击他的右边，右边没有精良的军队，必定要败，右边一偏败了，众军就会四散。"少师说："不正面对付楚王，不算是对付敌人。"随侯不听季梁的话。两军交战于速杞，随军败绩，随侯逃走。楚大夫鬬丹获得了随侯的戎车和他的戎右少师。秋天，随国与楚国讲和，楚子将不答应，鬬伯比说："天已经除去了他的祸患，随国还是不可以被克服的。"于是才会盟而回。

**经**　冬十月，雨雪[1]。

**今注**

1　十月，雨雪：周正的十月，就是夏正的八月。此经无传。

**今译**

冬，十月，下雪。

**传**　冬，王命虢仲[1]立晋哀侯之弟缗[2]于晋。

**今注**

1　虢仲：是王卿士虢公林父。

2　缗：是哀侯之弟的名字。

**今译**

冬，周桓王命令虢仲到晋国，立晋哀侯的弟弟缗为国君。

**经**　祭公来，遂逆王后于纪。

**传**　祭公[1]来，遂逆[2]王后[3]于纪，礼也[4]。

**今注**

1　祭公：祭是周天子所封，现为天子的三公，因为周王要求鲁国为他主婚，所以祭公来受命于鲁。

2　逆：迎接。

3　王后：桓王的后。

4　礼也：这样做法，甚为合礼。

**今译**

祭公到鲁国来受命，然后到纪国迎接王后，这是合于礼的。

## 桓公九年（公元前七〇三年）

**经**　九年春，纪季姜归于京师。

**传** 九年春，纪季姜归于京师[1]，凡诸侯之女行[2]，唯王后书[3]。

**今注**

1 归于京师：嫁与周王为后。

2 诸侯之女行：诸侯的女儿出嫁。

3 唯王后书：只有关于王后的方写在竹简上。

**今译**

九年，春，纪国的季姜嫁到京师为周王之后。凡是诸侯的女儿出嫁，只有关于王后的才记载在竹简上。

**经** 夏四月。

**经** 秋七月。

**今注**

经二与经三，《左氏春秋》照例，凡无事只书时间，例见桓公元年冬十月注。

**今译**

经二与经三，皆无记事。

**传** 巴子[1]使韩服[2]告于楚，请与邓为好[3]。楚子使道朔[4]将巴客[5]以聘于邓，邓南鄙[6]鄾[7]人，攻而夺之币[8]，杀道朔及巴行人[9]，楚子使薳章让[10]于邓，邓人弗受[11]。夏，楚使鬬廉[12]帅师及巴师围鄾，邓养甥、聃甥[13]帅师救鄾，三逐巴师不克[14]。鬬廉衡陈其师[15]于巴师之中，以战而北[16]，邓人逐之[17]，背巴师而夹攻之[18]，邓师大败，鄾人宵溃[19]。

**今注**

1 巴子：巴是姬姓国、子爵，在今四川省巴县。

2 韩服：是巴国的行人官。

3 为好：相为和好。

4 道朔：楚大夫。

5 将巴客：率领着卫国客人。

6 南鄙：南郊。

7 鄾：在今河南省襄城县东北十二里。

8 攻而夺之币：攻击他们，夺到他们所拿的货币。

9 巴行人：韩服。

10 让：责让。

11 邓人弗受：邓人不承认是鄾人所夺。

12 廉：楚大夫。

13 养甥、聃甥：皆是郑大夫。

14 三逐巴师不克：三次驱逐巴国的军队未能成功。

15 衡陈其师：将他的军队横着排列在巴国的军队中。

16 以战而北：作战中伪装战败。

17 邓人逐之：邓人追逐楚国军队。

18 背巴师而夹攻之：邓师在其中，遂为巴师及楚师两面夹攻。

19 宵溃：在夜中崩溃。

## 今译

巴国子爵派外交官韩服通告楚国，请求帮助巴国与邓国相为和好。楚子派道朔率领着巴国的客人去邓国聘问。邓国南部边境的鄾人攻击他们，夺取他们的币帛，杀死道朔和巴国的外交官。楚子派薳章责让邓国。邓国人不肯承认。夏天，楚国派鬬廉率领军队，同巴国的军队围攻鄾人。邓大夫养甥及聃甥率领军队援救鄾人，三次驱逐巴军而不能成功。鬬廉把他的军队横陈在巴国军队的中间，与邓军交战而佯装失败，邓人追逐楚军，而背对巴军，于是楚军与巴军两面夹攻，邓国军队大败。到了夜里，鄾人终于崩溃。

**传** 秋，虢仲、芮伯、梁[1]伯、荀[2]侯、贾[3]伯伐曲沃。

**今注**

1 梁：梁国嬴姓，在今陕西省韩城县南二十里，古少梁城。

2 荀：荀据《世本》说是姬姓，在今山西省绛县西十五里。

3 贾：亦是姬姓，今山西省临汾县有贾乡。

**今译**

秋，虢仲、芮伯、梁伯、荀侯及贾伯一起讨伐曲沃。

**经** 冬，曹伯使其世子射姑来朝。

**传** 冬，曹大子[1]来朝，宾之以上卿[2]，礼也[3]。享曹大子，初献[4]，乐奏而叹。施父[5]曰："曹大子其有忧乎，非叹所也[6]。"

**今注**

1 大子：大音泰，名射姑。

2 宾之以上卿：以上卿之礼来对待他。

3 礼也：这很合于礼。

4 初献：开始献酒。

5 施父：鲁大夫。

6 非叹所也：这不是叹息的地方。

**今译**

冬，曹国太子来鲁国朝见，用上卿的礼接待他，是合于礼的。飨宴曹太子，开始献酒，奏起音乐，而曹太子叹息。施父说："曹太子他难道将有忧患吗？这不是该叹息的所在啊！"

## 桓公十年（公元前七〇二年）

**经** 十年春王正月庚申，曹伯终生卒。

**传** 十年春，曹桓公[1]卒。

**今注**

1 曹桓公：就是曹伯终生。

**今译**

十年，春，曹桓公逝世。

**经** 夏五月，葬曹桓公[1]。

**今注**

1 曹桓公：曹伯终生的谥号。此经无传。

**今译**

夏，五月，安葬曹桓公。

**传** 虢仲谮[1]其大夫詹父[2]于王，詹父有辞[3]，以王师伐虢。夏，虢公出奔虞[4]。

**今注**

1 谮：以谗诬的话告发他人。

2 詹父：虢仲所属下的周大夫。

3 詹父有辞：詹父有理由可以诉说。

4 虞：姬姓，周武王封太王之子仲雍之后于虞。在今山西省解县东北四十里古虞城。

**今译**

虢仲向周王谮害他的大夫詹父。詹父有理由可以解释，就用周王的军队讨伐虢国。夏，虢公出奔到虞国。

**经** 秋，公会卫侯于桃丘[1]弗遇[2]。

**今注**

1 桃丘：在今山东省东阿县西五十里桃城铺，旁有一丘，高可数仞，即桃丘。

2 弗遇：先有约会相会，但未能遇见。此经无传。

**今译**

秋，鲁桓公依照约定到桃丘会卫侯，结果没有遇到。

**传** 秋，秦[1]人纳芮伯万[2]于芮。

**今注**

1 秦：嬴姓，伯爵，出自颛顼裔孙女修。其后人非子为周孝王养马，周人封为附庸。

2 纳芮伯万：见《左传·桓公四年》，王师、秦师围魏执芮伯以归，所执的君就是芮伯万，现在方将他纳归到芮国。

**今译**

秋，秦人把芮伯万纳归芮国。

**传** 初，虞叔[1]有玉，虞公求旃[2]，弗献，既而悔之。曰："周谚[3]有之：'匹夫无罪[4]，怀璧其罪[5]。'吾焉用此[6]，其以贾害[7]也。"乃献之[8]，又求其宝剑。叔曰："是无厌也，无厌将及我[9]。"遂伐虞公，故虞公出奔共池[10]。

**今注**

1 虞叔：虞公之弟。

2 求旃：旃代表玉。

3 周谚：周国习用的谚语。

4 匹夫无罪：匹夫等于平民。无罪指本来没有罪过。

5 怀璧其罪：只因为他有玉就有了罪过。

6 吾焉用此：我何必保存这块玉。焉等于安，此是指玉。

7 贾害：买来祸害。

8 乃献之：就将玉献给虞公。

9 无厌将及我：如此不满足，就将杀我。

10 共池：杜预注地名阙，但《钦定春秋传说汇纂》说：共池在今山西省平陆县西。共音洪，一音恭。

**今译**

起初，虞叔有一块玉，虞公向他要那块玉，他不肯献出来。不久就后悔了，说："周国的谚语有一句话说：'一个人原本没有罪，只因他怀有玉璧就有了罪。'我何必保有这块玉，岂不是用它买来祸害吗？"就将玉献给虞公。虞公又向他要他的宝剑。虞叔说："这简直是不知道满足。如此不满足，就将会杀我。"于是他就攻伐虞公，所以虞公出奔到共池。

**经** 冬，十有二月丙午，齐侯、卫侯、郑伯来战于郎。

**传** 冬，齐、卫、郑来战于郎，我有辞也[1]。初，北戎病齐[2]，诸侯救之，郑公子忽有功焉。齐人饩诸侯，使鲁次[3]之，鲁以周班后郑[4]，郑人怒，请师于齐，齐人以卫师助之，故不称侵伐[5]，先书齐、卫，王爵也[6]。

**今注**

1 我有辞也：我有理由可说。

2 北戎病齐：北戎侵伐齐国，见桓公六年。

3 次：为班郑饩的次序。

4 周班后郑：郑只是伯爵，论爵位的班次，在各侯爵的下面。

5　不称侵伐：只言战，而不言侵略。

6　先书齐、卫，王爵也：虽然主持军队的是郑人，但因为齐、卫皆是侯爵，所以竹简上以王爵为高下，只写齐、卫。

**今译**

冬，齐国、卫国和郑国来与鲁国交战于郎的地方。我们鲁国有理由可以说明他们来战的原因。起初，北戎侵伐齐国，诸侯派兵援救他，郑公子忽最有功劳。当齐国人把食物赠送给诸侯时，派鲁国大夫负责排定分送的次序，他按照诸侯爵位的班次，把郑国排在后面。郑国人很生气，所以就向齐国请求出兵，齐人又以卫国军队帮助他。所以经上不说是侵伐，并且郑国主战，而先写齐、卫，是依照王爵为高下的缘故。

## 桓公十一年（公元前七〇一年）

经　十有一年春正月，齐人、卫人、郑人盟于恶曹。

传　十一年春，齐、卫、郑、宋盟于恶曹[1]。

**今注**

1　恶曹：服虔说：经不书宋，因为宋后盟。杜预注：恶曹地阙，不知今何地名。

**今译**

十一年，春，齐国、卫国、郑国和宋国会盟于恶曹。

传　楚屈瑕[1]将盟贰、轸[2]，郧[3]人军于蒲骚[4]，将与随、绞[5]、州[6]、蓼[7]，伐楚师，莫敖患之[8]。鬬廉曰："郧人军其郊，必不诫[9]，且日虞四邑之至[10]也，君[11]次于郊郢[12]，以御四邑，我以锐师宵加[13]于郧，郧有虞心[14]而恃其城[15]，莫有斗志，若败郧师，四邑必离[16]。”莫敖曰：“盍[17]请济师[18]于王？”对曰：“师克在和不在众，商周之不敌[19]，君之所闻也。成军以出[20]，又何济焉？”莫敖曰：“卜之[21]。”对曰：“卜以决疑[22]，不疑何卜[23]？”遂败郧师于蒲骚，卒盟[24]而还。

**今注**

1　屈瑕：屈姓为楚大姓，楚武王生子瑕封于屈，因以为氏。

2　贰、轸：皆匽姓国，在今湖北省应山县境。

3　郧：音云，是国名，郧姓。在今湖北省云梦湖旁。

4　蒲骚：在今湖北省应城县北三十里。

5　绞：国名，在今湖北省郧阳县西北。

6　州：国名，在今湖北省监利县东三十里有州陵城。

7　蓼：音了，国名，在今河南省唐河县南八十里。

8　莫敖患之：莫敖是楚官名，就是屈瑕。患之指以郧人这种做法为忧患。

9　必不诫：必然没有防备。

10　日虞四邑之至：王念孙说：“《方言》及《广雅》皆曰：‘言日望四邑之至也。’”较杜注谓虞为度为优。

11　君：谓屈瑕。

12　郊郢：楚地，在今湖北省安陆县有故郢城。

13　锐师宵加：精锐的军队夜中进兵。

14　郧有虞心：郧国有希望四邑来救的心。

15　而恃其城：而仗恃他的城近能守。

16　离：分离。

17　盍：何不。

18　济师：增益军队。

19　商周之不敌：商指纣，周指武王，这是根据《尚书·泰誓》

篇“纣有亿兆夷人，亦有离德；余有乱臣十人，同心同德”。

20　成军以出：将军队组织好出发。

21　卜之：占卜。

22　卜以决疑：占卜是为了解决疑难。

23　不疑何卜：没有疑难又何必占卜。

24　卒盟：终于与贰、轸两国盟誓。

**今译**

楚国的屈瑕将要与贰国及轸国会盟。这时，郧国人驻军在蒲骚，将要与随国、绞国、州国、蓼国一起攻伐楚国军队。莫敖屈瑕为此很发愁。鬭廉向他说：“郧国人驻军在他们的都城的郊外，必然没有戒备，并且每天盼望四国军队的来临。你去驻军在郊郢以抵御四国的军队，我用精锐的部队趁夜向郧国进兵。郧国人的心里希望着四国来救，而且仗恃着靠近自己的都城，因此不会有战斗的意志。若是击败了郧国军队，四国必生离心。”莫敖说：“何不向国王请求援军呢？”鬭廉回答说：“军队的胜利在于协作，不在于人数众多。商纣和周武王两人的军队数目相差很远，是你所知道的。将军队组织好才前进，又为何要增兵呢？”莫敖说：“用占卜来决定吧！”鬭廉回答说：“占卜是为了解除疑虑，既没有疑虑，何必要占卜？”于是，鬭廉击败了郧国军队于蒲骚。莫敖完成了与贰国及轸国的会盟而后才回国。

**传**　郑昭公之败北戎也[1]，齐人将妻之，昭公辞。祭仲曰：“必取之，君多内宠[2]，子无大援[3]，将不立[4]，三公子[5]皆君也。”弗从。

**今注**

1　郑昭公之败北戎也：已见桓公六年。

2　内宠：郑庄公内宠的夫人甚多。

3　子无大援：没有大国的援助。

4　将不立：因此不能继立为君。

5　三公子：指子突、子亹、子仪。

**今译**

当年郑昭公击败北戎以后，齐国将把女儿嫁给他，郑昭公推辞。祭仲对他说："必要娶了才好。我们的国君有很多的内宠，您若没有大国的援助，恐怕将不能继立为国君。三位公子都是和您竞争君位的人。"但郑昭公没有听他的话。

**经**　夏五月癸未，郑伯寤生卒。

**传**　夏，郑庄公[1]卒。初，祭封人仲足[2]有宠于庄公，庄公使为卿，为公娶邓曼[3]，生昭公，故祭仲立之。宋雍氏[4]女[5]于郑庄公，曰：雍姞[6]，生厉公。雍氏宗[7]有宠于宋庄公。故诱祭仲而执之[8]。曰："不立突[9]，将死。"亦执厉公而求赂[10]焉。祭仲与宋人盟，以厉公归而立之。

**今注**

1　郑庄公：郑伯寤生。

2　祭封人仲足：祭在今河南省中牟县。封人是管封疆的小吏。

3　邓曼：曼音万，曼为邓姓。

4　雍氏：姞姓，宋国的大夫。

5　女：以女嫁人曰女，是动词。

6　雍姞：因为她是姞姓的女孩，女子称姓不称氏。姞音吉。

7　雍氏宗：雍氏的宗祖。

8　故诱祭仲而执之：所以引诱祭仲往宋国而将他擒获。

9　突：厉公名。

10　求赂：要求贿赂。

**今译**

夏天，郑庄公逝世。起初，祭地的封人仲足得到庄公的宠信，庄公派他做卿，代表庄公迎娶邓曼，生了昭公，所以祭仲立昭公为国君。而宋国大夫雍氏也曾把女儿雍姞嫁给郑庄公，生了厉公。雍氏的宗人得到宋庄公的宠信，所以诱骗祭仲到宋国，然后把他抓起来，对他说："不立公子突（厉公），就要你的性命。"同时也挟执厉公借以求取贿赂。祭仲只好与宋人盟誓，然后带着厉公回到郑国，立他为国君。

**经** 秋七月，葬郑庄公[1]。

**今注**

1 葬郑庄公：郑庄公卒方才三个月，就予以埋葬，可见甚速。此经无传。

**今译**

秋，七月，安葬郑庄公。

**经** 九月，宋人执郑祭仲，突归于郑，郑忽出奔卫。

**传** 秋九月丁亥，昭公[1]奔卫。己亥，厉公立。

**今注**

1 昭公：公子忽。

**今译**

秋，九月丁亥，郑昭公出奔到卫国。己亥，郑厉公立为国君。

**经** 柔[1]会宋公、陈侯、蔡叔，盟于折[2]。

**今注**

1 柔：鲁大夫。

2　折：鲁地，今地名阙。此经无传。

**今译**

鲁大夫柔会见宋公、陈侯及蔡叔，与他们盟誓于折。

**经**　公会宋公于夫钟[1]。

**今注**

1　夫钟：郕地，在今山东省宁阳县盛乡城北有夫钟里。夫音扶。此经无传。

**今译**

鲁桓公会见宋公于夫钟。

**经**　冬十有二月，公会宋公于阚[1]。

**今注**

1　阚：在今山东省汶上县西有阚亭在南旺湖中。此经无传。

**今译**

冬，十二月，鲁桓公会见宋公于阚。

## 桓公十二年（公元前七〇〇年）

**经**　十有二年春正月[1]。

**今注**

1　《左氏春秋》每年必完备事实，此条仍沿此例，以后不再注。此经无传。

**今译**

十二年，春，正月。

**经** 夏六月壬寅，公会杞侯、莒子盟于曲池。

**传** 十二年夏，盟于曲池[1]，平杞莒[2]也。

**今注**

1 曲池：鲁地，在今山东省宁阳县东北有曲水亭。

2 平杞莒：自从隐公四年莒人伐杞，自是遂由鲁国出面为讲和平。

**今译**

十二年，夏，会盟于曲池，为的是使杞国与莒国讲和。

**经** 秋七月丁亥，公会宋公、燕人盟于榖丘。

**今译**

秋，七月丁亥，鲁桓公会见宋公和燕人，盟誓于榖丘。

**经** 八月壬辰，陈侯跃[1]卒。

**今注**

1 陈侯跃：陈厉公，名跃。此经无传。

**今译**

八月，壬辰，陈侯跃逝世。

**经** 公会宋公于虚。

**今译**

鲁桓公会见宋公于虚。

**经** 冬十有一月，公会宋公于龟。

**今译**

冬，十一月，鲁桓公会见宋公于龟。

**经** 丙戌，公会郑伯，盟于武父。

**今译**

丙戌，鲁桓公会见郑伯，盟誓于武父。

**经** 丙戌，卫侯晋卒。

**今译**

丙戌，卫侯晋逝世。此经无传。

**经** 十有二月，及郑师伐宋。丁未，战于宋。

**今译**

十二月，鲁国和郑国军队讨伐宋国。丁未，交战于宋。

**传** 公欲平宋郑。秋，公及宋公盟于句渎之丘[1]，宋成[2]，未可知也，故又会于虚[3]。冬，又会于龟[4]，宋公辞平[5]，故与郑伯盟于武父[6]，遂帅师而伐宋，战焉，宋无信也。君子曰："苟信不继，盟无益[7]也。《诗》云：'君子屡盟，乱是用长[8]。'无信也。"

**今注**

1 句渎之丘：句音勾，渎音豆，杜预与应劭皆谓穀丘，宋地。在今山东省曹县北三十里，今其地名句羊店。

2 宋成：和宋国的和平。

3 虚：宋地，据《钦定春秋传说汇纂》疑在今河南省睢县境。

4 龟：宋地，《钦定春秋传说汇纂》亦疑在今河南省睢县境。

5 辞平：拒绝讲和。

6 武父：郑地，在今山东省东明县西南。

7 苟信不继，盟无益：假使信用不能持久，会盟也没用处。

8 君子屡盟，乱是用长：君子屡次会盟，而乱祸仍旧生长。此据《诗经·小雅》。

**今译**

鲁桓公想要促成宋国和郑国和好。秋天，桓公与宋公会盟于句渎之丘。因为宋国和平的诚意还不能确知，所以桓公又和宋公会盟于虚。到了冬天，桓公与宋公再会盟于龟。而宋公终于拒绝讲和，所以桓公与郑伯会盟于武父。于是就率领军队讨伐宋国，与宋国交战，因为宋国不讲信用。君子说："假使信用不能持久，会盟也没有用处。《诗经·小雅》说：'君子屡次会盟，而乱事仍旧滋长。'这是不讲信用的缘故。"

**传** 楚伐绞[1]，军其南门[2]。莫敖屈瑕曰："绞小而轻，轻则寡谋[3]，请无扞采樵者以诱之[4]。"从之，绞人获[5]三十人，明日，绞人争出[6]，驱楚役徒[7]于山中，楚人坐其北门[8]，而覆诸山下[9]，大败之，为城下之盟[10]而还。伐绞之役[11]，楚师分涉于彭[12]，罗[13]人欲伐之，使伯嘉[14]谍之[15]，三巡数之[16]。

**今注**

1 绞：国名，在今湖北省郧阳县西北。

2 军其南门：列军在绞国都城的南门。

3 绞小而轻，轻则寡谋：绞国很小，而又轻敌，就寡少计策。

4 无扞采樵者以诱之：不要派军队保卫楚国采薪的人，来引诱绞人。扞音汗。

5 获：捕获楚人。

6 绞人争出：绞人受了引诱，争相出来。

7　驱楚役徒：驱逐楚国采薪的人。役徒是采薪的人。

8　坐其北门：看守都城的北门。

9　覆诸山下：设伏兵在山下。

10　城下之盟：不退兵而盟誓之谓，因为春秋时代，城下之盟是各国深以为耻的。

11　伐绞之役：役是战役。

12　分涉于彭：彭是水名，《后汉书·地理志》："房陵有筑水。"筑水就是彭水，房陵即今之湖北房县。分涉指分批渡过。

13　罗：熊姓，在今之湖北省宜城县西二十里罗川城。

14　伯嘉：是罗大夫。

15　谍之：暗中来窥伺。

16　三巡数之：分三次才数清楚国军队的数目。

**今译**

楚国攻伐绞国，列军在绞国都城的南门。莫敖屈瑕说："绞国弱小而轻薄，轻薄就少有计谋。请不要派军队保卫我国采薪的人，以引诱绞国人。"就照他的话办，绞国人捕获了三十个楚国人。第二天，绞国人争相出城，到山中去追逐楚国的采薪人。楚国人就守住绞国的北门，而把军队埋伏在山下，终于大败绞国人，订立了城下之盟而回。在这次攻伐绞国的战役中，楚国军队分批渡过彭水，罗国人想乘机攻击他们，便派伯嘉去暗中窥伺，分三次才数清楚国军队的数目。

## 桓公十三年（公元前六九九年）

**传**　十三年春，楚屈瑕伐罗，鬬伯比送之，还，谓其御[1]曰："莫敖必败，举趾高心不固矣[2]。"遂见楚子曰："必济师[3]。"

楚子辞焉。入告夫人邓曼[4]。邓曼曰："大夫其非众之谓[5]，其谓君抚小民以信，训诸司[6]以德，而威莫敖以刑[7]也。莫敖狃[8]于蒲骚之役[9]，将自用也[10]，必小罗，君若不镇抚[11]，其不设备[12]乎？夫[13]固谓君训众而好镇抚之[14]，召诸司而劝之以令德[15]，见莫敖而告诸天之不假易[16]也！不然，夫[17]岂不知楚师之尽行也。"楚子使赖[18]人追之，不及。莫敖使徇[19]于师曰："谏者有刑[20]。"及鄢[21]，乱次以济[22]，遂无次，且不设备[23]。及罗，罗与卢戎[24]两军之[25]，大败之。莫敖缢[26]于荒穀[27]，群帅囚于冶父[28]，以听刑。楚子曰："孤[29]之罪也，皆免之[30]。"

**今注**

1 其御：鬬伯比的车夫。

2 举趾高心不固矣：脚抬得很高，证明他的心不定。

3 必济师：必须增加军队。

4 邓曼：是楚武王的夫人，邓国之女，曼姓。

5 大夫其非众之谓：大夫指鬬伯比。他所说并非指增加军队。

6 诸司：指百官而言。

7 威莫敖以刑：用刑罚来威吓莫敖。

8 狃：习惯而不以为意。

9 蒲骚之役：在桓公十一年。

10 将自用也：自以为上次蒲骚之役的胜利，而信用自己。

11 镇抚：镇压抚绥之谓，此有戒饬莫敖之意。

12 其不设备：将不备战。

13 夫：指第三者，即鬬伯比而言。

14 训众而好镇抚之：训诫众人而善于镇压抚绥他们。

15 劝之以令德：用美善的德行来规劝他。

16 天之不假易：王念孙说："假易，犹宽纵也。天不假易谓天道之不相宽纵也。”

17　夫：仍指鬬伯比。

18　赖：据《钦定春秋传说汇纂》，赖国在今河南省商城县南名赖亭。

19　徇：遍布命令。

20　谏者有刑：凡谏诤者即处以极刑。

21　鄢：现在湖北省宜城县南有宜城故城即古鄢国。今按《水经注》，鄢水亦名宜水，此即洪亮吉所谓淇水。

22　乱次以济：过河的时候，不按着军队的行列。

23　且不设备：并且不预为戒备。

24　卢戎：卢在今湖北省南漳县东五十里。

25　两军之：两边军队来攻击莫敖。

26　缢：初民社会相信身体若在生时受有伤害，其痕迹必带在死后，英人弗来则（H.G.Frazer）对此有专文研究。所以春秋时，人仍不欲以剑器自杀，而必自缢，以保存尸体。这种思想一直至清代新刑律以前，历代斩头皆重于绞刑，即由于此。

27　荒穀：在今湖北省江陵县东，据《荆州记》，州东三里，有三湖，湖东有水，名荒穀。

28　冶父：今湖北省江陵县东。《水经注》：“荒穀东岸有冶父城。”

29　孤：楚称王，故自称曰孤。

30　皆免之：赦免诸将领的罪。

**今译**

十三年，春，楚国的屈瑕将去攻伐罗国。鬬伯比为他送行，回来以后，对他的车夫说：“莫敖必定要失败的。他的脚抬得很高，证明他的心不定。”于是就去见楚子，对楚子说：“必要增加军队支援屈瑕才好。”楚子拒绝。楚子进到室内，把这件事告诉他的夫人邓曼。邓曼说：“他所说的并不是指增加军队，而是说您安抚小百姓要用诚信，训示诸位官员要用德行，而威临莫敖要用刑罚。莫敖习惯于蒲骚之役的胜利，而信用自己的才干，必定小看了罗国。您若不加以镇压抚绥，岂不是等于不备战吗？他的意思当然是说，您应该训诫众人而好好地镇压抚绥他们，召集诸位官员而用美德规劝他们，亲见莫敖而告诉他天道的不相宽纵。不然，他难道不知道楚国军队已经都动员了吗？”楚子就派赖国人去追莫敖屈瑕，没有追到。莫敖派人在军中发布命令说：“凡诤谏的人就处以极刑。”军队到达鄢水边，渡河的时候，行列大乱，于是全军就不再有秩序，并且毫无戒备。到达罗国，罗国与卢戎的军队两面合攻莫敖，完全把他击败。莫敖上吊自杀于荒穀，其他诸位将领被囚在冶父，以听候判罪。楚子说：“这是我的罪，把他们都赦免了吧！”

**经** 十有三年春二月，公会纪侯、郑伯。己巳，及齐侯、宋公、卫侯、燕人战，齐师、宋师、卫师、燕师败绩。

**传** 宋多责赂于郑[1]，郑不堪命[2]，故以纪、鲁及齐与宋、卫、燕战，不书所战[3]，后也[4]。

**今注**

1 宋多责赂于郑：桓公十一年，宋执厉公而求赂，现在他要求的赂增加了。

2 郑不堪命：郑人不能够忍受。

3 不书所战：不把作战的地方写出来。

4 后也：因为鲁桓公到的时候甚晚。

**今译**

宋国向郑国要求增加贿赂，郑国人不能忍受他的要求，所以就借着纪国与鲁国的军队和齐国、宋国、卫国、燕国的军队作战。没有记载会战的地方，是因为鲁桓公到得太迟。

**经** 三月，葬卫宣公[1]。

**今注**

1 卫宣公：名晋。此经无传。

**今译**

三月，安葬卫宣公。

**经** 夏大水[1]。

**今注**

1 此经无传。

**今译**

夏，发生大水灾。

**经** 秋七月。

**今译**

秋，七月。

**经** 冬十月。

**今译**

冬，十月。

**传** 郑人来请修好[1]。

**今注**

1 来请修好：因为鲁国帮助伐宋，所以要求重新修好。

**今译**

郑国人来鲁国请求重新修订两国的和约。

## 桓公十四年（公元前六九八年）

**经** 十有四年春正月，公会郑伯于曹。

**传** 十四年春，会于曹，曹人致饩[1]，礼也[2]。

**今注**

1 致饩：饩是未熟的食物；因为鲁国与郑公会于曹，曹伯当然与会。

2 礼也：因为曹是地主，其赠送食物，这是合于道理的。

**今译**

十四年，春，鲁桓公与曹伯会见于曹。曹国人赠送生的食物，这是合于礼的。

**经** 无冰[1]。

**今注**

1 无冰：表示不合于季节。此经无传。

**今译**

没有冰雪。

**经** 夏五[1]。

**今注**

1 夏五：竹简因年久损坏，并非不书月，含有深文大义。此经无传。

**今译**

夏五。

**经** 郑伯使其弟语来盟。

**传** 夏，郑子人[1]来寻盟[2]，且修曹之会[3]。

**今注**

1 子人：弟语。

2 寻盟：重申以前的旧盟。

3 且修曹之会：并且修好最近与曹的盟会。

**今译**

夏，郑伯的弟弟子人来鲁国重申以前的旧盟，并且修订最近在曹国的会盟。

**经** 秋八月壬申，御廪灾。乙亥，尝。

**传** 秋八月壬申，御廪[1]灾[2]。乙亥，尝[3]，书不害也[4]。

**今注**

1 御廪：鲁侯亲耕所得的食粮，储藏的仓库。

2 灾：为火所焚。

3 尝：祭祖先的意思。

4 书不害也：谷被灾，而能祭祀祖先，可见御廪是未受灾害的。

**今译**

秋，八月壬申，天火焚烧鲁国的御廪。乙亥，祭祀祖先。记载这件事表示天火并未损害祭祀用的谷物。

**经** 冬十有二月丁巳，齐侯禄父[1]卒。

**今注**

1　禄父：齐僖公，隐公六年曾与鲁国盟于艾。齐僖公的时候，齐国已经相当地强盛，所以《国语·齐语》称他为“小霸”。

**今译**

冬，十二月丁巳，齐僖公禄父逝世。

**经**　宋人以齐人、蔡人、卫人、陈人伐郑。

**传**　冬，宋人以[1]诸侯[2]伐郑，报宋之战[3]也。焚渠门[4]，入及大逵[5]，伐东郊[6]，取牛首[7]，以大宫[8]之椽[9]归为卢门[10]之椽。

**今注**

1　以：借。

2　诸侯：经所说的齐、蔡、卫、陈各国的军队。

3　报宋之战：宋之战在桓公十二年。

4　渠门：是郑国都城的城门。

5　大逵：是郑国的大路，路宽度能容九辆车并行。

6　东郊：郑国都城的郊外。

7　牛首：在今河南省陈留县西南十一里有牛首城。今按《水经注》说：“叙沙水所迳有牛首亭。”

8　大宫：大音泰。大宫是郑祖庙。

9　椽：音船。上承屋瓦的圆木。

10　卢门：宋城门。

**今译**

冬，宋国人借着诸侯的军队攻伐郑国，用以报复桓公十二年的宋之战。诸侯的军队焚烧郑国都城的渠门，进军到达宽大的车道，攻伐郑国都城的东郊，占领牛首，并带回郑国大宫的椽木做宋国卢门的椽木。

## 桓公十五年（公元前六九七年）

经　十有五年春二月，天王使家父来求车。

传　十五年春，天王使家父[10]来求车，非礼[2]也。诸侯不贡车服[3]，天子不私求财[4]。

**今注**

1　家父：是周天王的大夫。

2　非礼：不合于礼。

3　不贡车服：因为车及服皆由天子所赐，而不是诸侯可以上贡于天子的。

4　不私求财：诸侯有定规并经常贡献，除此以外，天子不能向他们索取。

**今译**

十五年，春，周桓王派他的大夫家父来鲁国要求贡车，这是不合礼的。因为诸侯不能向天子进贡车辆和衣服，天子不能自己向诸侯索取财物。

经　三月乙未，天王崩[1]。

**今注**

1　天王崩：天王即周桓王，共在位二十三年。此经无传。

**今译**

三月乙未，周桓王崩逝。

经　夏四月己巳，葬齐僖公[1]。

**今注**

1　此经无传。

**今译**

夏，四月己巳，安葬齐僖公。

**传**　祭仲专[1]，郑伯患之[2]，使其婿雍纠[3]杀之，将享诸郊[4]，雍姬[5]知之，谓其母曰："父与夫孰亲[6]？"其母曰："人尽夫也，父一而已，胡可比[7]也。"遂告祭仲曰："雍氏舍其室[8]，而将享子于郊，吾惑之以告[9]。"祭仲杀雍纠，尸诸周氏之汪[10]。公载以出[11]曰："谋及妇人，宜其死也[12]。"

**今注**

1　祭仲专：郑大夫祭仲很专权。

2　郑伯患之：郑伯是厉公；患之是以祭仲专权为患。

3　雍纠：是祭仲女婿的名字。

4　将享诸郊：在郑都城郊外，享宴祭仲。

5　雍姬：祭仲之女，雍纠之妻。祭国是周公之后，故姬姓。

6　父与夫孰亲：父亲与丈夫谁比较与我亲近。

7　胡可比：胡即何。何能相比较。

8　雍氏舍其室：雍氏指雍纠；舍其室指不在他的家中设宴。

9　吾惑之以告：我对这件事很疑心，所以将这件事告诉你。

10　尸诸周氏之汪：汪是水池，在郑国都城中；周氏是郑大夫；尸是动词，将雍纠被杀的尸首陈列出来以示众。

11　公载以出：厉公将雍纠的尸体搁在车上，同离郑国。

12　谋及妇人，宜其死也：假若与妇人相计谋，他的死也是应当的。

**今译**

郑国的大夫祭仲专权，郑厉公忧患他的专权，便派祭仲的女婿雍纠去杀他。雍纠将要在都城的郊外享宴祭仲，雍纠的妻子知道了这件事，便去问她的母亲说："父亲与丈夫谁跟我关系比较亲近？"她的母亲说："任何男子都可能成为一个妇人的丈夫，但父亲却只有一个而已，怎么可以相比呢？"于是她告诉祭仲说："雍纠不在家里设宴请您，而将要在郊外设宴请您，我很疑惑，所以把它告诉您。"祭仲便杀死雍纠，把他的尸体暴露在周氏的水池边。郑厉公用车子载了雍纠的尸体离开郑国，说："与妇人相计谋，他的死是应该的。"

经 五月，郑伯突出奔蔡。

传 夏，厉公[1]出奔蔡。

**今注**

1 厉公：郑伯突。

**今译**

夏，郑厉公出奔到蔡国。

经 郑世子忽复归于郑。

传 六月乙亥，昭公[1]入。

**今注**

1 昭公：经所言之郑世子忽。

**今译**

六月乙亥，郑昭公进入郑国，恢复他的君位。

经 许叔入于许。

传 许叔[1]入于许。

**今注**

1 许叔：许庄公弟。隐公十一年，郑庄公所说：“若寡人得没于地，天其以礼悔祸于许，无宁兹许公复奉其社稷。”所以郑庄公一死，许叔就入于许都城。

**今译**

许叔进入许国都城。

经 公会齐侯于艾。

传 公会齐侯于艾，谋定许[1]也。

**今注**

1 谋定许：因为许叔进入许都，所以鲁齐两公想安定许国。

**今译**

鲁桓公会见齐侯于艾，谋划安定许国的办法。

经 邾人、牟[1]人、葛[2]人来朝。

**今注**

1 牟：在今山东莱芜县东二十里。

2 葛：在今河南省宁陵县葛城，在汴水之南。

**今译**

邾人、牟人和葛人来鲁国朝见。

经 秋九月，郑伯突入于栎。

传 秋，郑伯因栎[1]人杀檀伯[2]，而遂居栎。

**今注**

1 栎：在今河南省禹县，在新郑县西南九十里。

2　檀伯：郑国守栎的大夫。

**今译**

秋，郑厉公利用栎人杀死檀伯，因而就居住在栎。

**经**　冬十有一月，公会宋公、卫侯、陈侯于袲，伐郑。

**传**　冬，会于袲[1]，谋伐郑，将纳厉公也，弗克而还[2]。

**今注**

1　袲：音移。宋地，在今安徽省宿县。《后汉志》注："袲一名萃。"

2　弗克而还：仗不能打胜，就各自回国。

**今译**

冬，鲁桓公与宋公、卫侯、陈侯会见于袲，谋划讨伐郑国，目的是要把郑厉公纳归郑国。但是战事没有成功而各自回国。

## 桓公十六年（公元前六九六年）

**经**　十有六年春正月，公会宋公、蔡侯、卫侯于曹。

**传**　十六年春正月，会于曹，谋伐郑[1]也。

**今注**

1　谋伐郑：因为去年冬，曾谋伐郑，纳厉公，但是不能成功，所以现在又讨论这件事。

**今译**

十六年，春，正月，鲁桓公会见宋公、蔡侯、卫侯于曹，谋划讨伐郑国。

**经**　夏四月，公会宋公、卫侯、陈侯、蔡侯，伐郑。

传 夏，伐郑[1]。

**今注**

1 夏，伐郑：夏天各诸侯方实行伐郑。

**今译**

夏，鲁桓公会合宋公、卫侯、陈侯、蔡侯，共同讨伐郑国。

经 秋七月，公至自伐郑。

传 秋七月，公至自伐郑，以饮至之礼[1]也。

**今注**

1 以饮至之礼：《左传·桓公二年》说："凡公行，告于宗庙。反，行饮至舍爵策勋焉，礼也。"饮至的礼节亦应当在庙，所以史官就记载在竹简上。

**今译**

秋，七月，鲁桓公讨伐郑国以后回到鲁国，举行饮至的典礼。

经 冬，城向。

传 冬，城向，书时[1]也。

**今注**

1 书时：因为不妨害农时，所以书时。

**今译**

冬，修筑向邑的城墙，记载这件事表示它合于时宜。

经 十有一月，卫侯朔出奔齐。

传 初，卫宣公烝于夷姜[1]，生急子。属诸[2]右公子[3]，为之娶于齐而美，公取之，生寿及朔，属寿于左公子[4]，夷姜缢[5]。宣姜[6]与公子朔构[7]急子，公使诸齐，使盗待诸莘[8]将杀之，寿子告之，使行[9]。不可，曰："弃父之命，恶用子矣[10]，有无父之国则可也。"及行，饮以酒，寿子载其旌以先[11]，盗杀之。急子至曰："我之求也[12]，此何罪[13]？请杀我乎！"又杀之，二公子故怨惠公。十一月，左公子泄，右公子职[14]，立公子黔牟[15]，惠公[16]奔齐。

**今注**

1　烝于夷姜：在初民社会的时代，贵族是多妻制度，所以有媵娣制，由此而又发生了烝报制，这是两件相连的制度。烝是在父亲死后，除其生母外，皆可娶为己妻，所生的儿子，其地位亦同嫡子相等。至春秋时代，这种制度仍旧通行，但见于《左传》所记载者只有六、七条，皆出于政治原因而有所记载，其余不发生政治问题的，而不见于记载的，想必不可胜数，其详见我所著《中国古代社会史》。夷姜是宣公的庶母。

2　属诸：托付给。

3　右公子：是右媵所生的儿子。

4　左公子：左媵所生的儿子。

5　夷姜缢：缢就是上吊自杀，是因为失宠。缢亦见桓公十三年"莫敖缢于荒谷"注。

6　宣姜：宣公先为急子所娶，而后又自娶的齐国女子。

7　构：用言语陷害。

8　莘：卫地，在今山东省莘县北莘田故城。《水经注》说："莘亭道阨限蹊要。自卫适齐之道也。"

9　使行：使他赶紧离开卫国。

10　弃父之命，恶用子矣：恶即安能。舍弃父亲的命令，这种儿子做何用处？

11　载其旌以先：旌是急子所用的旌旗，旗上绘有他所代表的标帜，就驱车先走。

12　我之求也：这是我所求的。

13　此何罪：此是指寿子：他有什么罪要被杀？

14　左公子洩，右公子职：左公子名洩，右公子名职。

15　黔牟：是宣公所庶出的公子。

16　惠公：经所写的卫侯朔。

**今译**

起初，卫宣公娶他的庶母夷姜，生急子，把急子托付给右公子。后来卫宣公为急子娶一位齐国的女子，因为她长得美，宣公便自己娶了她，生寿及朔两人。把寿托付给左公子。夷姜因为失宠上吊自杀了。宣姜和公子朔陷害急子，宣公就派急子到齐国去。另外派一名恶盗在莘的地方等候，要把急子杀害。寿子知道这个阴谋，就告诉急子，要他赶紧离开卫国。急子不肯那么做，说："舍弃父亲的命令，这种儿子做何用处？若是世界上有无父的国家，才可以那么做呢！"等到他要出发去齐国时，寿子用酒为他饯行，让急子喝醉，自己载着急子的旌旗先走，恶盗就把他杀了。等到急子赶到说："要死的是我呀！他有什么罪呢？请杀了我吧！"恶盗便又把他杀死。因此左、右两公子怨恨卫惠公（公子朔）。十一月，左公子洩和右公子职立公子黔牟为国君，惠公出奔到齐国。

## 桓公十七年（公元前六九五年）

**经**　十有七年春，正月丙辰，公会齐侯、纪侯盟于黄。

**传**　十七年春，盟于黄[1]，平齐、纪，且谋卫[2]，故也。

**今注**

1　黄：《钦定春秋传说汇纂》说：博兴左近有黄山，黄阜，黄大约在附近。

2　谋卫：因为卫国把惠公驱逐出来。

**今译**

十七年，春，鲁桓公与齐侯及纪侯会盟于黄，使齐国与纪国讲和，并且为了谋划卫国的事。

**经**　二月丙午，公会邾仪父，盟于趡。

**传**　及邾仪父盟于趡[1]，寻蔑之盟[2]也。

**今注**

1　趡：鲁地，在今山东省泗水县与邹县之间。

2　蔑之盟：在隐公元年。

**今译**

鲁桓公及邾仪父会盟于趡，为的是重申隐公元年在蔑地的盟约。

**经**　夏五月丙午，及齐师战于奚。

**传**　夏，及齐师战于奚[1]，疆事[2]也。于是齐人侵鲁疆，疆吏[3]来告。公曰："疆埸之事[4]，慎守其一[5]，而备其不虞[6]，姑尽所备[7]焉。事至而战[8]，又何谒[9]焉？"

**今注**

1　奚：鲁地，在今山东省滕县南、奚公山下有奚水。《水经注》："夏车正，奚仲之国也。山下有奚仲冢。"

2　疆事：争疆界的事。

3　疆吏：守疆界的官吏。

4　疆埸之事：指疆界的事情。

5　慎守其一：对于一国的事情要谨慎守备，无使人来侵我。

6　不虞：不是意料中的事。

7　姑尽所备：暂且尽己力以防备。

8　事至而战：意外的事发生，立刻就作战。

9　又何谒：又何必来见我请命。

**今译**

夏，鲁国军队与齐国军队交战于奚，为了争疆界的缘故。在那时，齐国人侵略鲁国的边疆，守疆的官吏来报告，鲁桓公对他说："疆界的事情，是你所要谨慎守备的，不要使人来侵犯，而且要时时防备意外的事故。平时暂且尽你所能去防备，一旦意外的事故发生了，就要为保卫边疆而战，又何必来谒见请命呢？"

**经**　六月丁丑，蔡侯封人卒。

**传**　蔡桓侯[1]卒，蔡人召蔡季[2]于陈。

**今注**

1　蔡桓侯：经说的蔡侯封人。

2　蔡季：是桓侯的弟弟。桓侯无子，故蔡人欢迎蔡季而立之。

**今译**

蔡桓侯逝世。蔡国人召请在陈国的蔡季回国。

**经**　秋八月，蔡季自陈归于蔡。

**传**　秋，蔡季自陈归于蔡，蔡人嘉之[1]也。

**今注**

1　蔡人嘉之：因为蔡人欢迎他，所以以字告鲁国。

**今译**

秋，蔡季从陈国回到蔡国，蔡国人很欢迎他。

经 癸巳，葬蔡桓侯[1]。

**今注**

1 此经无传。

**今译**

癸巳，安葬蔡桓侯。

经 及宋人、卫人伐邾。

传 伐邾，宋志[1]也。

**今注**

1 宋志：因为邾与宋两国争疆界，而鲁国听从宋国的要求，遂违背趡之盟而伐邾。

**今译**

鲁国违背盟约讨伐邾国，这是因为听从了宋国的请求。

经 冬十月朔，日有食之。

传 冬十月朔，日有食之，不书日，官失之[1]也。天子有日官，诸侯有日御[2]，日官居卿[3]以厎日[4]，礼也。日御不失日[5]，以授百官于朝[6]。

**今注**

1 官失之：是官记载的错误。

2 天子有日官，诸侯有日御：日官与日御这两种官，皆是管理天象的。

3 居卿：等于卿的地位。

4 厎日：厎音底，等于平。厎日即平历数。

5 日御不失日：诸侯的日御也不失落历书。

6 授百官于朝：交给诸侯的百官，公布于朝廷。

**今译**

冬，十月朔日，发生日食，没有记载日子的干支，因为官员的记载错失。天子有日官，诸侯有日御。日官虽不是六卿之一但地位等于卿，用这个职位平制历数，是合于礼的。诸侯的日御不失落日官所制的历书，用以授给百官，公布于朝廷。

**传** 初，郑伯[1]将以高渠弥[2]为卿，昭公恶之[3]，固谏不听[4]，昭公立，惧其杀已也。辛卯，弑昭公而立公子亹[5]，君子谓昭公知所恶[6]矣。公子达[7]曰："高伯[8]其为戮乎？复恶已甚[9]矣！"

**今注**

1　郑伯：新近卒的郑庄公。

2　高渠弥：郑大夫。

3　昭公恶之：昭公是公子忽。恶之是厌恶高渠弥。

4　固谏不听：坚持谏诤，不为接受。

5　公子亹：昭公弟，亹音尾。

6　君子谓昭公知所恶：此言亦见《韩非子》。所以刘师培遂据此力驳《左传》中所有"君子曰"皆为刘歆所加的说法。

7　公子达：鲁大夫，《韩非子》作公子圉。

8　高伯：高渠弥。

9　复恶已甚：复是报复。此指高渠弥报复的手段太过分。

**今译**

起初，郑庄公将以高渠弥做卿，郑昭公厌恶高渠弥，坚持谏诤，庄公不肯听从。等到昭公立为国君，高渠弥畏惧昭公会杀他，就在辛卯那天，弑昭公，而立公子亹为国君。君子说，昭公深知自己所厌恶的人。鲁国大夫公子达说："高渠弥将来被杀是应该的。他报复昭公对他的厌恶实已太过分了。"

## 桓公十八年（公元前六九四年）

**经** 十有八年春王正月，公会齐侯于泺，公与夫人姜氏遂如齐。

**传** 十八年春，公将有行[1]，遂与姜氏如齐[2]。申繻[3]曰："女有家，男有室，无相渎[4]也，谓之有礼[5]，易此必败。"公会齐侯于泺[6]，遂及文姜如齐，齐侯通焉[7]，公谪之[8]，以告[9]。

### 今注

1 公将有行：桓公将出国。

2 如齐：如是往。往齐国的意思。

3 申繻：鲁大夫。

4 无相渎：不要相互违背。

5 谓之有礼：如此则很合于传统。

6 泺：音洛。泺水在今山东省历城县西北入济水。

7 齐侯通焉：服虔说：旁淫曰通。

8 公谪之：桓公谴责她。

9 以告：文姜告诉齐襄公。

### 今译

十八年，春，鲁桓公将出国，于是与夫人姜氏一起往齐国去。申繻说："女子有夫家，男子有妻室，不互相违背，才叫作有礼。若改变了这个原则，必定要失败的。"桓公与齐侯会见于泺水，然后就与文姜一起到齐国都城。齐侯与文姜通奸，桓公谴责她，她就告诉齐侯。

**经** 夏四月丙子，公薨于齐。

**传** 夏四月丙子，享公[1]，使公子彭生[2]乘公[3]，公薨于车[4]。

今注

1　享公：齐襄公为鲁桓公设享宴的礼。

2　彭生：齐大夫。

3　乘公：为鲁侯御车。

4　公薨于车：彭生多力，拉公干（胁也），而杀桓公。

今译

夏，四月丙子，齐侯设宴款待桓公，派公子彭生为桓公驾车，桓公薨逝在车上。

经　丁酉，公之丧至自齐[1]。

今注

1　此经无传。

今译

丁酉，桓公的灵柩被从齐国送回鲁国。

传　鲁人告于齐曰："寡君畏君之威[1]，不敢宁居[2]，来修旧好，礼成而不反，无所归咎[3]，恶于诸侯[4]，请以彭生除之[5]。"齐人杀彭生[6]。

今注

1　寡君畏君之威：我们的国君畏惧齐国国君的威严。

2　不敢宁居：不敢安宁地居住在鲁国。

3　礼成而不反，无所归咎：他已经到了齐国行礼，而不回到鲁国，不知道应当归罪何人。

4　恶于诸侯：这种耻辱的坏声名，使各国诸侯全知道。

5　请以彭生除之：请用彭生除去耻辱的坏声名。

6　齐人杀彭生：鲁史没有写在竹简上，第一是因为彭生只是齐大夫，照例大夫被杀，不书在竹简上；第二是因为鲁国认为牵连到桓公之死。

**今译**

鲁国人通告齐国说：“我国的国君畏惧您齐君的威望，不敢安宁地居住在我国内，而来齐国修续两国旧有的和好，行礼完毕而不能返鲁国。我们不知道应该归罪于谁，这种耻辱的坏声名，诸侯全都知道了。请用彭生来雪除我国这种耻辱。”齐国人就杀了彭生。

**经** 秋七月。

**传** 秋，齐侯师[1]于首止[2]，子亹会之，高渠弥相[3]。七月，戊戌，齐人杀子亹，而镮[4]高渠弥。祭仲逆郑子于陈[5]，而立之。是行也，祭仲知之，故称疾不往[6]。人曰：“祭仲以知免[7]。”仲曰：“信也[8]。”

**今注**

1 师：率领军队。

2 首止：卫地，在今河南省睢县东南首乡。《钦定春秋传说汇纂》以为此地属宋，而非如杜预所说的属卫。

3 相：相礼。

4 镮：是车裂，为刑罚的一种。

5 逆郑子于陈：郑子是昭公之弟子仪。往陈国去迎接昭公的弟弟子仪。

6 称疾不往：自称有病，不往相礼。

7 以知免：知音智，与祭仲“知之”的知音不同。用聪明而免除了杀身的祸害。

8 信也：说得很对。

**今译**

秋，齐侯率领军队驻在首止。郑国的子亹与齐侯会见，高渠弥同去相礼。七月戊戌，齐国人杀死了子亹，而车裂高渠弥。郑大夫祭仲到陈国迎接昭公的弟弟子仪，而立他为国君。这次子亹去会齐侯，祭仲知道齐侯的目的，所以自称有病，不肯同往相礼。有人说："祭仲因他的聪明而免除了杀身之祸。"祭仲说："说得很对。"

**经** 冬十有二月，己丑，葬我君桓公[1]。

**今注**

1 葬我君桓公：距离桓公之被害，已经九个月，葬得甚为迟缓。此经无传。

**今译**

冬，十二月己丑，安葬我鲁国的国君桓公。

**经** 周公[1]欲弑庄王[2]而立王子克[3]，辛伯[4]告王，遂与王杀周公黑肩。王子克奔燕[5]。初，子仪有宠于桓王，桓王属诸[6]周公。辛伯谏曰："并后[7]，匹嫡[8]，两政[9]，耦国[10]，乱之本也。"周公弗从，故及[11]。

**今注**

1 周公：名黑肩，是王卿士。

2 庄王：是桓王太子。

3 王子克：是庄王弟子仪。

4 辛伯：周大夫。

5 燕：是姬姓伯爵，周武王封召公奭于燕，在今北京市。

6 属诸：托付给。

7 并后：妾如后。

8 匹嫡：庶同嫡一样。

9　两政：王引之说："正与政相通，两政者，宠臣之权与正卿相敌也。"而认为杜注的两政为臣擅命是不对的。

10　耦国：大都与都城相同。

11　故及：所以及于祸难被杀。

**今译**

周公黑肩想弑周庄王而立王子克。辛伯把消息告诉庄王，于是就与庄王杀死周公黑肩，而王子克出奔到燕国。起初，子仪（王子克）得到周桓王的宠爱，把他托付给周公，辛伯曾劝谏周公说："妾与后并位，庶子与嫡子匹敌，权臣与卿士争政权，大都与国都一般大，这都是乱事的本源。"周公不听他的话，所以及难被杀。

# 卷三　庄公上

## 庄公元年（公元前六九三年）

**经**　元年春王正月。

**传**　元年春，不称即位[1]，文姜出故也[2]。

**今注**

1　不称即位：没有行即位礼。

2　文姜出故也：文姜与桓公俱出国，而至是时未回国，庄公因此不能行即位礼，所以史官也不能写到《春秋》上。

**今译**

元年，春天，鲁庄公没有举行即位典礼，因为他的母亲文姜出国尚未回来。

**经**　三月，夫人孙于齐。

**传**　三月，夫人[1]孙[2]于齐，不称姜氏[3]，绝不为亲[4]，礼也。

**今注**

1　夫人：文姜，是庄公的母亲。

2　孙：音逊，因为鲁国对国内的事避讳，所以不称为出奔，而称为孙，意思说是让位而去。

3　不称姜氏：只称夫人不称夫人姜氏。

4　绝不为亲：断绝亲属的关系。

**今译**

三月，鲁桓公夫人逊让到齐国。经上只称夫人，不称姜氏，表示断绝亲属关系，这是合于礼的。

**经**　夏，单伯[1]送王姬[2]。

**今注**

1　单伯：天子卿士，单音善。

2　王姬：周王嫁女于诸侯，由同姓诸侯为主婚人。此经无传。

**今译**

夏天，周王的卿士单伯送王姬出嫁，命鲁国代表主持婚事。

**经**　秋，筑王姬之馆于外。

**传**　秋，筑王姬之馆于外[1]，为外[2]，礼也。

**今注**

1　筑王姬之馆于外：建造王姬的住宅在鲁国宫墙以外。

2　为外：在鲁国现在的情形之下，所以变更礼节。

**今译**

秋天，为王姬在鲁国宫墙外建筑别馆，因为鲁桓公的丧事未完毕，所以采取例外的礼节，这是合于礼的。

**经**　冬十月，乙亥，陈侯林[1]卒。

**今注**

1　陈侯林：陈庄公。此经无传。

**今译**

冬天，十月乙亥，陈庄公林逝世。

**经** 王使荣叔[1]来锡[2]桓公命[3]。

**今注**

1　荣叔：周大夫。荣是氏，叔是字。

2　锡：赏赐。

3　桓公命：追命桓公。此经无传。

**今译**

周庄王派荣叔来鲁国赏赐桓公，追称他的德行。

**经** 王姬归于齐[1]。

**今注**

1　此经无传。

**今译**

王姬嫁到齐国。

**经** 齐师迁纪，郱[1]、鄑[2]、郚[3]。

**今注**

1　郱：音平。纪地，在今山东省临朐县东南。

2　鄑：音资。纪邑，今山东省昌邑县有訾亭社。

3　郚：音无。今山东省安丘县西南六十里有郚城。以上三城皆属纪国所有，齐国迁走他的人民，而取其土地。此经无传。

**今译**

齐国迁徙纪国郱、鄑、郚三邑的人民，占领三邑的土地。

## 庄公二年（公元前六九二年）

**经** 二年春王二月，葬陈庄公[1]。

**今注**

1 葬陈庄公：葬陈侯林。此经无传。

**今译**

二年，春天，周王历二月，安葬陈庄公。

**经** 夏，公子庆父[1]帅师伐於馀丘[2]。

**今注**

1 公子庆父：是桓公庶子，后为孟孙氏。

2 於馀丘：在近于鲁国的小国。此经无传。

**今译**

夏天，鲁庄公的庶兄公子庆父率领军队攻伐於馀丘国。

**经** 秋，七月，齐王姬卒[1]。

**今注**

1 此经无传。

**今译**

秋天，七月，嫁到齐国的王姬逝世。

**经** 冬十有二月，夫人姜氏会齐侯于禚。

**传** 二年冬，夫人姜氏会齐侯于禚[1]，书奸也[2]。

**今注**

1 禚：音卓，齐邑。大约在齐、鲁、卫三国的分界上。

2 书奸也：文姜会齐侯，就证明了文姜与齐侯的通奸。

**今译**

二年，冬天，十二月，鲁桓公夫人姜氏与齐侯幽会于禚。记载这件事表明姜氏与齐侯的奸情。

**经** 乙西，宋公冯[1]卒。

**今注**

1 冯：音凭，即宋庄公。此经无传。

**今译**

乙酉这一天，宋庄公冯逝世。

## 庄公三年（公元前六九一年）

**经** 三年春王正月，溺会齐师伐卫。

**传** 三年春，溺[1]会齐师伐卫，疾之[2]也。

**今注**

1 溺：鲁大夫。

2 疾之：因为他没有请命于鲁侯，故去他的氏，只写他的名字在竹简上，以表示不赞成的意思。

**今译**

三年，春天，鲁大夫溺会合齐国军队攻伐卫国。因为他没有请命于鲁侯，所以只写他的名字溺，而没写明他的姓，表示对他的蔑视。

**经** 夏四月，葬宋庄公[1]。

**今注**

1 宋庄公：宋公冯。此经无传。

**今译**

夏天，四月，安葬宋庄公。

**经** 五月，葬桓王。

**传** 夏五月，葬桓王，缓也[1]。

**今注**

1 缓也：桓王崩于鲁桓公十五年三月，到此时方葬，所以说葬得迟缓。

**今译**

夏天，五月，安葬周桓王，葬事举行太迟。

**经** 秋，纪季以酅入于齐。

**传** 秋，纪季[1]以酅[2]入于齐，纪于是乎始判[3]。

**今注**

1 纪季：是纪侯之弟。

2 酅：音希。纪地，在今山东省淄博县东十九里，即战国时代齐国的安平城。

3 始判：分裂成两国。

**今译**

秋天，纪侯的三弟纪季把酅邑并入齐国，受齐国保护，纪国从这时开始分裂。

**经** 冬，公次于滑。

**传** 冬，公次于滑[1]。将会郑伯，谋纪故也[2]，郑伯辞以难[3]。凡师一宿为舍[4]，再宿为信[5]，过信为次[6]。

**今注**

1　滑：郑地，今河南省睢县有滑亭。

2　谋纪故也：为的是讨论纪国的事情。

3　郑伯辞以难：郑伯是郑厉公。辞以难是以为困难的意思。

4　凡师一宿为舍：凡是军队在驻过一天的地方，即名为舍。

5　再宿为信：两天就用信为名。

6　过信为次：再以上即名为次。

**今译**

冬天，鲁庄公驻军在滑，将会见郑伯，谋划纪国的事情。郑伯告诉他有困难。凡是军队驻在一个地方，只过一夜叫作“舍”，再过一夜叫作“信”，超过两夜就叫作“次”。

## 庄公四年（公元前六九〇年）

传　四年春王三月[1]，楚武王荆尸[2]，授师孑焉[3]，以伐随。将齐[4]，入告夫人邓曼曰：“余心荡[5]。”邓曼叹曰：“王禄尽矣[6]！盈而荡，天之道也[7]，先君其知之矣[8]！故临武事，将发大命[9]，而荡王心焉。若师徒无亏，王薨于行[10]，国之福也。”王遂行，卒于樠木之下[11]。令尹鬬祁，莫敖屈重[12]，除道梁溠[13]，营军临随[14]，随人惧，行成[15]。莫敖以王命[16]入盟随侯，且请为会于汉汭[17]而还，济汉而后发丧。

**今注**

1　春王三月：原为春王正月，阮刻本及洪亮吉《春秋左传》诂皆如此，但《四部丛刊影刊・宋本》作“春王三月”。

2　荆尸：为楚国陈列军队的方式。

3　授师孑焉：方言说“戟谓之孑”。始用戟为战阵。

4　将齐：齐音同斋，因为授兵器在庙中，故先斋戒。

5　余心荡：贾逵说：荡即摇。此句指我的心摇动不安。

6　王禄尽矣：王的寿命将结束。

7　盈而荡，天之道也：盈满就摇动，这是合乎天道的。

8　先君其知之矣：楚的先王大约已经知道。

9　故临武事，将发大命：所以面临战事，立刻发布号令的时候。

10　王薨于行：王死在行军途中。

11　樠木之下：樠音瞒，木名。

12　令尹鬬祁，莫敖屈重：令尹、莫敖皆楚官名。鬬祁、屈重皆人名。

13　除道梁溠：溠，水名，在今湖北省随县西北。除道梁溠是指修了一条道路，经过溠水，在水上架桥。

14　营军临随：楚军遂直到随国都城。

15　行成：求和。

16　以王命：用王的命令，表示王并没有死。

17　汉汭：汭音锐。江永说：汉水入江之处，在今湖北省汉阳县；杜注谓为汉西，实误。

## 今译

四年，春天，周王历正月，楚武王用新的阵式“荆尸”阵列军队，授戟给军士，将以攻伐随国。在授戟以前，将要在庙里斋戒，他进入宫内告诉夫人邓曼说：“我的心摇动不安。”邓曼叹息说：“王的寿命将要结束了吧！盈满就会动摇，是合乎天道的。楚国的先王大约已经知道了，所以在您面临战事，将要发布号令的时候，而动摇您的心。若是军队不受到亏损，而王死在行军的途中，这将是国家的福祉吧！”楚武王就动身出发，中途死在樠木的下面。令尹鬬祁及莫敖屈重，修了一条新的道路，架桥渡过溠水，率领军队逼近随国。随人畏惧，要求和平。莫敖就以楚王的命令进入随国都城与随侯订立盟约，并且请随侯到汉汭会盟，然后楚国军队才班师回国。等到渡过汉水而后，方发布楚王的死讯，开始行丧礼。

经　四年春王二月，夫人姜氏享齐侯于祝丘[1]。

**今注**

1　祝丘：鲁地，在今山东省临沂县东南五十里。此经无传。

**今译**

四年，春天，周王历二月，鲁桓公夫人姜氏在祝丘设宴款待齐侯。

经　三月，纪伯姬[1]卒。

**今注**

1　纪伯姬：鲁女，就是隐公二年纪裂繻所来迎者。此经无传。

**今译**

三月，纪侯的夫人伯姬逝世。

经　夏，齐侯、陈侯、郑伯遇于垂[1]。

**今注**

1　此经无传。

**今译**

夏天，齐侯、陈侯、郑伯相遇于垂。

经　纪侯大去其国。

传　纪侯不能下齐[1]，以与纪季。夏，纪侯大去其国[2]，违齐难[3]也。

**今注**

1　下齐：纪侯不能委曲侍奉齐国，所以将全纪国给予他的弟弟纪季。

2　纪侯大去其国：纪侯离开他的国都，表示不返国的意思。

3　违齐难：躲避齐国对于纪国的压迫。

**今译**

纪侯因为不甘委曲侍奉齐国，所以把国家让给纪季。夏天，纪侯断然离开纪国，以避免齐国的压迫。

**经**　六月，乙丑，齐侯葬纪伯姬[1]。

**今注**

1　齐侯葬纪伯姬：因为纪侯已经离开国都，而鲁女伯姬逝，无人办丧事，齐侯遂为她行葬礼。此经无传。

**今译**

六月乙丑，齐侯为纪侯的夫人伯姬行葬礼。

**经**　秋七月。

**今译**

秋，七月。（经文缺，亦无传。）

**经**　冬，公及齐人狩于禚[1]。

**今注**

1　狩于禚：在禚地打猎。禚，音卓，齐邑。大约在齐、鲁、卫三国的分界上。此经无传。

**今译**

冬，鲁庄公与齐人在禚地狩猎。

## 庄公五年（公元前六八九年）

经　五年春王正月[1]。

**今注**

1　此经无传。

**今译**

五年，春，周王历正月。

经　夏，夫人姜氏如[1]齐师。

**今注**

1　如：往，去。此经无传。

**今译**

夏天，鲁桓公夫人姜氏到齐国的军中去。

经　秋，郳犁来来朝。

传　五年秋，郳[1]犁来[2]来朝，名[3]，未王命[4]也。

**今注**

1　郳：音泥，是鲁的附庸国，在今山东省滕县东六里。

2　犁来：是附庸国的君名。

3　名：《春秋》上只写他的名字。

4　未王命：有王命以后，方能写上爵位，至僖公七年，郳犁来始得王命，所以来朝时方在《春秋》上写明“小邾子来朝”。

**今译**

秋天，郳国国君郳犁来到鲁国朝见。因为他未受周王的爵命，所以只写他的名字。

经　冬，公会齐人、宋人、陈人、蔡人伐卫。

传　冬，伐卫，纳惠公[1]也。

**今注**

1　纳惠公：桓公十六年，惠公朔出奔齐，到现在方送他回国都。

**今译**

冬天，鲁庄公会同齐人、宋人、陈人、蔡人讨伐卫国。为的是送卫惠公回国。

## 庄公六年（公元前六八八年）

经　六年春王正月，王人子突救卫。

传　六年春，王人[1]救卫。

**今注**

1　王人：周王军队由微小的官吏所率领，所以称王人。

**今译**

六年，春天，周王的军队由子突率领去援救卫国。

经　夏，六月，卫侯朔入于卫。

传　夏，卫侯入，放公子黔牟于周，放[1]甯跪[2]于秦，杀左公子洩、右公子职，乃即位。君子以二公子之立黔牟为不度[3]矣。夫能固位者[4]，必度于本末[5]，而后立衷焉[6]，不知其本不谋[7]，知本之不枝弗强[8]，《诗》云："本枝百世[9]。"

**今注**

1　放：赦免不杀，而使其去远的国家为放。

2 甯跪：卫大夫。

3 不度：所谓“不度于本末”。

4 夫能固位者：凡是能巩固他地位的人。

5 必度于本末：必定研究他的根本与枝末。

6 而后立衷焉：然后再予以适当的处理。

7 不知其本不谋：对于他的根本不知道，就是不曾计谋。

8 知本之不枝弗强：顾炎武说：“弗强，言不必强立之也。”假设知道本既无力量支持，就不必强立他。

9 本枝百世：《诗经·大雅·文王》篇的句子。意指文王本枝俱茂盛，可以繁衍百世。

**今译**

夏天，卫惠公回到卫国国都，把公子黔牟放逐到周，把甯跪放逐到秦，杀了左公子泄及右公子职，然后即位。君子认为左、右二公子的扶立黔牟为国君，是欠缺考虑的。凡是能够巩固他地位的人，必要研究他的根本与枝末，然后顺着情势做适当的处理。若是不知道他根本的情形，而立他，就是不曾计谋；若是知道他根本无力支持他的枝末，也就不必强立他。正如《诗经·大雅》所说：“本枝繁盛，繁衍百世。”

**经** 秋，公至自伐卫[1]。

**今注**

1 此经无传。

**今译**

秋天，鲁庄公讨伐卫国以后，回到鲁国。

**经** 螟[1]。

**今注**

1　螟：虫灾为谷害。此经无传。

**今译**

发生螟虫的灾害。

**经**　冬，齐人来归卫俘。

**传**　冬，齐人来归卫宝[1]，文姜请之[2]也。

**今注**

1　卫宝：经作卫俘，《公羊》《穀梁》两传皆言卫宝，与《左传》同，这大概是经的误字。

2　文姜请之：文姜对齐国的要求。

**今译**

冬天，齐国人送来伐卫所获的珍宝。这是文姜向齐侯请求的。

**传**　楚文王伐申，过邓，邓祁侯[1]曰："吾甥[2]也。"止而享之[3]，骓[4]甥、聃甥、养甥[5]请杀楚子，邓侯弗许。三甥曰："亡邓国者，必此人[6]也。若不早图，后君噬齐[7]，其及图之乎[8]？图之此为时矣[9]！"邓侯曰："人将不食吾余[10]。"对曰："若不从三臣，抑社稷实不血食[11]，而君焉取余[12]？"弗从。还年[13]，楚子伐邓。十六年[14]，楚复伐邓，灭之。

**今注**

1　邓祁侯：邓国君，杜预谓祁侯是谥法。

2　甥：姊妹之子曰甥。楚文王是武王之子，而武王的夫人邓曼是邓侯的姊妹，故称文王曰甥。

3　止而享之：使他停到邓国，来享宴他。

4　骓：音追。

5　骓甥、聃甥、养甥：骓、聃、养三甥，皆是邓国的外甥。

6　此人：指楚文王。

7　若不早图，后君噬齐：噬音市。齐音脐。假若不趁早谋算他，以后君王噬脐莫及。

8　其及图之乎：那时还来得及图谋吗？

9　此为时矣：现在正是时候。

10　人将不食吾余：旁人将不吃我祭祀所剩余的肉食。

11　抑社稷实不血食：血食是指肉食的意思，社稷指土神与谷神。此句指若不能祭祀，则土神与谷神就不能吃到肉食。

12　君焉取余：焉即安。你哪能得到祭祀的鱼肉？

13　还年：楚伐申回国的这一年。

14　十六年：指鲁庄公十六年。

**今译**

楚文王攻伐申国，经过邓国，邓祁侯说："他是我的外甥。"就使他停在邓国，设宴款待他。骓甥、聃甥和养甥请求邓祁侯杀害楚文王，邓祁侯不答应。三位外甥就说："灭亡邓国的，必定是这个人了。若不趁早谋算他，以后他来灭邓国，就好像您的肚脐受噬，那时还来得及图谋吗？若要图谋，现在正是时候。"邓祁侯说："我若是这样做，人们将不吃我祭祀所余的肉食了。"三位外甥回答说："若是不听我们三人的话，就连土神、谷神都将不能受到祭祀，您将怎样得到祭祀剩余的肉食呢？"邓祁侯始终不听从。等到楚文王攻伐申国以后，回国的这一年，就攻伐邓国。到了鲁庄公十六年，楚国又攻伐邓国，终于把邓国消灭。

## 庄公七年（公元前六八七年）

**经** 七年春，夫人姜氏会齐侯于防。

**传** 七年春，文姜会齐侯于防[1]，齐志[2]也。

**今注**

1 防：鲁地，鲁有两防，此所谓东防。

2 齐志：齐侯来到鲁国相会，这是齐侯的要求。

**今译**

七年，春天，鲁桓公夫人文姜会见齐侯于防，这是由于齐侯的要求。

**经** 夏四月，辛卯夜，恒星不见。夜中，星陨如雨。

**传** 夏，恒星不见[1]，夜明[2]也，星陨如雨[3]，与雨偕[4]也。

**今注**

1 恒星不见：常见的星星皆不显露。

2 夜明：因为天不太黑。

3 星陨如雨：星星如雨般坠落。

4 与雨偕：跟落雨同时。

**今译**

夏天，四月辛卯的夜里，常见的星都不显露，因为夜间天空很明亮。到了夜半，星如雨一样地陨落，伴着雨一同落下。

**经** 秋，大水[1]。

**今注**

1 此经无传。

**今译**

秋天，发生水灾。

**经** 无麦苗。

**传** 秋，无麦苗不害嘉谷[1]也。

**今注**

1　无麦苗不害嘉谷：因为大水之后，麦苗皆被冲没，不过黍稷还可以再种，所以说不害嘉谷。

**今译**

秋天，大水以后，麦苗不能生长，但还可种黍稷，所以并不妨害嘉谷的收获。

**经** 冬，夫人姜氏会齐侯于穀[1]。

**今注**

1　穀：齐地。在今山东省东阿县穀城。穀是姬姓，后为齐国所灭。此经无传。

**今译**

冬天，鲁桓公夫人姜氏会见齐侯于穀。

## 庄公八年（公元前六八六年）

**经** 八年春王正月，师次于郎，以俟[1]陈人、蔡人。

**今注**

1　俟：等候。此经无传。

**今译**

八年，春天，周王历正月，鲁国军队驻扎在郎邑，以等候陈国人及蔡国人。

**经** 甲午，治兵。

**传** 八年，春，治兵于庙[1]，礼也。

**今注**

1　治兵于庙：《公羊传》作祠兵，更显出在祖庙中练习发布命令的礼节。

**今译**

八年，春天，在祖庙练习军队的号令，这是合于礼的。

**经** 夏，师及齐师围郕，郕降于齐师。

**传** 夏，师及齐师围郕[1]，郕降于齐师。仲庆父[2]请伐齐师。公曰："不可。我实不德，齐师何罪？罪我之由[3]。《夏书》[4]曰：'皋陶迈种德[5]，德乃降[6]。'姑务修德以待时乎[7]？"

**今注**

1　郕：是伯爵，文王子郕叔武始封。在今山东省宁阳县北盛乡城。

2　仲庆父：桓公庶子，后为孟孙氏。

3　罪我之由：罪是由我而兴起的。

4　《夏书》：是逸书。

5　皋陶迈种德：陶音遥。迈是指时间的遥远。此句谓皋陶能够在久远的时间内树立德行。

6　德乃降：假若有德行，才能使人所降服。

7　姑务修德以待时乎：姑且修整德行，以等待他人的降服。

**今译**

夏天，鲁国军队和齐国军队围攻郕国，郕国投降于齐国军队。

仲庆父请求讨伐齐国军队，鲁庄公说："不可。我实在没有德行，齐国军队有什么罪过呢？罪是由我而起的。《夏书》记载说：'皋陶能够深远地树立他的德行，就因为他有德行，人民才降服。'让我姑且修整德行，以等待他人降服的时机吧！"

经 秋，师还。

传 秋，师还。君子是以善[1]鲁庄公。

**今注**

1 善：嘉许。

**今译**

秋天，鲁国军队回国。君子因此嘉许鲁庄公。

经 冬十有一月，癸未，齐无知，弑其君诸儿。

传 齐侯使连称、管至父[1]戍葵丘[2]，瓜时[3]而往，曰："及瓜而代[4]。"期戍[5]，公问不至[6]，请代弗许[7]，故谋作乱。僖公之母弟[8]曰夷仲年[9]，生公孙无知[10]，有宠于僖公，衣服礼秩如适[11]，襄公绌之[12]，二人因之以作乱[13]，连称有从妹[14]在公宫，无宠，使间公[15]。曰："捷[16]，吾以汝为夫人[17]。"冬十二月，齐侯游于姑棼[18]，遂田于贝丘[19]。见大豕，从者[20]曰："公子彭生[21]也。"公怒曰："彭生敢见[22]！"射之[23]。豕人立而啼[24]，公惧，队于车[25]，伤足丧屦[26]。反[27]，诛屦于徒人费[28]，弗得，鞭之见血[29]，走出[30]，遇贼于门，劫而束之[31]。费曰："我奚御哉[32]？"袒而示之背[33]，信之。费请先入，伏公而出斗[34]，死于门中[35]，石之纷如死于阶下[36]。遂入，杀孟阳于床[37]。曰："非君也，不类[38]。"见公之足于户下[39]，遂弑之而立无知。初，襄公立，无常[40]，鲍叔牙[41]曰："君使民慢，乱将作矣[42]。"奉公子小白[43]出奔莒。乱作，管夷吾、召忽[44]奉公子纠来奔[45]。初，公孙无知虐于雍廪[46]。

## 今注

1　连称、管至父：二人皆齐大夫。

2　戍葵丘：戍是率领军队驻守。葵丘是齐地，在今山东省淄博县西三十里。

3　瓜时：瓜熟的时候。

4　及瓜而代：等到瓜熟的时候，就派人来代替你们。就是所谓隔一年的时候。

5　期戍：驻守满了一年。

6　公问不至：襄公的命令也不来。

7　请代弗许：他们请求派代理的人也不准许。

8　母弟：同母的弟弟。

9　夷仲年：夷仲是谥号，名年。

10　公孙无知：公子之子曰公孙，名无知，是僖公的孙子。

11　衣服礼秩如適：適音同嫡，即太子。此指公孙无知所穿的衣服与所用的礼节如同太子一样。

12　绌之：削减的意思。

13　二人因之以作乱：二人指连称、管至父，利用公孙无知来造反。

14　从妹：叔伯所生之女曰从妹。

15　使间公：间音见，窥伺。使她窥伺襄公。

16　捷：成功。

17　吾以汝为夫人：我将使你做齐国夫人。

18　姑棼：在今山东省博兴县东北十五里博姑城。

19　田于贝丘：田是打猎。贝丘在今山东省博兴县南有贝中聚。

20　从者：随从襄公打猎的人。

21　公子彭生：桓公十八年，受齐襄公命令杀鲁桓公，而后被齐襄公所杀者。

22　彭生敢见：见音现。彭生怎敢露面。

23　射之：向大豕射去。

24　豕人立而啼：猪如人般站立着而哭。

25　队于车：队音坠。由车上掉下来。

26　伤足丧屦：脚受伤，丢掉了鞋。

27　反：返回宫中。

28　诛屦于徒人费：诛是向他要。王引之说："案：徒当为侍字之误也，侍人即寺人……《汉书及古今人表》作寺人费是其明证也。"此句的意思是向侍人费强要他的鞋子。

29　鞭之见血：拿鞭子打他，流了很多血。

30　走出：向宫外逃走。

31　劫而束之：将寺人费拦住，并捆起来。

32　我奚御哉：我不是侍候的人。

33　袒而示之背：将衣服解开，给他们看背上流的血。

34　伏公而出斗：将襄公藏起来，就回去与贼相斗。

35　死于门中：在门间相斗而死。

36　石之纷如死于阶下：石之纷如是齐国的小臣，在台阶底下斗死。

37　杀孟阳于床：孟阳也是齐国小臣，替齐襄公睡卧在床上，被杀。

38　非君也，不类：不是君，不像。

39　户下：在门板的底下。

40　无常：政令常改变。

41　鲍叔牙：是齐桓公的师傅。

42　君使民慢，乱将作矣：君使民慢即指襄公的政令无常，所以乱将发作。

43　公子小白：是齐僖公的庶子，即后来的齐桓公。

44　管夷吾、召忽：二人全为公子纠的师傅。

45　公子纠来奔：公子纠是公子小白的庶兄。来奔是逃到鲁国。

46　虐于雍廪：雍廪是齐大夫。公孙无知对他很暴虐。

**今译**

齐侯派连称及管至父去戍守葵丘，他们在瓜熟的时候动身前往，齐襄公与他们约定说："到明年瓜熟的时候就派人代替你们。"等到他们戍守的日期满了，齐襄公的命令不来，请求派人来代替也不许，所以他们就阴谋发动政变。齐僖公同母的弟弟叫作夷仲年，他生了公孙无知，很得僖公的宠爱，所穿的衣服和所用的礼节都如同太子。襄公继位后削减了他的待遇，所以连称和管至父二人便利用公孙无知来发动政变。连称有一位从妹在襄公的宫中，不得宠幸，就派她窥伺襄公，对她说："如果事情成功了，我将使你成为齐侯的夫人。"到了冬天，十二月，齐襄公到姑棼游历，于是就在贝丘打猎，看见了一只大野猪，随从的人说："那是公子彭生。"襄公发怒，说："彭生竟然敢显现。"拔箭就射，野猪像人一样站起来啼叫，襄公很害怕，从车上掉了下来，脚受伤，鞋失落。回到宫中，向侍人费强要鞋子，侍人费找不到鞋子，襄公拿鞭子打他，打到流血。侍人费逃到宫外，在宫门遇到乱贼，他们把侍人费拦住，要把他捆绑起来，侍人费说："我不是侍候的人。"就解开衣服，袒露背部给他们看，他们便相信了。侍人费就请求先进入宫内，他进去先把襄公藏起来，再出去与贼相斗，在门间斗死，小臣石之纷如则死在台阶下面。乱贼进到宫内，把孟阳杀死在襄公的床上，说："这绝计不是国君，看起来不像。"看见襄公的脚露在门板下面，就把襄公弑杀，而立公孙无知为国君。起初，襄公立为国君以后，政令无常，鲍叔牙说：“国君的政令无常，使人民产生怠慢的心理，乱事将会发作的。”他就尊奉公子小白出奔到莒。现在乱事发生了，管夷吾和召忽尊奉公子纠逃到鲁国。起初，公孙无知对大夫雍廪很暴虐。

## 庄公九年（公元前六八五年）

经 九年春，齐人杀无知。

传 九年春，雍廪杀无知[1]。

**今注**

1 雍廪杀无知：经作齐人杀无知，表示是齐人所同意，无知又未与诸侯盟誓过，所以不书爵。

**今译**

九年，春天，齐国大夫雍廪杀公孙无知。

经 公及齐大夫盟于蔇。

传 公及齐大夫盟于蔇[1]，齐无君[2]也。

**今注**

1 蔇：音季。在今山东省峄县东八十里故缯城。

2 齐无君：因为齐国无君，所以与大夫盟。

**今译**

鲁庄公及齐大夫会盟于蔇，因为这时齐国没有在位的国君。

经 夏，公伐齐，纳子纠，齐小白入于齐。

传 夏，公伐齐，纳子纠，桓公[1]自莒先入。

**今注**

1　桓公：公子小白，为春秋五霸之一。

**今译**

夏天，鲁庄公讨伐齐国，送公子纠回齐国。另一方面，齐桓公从莒国先进入齐国。

**经**　秋七月，丁酉，葬齐襄公[1]。

**今注**

1　葬齐襄公：九月乃葬，因为乱。此经无传。

**今译**

秋天，七月丁酉，安葬齐襄公。

**经**　八月，庚申，及齐师战于乾时，我师败绩。

**传**　秋，师[1]及齐师战于乾时[2]，我师败绩，公丧戎路[3]，传乘而归[4]。秦子、梁子[5]以公旗辟于下道[6]，是以皆止[7]。

**今注**

1　师：鲁师。

2　乾时：齐地临时水，在今山东省博兴县北，时水在县南。

3　戎路：作战的兵车。

4　传乘而归：就乘旁的车回都城。

5　秦子、梁子：皆是鲁侯的御者与戎右。

6　以公旗辟于下道：用公的旗帜躲到另一条路上。

7　是以皆止：全都被捕获。

**今译**

八月庚申，鲁军与齐军交战于乾时。鲁军崩溃失败。鲁庄公丧失了他的兵车，便乘着旁的车子回国。庄公的车夫和戎右秦子和梁子拿着庄公的旗帜在下道掩护，所以都为齐军所获。

**经** 九月，齐人取子纠杀之。

**传** 鲍叔[1]帅师来言[2]曰："子纠亲也，请君讨之[3]。管召仇也[4]，请受而甘心焉[5]。"乃杀子纠于生窦[6]。召忽死之，管仲请囚[7]，鲍叔受之，及堂阜[8]而税之[9]。归而以告[10]曰："管夷吾治于高傒[11]，使相可也[12]。"公从之。

**今注**

1 鲍叔：鲍叔牙。

2 帅师来言：率领军队到鲁都城来说。

3 子纠亲也，请君讨之：子纠是我们的亲人，请你来讨伐他。

4 管召仇也：管仲同召忽是我国的仇人。

5 请受而甘心焉：请接受他们到齐国再杀戮他们。

6 生窦：齐地，《史记》作生渎。在今山东省曹县北句阳古城。

7 管仲请囚：管仲因为同鲍叔牙要好，知道鲍叔牙有释放他的意思，所以请求齐国囚禁他。

8 堂阜：齐地。在今山东省蒙阴县西北，其地有夷吾亭。

9 税之：税同脱，即释放的意思。

10 以告：告诉齐桓公。

11 管夷吾治于高傒：高傒是齐卿高敬仲。此言管仲治理的能力高于高敬仲。

12 使相可也：可以使他做宰相。春秋的习惯，相是相礼，做宰相是战国的现象，这是头一次由相礼变为宰相的趋势。

**今译**

鲍叔牙率领军队来鲁国说道："公子纠是桓公的亲人，请您代表齐国讨伐他。管仲和召忽是桓公的仇人，请您把他们送回齐国，我们就甘心满意了。”于是就杀公子纠于鲁国生窦的地方，召忽为他效死。管仲请求把自己囚起来，鲍叔接受了。回到齐国堂阜的地方，就把他释放。回到国都，就告诉桓公说：“管夷吾治理的能力胜过高傒，可以使他做你的宰相。”桓公就听从了他的话。

## 庄公十年（公元前六八四年）

经　十年春王正月，公败齐师于长勺。

传　十年春，齐师伐我[1]，公将战，曹刿[2]请见。其乡人[3]曰：“肉食者谋之[4]，又何间焉[5]？”刿曰：“肉食者鄙，未能远谋[6]。”乃入见。问何以战[7]。公曰：“衣食所安，弗敢专也[8]，必以分人。”对曰：“小惠未遍，民弗从也[9]。”公曰：“牺牲玉帛[10]，弗敢加也[11]，必以信[12]。”对曰：“小信未孚，神弗福也[13]。”公曰：“小大之狱[14]，虽不能察[15]，必以情[16]。”对曰：“忠之属也[17]，可以一战，战则请从[18]。”公与之乘[19]，战于长勺[20]。公将鼓之[21]，刿曰：“未可。”齐人三鼓，刿曰：“可矣。”齐师败绩[22]。公将驰之[23]，刿曰：“未可。”下视其辙[24]，登轼而望之[25]，曰：“可矣。”遂逐齐师。既克[26]，公问其故。对曰：“夫战，勇气也，一鼓作气，再而衰，三而竭[27]，彼竭我盈[28]，故克之。夫大国难测也[29]，惧有伏焉[30]，吾视其辙乱，望其旗靡，故逐之[31]。”

**今注**

1　齐师伐我：齐国的军队违背了蔇之盟，不宣战，就来伐鲁国。

2　曹刿：鲁人。《史记》作曹沫。

3　乡人：同乡党的人。

4　肉食者谋之：此指在高位的人出主意。

5　又何间焉：何必掺杂在其中。

6　肉食者鄙，未能远谋：在高位的人鄙陋不堪，不能作长远的计谋。

7　问何以战：问凭什么去作战。

8　衣食所安，弗敢专也：所有的衣食，皆不敢专为自己享受。

9　小惠未遍，民弗从也：此指衣食只是一种小的恩惠，所以不能惠及普通的人民，故人民不能全体服从鲁君。

10　牺牲玉帛：牺牲是祭神所用的牛羊，玉帛也是祭神用的玉与布帛。

11　弗敢加也：照规定的数目，不敢增加。

12　必以信：祝辞不敢说得不实在，不敢自己夸张。

13　小信未孚，神弗福也：这种小信，不能使天地鬼神皆满意，所以不降福给他。

14　小大之狱：狱讼不管大或小。

15　察：审察。

16　必以情：必以情理来推定。

17　忠之属也：这属于忠信。

18　战则请从：作战的时候愿意随从。

19　公与之乘：公同他共乘一辆兵车。

20　长勺：鲁地，为殷遗民长勺氏所住的地方。长勺氏为殷民六族之一，见《左传·定公四年》。

21　公将鼓之：鲁公将要敲战鼓，以使军队前进。

22　败绩：军队崩溃为败绩。

23　驰之：以战车追逐齐师。

24　下视其辙：下车去看齐国逃奔的车迹。辙是车迹。

25　登轼而望之：登上车前的横木而向远处望去。

26　既克：既战胜齐师。

27　一鼓作气，再而衰，三而竭：一次敲鼓，使军队士气振作；再次敲鼓，使军队士气衰减；三次敲鼓，使军队士气瓦解。竭是用尽的意思。

28　彼竭我盈：齐人三鼓，士气正竭尽，而我方一鼓，士气正盛。

29　夫大国难测也：国大则难以臆测。

30　惧有伏焉：恐怕有伏兵，所以假装大败。

31　吾视其辙乱，望其旗靡，故逐之：我下车看齐军的车辙散乱，又登高望到他们的旗帜很乱，所以敢追逐齐师。

**今译**

十年，春天，齐国军队攻伐我鲁国。庄公将要出战，曹刿请求谒见，他的同乡人说："那些在高位的人自会打算，你何必参与呢？"曹刿说："在高位的人鄙陋不堪，不能深远地打算。"于是就入见庄公。他问庄公凭什么去作战。庄公说："所有的衣服饮食，不敢专为自己享受，必要拿来分给别人。"曹刿回答说："这种小恩惠不能普遍施与人民，人民不会全体服从的。"庄公说："祭祀的牛羊和玉帛，不敢增加数目，必要以诚信的祝辞来祭祀。"曹刿回答说："这种小诚信不能使鬼神满意，鬼神不会降福的。"庄公又说："大小的讼狱，虽不能都审察详细，但都必要以情理来推定。"曹刿回答说："这是忠信爱民的表现。可以一战。出战时，请准许我随从。"庄公让他同乘一辆兵车。和齐师交战于长勺。庄公将敲响战鼓，曹刿说："还不可以。"等到齐人敲过三次战鼓，曹刿才说："可以了。"结果齐师崩溃战败。庄公想乘胜追逐齐师。曹刿又说："还不可以。"他先下车去视察战车的轨迹，又登上车轼去瞭望，然后说道："可以了。"于是才追逐齐师。既战胜了齐师，庄公问他理由，曹刿回答说："战争，是勇气的竞赛。敲第一次战鼓，士气振作；敲第二次，士气稍衰；敲第三次，士气竭尽。他们的士气已竭尽，而我们的士气仍充盈，所以才能克服他们。再说，大国是难以测度的，我怕他们有埋伏，所以，我先看见他们的车辙混乱，望见他们的旌旗靡乱，才敢追逐他们。"

**经** 二月，公侵宋[1]。

**今注**

1 此经无传。

**今译**

二月，鲁庄公侵犯宋国。

**经** 三月，宋人迁宿[1]。

**今注**

1 宿：今江苏省宿迁县即宿人所迁之处。此经无传。

**今译**

宋人强行迁徙宿地的人民，而占领宿地。

**经** 夏六月，齐师、宋师次于郎。

**传** 夏六月，齐师、宋师次于郎[1]。公子偃[2]曰："宋师不整[3]，可败也。宋败，齐必还，请击之。"公弗许。自雩门窃出[4]，蒙皋比而先犯之[5]，公从之，大败宋师于乘丘[6]，齐师乃还。

**今注**

1 郎：是鲁国近都城之地，与下句乘丘相距甚近。

2 公子偃：鲁大夫。

3　宋师不整：宋国的军队阵容不整齐。

4　自雩门窃出：从鲁都出南门，没奉命令，即偷着出去。

5　蒙皋比而先犯之：皋比是指虎皮。此指蒙马以虎皮先犯宋师。

6　乘丘：今山东省滋阳县西有故瑕丘城，即古乘丘城。

**今译**

六月，齐师和宋师驻扎在郎。鲁大夫公子偃说："宋国的军队阵容不整，可以把他们打败。宋国先败了，齐师必定会撤退，请出兵攻击。"庄公不答应。公子偃就偷偷地从雩门出去，蒙着虎皮先进犯宋国军队。庄公只好跟从他出战，把宋国军队完全打败于乘丘。齐国军队也就撤退了。

**经**　秋九月，荆败蔡师于莘，以蔡侯献舞归。

**传**　蔡哀侯娶于陈，息侯[1]亦娶焉。息妫将归，过蔡，蔡侯曰："吾姨也[2]。"止而见之[3]，弗宾[4]。息侯闻之怒，使谓楚文王曰："伐我，吾求救于蔡而伐之。"楚子从之。秋九月，楚败蔡师于莘[5]，以蔡侯献舞归[6]。

**今注**

1　息侯：息国，姬姓。在今河南省新息县。

2　吾姨也：是我妻子的姊妹。

3　止而见之：请她留下，以见面。

4　弗宾：不以宾客的礼节来接待她。

5　莘：在今河南省汝阳县境。

6　以蔡侯献舞归：献舞是蔡侯的名字。楚人将蔡侯逮回楚国。

**今译**

蔡哀侯娶妻于陈国，息侯也娶妻于陈国。息妫将要归宁，路过蔡国。蔡侯说："她是我的姨。"就请她留下来相见，但对待她颇不礼敬。息侯听到了，非常生气，派人去对楚文王说：“你来伐我，我去向蔡国求救，你就趁机攻伐他。”楚文王就听从他的话。到了秋天，九月，楚国把蔡国军队打败于莘，逮住蔡侯献舞而回。

**经** 冬十月，齐师灭谭，谭子奔莒。

**传** 齐侯之出也[1]过谭[2]，谭不礼也[3]。及其入也[4]，诸侯皆贺，谭又不至。冬，齐师灭谭，谭无礼也。谭子奔莒，同盟故也[5]。

**今注**

1 齐侯之出也：此指齐桓公的出奔。

2 过谭：路过谭地。谭，在今山东省历城县东南七十里有谭城。

3 谭不礼也：谭没有招待他。

4 及其入也：入在庄公九年。

5 同盟故也：谭与莒国是同盟。

**今译**

齐桓公当年出奔的时候，经过谭国。谭国没有招待他。等到他回到齐国，诸侯都去祝贺，谭国又不去。所以这年冬天，齐国军队把谭国消灭，因为谭国无礼。谭子出奔到莒国，因为莒和谭是同盟的国家。

## 庄公十一年（公元前六八三年）

**经** 十有一年春王正月[1]。

**今注**

1 春王正月：《左传》的经必记四季，所以无事也必记春王正月。此经无传。

## 今译

十一年，春天，周王历正月。

经　夏五月，戊寅，公败宋师于鄑。

传　十一年夏，宋为乘丘之役[1]，故侵我，公御之。宋师未陈而薄之[2]，败诸鄑[3]，凡师敌未陈曰败某师[4]，皆陈曰战[5]，大崩曰败绩[6]，得儁曰克[7]，覆而败之曰取某师[8]，京师败，曰王师败绩于某[9]。

## 今注

1　乘丘之役：在庄公十年。

2　未陈而薄之：敌人没有排成行列而迫近他。

3　鄑：鲁地，在今山东省曲阜县左近，与庄公元年纪邑之鄑在今山东省都昌县者为两地。

4　未陈曰败某师：未成行列就称为将某军打败。

5　皆陈曰战：两方面皆已经成为行列就称为战。以上各陈字皆读为阵，古字相通。

6　大崩曰败绩：军队全崩溃如山崩一般，则叫作败绩。

7　得儁曰克：儁音俊。战胜并获雄儁将士叫作克。

8　覆而败之曰取某师：将对方的军力全都掩覆，故以取某军队为名。

9　王师败绩于某：周王的军队若被打败，则写上王师为某人所败。

## 今译

十一年，夏天，宋国为了乘丘之役的缘故，来侵犯我鲁国。庄公率兵抵御，趁宋国军队还未排好阵式就迫近，把他们在鄑地打败。凡是两军相对，敌军还未排好阵式就把他打败，叫作“败某师”。敌我两军都排好阵式才交战，叫作“战”。军队完全崩溃，叫作“败绩”。战胜并获雄儁将士叫作“克”，把对方军队全部掩覆叫作“取某师”。周王的军队战败，叫作“王师败绩于某”。

**经** 秋，宋大水。

**传** 秋，宋大水，公使吊焉[1]。曰：“天作淫雨，害于粢盛[2]，若之何不吊[3]？”对曰：“孤实不敬[4]，天降之灾，又以为君忧，拜命之辱[5]。”臧文仲[6]曰：“宋其兴乎？禹汤罪己，其兴也悖焉[7]！桀纣罪人，其亡也忽焉[8]！且列国有凶，称孤，礼也[9]。言惧而名礼[10]，其庶乎[11]？”既而闻之曰：“公子御说之辞也[12]！”臧孙达曰：“是宜为君，有恤民之心[13]。”

**今注**

1　公使吊焉：鲁庄公派人去慰问。

2　天作淫雨，害于粢盛：淫雨是大雨。此谓天下大雨，有害于谷物。

3　若之何不吊：怎能不加以慰问呢？

4　孤实不敬：普通诸侯自称为寡人，遇凶灾则改称孤。我实在不恭敬上天。

5　拜命之辱：拜谢你派人来慰问。

6　臧文仲：鲁大夫，即臧孙达。

7　禹汤罪己，其兴也悖焉：悖音贝，兴盛的意思。夏禹商汤承认自己有罪，所以兴盛得很快。

8　桀纣罪人，其亡也忽焉：夏桀与商纣以旁人为有罪，所以他亡国得也很快。

9　称孤，礼也：各国有凶事，则照礼自称孤。

10　言惧而名礼：说的话畏惧天，而自称孤合于礼。

11　其庶乎：庶几可以兴盛。

12　公子御说之辞也：说音悦。公子御说是宋庄公之子，即宋桓公。此谓这话是公子御说说的。

13　是宜为君，有恤民之心：他可以做君，因为他有爱惜人民的心。

**今译**

秋天，宋国发生大水灾。鲁庄公派人去吊慰，说："上天降下大雨，伤害了谷物，怎能不加以吊慰呢？"回答说："孤实在不恭敬上天，所以上天降灾，为此使你忧劳，很感谢你派人来吊慰。"鲁大夫臧文仲说："宋国将要兴盛起来吧？禹和汤把罪归于自己，他们的兴起真是蓬勃！桀和纣把罪归于旁人，他们的灭亡真是迅速！并且各国有了凶事，国君就自称为孤，是合于礼的。言语有所戒惧而自称合于礼节，他将要兴盛的吧？"不久，听说那是宋庄公的儿子公子御说所说的话，鲁大夫臧孙达便说："他是适合做国君的。他有体恤人民的心。"

**经**　冬，王姬归于齐。

**传**　冬，齐侯[1]来逆共姬[2]。

**今注**

1　齐侯：齐桓公。

2　来逆共姬：逆是迎接。共姬是王姬的谥号，共音恭。

**今译**

冬天，齐桓公来鲁国迎娶共姬。

**传**　乘丘之役，公以金仆姑[1]射南宫长万[2]，公右歂孙[3]生搏之[4]，宋人请之[5]，宋公靳之[6]。曰："始吾敬子[7]，今子鲁囚也，吾弗敬子矣[8]。"病之[9]。

**今注**

1 金仆姑：鲁国的箭名。

2 南宫长万：宋大夫。

3 歂孙：歂音船。是鲁大夫。

4 生搏之：活着把他逮回来。

5 宋人请之：宋人到鲁国请将他放回。

6 宋公靳之：杜预说："戏而相愧曰靳。"服虔说："耻而恶之曰靳。"其实是两种意思皆有，一方面恨他为鲁国所囚，所以用戏言使他自觉惭愧。

7 始吾敬子：以前我敬重你。

8 今子鲁囚也，吾弗敬子矣：现在你是鲁国的囚犯，所以我不再对你敬重。

9 病之：南宫长万不以此言为戏，而以为是真正的耻辱。

**今译**

在乘丘之役的时候，鲁庄公用金仆姑射击宋大夫南宫长万。庄公的戎右歂孙把他活捉回来。宋国人到鲁国来请求把他放回。宋闵公用戏言使他自觉惭愧，说道："从前我敬重你，现在你是鲁国的囚犯，我不再敬重你了。"南宫长万不以为这是戏言，而以为是真正的耻辱。

## 庄公十二年（公元前六八二年）

**经** 十有二年春王三月，纪叔姬[1]归于酅[2]。

**今注**

1 纪叔姬：是鲁女，嫁于纪国。

2 酅：已见《左传·庄公三年》注。此经无传。

**今译**

十二年春天，周王历三月，嫁给纪侯的叔姬从鲁国回到纪国的酅邑。

**经** 夏四月。

**今译**

夏天，四月。此经无传。

**经** 秋八月甲午，宋万弑其君捷及其大夫仇牧。

**传** 十二年秋，宋万[1]弑闵公[2]于蒙泽[3]，遇仇牧[4]于门，批而杀之[5]。遇大宰督[6]于东宫[7]之西又杀之。立子游[8]，群公子奔萧[9]，公子御说[10]奔亳[11]。南宫牛[12]、猛获[13]帅师围亳。

**今注**

1 宋万：南宫长万。

2 闵公：经之宋公捷。

3 蒙泽：宋地，在今河南省商邱县县北。

4 仇牧：宋大夫。

5 批而杀之：用手批打而再杀他。

6 大宰督：大音太，即华督，经不书杀华督，因为宋人不以告鲁国。

7 东宫：是太子之宫。

8 子游：指宋国公子。

9 萧：在今江苏省徐州市北十里。

10 御说：说音悦。宋庄公之子。

11 亳：在今河南省商邱县北有大蒙城，皇甫谧所谓蒙为北亳即是。

12　南宫牛：南宫长万之子。

13　猛获：是南宫牛党羽。

**今译**

十二年，秋天，宋大夫南宫长万弑闵公于蒙泽。在城门遇到大夫仇牧，用手批打他然后杀死他。又在东宫的西边遇到太宰华督，也把他杀了。扶立子游为国君，其他的公子们逃奔到萧邑，而公子御说逃奔到亳邑，南宫牛和猛获率领军队去围攻亳邑。

**经**　冬十月，宋万出奔陈。

**传**　冬十月，萧叔大心[1]及戴、武、宣、穆、庄之族[2]，以曹师[3]伐之，杀南宫牛于师[4]，杀子游于宋[5]，立桓公[6]。猛获奔卫，南宫万奔陈，以乘车辇其母[7]，一日而至[8]。宋人请猛获于卫，卫人欲勿与。石祁子[9]曰："不可。天下之恶一也，恶于宋而保于我，保之何补[10]？得一夫而失一国，与恶而弃好[11]，非谋也[12]。"卫人归之，亦请南宫万于陈，以赂[13]。陈人使妇人饮之酒，而以犀革裹之[14]。比及[15]宋，手足皆见[16]，宋人皆醢之[17]。

**今注**

1　萧叔大心：萧叔乃称呼宋萧邑大夫，大心是萧大夫的名字。

2　戴、武、宣、穆、庄之族：皆是宋国各君的后代，只有殇公无后。

3　以曹师：用曹国的军队。

4　杀南宫牛于师：在军队阵前把南宫牛杀了。

5　于宋：在宋国的都城。

6　桓公：公子御说，为闵公之弟。

7　以乘车辇其母：乘车是人乘的车，不是兵车。驾人曰辇。此谓他的母亲坐在车上，而南宫万自己用力驾车。

8 一日而至：宋都距陈都二百六十里，可见南宫万之有力。

9 石祁子：卫大夫。

10 保之何补：保护他有什么用。

11 与恶而弃好：同恶人相往来，而丢弃本来宋与卫的相好。

12 非谋也：这不是好的计策。

13 以赂：用贿赂。

14 犀革裹之：用犀牛的皮包裹他。

15 比及：等到。

16 手足皆见：手脚全都露出来。

17 皆醢之：醢音海。将猛获与南宫万皆剁成肉酱。

**今译**

冬天，十月，萧邑的大夫大心以及宋戴公、武公、宣公、穆公、庄公的后代族人，借着曹国军队讨伐南宫万和他的党羽。在军队阵前把南宫牛杀了，把子游杀死在宋国都城，扶立桓公。猛获逃奔卫国，南宫万逃奔陈国，用车子载着他母亲，他亲自驾车，一天就赶到陈国。宋国人向卫国要求交出猛获，卫国不想给，卫大夫石祁子说道："不可不给。天下所厌恶的是一样的。这个人既为宋国所厌恶，而要求我国保护，我们保护他有什么用呢？得到一个人而失去一国的和好，同恶人往来而违弃与宋国的和好，这不是好计谋。"卫国人就把猛获送回。宋国也向陈国请求南宫万，用了赂贿。陈国人用妇人陪南宫万饮酒，然后用犀牛皮把他包起来，到达宋国，手脚都露出来。宋国人把猛获和南宫万都剁成肉酱。

## 庄公十三年（公元前六八一年）

**经** 十有三年春，齐侯、宋人、陈人、蔡人、邾人会于北杏。

**传** 十三年春，会于北杏[1]，以平宋乱[2]，遂人不至[3]。

**今注**

1 北杏：齐地，在今山东省东阿县境。

2 以平宋乱：因为宋国有弑君之乱。

3 遂人不至：遂国是宋的后人，在今山东省宁阳县西北三十里遂乡。

**今译**

十三年春天，齐侯与宋国人、陈国人、蔡国人、邾国人会盟于北杏，为的是平定宋国的内乱。遂国人没有来参加。

**经** 夏六月，齐人灭遂。

**传** 夏，齐人灭遂而戍之[1]。

**今注**

1 齐人灭遂而戍之：齐桓公灭遂国，而派人戍守。

**今译**

夏天，齐国人消灭遂国，而派人去戍守。

**经** 秋七月。

**今译**

秋天，七月。此经无传。

**经** 冬，公会齐侯盟于柯。

**传** 冬，盟于柯[1]，始及齐平[2]也。

**今注**

1 柯：在今山东省阳谷县境。

2 始及齐平：鲁国始同齐桓公和好。

**今译**

冬天，鲁庄公与齐侯会盟于柯。鲁国才开始与齐桓公建立和平关系。

**传** 宋人背北杏之会[1]。

**今注**

1 背北杏之会：背音倍，此事是明年（庄公十四年）齐人伐宋的起因。

**今译**

宋国人背叛了北杏之会盟。

## 庄公十四年（公元前六八〇年）

**经** 十有四年春，齐人、陈人、曹人伐宋。

**传** 十四年春，诸侯伐宋，齐请师于周[1]，夏，单伯[2]会之，取成于宋而还[3]。

**今注**

1 请师于周：请周王室派军队参加。

2 单伯：周天子的卿士。

3 取成于宋而还：使宋国接受了和平而后回国。

**今译**

十四年春天，诸侯讨伐宋国，齐国向周王请求军队，夏天，周天子的卿士单伯来会师，使宋国接受和平然后回国。

**传** 郑厉公自栎[1]侵郑，及大陵[2]，获傅瑕[3]。傅瑕曰："苟舍我，吾请纳君[4]。"与之盟而赦之[5]。六月甲子，傅瑕杀郑子[6]及其二子，而纳厉公。初，内蛇与外蛇斗于郑南门中[7]，内蛇死。六年，而厉公入[8]。公闻之，问于申繻[9]曰："犹有妖乎？"对曰："人之所忌，其气焰以取之[10]，妖由人兴也[11]。人无衅焉，妖不自作[12]，人弃常，则妖兴[13]，故有妖[14]。"厉公入，遂杀傅瑕，使谓原繁[15]曰："傅瑕贰[16]，周有常刑，既伏其罪矣！纳我而无贰心者，吾皆许之上大夫之事，吾愿与伯父图之[17]。且寡人出，伯父无里言[18]，入又不念寡人[19]，寡人憾焉[20]。"对曰："先君桓公命我先人典司宗祏[21]，社稷有主而外其心，其何贰如之[22]！苟主社稷[23]，国内之民其谁不为臣？臣无贰心，天之制也[24]，子仪在位十四年矣！而谋召君者，庸非贰乎[25]？庄公之子，犹有八人[26]，若皆以官爵行赂劝贰而可以济事，君其若之何[27]？臣闻命矣[28]！"乃缢而死[29]。

**今注**

1　栎：音历。在今河南省禹县，距离郑国都城西南九十里。在桓公十五年，郑厉公占领了此城。

2　大陵：在今河南省临颍县北十里。

3　傅瑕：郑大夫。

4　苟舍我，吾请纳君：舍等于赦。假设赦我不杀，我就帮助你回国都。

5　与之盟而赦之：郑厉公与他盟誓以后，就赦而不杀。

6　郑子：庄公的儿子子仪。

7　郑南门中：在郑都城的南门中间。

8　六年，而厉公入：六年以后，厉公就进入郑国都城。

9　申繻：繻音须，鲁大夫。

10　人之所忌，其气焰以取之：由人的所畏惧，就能发出火苗引起蛇妖。

11　妖由人兴也：蛇妖还是由人造成的。

12　人无衅焉，妖不自作：假使人自己没有毛病，妖孽也就不能自己发作。

13　人弃常，则妖兴：人离弃常轨，妖就发生。

14　故有妖：所以有妖的存在。

15　原繁：郑大夫。

16　傅瑕贰：傅瑕对我有贰心。

17　吾愿与伯父图之：伯父指原繁，春秋时仍旧称同姓的为伯父。我想跟伯父商量。

18　伯父无里言：王念孙说："《左传·襄公二十六年》，大叔文子对卫献公曰：'臣不能贰通外内之言，以事君臣之罪也。'"无里言即不通外内之言，杜注无纳我之言为误。

19　入又不念寡人：进入郑国都城，你又不亲附我。

20　寡人憾焉：使我感到不快。

21　宗祏：祏音石。是一种藏神主的石箱子。

22　其何贰如之：那又何等的有贰心。

23　苟主社稷：假设立为君。

24　天之制也：这是天所创的制度。

25　而谋召君者，庸非贰乎：打算召你回国，难道不是有贰心吗？

26　庄公之子，犹有八人：庄公的儿子，见于《左传》者，只有五人，就是子忽、子亹、子仪、子语，其余其名不详。

27　君其若之何：那你要怎么办。

28　臣闻命矣：我接受你的命令了。

29　乃缢而死：春秋的时代，尚保存着初民社会的思想，所以贵族皆用上吊，以全尸而死。

## 今译

郑厉公从栎城入侵郑国都城，到了大陵的地方，俘获了郑大夫傅瑕。傅瑕说："若是舍我不杀，我就帮助你回国都。"郑厉公便和他盟誓然后赦免了他。到了六月甲子，傅瑕杀死郑子以及他的两个儿子，而接纳郑厉公为国君。起初，有门内的蛇与门外的蛇在郑国南门的中间相斗，门内的蛇斗死。这件事发生以后六年，而郑厉公进入郑国都。鲁庄公听说这件事，就问申繻说："厉公的复位与妖有关系吗？"申繻回答说："由于人有所畏惧，他的气息发出火苗而引起妖孽。妖孽的发生是由人造成的。人若自己没有毛病，妖孽自己不会发作。人离弃了常轨就会发生妖孽，所以才有妖的存在。"郑厉公进入了国都，就杀了傅瑕。又派人去对原繁说："傅瑕有贰心，对于这种情形，周朝有常行的刑法，所以傅瑕得到了他应受的罪刑。凡是接纳我而没有贰心的人，我都允许他们担任上大夫的事，我愿意与你商量。并且从前我去位离开郑国，你并没有通内外的话；我回来了，你又不亲附我，使我感到不快。"原繁回答说："你的先君桓公，命令我的先人典守宗祏，所以我家世代为宗庙的守臣。当国家有在位的国君，而做臣子的若是反而把心归向在国外的人，那么有比这种贰心更甚的吗？若是立为国君而主社稷，国内的人民，有哪一个人不是臣子呢？臣子没有贰心，是天所立的制度。子仪在位已经十四年了，而打算召你回国的人，难道不是有贰心吗？庄公的儿子还有八人，若是他们都用官爵行贿赂劝人贰心，以达到他们的目的，那么你将怎么办？我接受你的命令了。"原繁就自缢而死。

**经** 秋七月，荆入蔡。

**传** 蔡哀侯为莘[1]故，绳息妫[2]，以语楚子[3]。楚子如息，以食入享[4]，遂灭息，以息妫归，生堵敖[5]及成王焉。未言[6]，楚子问之，对曰：“吾一妇人，而事二夫，纵弗能死，其又奚言[7]。”楚子以蔡侯灭息，遂伐蔡[8]。秋七月，楚入蔡。君子曰：“《商书》[9]所谓‘恶之易也[10]，如火之燎于原[11]，不可乡迩[12]，其犹可扑灭’者，其如蔡哀侯乎！”

### 今注

1　莘：莘之役在庄公十年。

2　绳息妫：绳即夸奖。洪亮吉根据《说文》作绳为譝。此处是夸奖息妫的貌美。

3　以语楚子：来告诉楚子。

4　以食入享：用宴享的方式。

5　堵敖：楚人称未成王者为敖，《史记》作杜敖。

6　未言：不与楚王交谈。

7　其又奚言：那又有什么可说的。

8　遂伐蔡：为的是使息妫喜悦，所以讨伐蔡国。

9　《商书》：《盘庚》篇。

10　恶之易也：恶事的延长。

11　如火之燎于原：等于火在平原上燃烧。

12　不可乡迩：不可以离得太近。

### 今译

蔡哀侯为了报复莘之役的战败，就向楚子夸奖息妫的美貌。楚子就到息国去，用丰盛的食物去宴享息侯，于是消灭了息国，带着息妫回楚国。息妫生了堵敖以及成王，不曾与楚王交谈。楚子问她为什么，她回答说：“我一个妇人而事两个丈夫，纵然不能为此而死，又有什么可说的。”楚子为了听蔡哀侯的话而消灭息国，于是就讨伐蔡国。到了秋天七月，楚国人侵入蔡国。君子说：“《商书》所说：‘恶事之蔓延，就好像火在原野上焚烧，不可接近，不可扑灭。’这句话不正是蔡哀侯的写照吗？”

**经** 冬，单伯会齐侯、宋公、卫侯、郑伯于鄄。

**传** 冬，会于鄄[1]，宋服故也。

**今注**

1 鄄：音倦。在今河南省濮县东二十里旧城集。

**今译**

冬天，会盟于鄄，因为宋国服从。

## 庄公十五年（公元前六七九年）

**经** 十有五年春，齐侯、宋公、陈侯、卫侯、郑伯会于鄄。

**传** 十五年春，复会焉[1]，齐始霸[2]也。

**今注**

1 复会焉：因为去年会于鄄，现在仍旧在鄄会盟。

2 齐始霸：齐国方才为霸主。

**今译**

十五年春天，又会盟于鄄，齐国开始成为霸主。

**经** 夏，夫人姜氏[1]如齐。

**今注**

1 姜氏：是桓公夫人，齐僖公之女文姜。此经无传。

**今译**

夏天，鲁桓公夫人姜氏到齐国去。

**经** 秋，宋人、齐人、邾人伐郳。

传 秋，诸侯为宋伐郳[1]。

**今注**

1 郳：音泥。在今山东省滕县东六里。

**今译**

秋天，诸侯为宋国的缘故讨伐郳国。

经 郑人侵宋。

传 郑人间之[1]而侵宋。

**今注**

1 间之：乘这个间隙。

**今译**

郑国人乘这个机会而侵略宋国。

经 冬十月。

**今译**

冬天，十月。此经无传。

## 庄公十六年（公元前六七八年）

经 十有六年春王正月。

**今译**

十六年，春天，周王历正月。此经无传。

经 夏，宋人、齐人、卫人伐郑。

传 十六年夏，诸侯伐郑，宋故也[1]。

**今注**

1　宋故也：因为郑人侵了宋国。

**今译**

十六年，夏天，诸侯讨伐郑国，这是为了郑国侵入宋国的缘故。

**经**　秋，荆伐郑。

**传**　郑伯自栎入[1]，缓告于楚。秋，楚伐郑，及栎，为不礼故也。郑伯治与于雍纠之乱[2]者，九月杀公子阏，刖强鉏[3]，公父定叔[4]出奔卫，三年而复之。曰："不可使共叔无后于郑。"使以十月入[5]，曰："良月也，就盈数焉[6]。"君子谓强鉏不能卫其足。

**今注**

1　自栎入：在庄公十四年。入是入郑国都城。

2　雍纠之乱：在桓公十五年。

3　杀公子阏，刖强鉏：公子阏及强鉏皆是祭仲的党羽。断足的刑罚称刖。

4　公父定叔：是共叔段的孙子。

5　入：入郑国都城。

6　良月也，就盈数焉：因为数满于十位，所以称为盈数，故称十月为良好的月份。

**今译**

郑厉公从栎城进入国都以后，不慌不忙地通告于楚国。秋天，楚国讨伐郑国，军队抵达栎城。这是为了郑国失礼的缘故。郑厉公处置参与雍纠之乱的人，九月，杀了公子阏，打断了强鉏的足，公父定叔出奔到卫国，但是三年以后又让他回国，说："不可以使共叔在郑国没有后人。"命他在十月进入郑国国都，说："这是好的月份，因为数目盈满。"君子批评说，强鉏不能保全他的足。

**经** 冬十有二月，会齐侯、宋公、陈侯、卫侯、郑伯、许男、滑伯、滕子同盟于幽。

**传** 冬，同盟于幽[1]，郑成[2]也。

**今注**

1 幽：在今河南省考城县。

2 郑成：郑国要求和平，所以参与盟誓。经中有滑伯曾经参与盟誓，今河南省偃师县南二十里有缑氏故城，就是从前的滑国。

**今译**

冬天，诸侯同盟于幽，因为郑国要求和平。

**经** 郕子克卒[1]。

**今注**

1 此经无传。

**今译**

郕子克逝世。

**传** 王[1]使虢公命曲沃伯以一军为晋侯[2]。初，晋武公伐夷，执夷诡诸[3]，苏国请而免之[4]，既而弗报[5]，故子国作乱[6]，谓晋人曰："与我伐夷而取其地[7]。"遂以晋师伐夷，杀夷诡诸，周公忌父[8]出奔虢，惠王立而复之[9]。

**今注**

1 王：周僖王。

2 以一军为晋侯：因为这时曲沃武公已经并吞了翼的晋国，所以使他有一军的军队。

3 执夷诡诸：抓住了夷诡诸。

4　蒍国请而免之：蒍音委，蒍国是周大夫。蒍国替他说情，就将夷诡诸赦免。

5　既而弗报：但是后来夷诡诸对蒍国不报答这种恩惠。

6　故子国作乱：子国即蒍国的字。所以蒍国为此而叛乱。

7　与我伐夷而取其地：为我去攻打夷地，并且占据他的地方。

8　周公忌父：周王的卿士。

9　惠王立而复之：惠王即位在鲁庄公十八年，即公元前六七六年。惠王即位以后，就使周公忌父返回周国。

**今译**

周僖王派虢公赐命曲沃武公为伯爵，领有一军的军队而成为晋侯。起初，晋武公讨伐夷邑，捉住了夷邑的大夫诡诸。由于周大夫蒍国的请求而赦免他。后来夷诡诸不报答蒍国的恩惠，所以蒍国为此而叛乱，他对晋国人说："为我去讨伐夷邑而占取他的土地。"于是就以晋国的军队去讨伐夷邑，杀了夷诡诸。周公忌父为了避乱出奔到虢国。周惠王即位，才使周公忌父回到周国。

# 卷四　庄公下

## 庄公十七年（公元前六七七年）

**经**　十有七年春，齐人执郑詹。

**传**　十七年春，齐人执郑詹[1]，郑不朝也[2]。

**今注**

1　郑詹：是郑国的执政大臣。

2　郑不朝也：因为郑国不往齐国朝见。

**今译**

十七年春天，齐国人捉住郑詹，因为郑国不到齐国朝见。

**经**　夏，齐人歼于遂。

**传**　夏，遂因氏、颌氏、工娄氏、须遂氏[1]飨齐戍醉而杀之[2]，齐人歼焉[3]。

**今注**

1　遂因氏、颌氏、工娄氏、须遂氏：四族皆是遂的彊宗。

2　飨齐戍醉而杀之：在庄公十三年。

3　齐人歼焉：齐国的戍卒皆被杀死。

**今译**

夏天，遂因氏、颌氏、工娄氏、须遂氏用酒食招待在遂地戍守的齐国人。趁他们醉了杀死他们，齐国的戍卒全部被杀。

**经** 秋，郑詹自齐逃来[1]。

**今注**

1　此经无传。

**今译**

秋天，郑詹从齐国逃来鲁国。

**经** 冬，多麋[1]。

**今注**

1　此经无传。

**今译**

冬天，因为多麋而造成灾害。

## 庄公十八年（公元前六七六年）

**经** 十有八年春王三月，日有食之[1]。

**今注**

1　日有食之：不书何日，因为日官没有记载。此经无传。

**今译**

十八年，春天，周王历三月，日食。

**传** 十八年春，虢公晋侯朝王，王飨醴[1]，命之宥[2]，皆赐玉五瑴[3]，马三匹[4]，非礼也。王命诸侯，名位不同，礼亦异数[5]，不以礼假人[6]。

**今注**

1　飨醴：用酒设宴享。

2　命之宥：宥音又。命虢、晋两君出币物以相助欢敬的意思。

3　五瑴：双玉为瑴（音决）。

4　马三匹：王引之说："三当为二二，二二古四字，脱去一画耳。"王国维亦有同样说法。

5　名位不同，礼亦异数：虢同晋有公与侯之不同，所以对于他们的礼数应该相异。

6　不以礼假人：不能够拿礼仪借给人用。

**今译**

十八年，春天，虢公和晋侯朝见周王，王设酒宴招待他们，命他们出币物以助欢敬，王则赐给他们每人玉五双，马三匹，这是不合乎礼节的。王赐命诸侯，因为他们名位不同，所以礼数也不同，不能够把礼仪假借给人。

**传**　虢公、晋侯、郑伯使原庄公[1]逆[2]王后于陈，陈妫归于京师[3]。实惠后。

**今注**

1　原庄公：是周王的卿士。

2　逆：迎接。

3　归于京师：到周朝的都城。

**今译**

虢公、晋侯和郑伯使原庄公去陈国迎接王后。陈妫于是来到周的都城。

经 夏，公追戎于济西。

传 夏，公追戎于济西[1]，不言其来[2]，讳之也[3]。

**今注**

1 济西：在济水的西边，戎城在今山东省曹县，当在济水之西。

2 不言其来：不先说他侵鲁国。

3 讳之也：是避讳说这件事。

**今译**

夏天，鲁庄公追逐戎人于济水的西边。不先说戎人来侵鲁国，是避讳说这件事。

经 秋有蜮。

传 秋有蜮[1]为灾也[2]。

**今注**

1 蜮：音同蜮。食苗虫，螟属。

2 为灾也：对苗类有灾。

**今译**

秋天，有蜮虫啮食禾苗，发生灾害。

经 冬十月。

**今译**

冬天十月。

传 初，楚武王克权[1]，使鬬缗尹之[2]，以叛，围而杀之，迁权于那处[3]。使阎敖[4]尹之，及文王即位，与巴人伐申[5]而惊其师，巴人叛楚而伐那处，取之，遂门于楚[6]，阎敖游涌而逸[7]，楚子杀之，其族为乱[8]。冬，巴人因之以伐楚[9]。

**今注**

1　权：《水经注》："沔水东会权口，南流经权城北，古之权国也。"在今湖北省荆门县东南。

2　鬭缗尹之：鬭缗是楚大夫，尹之是管理权地。缗音民。

3　那处：在今湖北省荆门县东南。

4　阎敖：楚大夫。

5　巴人伐申：巴在今四川省巴县。巴国大夫讨伐申国。

6　遂门于楚：于是攻楚国的都城。

7　游涌而逸：涌音勇，水名，在今湖北省监利县南。《水经注》："江水又东，至华容县又东，涌水注之，春秋所谓阎敖游涌而逸者也。"

8　其族为乱：阎敖之子为乱于楚。

9　巴人因之以伐楚：巴人利用阎族的乱事而攻打楚国。

**今译**

起初，楚武王征服了权国，派鬭缗去管理权地，鬭缗借以反叛，楚武王就围攻他，把他杀死，并把权国的人民迁到那处，派阎敖去管理。等到楚文王即位，他和巴国大夫去讨伐申国，而惊吓了巴国的军队。巴国人就背叛楚国而攻伐那处，攻取了那处，于是进攻楚国的城门。阎敖游过涌水而逃逸，楚文王把他杀死，他的族人就因此作乱。冬天，巴国人就利用阎族的乱事以攻伐楚国。

## 庄公十九年（公元前六七五年）

**经**　十有九年春王正月。

**今译**

十九年，春，周王历正月。此经无传。

传 十九年春，楚子御之[1]，大败于津[2]，还[3]。鬻拳弗纳[4]，遂伐黄[5]，败黄师于踖陵[6]，还。及湫[7]，有疾，夏，六月庚申卒，鬻拳葬诸夕室[8]，亦自杀也，而葬于绖皇[9]。初，鬻拳强谏[10]楚子，楚子弗从，临之以兵，惧而从之[11]。鬻拳曰："吾惧君以兵，罪莫大焉。"遂自刖[12]也。楚人以为大阍[13]，谓之大伯[14]，使其后掌之[15]。君子曰："鬻拳可谓爱君矣！谏以自纳于刑，刑犹不忘纳君于善[16]。"

**今注**

1 楚子御之：楚文王来防御巴人。

2 津：楚地，在今湖北省枝江县津乡。

3 还：回师。

4 鬻拳弗纳：鬻拳是把守城门的人。弗纳是不许他进城。

5 黄：是嬴姓国，在今河南省潢川县定城废县西十二里。

6 踖陵：踖音即，在今河南省潢川县西南境。

7 湫：音秋，在今湖北省宜城县境。

8 夕室：杜注是地名，今地名不详。

9 绖皇：绖音蝶。绖皇是冢前的阙。

10 强谏：坚持规谏。

11 临之以兵，惧而从之：兵是指武器，用武器来威胁楚王，楚王畏惧他，便听从其建议。

12 自刖：以刀自斩脚为自刖。

13 大阍：管宫门的官吏。

14 大伯：大音太。

15 使其后掌之：使他以后的子孙永远任此官。

16 纳君于善：使君做善事。

**今译**

十九年，春天，楚文王抵御巴国人的攻击，大败于津地，撤退回国。把守城门的鬻拳不让他进城，于是转而攻伐黄国，把黄国军队打败于踖陵，回国，到达湫地，楚王发病。夏六月庚申，逝世。鬻拳把楚王葬在夕室，自己也自杀了。别人把他葬在楚王冢前的阙。起初，鬻拳曾强谏楚文王，楚文王没有听从；他用武器威胁楚王，楚王害怕便听从了他。鬻拳说："我用武器使国君害怕，没有比这样更大的罪了。"于是自己斩断脚。楚国人就让他做管宫门的官吏，称他为大伯，令他的后人掌管这个官位。君子说："鬻拳可以说是爱他的国君的了。因为规劝国君而自己刑罚自己，既刑罚了自己又仍旧不忘使国君纳归于善道。"

**经** 夏四月。

**今译**

夏，四月。此经无传。

**经** 秋公子结[1]，媵[2]陈人之妇于鄄，遂及齐侯、宋公盟[3]。

**今注**

1 公子结：鲁大夫。

2 媵：《公羊》《穀梁》皆以为是鲁女媵陈侯之妇。

3 遂及齐侯、宋公盟：公子结未得庄公的同意，就同两国会盟。此经无传。

**今译**

秋天，公子结送鲁国的女儿去做陈侯夫人的媵，到了鄄地，公子结未得鲁庄公的同意，就与齐侯和宋公会盟。

**经** 夫人姜氏如莒[1]。

**今注**

1　此经无传。

**今译**

鲁桓公夫人姜氏到莒国去。

**传**　初，王姚[1]嬖[2]于庄王，生子颓。子颓有宠，蒍国为之师[3]，及惠王[4]即位，取蒍国之圃以为囿[5]。边伯[6]之宫近于王宫，王取之，王夺子禽、祝跪与詹父[7]田，而收膳夫之秩[8]，故蒍国、边伯、石速、詹父、子禽、祝跪作乱，因苏氏[9]。

**今注**

1　王姚：庄王妾，姚姓。

2　嬖：得宠幸。

3　蒍国为之师：蒍国为子颓的师父。

4　惠王：周惠王是庄王的孙子。

5　取蒍国之圃以为囿：囿音又。圃园所以种树果花草类，囿则筑墙所以养禽兽，二者相类似，所以取圃为囿。

6　边伯：周大夫。

7　子禽、祝跪与詹父：皆是周大夫。

8　膳夫之秩：膳夫是石速。秩是俸禄。

9　因苏氏：苏氏是周大夫。利用苏氏对王室的不满意。自从桓王夺他的十二邑给郑国，事见《左传·隐公十一年》，苏氏遂与周室不合。

**今译**

起初，王姚得到周庄王的宠幸，生了子颓。子颓很得宠爱，蒍国做子颓的师傅。等到周惠王即位，拿了蒍国的种花果的园圃做养禽兽的囿。边伯的宫殿与王宫邻近，周惠王取为己有。周惠王又夺取子禽、祝跪与詹父的田，而收了膳夫石速的俸禄。所以蒍国、边伯、石速、詹父、子禽、祝跪一起作乱，就利用苏氏对王室的不满。

**传** 秋，五大夫[1]奉子颓以伐王，不克，出奔温[2]，苏子奉子颓以奔卫，卫师燕[3]师伐周。

**今注**

1　五大夫：指蒍国、边伯、子禽、祝跪、詹父。石速因是士，故不在五大夫之内。

2　不克，出奔温：温是苏氏的邑，在今河南省温县西南三十里。没能成功，就逃回温城。

3　燕：南燕。

**今译**

秋天，五位大夫尊奉子颓以讨伐周惠王，没有成功，就出奔到温城。苏子就遵奉子颓而逃奔到卫国。卫国军队和南燕军队就去攻伐周。

**经** 冬，齐人、宋人、陈人伐我西鄙[1]。

**今注**

1　西鄙：西边的边境。此经无传。

**今译**

冬天，齐人、宋人和陈人来攻伐我鲁国的西部边境。

**传** 冬，立子颓[1]。

**今注**

1　立子颓：立子颓为周王，与惠王形成两派。

**今译**

冬天，立子颓为周王，与周惠王对立。

## 庄公二十年（公元前六七四年）

**经** 二十年春王二月，夫人姜氏如莒[1]。

**今注**

1 此经无传。

**今译**

二十年，春天，周王历二月，鲁桓公夫人姜氏到莒国去。

**传** 二十年春，郑伯和王室[1]不克[2]，执燕仲父[3]。夏，郑伯遂以王归，王处于栎[4]。秋，王及郑伯入于邬[5]，遂入成周，取其宝器[6]而还。冬，王子颓享五大夫乐及遍舞[7]，郑伯闻之见虢叔[8]。曰："寡人闻之'哀乐失时，殃咎必至[9]'。今王子颓歌舞不倦，乐祸也[10]。夫司寇行戮[11]，君为之不举[12]，而况敢乐祸乎[13]？奸王之位，祸孰大焉[14]？临祸忘忧，忧必及之[15]，盍纳王乎？"虢公曰："寡人之愿也[16]。"

**今注**

1 和王室：调停王室的两派。

2 不克：不能成功。

3 执燕仲父：燕仲父是南燕伯，执即捉拿，因为燕仲父与卫国同伐周王城。

4 处于栎：栎是燕国别都。此指居住在郑国的别都。

5 邬：郑邑，在今河南省偃师县境。

6 宝器：周国祖传的铜器或者玉器。

7　乐及遍舞：乐是音乐的乐。奏六代的舞，是指黄帝、尧、舜、夏、商、周的音乐并加以舞蹈。

8　虢叔：虢公，叔是他的字。

9　哀乐失时，殃咎必至：乐音洛。哀乐不合于应当的时候，祸害必定来到。

10　乐祸也：对于祸害感觉到快乐。

11　司寇行戮：司寇是刑官，行戮是杀人。

12　君为之不举：人君就省去了好的饮食不吃。

13　而况敢乐祸乎：何况敢对于祸患高兴。

14　奸王之位，祸孰大焉：不以正道取得王位，这种祸患哪一种比他更大。

15　临祸忘忧，忧必及之：当祸患来时，而忘掉忧愁，忧患必定临到他。

16　寡人之愿也：这是我的愿望。

**今译**

二十年，春天，郑伯调和周王室的争乱，没有成功，但捉住了南燕的仲父。夏天，郑伯就挟着周惠王回国。周惠王就居住在栎城。秋天，周惠王及郑伯进入邬邑，于是就进入成周，取得成周所有周国的宝器，然后回郑国。冬天，王子颓用音乐及舞蹈款待五位大夫，郑伯听到了，就去见虢叔，说："我听说过，'悲哀和欢乐不合于适当的时候，灾殃祸害必定要来临'。现在王子颓不厌倦地歌舞，是喜欢祸事降临。当司寇施行刑法杀人的时候，国君要为这件事省去美好的饮食，何况敢对于祸害感到高兴？像这样不用正道取得王位，有比这更大的祸事吗？面临祸害而忘记忧愁，忧愁必随来临，何不纳归周惠王呢？"虢公说："这正是我的愿望。"

经 夏，齐大灾[1]。

**今注**

1 齐大灾：齐国都城失火。此经无传。

**今译**

夏天，齐国发生大灾害。

经 秋七月。

**今译**

秋天，七月。此经无传。

经 冬，齐人伐戎[1]。

**今注**

1 此经无传。

**今译**

冬天，齐国人讨伐戎人。

## 庄公二十一年（公元前六七三年）

经 二十有一年春王正月。

传 二十一年春，胥命于弭[1]。夏，同伐王城[2]，郑伯将王[3]，自圉门[4]入，虢叔自北门[5]入，杀王子颓及五大夫，郑伯享王于阙西辟[6]，乐备[7]，王与之武公之略[8]，自虎牢[9]以东。原伯[10]曰："郑伯效尤[11]，其亦将有咎[12]。"五月，郑厉公卒。王巡虢守[13]，虢公为王宫于玤[14]，王与之酒泉[15]，郑伯之享王也。王以后之鞶鉴[16]予之，虢公请器，王予之爵[17]，郑伯由是始恶于王[18]。

## 今注

1　胥命于弭：胥音须。互相命令在弭。弭是郑地，在今河南省密县境。

2　王城：今河南省洛阳县城内西偏即王城故址，周公营洛邑涧水东、瀍水西。自平王东迁至景王十一世皆居此，敬王迁成周。

3　将王：率领周惠王。

4　圉门：周都城的南门。

5　北门：亦曰干祭门。

6　阙西辟：阙是象魏，在象魏的西边。

7　乐备：六代的音乐全都齐备。

8　武公之略：略是界线，当时平王所给郑武公的地界。

9　虎牢：在今河南省成皋县。

10　原伯：周大夫。

11　效尤：仿效子颓的乐及遍舞。

12　亦将有咎：他也要得到罪患。

13　王巡虢守：天子到诸侯的国都去，名曰巡狩。

14　玤：音棒。虢地，今地名不详。

15　酒泉：杜预注是周邑，但周季东迁，酒泉已在岐山以西，故非周辖地。以此推知，酒泉另指别地。

16　鞶鉴：带有铜镜子的腰带。

17　爵：饮酒的玉爵。

18　始恶于王：开始与周惠王交恶。

## 今译

二十一年，春天，郑伯和虢叔在弭地互相命令。夏天，一同去讨伐王城。郑伯率领周惠王从南门进入王城，虢叔从北门进入王城，杀了王子颓和五位大夫。郑伯宴享周惠王于象魏的西边，六代的音乐全都齐备。周惠王给予郑伯当年周平王给郑武公的地界，包括从虎牢以东的地方。原伯批评道：“郑伯仿效王子颓备乐及遍舞，他也将要有祸患的吧！”五月，郑厉公逝世。周惠王到虢国巡狩，虢公为王设宫殿于玤，周惠王就给他酒泉的地方。当郑伯宴享周惠王的时候，周王把王后的带有铜镜子的腰带送给他，虢公向周惠王请求器物，周惠王却给了他玉爵。郑伯由于这件事开始和周惠王交恶。

经　夏，五月辛酉，郑伯突卒[1]。

**今注**

1　郑伯突卒：在庄公十六年曾与鲁大夫盟于幽。

**今译**

夏天，五月辛酉，郑伯突然逝世。（传在上文中）

经　秋七月戊戌，夫人姜氏薨[1]。

**今注**

1　此经无传。

**今译**

秋天，七月戊戌，鲁桓公夫人姜氏薨。

经　冬十有二月，葬郑厉公[1]。

**今注**

1　此经无传。

**今译**

冬天，十二月，安葬郑厉公。

**传** 冬，王归自虢[1]。

**今注**

1 王归自虢：自从王巡虢守以后，至冬天方始回到王城，可见王对虢很信任。

**今译**

冬天，周惠王从虢国回到王城。

## 庄公二十二年（公元前六七二年）

**经** 二十有二年[1]春王正月，肆大眚[2]。

**今注**

1 二十有二年：《左传·经》中自十有一年起，至三十有二年止，皆载有字。阮刻本的经却记二十有二年为二十二年。

2 肆大眚：眚音同省。赦免罪犯。此经无传。

**今译**

二十二年，春天，周王历正月，赦免罪犯。

**经** 癸丑，葬我小君文姜[1]。

**今注**

1 小君文姜：因为反哭于寝，完成丧礼，故称小君。此经无传。

**今译**

癸丑，安葬我鲁国的小君文姜。

**经** 陈人杀其公子御寇。

**传** 二十二年春，陈人杀其大子[1]御寇，陈公子完与颛孙[2]奔齐，颛孙自齐来奔[3]。齐侯使敬仲[4]为卿，辞曰："羁旅之臣[5]，幸若获宥[6]，及于宽政[7]，赦其不闲于教训[8]，而免于罪戾，弛于负担[9]，君之惠也，所获多矣。敢辱高位，以速官谤[10]，请以死告[11]。《诗》云：‘翘翘车乘[12]，招我以弓[13]，岂不欲往，畏我友朋[14]。’”使为工正[15]，饮桓公酒，乐[16]。公曰：“以火继之[17]。”辞曰：“臣卜其昼，未卜其夜[18]，不敢。”君子曰：“酒以成礼，不继以淫[19]，义也。以君成礼，弗纳于淫[20]，仁也。”初，懿氏[21]卜妻敬仲，其妻占之[22]，曰：“吉，是谓凤凰于飞，和鸣锵锵[23]，有妫之后，将育于姜[24]，五世其昌，并于正卿[25]，八世之后，莫之与京[26]。”陈厉公蔡出也[27]，故蔡人杀五父而立之[28]，生敬仲。其少也，周史[29]有以《周易》见陈侯者，陈侯使筮之[30]，遇观䷓之否䷋[31]。曰：“是谓观国之光，利用宾于王[32]，此其代陈有国乎？不在此，其在异国[33]，非此其身，在其子孙[34]，光远而自他有耀者也[35]。坤土也[36]，巽风也[37]，乾天也[38]，风为天于土上[39]，山也；有山之材，而照之以天光[40]，于是乎居土上[41]，故曰：‘观国之光，利用宾于王。’庭实旅百[42]，奉之以玉帛，天地之美具焉，故曰：‘利用宾于王。’犹有观焉[43]，故曰：‘其在后乎！’风行而著于土[44]，故曰：‘其在异国乎[45]！’若在异国，必姜姓也。姜大岳[46]之后也，山岳则配天[47]，物莫能两大，陈衰此其昌乎？”及陈之初亡[48]也，陈桓子[49]始大于齐，其后亡也[50]，成子得政[51]。

**今注**

1 大子：大音太。经称公子，传称大子，因为御寇实是太子。

2 公子完与颛孙：颛音专。公子完与颛孙皆是御寇的党羽。

3 来奔：奔鲁国，不书在《春秋》上，因为颛孙非卿。

4 敬仲：陈公子完。

5 羁旅之臣：羁音鸡。此指客寄的人。

6 幸若获宥：宥是赦免。假设获得赦免。

7　及于宽政：及于齐国宽大的政治。

8　赦其不闲于教训：赦免他不熟习教训。

9　免于罪戾，弛于负担：不计较其出奔的罪状，并免除他背着行李到处奔走的负担。弛音失。

10　敢辱高位，以速官谤：不敢以卿的高位，得到做官的毁谤。

11　请以死告：敢求死，以免除高位。

12　翘翘车乘：远远的一辆车。翘翘是远貌。

13　招我以弓：古代聘请人用弓为礼。

14　岂不欲往，畏我友朋：心里难道不愿意去吗？担心害怕我的朋友讥笑。这首诗不见于《诗经》。

15　工正：工正是管理百工的官长。

16　乐：齐桓公在他的酒宴上很快乐。

17　以火继之：意思是点灯，在夜里饮酒。

18　臣卜其昼，未卜其夜：关于白天宴客，我已经占卜过了，但是夜里宴客，并未占卜过，表示谦辞的意思。

19　酒以成礼，不继以淫：淫为夜饮。饮酒是为的成礼节，不可夜饮过度。

20　以君成礼，弗纳于淫：对君是为的成礼节，而不可夜饮淫乐。

21　懿氏：陈大夫。

22　其妻占之：懿氏的妻子占卜。

23　凤凰于飞，和鸣锵锵：雄曰凤，雌曰凰，凤凰并飞，并鸣唱得很有音节。锵是声音，音同枪。

24　有妫之后，将育于姜：妫是陈姓，姜是齐姓。陈的后人将生长在齐国。

25　五世其昌，并于正卿：等五代以后就昌盛，与正卿相等。

26　八世之后，莫之与京：京是大。在八代以后，没有人再比他更大。

27　陈厉公蔡出也：陈厉公是蔡国的外孙。

28　杀五父而立之：五父即陈佗，陈佗被杀见《左传·桓公六年》。五父陈佗被杀，而立了陈厉公。

29　周史：是周朝的太史。

30　筮之：筮音是，用蓍草来占卜。

31　遇观䷓之否䷋：观否皆是二卦名，之等于变。

32　观国之光，利用宾于王：这是观卦的爻辞。意思是有国家的光辉，而能做王的宾客。

33　不在此，其在异国：不能在陈国，而在旁的国家。

34　非此其身，在其子孙：不是在他的本身，而是在他的后代。

35　光远而自他有耀者也：光辉很远，由此地照耀到旁处。

36　坤土也：坤等于土。

37　巽风也：巽等于风。

38　乾天也：乾音前。乾等于天。

39　风为天于土上：风盖在土上，即成山。

40　有山之材，而照之以天光：有山的木材，而以天的光辉来临照他。

41　于是乎居土上：就住到土的上头。

42　庭实旅百：门庭中陈列有百物。

43　犹有观焉：有待观望。

44　风行而著于土：风吹动而果实落地。

45　其在异国乎：是在旁的国家吗？

46　大岳：大音太。大岳就是崧高。

47　山岳则配天：顾炎武说："言天之高大，唯山岳足以配之。"

48　陈之初亡：昭公八年，楚灭陈。

49　陈桓子：是敬仲的五世孙陈无宇。

50　其后亡也：是在哀公十七年，楚再灭陈。

51　成子得政：成子是敬仲的八世孙陈完，得齐国的政治。

**今译**

二十二年，春天，陈国人杀了他们的太子御寇。陈公子完和颛孙逃奔到齐国，颛孙又从齐国逃奔鲁国。齐侯想叫敬仲（陈公子完）做卿，他推辞说：“我是客寄的人，假若幸运地获得赦免，子受齐国宽大的政治，赦免我不熟习教训，不计较我出奔的罪状，并免除我背着行李到处奔走，这是您的大恩惠。我所得到的已经很多了，不敢再占据卿的高位，以加速做官的毁谤，敢请一死以免除高位。有一首诗说：‘远远的一辆车，用弓招呼我去，我心里难道愿去吗？但心中害怕我的朋友讥笑。’”齐侯便令他做管理百官的工正。他就在家里请齐桓公饮酒，齐桓公很快乐，就说：“点上灯火，继续喝酒吧！”陈公子完推辞说：“我只卜过白天宴客的事，没有卜过夜里宴客的事，所以不敢这样做。”君子说：“酒用以完成礼节，不继续夜饮淫乐，这是正当的。对国君只为的完成礼节，而不使他陷入淫乐，这是仁爱的。”起初，陈国的一位大夫懿氏占卜要把女儿嫁给敬仲。懿氏的妻子占卜，结果是说：“很好，这是说凤凰并飞，鸣唱得锵锵有声，陈的后人将生长在齐国，五代以后就会昌盛，地位与正卿一样，八代以后，就没有人能够比他更大了。”陈厉公是蔡国的外孙，所以蔡国人杀了五父而立他做陈国的君主，他生了敬仲。当敬仲还小的时候，周朝有一位太史拿着《周易》去见陈侯，陈侯命他用蓍草占卜，占得的是观䷓卦变到否䷋卦，太史解释道：“这观卦的意思是说借着国家的光辉，而能做王的宾客。这是他将代替您做陈国的君吗？不，不是在陈国，而是在别的国家。并且不在他本身，而是在他的子孙。光辉照得很远，从他这里照耀到别处。坤，就等于是土；巽，就等于是风；乾，就等于是天；由巽变到乾，就是风变成天，在土之上面，就成为山。有山的木材，而以天的光辉临照他，于是他就居在土上。所以说：‘借着国家的光辉，而能做王的宾客。’门庭中陈列着百物，供奉着宝玉和丝绸，天地间一切美好的东西都俱备了。所以说：‘他能做王的宾客。’但是还有待观望，所以说：‘是在他后代身上！’风吹动而果实落地，所以说：‘是要在别的国家。’若是在别的国家，必定是姜姓的国。姜是大岳的后裔。山岳高大，足以配天，凡事不可能两大并立。陈国衰微以后，那么姜姓要昌盛的吧？”等到昭公八年，陈国第一次为楚国所灭，敬仲的五世孙陈桓子才在齐国做大官。等到哀公十七年，陈国再度为楚所灭，敬仲的八世孙成子才得执掌齐国的政治。

经 夏五月。

**今译**

夏，五月。此经无传。

经 秋七月丙申，及齐高傒[1]盟于防。

**今注**

1 齐高傒：是齐国的卿。此经无传。

**今译**

秋天，七月丙申，鲁国与齐国的卿高傒会盟于防。

经 冬，公如齐纳币[1]。

**今注**

1 纳币：是求婚的礼节。此经无传。

**今译**

冬天，鲁庄公到齐国去献纳求婚的礼物。

## 庄公二十三年（公元前六七一年）

**经** 二十有三年春，公至自齐[1]。

**今注**

1 公至自齐：庄公自去年纳币，至是方从齐回国。此经无传。

**今译**

二十三年，春天，鲁庄公从齐国回国。

**经** 祭叔来聘[1]。

**今注**

1 祭叔来聘：祭叔是周室的卿。来聘不是周天王所派。此经无传。

**今译**

祭叔来鲁国聘问。

**经** 夏，公如齐观社。

**传** 二十三年夏，公如齐观社[1]，非礼也。曹刿谏曰：“不可。夫礼所以整民也[2]，故会以训上下之则[3]，制财用之节[4]，朝以正班爵之义，帅长幼之序[5]，征伐以讨其不然[6]，诸侯有王[7]，王有巡守[8]，以大习之[9]，非是君不举矣[10]！君举必书[11]，书而不法，后嗣何观？”

**今注**

1 公如齐观社：因为齐国行社祭的时候，训练军队，以整理军械，所以庄公要去看。

2　夫礼所以整民也：礼的功用，是用来整肃民风。

3　会以训上下之则：开会是用来训导上下等级的规则。

4　制财用之节：制定贡赋的多少。

5　朝以正班爵之义，帅长幼之序：王念孙说："义读为仪。"朝见是用来规定朝仪的等位及长幼的秩序。

6　征伐以讨其不然：作战是为的讨伐不听从命令者。

7　诸侯有王：诸侯来做王的事务。

8　王有巡守：王到各国去巡视。

9　以大习之：对于朝会的礼仪，常加练习。

10　非是君不举矣：除此以外，人君就不再举行。

11　君举必书：凡君所行动的，必须记在竹简上。

**今译**

二十三年，夏天，鲁庄公到齐国去观看社祭，这是不合于礼的。曹刿曾经谏诤说："不可以去。礼的功用，是用来整肃民风。所以诸侯互相会见，是用来训导上下等级的观念，制定贡赋的多少；诸侯互相朝见，是为的规定朝仪的等位及长幼的秩序；出兵征伐以便声讨不听从命令的诸侯。诸侯有义务做王的事务，王有到各国巡视的责任。对于朝会的礼仪要常加练习，除此之外，国君就不再有别的举动。国君有所行动，都要记载下来；记载下来的事不足以效法，后代用什么做榜样呢？"

经　公至自齐[1]。

**今注**

1　此经无传。

**今译**

鲁庄公从齐国回鲁国。

**经** 荆人[1]来聘。

**今注**

1 荆人：春秋时代，最初全称楚为荆。此经无传。

**今译**

荆地的人来鲁国聘问。

**经** 公及齐侯遇于榖[1]。

**今注**

1 此经无传。

**今译**

鲁庄公和齐侯相遇于榖。

**经** 萧叔[1]朝公[2]。

**今注**

1 萧叔：萧是附庸国，叔是名字。

2 朝公：来朝见鲁庄公。此经无传。

**今译**

萧叔来朝见鲁庄公。

**传** 晋桓庄之族偪[1]，献公患之。士蒍[2]曰："去富子[3]，则群公子可谋也已。"公曰："尔试其事[4]。"士蒍与群公子谋[5]，谮[6]富子而去之[7]。

### 今注

1 晋桓庄之族偪：曲沃桓叔及庄伯的子孙强盛，压迫晋公室。

2 士𫇭：是晋大夫。

3 去富子：把有产业的人排斥掉。

4 尔试其事：你去试着做这件事。

5 士𫇭与群公子谋：士𫇭同很多的公子相计谋。

6 谮：以谗诬之言诬告人。

7 去之：去掉他们。

### 今译

晋国曲沃桓叔及庄伯的子孙强盛，压迫晋公室。晋献公为此忧愁。士𫇭说："除掉二族中富强的人，那么其他的公子就可谋算了。"献公说："你试着去做这件事。"士𫇭就和公子们去谋划，用谗言诬告富强的公子，而把他们去掉。

**经** 秋，丹桓宫楹。

**传** 秋，丹[1]桓宫之楹[2]。

### 今注

1 丹：涂以红色。

2 桓宫之楹：桓宫是桓公的庙，楹是庙的柱子。

### 今译

秋天，把桓公庙的柱子，漆上红色。

**经** 冬十有一月，曹伯射姑[1]卒。

### 今注

1 曹伯射姑：射音亦。即曹庄公。此经无传。

**今译**

冬天，十一月，曹伯射姑逝世。

**经** 十有二月甲寅，公会齐侯盟于扈[1]。

**今注**

1 扈：郑地，在今河南省原武县西北扈亭。此经无传。

**今译**

十二月甲寅，鲁庄公会合齐侯盟誓于扈。

## 庄公二十四年（公元前六七〇年）

**经** 二十有四年春王三月，刻桓宫桷。

**传** 二十四年春，刻其桷[1]，皆非礼也[2]。御孙[3]谏曰："臣闻之，俭，德之共也[4]；侈，恶之大也[5]。先君有共德[6]，而君纳诸大恶[7]，无乃不可乎[8]？"

**今注**

1 桷：音决。是庙椽。

2 皆非礼也：指去年丹桓宫楹与刻桷，皆不合于礼。

3 御孙：鲁大夫。

4 俭，德之共也：共同恭。勤俭是德行的最恭敬者。

5 侈，恶之大也：奢侈是恶行的最大者。

6 先君有共德：桓公有恭敬的德行。

7 君纳诸大恶：你把先君纳入恶行的最大者。

8 无乃不可乎：似乎是很不可以的。

**今译**

二十四年，春天，雕刻桓公庙的椽，这件事与去年把庙柱涂上红色，都是不合于礼的。御孙谏诤说："臣听说过，节俭是德行的最恭敬的一面；奢侈是恶行的最大的一面。先君有恭敬的德行，而您把他纳入最大的恶行，这不是不可以的吗？"

**经** 葬曹庄公[1]。

**今注**

1 此经无传。

**今译**

安葬曹庄公。

**经** 夏，公如齐逆女[1]。

**今注**

1 公如齐逆女：庄公亲自到齐国迎接他的夫人。此经无传。

**今译**

夏天，鲁庄公亲自到齐国去迎接他的夫人。

**经** 秋，公至自齐[1]。

**今注**

1 此经无传。

**今译**

秋天，鲁庄公从齐国回到鲁国。

**经** 八月丁丑，夫人姜氏人。

**今译**

八月丁丑，鲁庄公的夫人姜氏进入鲁国都城。此经无传。

经 戊寅，大夫宗妇觌用币。

传 秋，哀姜至[1]，公使宗妇觌用币[2]，非礼也。御孙曰：“男贽[3]大者玉帛[4]，小者禽鸟[5]，以章物也[6]。女贽不过榛栗枣脩[7]，以告虔也[8]。今男女同贽[9]，是无别也[10]。男女之别，国之大节[11]也。而由夫人乱之[12]，无乃不可乎？”

**今注**

1 哀姜至：据《公羊传》说，哀姜要求公不同进国都，所以八月丁丑入，而以第二天朝祖庙。

2 公使宗妇觌用币：宗妇是与公同宗的妇人。觌是见面，用布帛来作见面礼。

3 男贽：男人见面时所用的物品。

4 大者玉帛：最贵重的是玉或者是布帛。

5 小者禽鸟：次一点的是禽兽或鸟类。杜预说卿执羔是属于禽类，又说大夫执鸠，士执雉是属于鸟类。

6 以章物也：所以分别贵贱。

7 女贽不过榛栗枣脩：榛、栗、枣是果类，脩是肉干。女贽是女子见面时所用的物品。

8 以告虔也：虔是敬，以表示敬意。

9 男女同贽：女子也用布帛作见面礼，等于男女不分。

10 是无别也：男女应该有别，同贽即是无别。

11 国之大节：是国家的大礼节。

12 而由夫人乱之：夫人是指哀姜。而由夫人来乱了礼节。

**今译**

秋天，哀姜抵达鲁国都城，庄公命同姓大夫的妻子用布帛来做见面礼，这是不合于礼的。御孙说：“男子见面所用的物品，最贵重的是玉或布帛，次一点的用禽兽或鸟类，这样用以分别贵贱。女子见面所用的物品，不过是榛、栗、枣等果物或用肉干，用以表示敬意。现在男女用同样的见面礼，简直是不分男女了。男女的分别，是国家的大礼节，而由夫人来乱了礼节，这不是不可以的吗？”

**经** 大水[1]。

**今注**

1 此经无传。

**今译**

发生了大水灾。

**经** 冬，戎侵曹[1]。

**今注**

1 此经无传。

**今译**

冬天，戎人侵略曹国。

**经** 曹羁[1]出奔陈。

**今注**

1 曹羁：大约是曹国的世子。此经无传。

**今译**

曹国的世子羁出奔到陈国。

**经** 赤[1]归于曹。

**今注**

1 赤：是曹僖公名字，为戎人所纳，故曰归。此经无传。

**今译**

曹僖公回到曹国。

**经** 郭公[1]。

**今注**

1 郭公：对此经无法解说，遂与夏之两经各成疑案。此经无传。

**今译**

郭公。

**传** 晋士蔿又与群公子谋，使杀游氏[1]之二子，士蔿告晋侯曰："可矣！不过二年，君必无患[2]。"

**今注**

1 游氏：亦是桓叔、庄伯的同族。

2 君必无患：你必定可以不再有祸患了。

**今译**

晋国的士蔿又与群公子谋划，派人杀了游氏的二子。于是，士蔿告诉晋侯说："行了，不出两年，您必定可以不再有祸患了。"

## 庄公二十五年（公元前六六九年）

**经** 二十有五年，春，陈侯使女叔来聘。

**传** 二十五年春，陈女叔[1]来聘，始结陈好也，嘉之故不名[2]。

**今注**

1 女叔：女音汝。女叔是陈卿，女是氏，叔是字。

2 嘉之故不名：因为他与季友甚要好，所以他来聘的时候，不称他的名字，以表示嘉许的意思。

**今译**

二十五年，春天，陈国的卿女叔来鲁国聘问，开始与陈国缔结友好关系。因为嘉许他，所以只称他的字，而不直称他的名。

**经** 夏五月癸丑，卫侯朔[1]卒。

**今注**

1 卫侯朔：是卫惠公的名字。此经无传。

**今译**

夏天，五月癸丑，卫惠公朔逝世。

**经** 六月辛未朔，日有食之，鼓用牲于社。

**传** 夏，六月辛未朔，日有食之，鼓用牲于社[1]，非常也[2]，唯正月之朔[3]，慝未作[4]。日有食之，于是乎用币于社，伐鼓于朝[5]。

**今注**

1 鼓用牲于社：祭祀社的时候，敲鼓并用牺牲。

2 非常也：这是表示非常的意思。

3 唯正月之朔：正月指夏历的四月，周历的六月。

4 慝未作：此指阴恶气尚未兴起。

5 用币于社，伐鼓于朝：在社祭上用布币，在朝廷上打鼓，以明阴不应当侵犯阳，人臣不应当掩蔽君上。

**今译**

夏，六月，辛未，是六月的第一天，发生日食。打鼓，并且用牺牲祭祀于社，表示这是非常的意思。只有在夏季第一个月的第一天，这时阴气尚未兴起，若是发生日食，于是才用布币祭祀于社，在朝廷打鼓。

**经** 伯姬[1]归于杞。

**今注**

1 伯姬：是鲁国的女儿。此经无传。

**今译**

鲁国的女儿伯姬嫁到杞国。

**经** 秋大水，鼓用牲于社于门。

**传** 秋大水，鼓用牲于社于门[1]，亦非常也。凡天灾有币无牲[2]，非日月之眚不鼓[3]。

**今注**

1 于门：在国门，国门就是城门。

2 凡天灾有币无牲：凡是天灾，只用布币来祈请，而不用牺牲。

3 非日月之眚不鼓：眚音同省，等于灾。因为这灾难与日月无关系，所以不敲鼓。

**今译**

秋天，发生大水，打鼓，并且用牺牲祭祀于神社及城门，这也是不合乎常礼的。凡是天灾，只用布币而不用牺牲，不是与日月的灾难有关，就不打鼓。

**经** 冬，公子友如陈[1]。

**今注**

1 公子友如陈：报女叔之聘。此经无传。

**今译**

冬天，鲁国公子友到陈国去报聘。

传　晋士蒍使群公子尽杀游氏之族，乃城聚[1]，而处之[2]。冬，晋侯围聚，尽杀群公子[3]。

**今注**

1　聚：贾逵云，聚是晋邑。

2　而处之：使群公子皆住在聚邑。

3　尽杀群公子：终于用士蒍的计谋。

**今译**

晋国的士蒍使群公子把游氏的族人全体杀害。于是修筑聚邑以安置群公子。冬天，晋侯围攻聚邑，把群公子全部杀害。

## 庄公二十六年（公元前六六八年）

经　二十有六年春，公伐戎[1]。

**今注**

1　此经无传。

**今译**

二十六年，春天，鲁庄公讨伐戎人。

传　二十六年春，晋士蒍为大司空[1]。

**今注**

1　大司空：是晋的卿官。

**今译**

二十六年，春天，晋国的士蒍成为晋的大司空。

经　夏，公至自伐戎[1]。

**今注**

1　此经无传。

**今译**

夏天，鲁庄公讨伐戎人以后回到鲁国。

**传**　夏，士芀城绛[1]，以深其宫[2]。

**今注**

1　绛：据阎若璩考证说："余亲往其地，士人呼王宫城，距故晋城五十里。"

2　以深其宫：使他的宫室加深。

**今译**

夏天，士芀修筑绛城，使他的宫室加深。

**经**　曹杀其大夫[1]。

**今注**

1　曹杀其大夫：不称大夫的名字，因为他未曾犯罪，例在文公七年。此经无传。

**今译**

曹国杀死了一位大夫。

**经**　秋，公会宋人、齐人伐徐[1]。

**今注**

1　徐：在今安徽省泗县西北三十五里。写宋在齐前，因为宋人主持军事。此经无传。

**今译**

秋天，鲁庄公会合宋国人和齐国人讨伐徐国。

传 秋，虢人侵晋。冬，虢人又侵晋。

**今译**

秋天，虢国人侵略晋国。冬天，虢国人又侵略晋国。

经 冬，十有二月癸亥朔，日有食之[1]。

**今注**

1 此经无传。

**今译**

冬天，十二月癸亥，初一，发生日食。

## 庄公二十七年（公元前六六七年）

经 二十有七年春，公会杞伯姬于洮。

传 二十七年春，公会杞伯姬[1]于洮[2]，非事也[3]。天子非展义不巡守[4]，诸侯非民事不举[5]，卿非君命不越竟[6]。

**今注**

1 杞伯姬：鲁女已嫁杞国。

2 洮：鲁地，在今山东省卞县东南桃墟，亦作桃。

3 非事也：非诸侯的事情。

4 天子非展义不巡守：天王不是宣布德义，就不到各处巡守。

5 诸侯非民事不举：诸侯要不是为了人民，就不举事。

6 卿非君命不越竟：卿若非受君命不到旁的国去。

**今译**

二十七年，春天，鲁庄公在洮会见嫁到杞国的伯姬，这不是诸侯应做的事情。天子若不是为了宣扬德义，就不巡守；诸侯若不是为了人民的福利，就不举事；卿若不是由于国君的命令，就不越过国境。

**经** 夏六月，公会齐侯、宋公、陈侯、郑伯同盟于幽。

**传** 夏，同盟于幽[1]，陈郑服也[2]。

**今注**

1 幽：宋地，在今河南省考城县境。

2 陈郑服也：陈、郑最初曾有贰心于齐，至是盟幽以后，始与齐和好。

**今译**

夏天，鲁庄公会合齐侯、宋公、陈侯及郑伯同盟于幽地，于是，陈国和郑国才服从齐国。

**经** 秋，公子友如陈葬原仲。

**传** 秋，公子友[1]如陈葬原仲[2]，非礼也。原仲，季友之旧也[3]。

**今注**

1 公子友：是庄公的同母弟。

2 原仲：为陈大夫，原是氏，仲是字。

3 原仲，季友之旧也：原仲是季友的老朋友。

**今译**

秋天，鲁国公子友到陈国去参加原仲的葬礼，这是不合于礼的。因为原仲是公子友的老朋友。

**经** 冬，杞伯姬来。

**传** 冬，杞伯姬来，归宁[1]也。凡诸侯之女归宁曰来[2]，出曰来归[3]。夫人归宁曰如某[4]，出曰归于某[5]。

**今注**

1　归宁：若父母在，则曰归宁，归问父母的安。

2　归宁曰来：若是归宁，则《春秋》上，只简单地写上“来”。

3　出曰来归：被出等于现在的离婚，《春秋》上即写上“来归”，表示不再回她结婚的国家，与归宁不同。

4　夫人归宁曰如某：夫人回她的国家归宁，《春秋》上就写“如某”。

5　出曰归于某：离婚则写上“归于某”。

**今译**

冬天，杞伯姬来鲁国，她是来归宁的。凡是诸侯的女儿归宁，就记载说“来”；因离婚而回国，就记载说“来归”。诸侯的夫人归宁，就记载说“如某”；因离婚而回国，就记载说“归于某”。

**经**　莒庆[1]来逆叔姬[2]。

**今注**

1　莒庆：是莒大夫。

2　叔姬：是庄公女儿。此经无传。

**今译**

莒国大夫庆来鲁国迎接叔姬。

**经**　杞伯来朝[1]。

**今注**

1　此经无传。

**今译**

杞国伯爵来朝见。

传 晋侯将伐虢，士𫇭曰：“不可。虢公骄，若骤得胜于我[1]，必弃其民[2]。无众，而后伐之，欲御我谁与[3]？夫礼乐慈爱，战所畜也[4]；夫民让事乐和，爱亲哀丧，而后可用也[5]。虢弗畜也，亟战将饥[6]。”

**今注**

1 若骤得胜于我：若马上能战胜我。

2 必弃其民：必定不养他的人民，等于舍弃。

3 欲御我谁与：同谁能够一起抵抗我。

4 礼乐慈爱，战所畜也：礼、乐、慈、爱，这四件事，是战争所需要的事情。

5 夫民让事乐和，爱亲哀丧，而后可用也：等到人民对于事情谦让，而且安乐，这两件事是指礼同乐。爱亲所谓慈，哀丧等于爱，总说即是礼乐慈爱，这些条件具备，然后可用以战。

6 虢弗畜也，亟战将饥：虢国不具备这些条件，极力打仗，将得到饥荒。

**今译**

晋侯将要讨伐虢国，士𫇭说：“不可。虢公很骄傲，若是他马上战胜了我国，必定会舍弃他的人民。等到他没有民众的支持，然后才讨伐他，谁会同他一起抵御我们呢？礼、乐、慈、爱四件事，是战争所需要的。人民能够对事谦让，安乐和洽，爱自己的亲人，哀悼亲人的丧亡，然后才能用他们。虢国没有具备这些条件，又极力发动战争，将会导致饥荒。”

传 王使召伯廖[1]赐齐侯命[2]，且请伐卫，以其立子颓也[3]。

**今注**

1 召伯廖：是王卿士。

2　赐齐侯命：命齐桓公为侯伯。

3　立子颓：在庄公十九年。

**今译**

周惠王派召伯廖赐命齐桓公为侯伯，并且请齐桓公讨伐卫国，因为卫国曾扶立王子颓。

**经**　公会齐侯于城濮[1]。

**今注**

1　城濮：卫地。此经无传。

**今译**

鲁庄公会见齐桓公于城濮。

## 庄公二十八年（公元前六六六年）

**经**　二十有八年，春王三月甲寅，齐人伐卫，卫人及齐人战，卫人败绩。

**传**　二十八年春，齐侯伐卫，战，败卫师，数之以王命[1]，取赂而还[2]。

**今注**

1　数之以王命：以王命责备卫人。

2　取赂而还：受了卫国之贿赂，就旋师而归。

**今译**

二十八年，春天，齐桓公讨伐卫国，交战的结果，把卫军打败。就用王命责备卫人，接受了卫国的贿赂，才班师回国。

**经**　夏四月丁未，邾子琐[1]卒。

**今注**

1　郑子琐：未同盟而赴以名。此经无传。

**今译**

夏天，四月丁未，郑国子爵琐逝世。

**传**　晋献公[1]娶于贾[2]，无子。烝于齐姜[3]，生秦穆夫人[4]及大子申生[5]。又娶二女于戎，大戎狐姬[6]生重耳[7]，小戎子[8]生夷吾[9]。晋伐骊戎[10]，骊戎男，女以骊姬[11]，归，生奚齐[12]，其娣生卓子[13]。骊姬嬖[14]，欲立其子，赂外嬖梁五[15]与东关嬖五[16]，使言于公曰："曲沃，君之宗也[17]。蒲[18]与二屈[19]，君之疆也[20]。不可以无主。宗邑无主则民不威，疆埸无主则启戎心[21]。戎之生心，民慢其政[22]，国之患也。若使大子主曲沃，而重耳、夷吾主蒲与屈，则可以威民而惧戎，且旌君伐[23]。"使俱曰："狄之广莫于晋为都[24]，晋之启土，不亦宜乎[25]。"晋侯说[26]之。夏，使大子居曲沃，重耳居蒲城，夷吾居屈，群公子皆鄙[27]。唯二姬之子[28]在绛[29]。二五卒[30]与骊姬谮[31]群公子而立奚齐。晋人谓之"二五耦[32]"。

**今注**

1　晋献公：晋武公之子。

2　贾：姬姓国，侯爵。在今山西省临汾县贾乡。

3　烝于齐姜：齐姜是晋武公的妾。纳父之妾为烝。

4　秦穆夫人：是秦穆公的夫人。

5　大子申生：大音太。因为他母亲是姜姓，所以名曰申生。

6　大戎狐姬：唐叔子孙别在戎狄者，姬姓，以狐为氏。

7　重耳：晋文公，晋献公的次子。

8　小戎子：我幼年读《左传》时，以为子是子姓，而杜注以子为女，疑误，后始见顾亭林《左传杜解补正》，始说明子是小戎的姓，与我所见相同。

9　夷吾：是献公的第三子，晋惠公的名字。

10　骊戎：姬姓国，男爵。在今陕西省临潼县东二十四里。

11　女以骊姬：以骊姬嫁献公。

12　生奚齐：她的儿子名叫奚齐，后为里克所弑。

13　其娣生卓子：她的陪嫁女子生一子，名卓子。

14　骊姬嬖：骊姬得晋献公的宠爱。

15　赂外嬖梁五：贿赂男嬖梁五。

16　东关嬖五：王引之说："东关是双姓，《汉书·古今人表》正作东关五。"

17　君之宗也：是你的宗庙所在地。

18　蒲：晋邑，在今山西隰县西北。

19　二屈：晋邑，在今山西省吉县有北屈废县。二屈盖兼指南北二屈而言。

20　君之疆也：这两个地方，全在你的疆界里。

21　疆埸无主则启戎心：埸音亦。边疆若没有人管理，容易引起戎狄侵略的野心。

22　民慢其政：人民对于政令就很怠慢。

23　且旌君伐：并且彰显你的功劳。

24　狄之广莫于晋为都：顾炎武："都者大邑之名，隐公元年传曰'大都不过参国之一'是也。"杜注非。

25　晋之启土，不亦宜乎：晋的开辟疆土，因此不是很应当的吗。

26　说：音同悦。

27　皆鄙：全到边鄙之邑。

28　二姬之子：是骊姬之子奚齐，同其娣之子卓子。

29　绛：在今山西省新绛县西北。

30　卒：终于。

31　谮：在背后说坏话。

32　晋人谓之“二五耦”：顾炎武说：“言相比为奸也。古人共耕曰耦，共财亦曰耦。”

**今译**

晋献公娶贾侯的女儿为夫人，没有生育子嗣。他就纳了他父亲的妾齐姜，生一个女儿（后来成为秦穆公夫人）和太子申生。又从戎狄中娶了二位女子，大戎狐姬生重耳，小戎子生夷吾。后来晋国攻伐骊戎，骊戎的男爵把女儿骊姬嫁给晋献公，回到晋国，生了奚齐，她陪嫁的女子生了卓子。骊姬得宠，想要立她自己的儿子作太子。她就贿赂献公所宠信的两位大夫梁五和东关五，让他们向献公说：“曲沃，是你的宗庙所在地，蒲和二屈，是你的两个边疆重镇，都不可以没有管理人。宗庙所在地没有管理人，人民就感受不到威服的力量；边疆重镇没有管理人，就容易引起戎狄侵略的野心。戎狄生了野心，人民怠慢政令，这两件事都是国家的祸患。若是派太子去管理曲沃，而派重耳和夷吾分别管理蒲和二屈，那么就可以使人民威服而戎狄畏惧，并且彰显你的功劳。”又让他们都说：“把戎狄广大的土地变成晋国的一个都邑，晋国开辟疆土，不也是很应当的吗？”晋献公听了很高兴。夏天，他就派太子去住在曲沃，重耳住在蒲城，夷吾住在屈邑，群公子全住到边疆各邑。只有二姬的儿子留在绛城。两个名叫五的嬖人终于和骊姬谮害了所有的公子，而立奚齐为太子。晋国人把这件事叫作“两个名叫五的人相比为奸”。

**经**　秋，荆伐郑，公会齐人、宋人救郑。

传 楚令尹子元[1]欲蛊文夫人[2]，为馆于其宫侧而振万焉[3]，夫人闻之泣曰："先君以是舞也，习戎备也[4]。今令尹不寻诸仇雠[5]，而于未亡人之侧，不亦异乎[6]！"御人[7]以告子元，子元曰："妇人不忘袭仇[8]，我反忘之。"秋，子元以车六百乘伐郑，入于桔柣之门[9]，子元、鬬御疆、鬬梧、耿之不比为旆[10]，鬬班、王孙游、王孙喜殿[11]。众车入自纯门[12]，及逵市[13]，县门不发[14]，楚言而出[15]。子元曰："郑有人焉[16]？"诸侯救郑，楚师夜遁，郑人将奔桐丘[17]。谍[18]告曰："楚幕有乌[19]。"乃止。

**今注**

1 令尹子元：是楚文王之弟。

2 蛊文夫人：蛊惑文王夫人息妫。

3 为馆于其宫侧而振万焉：在文王宫的旁边，盖一座房子，而大声地演万舞。

4 先君以是舞也，习戎备也：先君指楚文王。以为这种万舞是练习作战。

5 令尹不寻诸仇雠：令尹不去寻找仇人。

6 于未亡人之侧，不亦异乎：因为楚文王已死，所以息妫自称未亡人。不亦异乎，是表示很奇怪。

7 御人：是息妫的侍人。

8 妇人不忘袭仇：一个女人不忘对仇人的袭击。

9 入于桔柣之门：进入郑远郊的城门。桔音结，柣音碟，桔柣是郑远郊的城门。

10 鬬御疆、鬬梧、耿之不比为旆：鬬御疆、鬬梧、耿之不比皆楚大夫。旆是大旗。

11 鬬班、王孙游、王孙喜殿：鬬班等三人皆楚大夫。殿是殿后的意思。

12　纯门：是郑的外郭门。

13　逵市：郑都城市名。

14　县门不发：县音同玄。门开着，郑人表示从容的意思。

15　楚言而出：用楚国的音调来说话。

16　郑有人焉：子元看见郑国有戒备，说郑国有人能计划。

17　桐丘：《水经注》说："洧水东南迳桐邱城。"在今河南省许昌县东约三十五里。

18　谍：奸细。

19　楚幕有乌：楚国的帐篷上有乌鸦。

**今译**

楚国的令尹子元想要蛊惑文王夫人，在文王的宫殿旁盖一座房子，而在那里表演万舞。文王夫人听到了，哭泣着说："先君用这种万舞来练习打仗，现在令尹不用它去对付仇敌，而用在未亡人的旁边，不也是很奇怪吗？"夫人的侍者把这些话告诉子元，子元说："一个女子不忘要袭击敌人，我反而忘了。"秋天，子元用六百辆战车去攻伐郑国，进入了郑国远郊的桔柣门。子元、鬬御疆、鬬梧及耿之不比拿着大旗走在最前，鬬班、王孙游及王孙喜殿后，大队兵车从外郭纯门进入，到达郭内的逵市。然而，郑国内城的门大开着，郑国人说着楚国话走出城门。子元说："啊！郑国有能人呢！"诸侯来救郑国，楚国军队连夜逃遁。郑国人原将要逃奔去桐丘，间谍告诉他们说："楚国人的帐篷上有乌鸦。"所以他们才停止逃奔。

经　冬筑郿。

传　筑郿[1]，非都也。凡邑有宗庙先君之主，曰都[2]，无曰邑，邑曰筑，都曰城[3]。

**今注**

1　郿：音枚。《公羊》《穀梁》皆作微。在今山东省东平县西微乡城。

2　凡邑有宗庙先君之主，曰都：凡是有先君之宗庙，就名曰都。

3　邑曰筑，都曰城：邑修的时候叫作筑，都修的时候叫作城，以示区别。

**今译**

冬天，建筑郿邑。郿不是一个都。凡是一个邑有宗庙供奉先君的神主，就叫作都，没有的就叫作邑。修筑邑城就说是“筑”，修筑都城就说是“城”。

**经**　大无麦禾，臧孙辰告籴于齐。

**传**　冬饥[1]，臧孙辰[2]告籴于齐[3]，礼也。

**今注**

1　饥：没有粮食。

2　臧孙辰：鲁大夫。

3　告籴于齐：籴音笛，谓买入谷类。此指向齐国购买粮食。

**今译**

冬天，发生饥荒，臧孙辰到齐国去要求购买粮食，这是合于礼的。

## 庄公二十九年（公元前六六五年）

**经**　二十九年春，新延厩。

**传**　二十九年春，新作延厩[1]，书不时也[2]。凡马日中而出，日中而入[3]。

**今注**

1　新作延厩：按：经无作字，想必经中确有此字。延是马厩的名字。

2　书不时也：因为记在竹简上，是表示对农时不合时。

3　日中而出，日中而入：日中是表示日夜相等的时间，在日历中就是春分及秋分。在秋分的时候，马进到厩中，而在春分时，马离厩，出到外面，现在是在春天修马厩，所以书不时。

**今译**

二十九年，春天，重新修整延厩。记载这件事表示不合时。因为马在春分时离开马厩，秋分时进入马厩。

**经**　夏，郑人侵许。

**传**　夏，郑人侵许，凡师有钟鼓曰伐[1]，无曰侵[2]，轻曰袭[3]。

**今注**

1　凡师有钟鼓曰伐：凡军队用钟声同鼓声讨其罪的，就称伐。

2　无曰侵：没有钟鼓的声音，就叫作侵。

3　轻曰袭：军队偷偷地进攻，就称偷袭。

**今译**

夏天，郑国人侵略许国。凡是军队带着钟鼓去声讨的叫作“伐”，没有钟鼓的叫作“侵”，迅速轻进的，就叫作“袭”。

**经**　秋有蜚。

**传**　秋，有蜚为灾也[1]，凡物不为灾不书[2]。

**今注**

1　有蜚为灾也：蜚音同匪，害虫名，体轻如蚊，食稻花。因为蜚虫损害谷物，所以造成灾害。

2　凡物不为灾不书：凡是事物不造成灾害的，就不记载。

**今译**

秋天，发生由蜚虫造成的灾害。凡是事物不造成灾害的，就不记载。

**经**　冬十有二月，纪叔姬卒[1]。

**今注**

1　此经无传。

**今译**

冬天，十二月，纪叔姬逝世。

**经**　城诸及防。

**传**　冬十二月，城诸[1]及防，书时也[2]。凡土功[3]，龙见而毕务[4]，戒事也[5]。火见而致用[6]，水昏正而栽[7]，日至而毕[8]。

**今注**

1　诸：在今山东省诸城县。

2　书时也：筑城的时候，很合于礼。

3　凡土功：兴筑的时候。

4　龙见而毕务：龙见在今旧历九月，龙星就是二十八宿中的角宿及亢宿。此句言就在九月间，完毕所有的事务。

5　戒事也：这是告诉大家修筑城墙工作要开始。

6　火见而致用：火是大火，亦名曰心星，它在天上显露，次于角宿同亢宿。致用是说预备建筑用的器材。

7　水昏正而栽：水昏正指今旧历十月，就竖立板干开始兴作。

8　日至而毕：日至就是冬至，工务就做完。

**今译**

冬天，十二月，修筑诸及防的城墙，记载这件事表示合时。凡是土木工程的兴筑，在龙星出现时（周历十一月，今旧历九月），完毕了所有的农事，就告诉大家工事要开始。等到心星出现时，就准备好建筑用的器材。当水星在黄昏时在最高点（周历十二月，今旧历十月）的时候，就竖立板干而开始兴作。到了冬至，工事全部完毕。

**传** 樊皮[1]叛王。

**今注**

1 樊皮：周大夫。樊在今河南省济源县东南三十八里。樊是采邑，皮是名字。

**今译**

樊皮背叛周惠王。

## 庄公三十年（公元前六六四年）

**经** 三十年春王正月。

**传** 三十年春，王命虢公讨樊皮[1]。夏四月丙辰，虢公入樊，执樊仲皮归于京师[2]。

**今注**

1 王命虢公讨樊皮：因为樊皮在去年曾经叛王。

2 执樊仲皮归于京师：将樊仲皮逮捕，送回周王京城。

**今译**

三十年，春天，周惠王命令虢公讨伐樊皮。夏天，四月丙辰，虢公进入樊邑，逮捕樊仲皮，把他送回周王京城。

**经** 夏，次于成[1]。

**今注**

1　成：鲁地。在今山东省宁阳县东北九十里有故城社，即古城也。次于成是为的戒备齐国对于纪国的附庸国郕出兵。此经无传。

**今译**

夏天，驻军在成。

**经** 秋七月，齐人降郕[1]。

**今注**

1　郕：在今山东省东平县东六十里有郕城集，即故郕城。此经无传。

**今译**

秋天，七月，齐国人威迫郕国投降。

**经** 八月癸亥，葬纪叔姬[1]。

**今注**

1　此经无传。

**今译**

八月癸亥，安葬纪叔姬。

**经** 九月庚午朔，日有食之，鼓用牲于社[1]。

**今注**

1　此经无传。

**今译**

九月庚午朔，发生日食，打鼓并用牺牲祭祀社神。

传 楚公子元归自伐郑，而处王宫[1]，鬬射师谏[2]，则执而梏之[3]。

**今注**

1 而处王宫：就搬进王宫去居住，是为了蛊惑文夫人。

2 鬬射师谏：鬬射师是楚大夫鬬廉。谏是谏诤。

3 执而梏之：就逮捕他，并以镣加其手腕。

**今译**

楚国的公子元讨伐了郑国以后回到楚国，就住进王宫里。鬬射师谏诤，他就把鬬射师逮捕并且用手镣扣住他的手。

传 秋，申公斗班[1]杀子元。斗穀於菟[2]，为令尹，自毁其家[3]，以纾[4]楚国之难。

**今注**

1 申公鬬班：当时楚国已经把旧申国灭为楚县，鬬班在那里做县尹，所以称为申公。

2 鬬穀於菟：於音同乌，菟音同徒。楚人称虎为於菟，称乳为穀，所以令尹子文就名鬬穀於菟。

3 自毁其家：把他自己的家毁掉。

4 纾：音同舒，缓和的意思。

**今译**

秋天，申县的县尹鬬班杀了子元。鬬穀於菟继为令尹，自己毁了自己的家，以家财缓和楚国的危难。

经 冬，公及齐侯，遇于鲁济。

经 齐人伐山戎。

传 冬，遇于鲁济[1]，谋山戎也[2]，以其病燕[3]故也。

**今注**

1　鲁济：济水先经过鲁国，这段地方就叫作鲁济。

2　谋山戎也：山戎在今河北省滦县。

3　病燕：燕在今北京。病燕是为患于燕国。

**今译**

冬天，鲁庄公和齐桓公在鲁国境内的济水上相遇，谋划攻伐山戎，因为山戎危害燕国。

## 庄公三十一年（公元前六六三年）

**经**　三十有一年春，筑台于郎[1]。

**今注**

1　筑台于郎：台据《公羊传》所说就是泉台。郎在今山东省曲阜县左近。此经无传。

**今译**

三十一年，春天，在郎邑修筑泉台。

**经**　夏四月，薛伯卒[1]。

**今注**

1　此经无传。

**今译**

夏天，四月，薛伯逝世。

**经**　筑台于薛[1]。

**今注**

1　薛：鲁地，在今山东省滕县东南，筑台必在薛国左近。

**今译**

在薛地筑一个台。

**经** 六月，齐侯来献戎捷。

**传** 三十一年，夏六月，齐侯来献戎捷[1]，非礼也[2]。凡诸侯有四夷之功，则献于王[3]，王以警于夷[4]，中国则否，诸侯不相遗俘[5]。

**今注**

1 齐侯来献戎捷：齐桓公来献对北戎的战利品。

2 非礼也：这是不合于礼法的。

3 凡诸侯有四夷之功，则献于王：凡诸侯与中国以外的戎敌对战取得胜利，就将战利品献于王。

4 王以警于夷：王用它去警戒夷敌。

5 诸侯不相遗俘：诸侯互相不送战利品或打仗所得的俘虏。

**今译**

三十一年，夏天，六月，齐桓公来呈献伐山戎的战利品，这是不合于礼的。凡是诸侯有了战胜中国以外的四夷的功劳，就把战利品呈献周王，周王借此警告夷狄。从中国的另外一个诸侯国家所得的战利品，就不必呈献周王，并且诸侯之间也不能互相赠送战利品和俘虏。

**经** 秋，筑台于秦[1]。

**今注**

1 秦：在今河南省范县南三里秦亭。此经无传。

**今译**

秋天，在秦地筑一个台。

经 冬不雨[1]。

**今注**

1 此经无传。

**今译**

冬，天，没有下雨。

## 庄公三十二年（公元前六六二年）

经 三十有二年春，城小穀。

传 三十二年春，城小穀[1]，为管仲也[2]。

**今注**

1 城小穀：《公羊》《穀梁》皆作城穀，在今山东省东阿县治。

2 为管仲也：城中有管仲井。

**今译**

三十二年春天，修筑小穀的城墙。这是为了管仲的缘故。

经 夏，宋公、齐侯遇于梁丘。

传 齐侯为楚伐郑之故[1]，请会于诸侯。宋公请先见于齐侯[2]。夏，遇于梁丘[3]。

**今注**

1 楚伐郑之故：楚伐郑在庄公二十八年，谋为郑报楚。

2 宋公请先见于齐侯：在开会以前，宋公请求先与齐侯相会。

3 梁丘：在今山东省城武县东北三十里有梁丘山，山南三十里有梁丘城。

**今译**

齐桓公为了楚国攻伐郑国的缘故，请求诸侯会盟。宋桓公请求在会前先与齐桓公相会。夏天，宋桓公与齐桓公相遇于梁丘。

**传** 秋七月，有神降于莘[1]。惠王[2]问诸内史过[3]，曰：“是何故也[4]？”对曰：“国之将兴，明神降之，监其德也[5]。将亡，神又降之，观其恶也[6]。故有得神以兴，亦有以亡。虞、夏、商、周皆有之[7]。”王曰：“若之何？”对曰：“以其物享焉[8]。其至之日，亦其物也[9]。”王从之。内史过往[10]，闻虢请命[11]。反曰：“虢必亡矣。虐而听于神[12]。”神居莘六月，虢公使祝应、宗区、史嚚[13]享焉，神赐之土田。史嚚曰：“虢其亡乎？吾闻之，国将兴，听于民[14]。将亡，听于神[15]。神聪明正直而壹者[16]也，依人而行[17]。虢多凉德[18]，其何土之能得[19]？”

**今注**

1 莘：虢地，在今河南省陕县。

2 惠王：惠王名阆，为周代的第十七王。

3 内史过：周大夫。

4 是何故也：这是什么缘故？

5 国之将兴，明神降之，监其德也：国家将兴盛的时候，神就由天而降，这是为的观察好的德行。

6 将亡，神又降之，观其恶也：在国家将亡的时候，神又由天而降，为观察它的罪恶。

7 虞、夏、商、周皆有之：《国语·周语》说：“夏之兴也，祝融降于崇山，其亡也，回禄信于黔隧。商之兴也，梼杌次于丕山；其亡也，夷羊在牧。周之兴也，鸾鹭鸣于岐山；其衰也，杜伯射宣王于镐。”

8 以其物享焉：此处的物是指初民社会的个人图腾。享是祭祀。用它的图腾物来祭祀。

9　其至之日，亦其物也：由这一句话，我们可以明白商代为什么以它所生的日子为名，如以甲日所生者，则曰大甲或小甲。

10　内史过往：内史过往虢国去。

11　闻虢请命：听见虢国使人求于神，请赐土地之命。

12　虐而听于神：暴虐人民，而想听命于神。

13　祝应、宗区、史嚚：祝是太祝，宗是宗人，史是大史。应、区、嚚皆人名。嚚读如吟。

14　国将兴，听于民：国家将兴的时候，政治就听人民的话。

15　将亡，听于神：国家将亡的时候，就听神的话。

16　神聪明正直而壹者：神是聪明又正直，又能专一的。

17　依人而行：他是依靠人民的志愿而去行事。

18　虢多凉德：凉德等于薄听。此指虢国君多薄恶的德行。

19　其何土之能得：他能够得到何种土地。

**今译**

秋天，七月，有神降临在莘。周惠王问内史过说："这是什么缘故呢？"过回答说："国家将要兴盛的时候，神就降临，观察这国家的德行；将要灭亡的时候，神又降临，观察这国家的罪恶。所以，有的因得到神降临而兴盛，有的因而灭亡。虞、夏、商、周四代都有神异。"周惠王说："像这种情形要怎么办？"回答说："用适合他的图腾的祭品来祭祀。他降临的日子，也就是他的图腾。"惠王依照他的话去做。内史过到虢国去，听到虢公向神祈求赐给土地。回来以后就说："虢国必定要亡国了。对百姓暴虐，而听命于神。"神停留在莘六个月。虢公派太祝应、宗人区、太史嚚祭神，神答应赐土田给虢国。太史嚚说："虢国将要灭亡了吗？我听说过，国家将要兴起，政治就听人民的意见；将要灭亡，就听神的话。神，是聪明正直而且专一的，他是依照人的志愿而行事的。虢国国君有很多薄恶的德行，他怎么能够得到土地？”

**经** 秋，七月，癸巳，公子牙卒。

**传** 初，公筑台临党氏[1]，见孟任[2]，从之，閟而以夫人言，许之[3]，割臂盟公[4]，生子般焉[5]。雩[6]，讲于梁氏[7]，女公子观之[8]。圉人荦[9]，自墙外与之戏[10]，子般怒，使鞭之[11]。公曰：“不如杀之，是不可鞭，荦有力焉。能投盖于稷门[12]。”公疾，问后于叔牙[13]。对曰：“庆父材[14]。”问于季友[15]，对曰：“臣以死奉般[16]。”公曰：“乡者[17]，牙曰‘庆父材’。”成季使以君命，命僖叔[18]待于鍼巫氏[19]，使鍼季酖之[20]。曰：“饮此，则有后于鲁国[21]，不然，死且无后[22]。”饮之归及逵泉[23]而卒，立叔孙氏[24]。

**今注**

1 党氏：鲁大夫。

2 孟任：党氏女，姓任。

3 以夫人言，许之：告诉她将许立为夫人，孟任答应了。

4 割臂盟公：割破手臂出血，与公相盟誓。

5 生子般焉：生一小孩，名叫子般。

6 雩：祭天。

7 讲于梁氏：在梁氏家里演习。梁氏是鲁大夫。

8 女公子观之：女公子是指般妹。观之是去看演习。

9 圉人荦：荦音洛，是圉人的名字。圉人是养马者。

10 自墙外与之戏：自墙外用语言与女公子相戏。

11 使鞭之：用皮鞭打他。

12 能投盖于稷门：稷门是鲁都城南门名。顾炎武说：“当从刘炫之说，以盖为车盖。”此句指因为圉人荦有力，故能将车盖自稷门上投下。

13 问后于叔牙：叔牙是庄公弟，与庆父同母。

14 庆父材：庆父有本领。

15 季友：是庄公同母弟。

16 臣以死奉般：我拿性命来侍奉子般。

17 乡者：以前。

18 僖叔：叔牙的谥法。

19 鍼巫氏：鲁大夫。

20 鍼季酖之：酖音丹，鸟名，其羽有毒，入酒则能害人。此句意思是鍼季给僖叔饮毒酒。

21 有后于鲁国：在鲁国可以永远有后代。

22 死且无后：死并不能够立后代。

23 逵泉：鲁地，在今山东省曲阜县南五里。

24 立叔孙氏：就立他后人为叔孙氏，后成为三桓之一。

**今译**

起初，鲁庄公在党氏家的附近筑一个台。他在台上看到党氏的大女儿任，就跟在她的后面，但她闭门不见。然后庄公告诉她将立她为夫人，她答应了，就割破手臂，以血和庄公盟誓。她生了一个儿子叫子般。有一次祭天的时候，在梁氏家里演习，庄公的女儿去观看，管养马的人荦从墙外用语言戏弄她。子般看到了很生气，叫人鞭打他。庄公说："不如把他杀死。他不是可以鞭打的人。荦有很大的力气，能够把车盖投过稷门。"后来，庄公病得很厉害，他问叔牙谁适合做他的继承人。叔牙回答说："庆父有才干。"又问季友，季友答道："我愿拿性命来侍奉子般。"庄公就说："刚才叔牙说，庆父有才干。"成季（季友）就派人带着庄公的命令去命令僖叔（叔牙）到鍼巫氏家里去等候。又派鍼季给叔牙饮毒酒，并对他说："喝了这个，那么你在鲁国可以永远有后代，不然的话，你死了并不能立后代。”叔牙就喝下毒酒，回到逵泉就死了。于是立他的后人为叔孙氏。

**经** 八月癸亥，公薨于路寝。

**传** 八月癸亥，公薨于路寝[1]，子般即位，次于党氏[2]。

**今注**

1 路寝：人君之正寝谓之路寝。

2 次于党氏：子般是党氏的外孙，就住在党氏家里。

**今译**

八月癸亥，鲁庄公在他的寝宫中逝世。子般即位，暂时住在党氏家里。

**经** 冬十月，己未，子般卒。

**传** 冬十月，己未，共仲[1]使圉人荦贼[2]子般于党氏。成季奔陈[3]，立闵公[4]。

**今注**

1 共仲：是庆父的谥法。

2 贼：是杀。

3 成季奔陈：成季是季友的谥号。奔陈是出奔到陈国。

4 立闵公：是庄公庶子。杜预云，闵公于是年八岁，而服虔却作九岁。

**今译**

冬天，十月己未，共仲（庆父）派管养马的人荦在党氏家里杀死子般。成季出奔到陈国。鲁国人立闵公为国君。

**经** 公子庆父如齐[1]。

**今注**

1　如齐：逃奔齐国。此经无传。

**今译**

公子庆父到齐国去。

**经**　狄伐邢[1]。

**今注**

1　此经无传。

**今译**

狄人侵伐邢国。

# 卷五　闵公

## 闵公元年（公元前六六一年）

经　元年春王正月。

传　元年春，不书即位[1]，乱故也[2]。

**今注**

1　不书即位：不将即位典礼记载在竹简上。

2　乱故也：因为鲁国乱，所以不能成礼。

**今译**

元年，春天，没有记载即位，是因为国内有乱事，不能成礼。

经　齐人救邢。

传　狄人伐邢[1]，管敬仲[2]言于齐侯曰："戎狄豺狼不可厌也[3]，诸夏亲昵不可弃也[4]，宴安酖毒不可怀也[5]。《诗》云：'岂不怀归，畏此简书[6]。'简书同恶相恤之谓也[7]，请救邢以从简书[8]。"齐人救邢。

**今注**

1　邢：在今河北省邢台县西南。

2　管敬仲：管夷吾。

3　戎狄豺狼不可厌也：戎狄等于豺狼，不可能有满足的时候。

4　诸夏亲昵不可弃也：诸夏指周所封的各国，他们全是与齐国非常接近，所以不可以抛弃。

5　宴安酖毒不可怀也：酖读音同震。宴安等于是毒药，所以不可怀念。

6　岂不怀归，畏此简书：难道不想回去？就是怕这个竹简上写的字。

7　简书同恶相恤之谓也：就是说共同的灾难要互相帮助。

8　请救邢以从简书：请救邢国的灾难，以表示尊重简书的意思。

**今译**

狄人侵略邢国，管敬仲对齐桓公说："戎狄好像是豺狼，不可能令他满足；中国的国家互相亲近，不可以把任何一国抛弃；宴安好像是毒药，不可以怀念。《诗经》说：'难道不想回去吗？就怕这竹简上的记载哪！'竹简上的记载，就是诸侯各国对于共同的灾难要互相帮助的意思。请援救邢国以表示尊重竹简的记载。"所以齐国人援救邢国。

**经**　夏六月辛酉，葬我君庄公。

**传**　夏六月，葬庄公，乱故，是以缓[1]。

**今注**

1　乱故，是以缓：因为鲁国乱，所以经过十一个月乃葬。

**今译**

夏天，六月，安葬鲁庄公，因为有乱事，所以延缓了安葬的日期。

经 秋八月，公及齐侯盟于落姑，季子来归。

传 秋八月，公及齐侯盟于落姑[1]，请复季友[2]也，齐侯许之[3]，使召诸陈，公次于郎[4]以待之。季子来归，嘉之也[5]。

**今注**

1 落姑：齐地。在今山东省东平县与平阴县相交接处。

2 请复季友：请齐侯准许使季友回国。

3 齐侯许之：齐侯答应他。

4 公次于郎：郎是近郊的地方。闵公等待在近郊的地方。

5 嘉之也：嘉许他重新回国。

**今译**

秋天，八月，鲁闵公及齐桓公会盟于落姑，为的是请齐桓公允许季友回鲁国，齐桓公答应了。就派人到陈国去召季友，闵公亲在近郊的地方等待他。经上记载“季子来归”，是嘉许他的意思。

经 冬，齐仲孙来。

传 冬，齐仲孙湫[1]来省难[2]。书曰：“仲孙。”亦嘉之也。仲孙归曰：“不去庆父，鲁难未已[3]。”公曰[4]：“若之何而去之[5]？”对曰：“难不已，将自毙[6]，君其待之！”公曰：“鲁可取乎？”对曰：“不可。犹秉周礼[7]，周礼所以本也。臣闻之，国将亡，本必先颠而后枝叶从之[8]。鲁不弃周礼，未可动也，君其务宁鲁难而亲之[9]，亲有礼，因重固[10]，间携贰，覆昏乱[11]，霸王之器也[12]。”

**今注**

1 仲孙湫：齐大夫，仲孙是氏，湫是名字。

2 省难：来看视鲁国的祸乱。

3 不去庆父，鲁难未已：要不去掉庆父，鲁难没有完结的一天。

4 公曰：指齐桓公说的话。

5　若之何而去之：怎么样能去掉他？

6　难不已，将自毙：鲁国的祸难要不完，庆父将自己倒下。

7　犹秉周礼：他还秉承周国的礼节。

8　本必先颠而后枝叶从之：本必定先倒下，而后树枝同树叶就随着躺下。

9　君其务宁鲁难而亲之：你务必安定鲁国的祸乱而加以亲善。

10　亲有礼，因重固：亲善犹秉周礼的，利用重而坚固的。

11　间携贰，覆昏乱：使不团结的人能够发生离间而相疑，使昏乱的人能够失败。

12　霸王之器也：这是霸王所用的方法。

**今译**

冬天，齐国的大夫仲孙湫来看视鲁国的祸乱，经上记载“仲孙”，也是表示嘉许他的意思。仲孙回到齐国说：“不把庆父除掉，鲁国的灾难没有完结的一天。”齐桓公说：“怎样才能去掉他呢？”回答说：“祸难不停止，他将会自己倒下去，你且等待着吧！”齐桓公说：“我们可以占取鲁国吗？”回答说：“不可。鲁国还秉承周的礼法。周的礼法是国家的根本。我听说，一个国家将要灭亡，它的根本必定先倒下，然后枝叶随着倒下。鲁国没有放弃周的礼法，还不能去动摇它。你务必要安定鲁国的祸乱而且亲善于鲁国。亲善于有礼的，成全稳重坚固的，使不团结而相疑的互相离开，使昏乱的失败，这是霸王的方法。”

**传**　晋侯作二军[1]，公将上军，大子申生将下军，赵夙御戎[2]，毕万为右[3]，以灭耿[4]、灭霍[5]、灭魏[6]。还，为大子城曲沃[7]，赐赵夙耿，赐毕万魏，以为大夫。士蒍曰：“大子不得立矣。分之都城，而位以卿[8]，先为之极，又焉得立[9]？不如逃之，无使罪至[10]，为吴大伯[11]，不亦可乎！犹有令名，与其及也[12]。且谚曰：‘心苟无瑕，何恤乎无家[13]？’天若祚大子[14]，其无晋乎！”卜偃[15]曰：“毕万之后必大[16]。万，盈数也；魏，大名也[17]。以是始赏，天启之矣[18]！天子曰兆民，诸侯曰万民，今名之大，以从盈数，其必有众[19]。”初，毕万筮仕于晋[20]，遇屯䷂之比䷇[21]，辛廖[22]占之曰：“吉。屯固比入[23]，吉孰大焉[24]，其必蕃昌[25]。震为土[26]，车从马[27]，足居之[28]，兄长之[29]，母覆之[30]，众归之[31]，六体不易[32]，合而能固，安而能杀[33]，公侯之卦[34]也。公侯之子孙，必复其始[35]。”

**今注**

1 二军：晋本来是只有一军，见《左传·庄公十六年》。

2 御戎：为公所乘车御者。

3 为右：照例，古者，御以外尚有车右以御敌人。

4 耿：旧姬姓国，在今山西省河津县东南耿乡城。

5 霍：在今山西省霍县西十六里。

6 魏：在今山西省芮城县东北。

7 为大子城曲沃：大音泰。曲沃在今山西省闻喜县。

8 分之都城，而位以卿：曲沃是从前晋国被封的地方，所以称都城；下军等于卿的位子，故曰“位以卿”。

9 先为之极，又焉得立：先使他到了极位，尚安能立为君？

10 不如逃之，无使罪至：不如逃走，以后就不使得到罪名。

11 吴大伯：大音泰。大伯是周太王嫡子，欲让位而适吴。

12 犹有令名，与其及也：如是有好的声名，胜过留在晋国而引出祸患。

13 心苟无瑕，何恤乎无家：假设我们心中并没有错误，则不必忧患没有国家。

14 祚大子：祚的本义是福，此处作动词用，降福给太子。

15 卜偃：晋占卜大夫。

16 毕万之后必大：因为毕万是毕公高之后，他将来必能发达。

17 魏，大名也：魏等于巍，表示高大之意，所以说他是大名。

18 以是始赏，天启之矣：以魏为封邑，开始赏赐他，这是天所启示的。

19 今名之大，以从盈数，其必有众：给他一个大名，又从万的盈数，这必使他有众多的拥护者。

20 毕万筮仕于晋：毕万当初占卜到晋国做官的时候。

21 遇屯䷂之比䷇：遇见屯卦变到比卦。

22 辛廖：是晋大夫。

23 屯固比入：屯卦表示坚固，比卦表示亲密。

24 吉孰大焉：这是没有再比它吉利的卦。

25 其必蕃昌：他的后人必定很多且很昌盛。

26 震为土：震为长男，变为坤卦，坤是母亲。

27 车从马：震为车，坤为马，震变为坤就等于车从马。

28 足居之：震是足，震动而遇坤，安静之象。

29 兄长之：震为长男，所以是长兄。

30 母覆之：坤为母，所以说母覆之。

31 众归之：坤也是众，所以说众归之。

32 六体不易：由震为土到众归之共有六义，是不可以更改的。

33 合而能固，安而能杀：以比承屯的变化，所以说“合而能固”。震有雷杀的现象，以坤卦承震卦的变化，所以说“安而能杀”。

34 公侯之卦：比合屯固，坤安震杀，这是公侯的卦。

35 公侯之子孙，必复其始：因为毕万是毕公高之后，毕公高是侯爵，所以必定要恢复从前的地位。

### 今译

晋献公成立二军。献公自己统率上军，太子申生统率下军。赵夙担任献公戎车的御者，毕万担任车右。用这些军队去消灭耿国、消灭霍国、消灭魏国。回国以后，献公为太子修筑曲沃的城墙。把耿国赐给赵夙，把魏国赐给毕万，并且命他们为大夫。士芳说："太子不能够被立为君了。分给他都城，而安置他卿的地位，既然先使他得到了最高的官位，又怎么能够立他为国君呢？不如逃走，以免将来罪名加到身上。做一个吴大伯，不也是很好的吗？这样做还可以保持美好的名誉，胜过留在晋国而受到祸害。并且谚语说：'心里若是没有瑕疵，何必担心没有国家？'天若是要降福给太子，会不为他保有晋国吗？"卜偃说："毕万的后嗣必定要发达。万，是充盈完满的数字。魏，是高大的名称。用这个开始他的封赏，是天所要启示他。说到天子，我们说'兆民'；说到诸侯，我们说'万民'。现在给他一个大名，以配合盈满的数字，他必定将有众人。"当初，毕万占卜到晋国做官的时候，遇到屯卦䷂变到比卦䷇。辛廖解释说："很吉利。屯卦表示坚固，比卦表示亲密，还有比这更吉利的吗？将来必定会繁盛昌大。再进一步说，由震变为坤，就等于是车从马，又表示他的双足站立在土地上，表示他是长兄，表示他受到母亲的保护，表示众人归附。这六种意义是不能改变的。合和而能稳固，安静而能有威严，这是预示公侯的卦。公侯的子孙，必定要恢复他祖先从前的地位。"

## 闵公二年（公元前六六〇年）

**经** 二年春王正月，齐人迁阳[1]。

**今注**

1　阳：国名，在今山东省沂水县有阳都城，即古阳国。孔颖达注疏：《世本》土地名阙。此经无传。

**今译**

二年春天，周王历正月，齐国人强迁阳国的人民。

**传**　二年春，虢公败犬戎[1]于渭汭[2]。舟之侨[3]曰："无德而禄，殃也，殃将至矣[4]！"遂奔晋。

**今注**

1　犬戎：据《穆天子传》说："犬戎胡觞天子于雷首之阿。"雷首山在今山西省永济县。

2　渭汭：是渭水入黄河的地方，在今陕西省华阴县。

3　舟之侨：是虢大夫。

4　无德而禄，殃也，殃将至矣：没有德行而得到好处，这是一种祸害，祸害将来到。

**今译**

二年春天，虢公在渭水流入黄河的地方打败犬戎。舟之侨说："没有德行而得到好处，这是一种祸害。祸害将要到来了吧！"于是就逃奔到晋国。

**经**　夏五月乙酉，吉禘于庄公。

**传**　夏，吉禘[1]于庄公，速也[2]。

**今注**

1　吉禘：将新近死者的牌位藏于庙中，将远祖迁于祧庙，以审别昭、穆，是为吉禘。

2　速也：太快。

**今译**

夏天，举行禘祭，把庄公的牌位放在庙中。这件事做得太早了。

**经** 秋八月辛丑，公薨。

**经** 九月，夫人姜氏孙于邾。

**经** 公子庆父出奔莒。

**传** 初，公傅[1]夺卜齮[2]田，公不禁[3]。秋，八月辛丑，共仲[4]使卜齮贼公于武闱[5]。成季以僖公[6]适邾，共仲奔莒，乃入立之[7]，以赂求共仲于莒，莒人归之，及密[8]，使公子鱼[9]请[10]，不许[11]，哭而往。共仲曰："奚斯之声也。"乃缢。闵公，哀姜之娣叔姜之子[12]也，故齐人立之，共仲通于哀姜[13]，哀姜欲立之，闵公之死也，哀姜与知之[14]，故孙于邾[15]，齐人取而杀之于夷[16]，以其尸归[17]，僖公请而葬之。

**今注**

1 公傅：是闵公的师傅。

2 卜齮：是鲁大夫。

3 公不禁：闵公不加以禁止。

4 共仲：共音同恭。是公子庆父的谥号。

5 贼公于武闱：武闱是宫中小门的名字。贼公是指刺杀闵公。

6 僖公：是闵公庶兄，成风所生的儿子。

7 乃入立之：成季就回到鲁都城，而立僖公。

8 密：鲁地。《水经注》："沂水南迳东安县故城东而南，合时密水，水出时密山，莒人归共仲于鲁及密而死，是也。"

9 公子鱼：奚斯。

10 请：是请求不死。

11 不许：不应允他的要求。

12　哀姜之娣叔姜之子：哀姜的妹妹叔姜所生的儿子。

13　共仲通于哀姜：共仲与哀姜通奸。

14　与知之：与音同预。事先知道这件事。

15　孙于邾：孙音逊。指逃亡到邾国。

16　夷：杜注只说鲁地。

17　以其尸归：齐国把他的尸首运回都城。

**今译**

起初，闵公的师傅强夺卜𬺈的田地，闵公不加以禁止。今年秋天八月，辛丑，共仲派卜𬺈刺杀闵公于武闱。成季带着僖公到邾国，后来，共仲逃奔到莒国，成季就回到鲁国都城，立僖公为国君。然后，用贿赂要求莒国送共仲回鲁国。莒人就把共仲送回。当共仲到达密地，共仲派公子鱼去请求允许他不死，没有准许共仲的要求，公子鱼就哭着去回复，共仲听到了说：“那是奚斯的哭声。”于是就自缢而死。闵公是哀姜的妹妹叔姜所生的儿子，所以齐国人支持立他为国君。共仲和哀姜通奸，所以哀姜想要立共仲为国君。闵公的死，哀姜事先知道，所以她逃亡到邾国。齐国人把她捉住，在夷的地方杀死，带着她的尸首而回。僖公请求把尸首送到鲁国都城，把她安葬。

传　成季之将生也，桓公使卜楚丘[1]之父卜之。曰：“男也，其名曰友[2]，在公之右[3]，间于两社[4]，为公室辅，季氏亡则鲁不昌[5]。”又筮之，遇大有䷍之乾䷀[6]，曰：“同复于父，敬如君所[7]。”及生，有文[8]在其手，曰友，遂以命之[9]。

**今注**

1　卜楚丘：鲁掌卜之大夫。

2　其名曰友：他名字叫友。

3　在公之右：言他的政权比君还高。

4　间于两社：两社指周社与亳社，在两社的中间是当政所在。

5　季氏亡则鲁不昌：季氏要是不存在，则鲁国就不发达。

6　大有䷍之乾䷀：大有在上面变成乾卦。

7　同复于父，敬如君所：他被别人恭敬如同国君一样。

8　有文：文同纹。手掌中有纹路。

9　遂以命之：遂以友为他的名字。

**今译**

成季将要出生的时候，鲁桓公派掌卜大夫楚丘的父亲占卜，他说：“将会生个男孩，他的名字叫作友。他的地位将在公之上，在周社和亳社之间，做公室的辅佐。季氏若是灭亡，那么鲁国也将不昌隆。”又用草筮这件事，遇到大有䷍变到乾䷀的卦，就说：“他将同他的父亲一样有名，别人尊敬他如同国君一样。”等到他出生了，手中有“友”字的纹路，就用友命名。

**经**　冬，齐高子[1]来盟。

**今注**

1　齐高子：为齐大夫高傒。此经无传。

**今译**

冬天，齐国的大夫高子来会盟。

**经**　十有二月，狄入卫。

**传**　冬十二月，狄人伐卫。卫懿公[1]好鹤，鹤有乘轩者[2]。将战，国人受甲者[3]皆曰：“使鹤。鹤实有禄位[4]，余焉能战？”公与石祁子[5]玦[6]，与甯庄子[7]矢，使守，曰：“以此赞国，择利而为之[8]。”与夫人绣衣，曰：“听于二子[9]。”渠孔[10]御戎，子伯[11]为右，黄夷前驱[12]，孔婴齐殿[13]，及狄人战于荧泽[14]。卫师败绩，遂灭卫，卫侯不去其旗[15]，是以甚败[16]，狄人囚史华龙滑与礼孔[17]，以逐卫人。二人曰："我大史[18]也，实掌其祭[19]，不先，国不可得也[20]。"乃先之[21]。至则告守曰："不可待也[22]。"夜与国人[23]出。狄入卫，遂从之[24]，又败诸河[25]。初，惠公[26]之即位也少[27]，齐人使昭伯[28]烝于宣姜[29]，不可[30]，强之[31]，生齐子[32]、戴公[33]、文公[34]、宋桓夫人[35]、许穆夫人[36]。文公为卫之多患也[37]，先适齐。及败，宋桓公逆诸河[38]，宵济[39]。卫之遗民男女七百有三十人，益之以共滕之民[40]为五千人，立戴公以庐于曹[41]。许穆夫人赋《载驰》[42]。齐侯[43]使公子无亏[44]帅车三百乘，甲士三千人，以戍曹[45]。归公乘马[46]，祭服五称[47]，牛羊豕鸡狗皆三百，与门材[48]。归夫人鱼轩[49]，重锦三十两[50]。

**今注**

1　卫懿公：是惠公朔的儿子。

2　鹤有乘轩者：轩是大夫所乘的车。鹤能够乘轩，等于有大夫的资格。

3　国人受甲者：在打仗时，卫君必要授战士甲胄。

4　鹤实有禄位：鹤实在有资格，所以它乘轩等于大夫。

5　石祁子：卫大夫。

6　玦：读决。玉佩，比环多一个缺口。

7　甯庄子：是卫大夫甯速。

8　以此赞国，择利而为之：卫侯给他们两件东西，是为的使他们两个帮助国家，选择有利的事来做。

9　二子：指石祁子与甯庄子。

10　渠孔：卫大夫。

11　子伯：卫大夫。

12　黄夷前驱：黄夷是卫大夫。前驱是以车开道。

13　孔婴齐殿：孔婴齐是卫大夫，殿是殿后。

14　荧泽：在今河南省的黄河以北。据《钦定春秋传说汇纂》说："与新郑旁之荧泽不同。"

15　卫侯不去其旗：古人旗上必有其特别的标志，因为卫侯不去掉他的旗帜，故敌人认为是攻击的中心。

16　是以甚败：所以败得很厉害。

17　华龙滑与礼孔：二人皆为卫国太史。

18　大史：大音泰。

19　实掌其祭：实在管理他祖先的祭祀。

20　不先，国不可得也：要我不在前面走，就不能得到卫国的都城。

21　乃先之：乃使他在敌人前面走。

22　不可待也：不可再等待。

23　国人：春秋时所说的国人是指的贵族。

24　遂从之：就追赶卫国的贵族。

25　又败诸河：又在河边上将卫人打败。

26　惠公：懿公的父亲。

27　即位也少：惠公即位的时候，大约是十五六岁，故曰少。

28　昭伯：是惠公的庶兄。

29　烝于宣姜：宣姜是宣公为急子所娶的夫人，而后昭伯又自娶。

30　不可：昭伯不愿意。

31　强之：齐国人强迫昭伯。

32　生齐子：没做卫君，就已死。

33　戴公：是齐子之弟。

34　文公：是在戴公以后的卫君。

35　宋桓夫人：是宋桓公御说的夫人。

36　许穆夫人：是许穆公新臣的夫人。

37　文公为卫之多患：因为怕卫国多外患。

38　逆诸河：在河边上迎接卫国的败军。

39　宵济：因为卫国人害怕敌人的窥探，所以夜里渡河。

40　益之以共滕之民：共是河北的小国。共及滕皆是卫的别支。增加共及滕的人民。

41　曹：在楚丘的左近。在今河南省滑县南二十里白马城。

42　《载驰》：见于《诗经·鄘风》中。

43　齐侯：指齐桓公。

44　公子无亏：是齐桓公的庶出长子武孟。

45　戍曹：派军队来戍守曹地。

46　归公乘马：归是赠遗。赠遗给卫戴公驾车的马四匹。

47　祭服五称：衣单同夹皆完备的名曰称，就等于一套。此指祭祀穿的衣服五套。

48　与门材：造作门户的材料。

49　归夫人鱼轩：夫人是戴公夫人。鱼轩是以鱼皮来做装饰的车。此句谓赠遗戴公夫人用鱼皮装饰的车。

50　重锦三十两：熟细的锦为重锦，三十两即三十匹，因古人称锦一匹为一两。

## 今译

冬天，十二月，狄人攻伐卫国。卫懿公喜好鹤，他的鹤坐大夫所乘的车子。将要应战的时候，国人接受甲胄的，都说："派鹤去吧！鹤实在享有禄位，我们怎能作战呢？"卫懿公把玦给石祁子，把箭给甯庄子，要他们防守国都，说："用这两样东西来帮助处理国事，选择有利的去做。”把绣衣给他的夫人，说：“听从这两人的决定。”然后，出发去作战。渠孔为懿公驾戎车，子伯做车右，黄夷做前驱，孔婴齐殿后。和狄人战于荧泽，卫国军队全军覆灭，于是狄人灭了卫国。卫侯不肯去掉他的旗帜，狄人因此有了攻击的目标，所以卫国军队大败。狄人囚住太史华龙滑和礼孔，带着他们两人追逐卫国人，他们两人说：“我们两人是太史，掌管卫国的祭祀，若不让我们走在前面，就不能得到卫国。”就让他们先走。到了卫国都城，他们就告诉防守的人说：“不可以等待观望了。”那天夜里，石祁子和甯庄子就与卫国的贵族离开都城。狄人进入卫都，又追赶已经逃离都城的卫国贵族，把他们打败于黄河岸边。起初，卫国惠公即位时年纪还小，齐国人叫昭伯与宣姜发生关系，昭伯不肯，齐国人就强迫他，生了齐子、戴公、文公、宋桓夫人及许穆夫人。文公因为卫国多祸患，在狄人侵卫以前就到齐国去。等到这次卫国战败，宋桓公在河岸迎接卫国残余的军民，在夜里渡河。卫国的遗民，男女共有七百三十人，加上共国及滕国的人民，共为五千人，拥立戴公住在曹地的庐舍中。许穆夫人为此赋了《载驰》的诗篇。齐桓公派公子无亏率领兵车三百乘，披甲的战士三千人，以戍守曹地。赠送戴公驾车的马四匹，祭祀穿的衣服五套，牛、羊、豕、鸡、狗每一种都三百只，以及修造门户的材料。赠送戴公夫人用鱼皮装饰的车子，以及熟细的锦三十匹。

经 郑弃其师。

传 郑人恶高克[1]，使帅师次于河上[2]，久而弗召，师溃而归[3]，高克奔陈，郑人为之赋《清人》[4]。

**今注**

1　高克：是郑大夫。

2　次于河上：驻军在河边上。

3　师溃而归：军队溃乱而逃回郑。

4　《清人》：《诗经·郑风·清人》篇。

**今译**

郑国人厌恶大夫高克，派他率领军队驻扎在河边上，时间很久而不召他回来，军队溃散而逃回郑国，高克逃奔到陈国，郑国人为他赋了《清人》的诗篇。

**传**　晋侯[1]使大子申生伐东山皋落氏[2]。里克[3]谏曰："大子奉冢祀社稷之粢盛[4]，以朝夕视君膳[5]者也。故曰冢子[6]。君行则守，有守则从[7]。从曰抚军[8]，守曰监国[9]，古之制也。夫帅师，专行谋[10]，誓军旅[11]，君与国政之所图[12]也，非大子之事也。师在制命而已[13]。禀命则不威[14]，专命则不孝[15]。故君之嗣適，不可以帅师。君失其官[16]，帅师不威[17]，将焉用之[18]？且臣闻皋落氏将战，君其舍之[19]！"公曰："寡人有子，未知其谁立焉[20]。"不对而退。见大子。大子曰："吾其废乎[21]？"对曰："告之以临民[22]，教之以军旅[23]，不共是惧[24]，何故废乎？且子惧不孝，无惧弗得立。修己而不责人[25]，则免于难。"大子帅师，公衣之偏衣[26]，佩之金玦[27]。狐突[28]御戎，先友[29]为右，梁馀子养御罕夷[30]，先丹木[31]为右，羊舌大夫[32]为尉[33]。先友曰："衣身之偏[34]，握兵之要[35]，在此行也，子其勉之。偏躬无慝[36]，兵要远灾[37]，亲以无灾[38]又何患焉[39]？"狐突叹曰："时，事之征也[40]；衣，身之章也[41]；佩，衷之旗也[42]。故敬其事则命以始，服其身则衣之纯[43]，用其衷则佩之度[44]。今命以时卒，閟其事也[45]；衣之尨服，远其躬也[46]；佩以金玦，弃其衷也[47]。服以远之，时以閟之，尨凉冬杀，金寒玦离[48]，胡可恃也[49]！虽欲勉之，狄可尽乎[50]？"梁馀子养曰："帅师者受命于庙，受脤于社[51]，有常服矣。不获而尨[52]，命可知也[53]。死而不孝，不如逃之。”罕夷曰：“尨奇无常[54]，金玦不复[55]，虽复何为，君有心矣[56]。”先丹木曰：“是服也，狂夫阻之[57]，曰尽敌而反[58]，敌可尽乎？虽尽敌，犹有内谗[59]，不如违之[60]。”狐突欲行。羊舌大夫曰：“不可。违命不孝，弃事不忠。虽知其寒，恶不可取[61]。子其死之[62]！”大子将战，狐突谏曰：“不可。昔辛伯谂周桓公云：‘内宠并后，外宠二政，嬖子配嫡，大都耦国，乱之本也[63]。’周公弗从，故及于难。今乱本成矣[64]，立可必乎[65]？孝而安民[66]，子其图之，与其危身以速罪也[67]。”

**今注**

1　晋侯：晋献公。

2　东山皋落氏：赤狄的别种，皋是他的部族名称，在今山西省乐平县东七十里有皋落山。

3　里克：晋大夫。

4　大子奉冢祀社稷之粢盛：大音泰，上同。冢祀指祭祖先，社稷指祭社稷。太子是主持祭祀祖先及社稷者。

5　朝夕视君膳：《礼记·内则》说文王有视其父膳馐的礼节。

6　冢子：是表示与旁的普通儿子不同。

7　君行则守，有守则从：君出国则留守国都，要有人守国则从君出国。

8　抚军：从君出国率领军队则名曰抚军。

9　监国：监理国家的政治。

10　帅师，专行谋：率领军队，就专门管军队的进退同谋算军事。

11　誓军旅：命令军队。

12　君与国政之所图：这是君同正卿所图谋的。国政即正卿。

13　师在制命而已：军队的责任在专制命令罢了。

14　禀命则不威：太子要去问君的命令，就不威风。

15　专命则不孝：要不请示君的命令，他就是不孝顺。

16　君失其官：君用的官职不对。

17　帅师不威：太子率领军队没有威严。

18　将焉用之：焉等于安。将何能用他？

19　君其舍之：那么你就舍了太子。

20　未知其谁立焉：我尚不知道要立谁为君。

21　吾其废乎：我是否将被废？

22　告之以临民：因为太子居曲沃，这是教给他管理人民。

23　教之以军旅：因为太子统率下军，等于教给他管理军队的事情。

24　不共是惧：只怕不能胜任。

25　修己而不责人：整修自己而不责备旁人。

26　偏衣：是左右不同颜色的衣服，而一半颇似君的衣服。

27　金玦：用金子做的玦，玦是如环而不相连。

28　狐突：晋大夫，为文公重耳的外祖父。

29　先友：晋大夫。

30　梁馀子养御罕夷：罕夷是晋下军的卿。梁馀子养为罕夷驾车。

31　先丹木：晋大夫。

32　羊舌大夫：晋大夫。

33　为尉：任军尉。

34　衣身之偏：穿君的半边衣服。

35　握兵之要：谓统率上军。

36　偏躬无慝：有君的半身，这不是恶意。

37　兵要远灾：掌握兵权必能远离灾害。

38　亲以无灾：又能与君亲近，又无灾害。

39　又何患焉：那有什么可怕的？

40　时，事之征也：时间就是事情的现象。

41　衣，身之章也：衣服所以表明贵贱。

42　佩，衷之旗也：所佩的物，是表现藏于心中的思想。

43　服其身则衣之纯：给他穿衣服，必定是穿纯身的衣服。

44　用其衷则佩之度：用他的忠心，就必须给他合法的东西佩带。

45　今命以时卒，閟其事也：因为命令是在十二月下的，可见是在閟尽的时候。

46　衣之尨服，远其躬也：尨音忙。给他穿杂色的衣服，使与太子的身份不合。

47　佩以金玦，弃其衷也：用金玦来佩带，是不合于他的身份。

48　尨凉冬杀，金寒玦离：庞杂就是凉薄，十二月就有肃杀的意思。金属于秋天，其性寒，玦不如环，所以说离。

49　胡可恃也：尚有什么可依靠的。

50　虽欲勉之，狄可尽乎：这是回答先友的话，就是虽然勉力作战，狄人如此多，还可杀尽吗？

51　帅师者受命于庙，受脤于社：率领军队的人先在祖庙接受命令，受祭肉于祭社稷的时候。

52　不获而尨：不能够穿这种常服，而穿上杂色的衣服。

53　命可知也：命运由此可以知道。

54　尨奇无常：杂色奇怪非常的衣服。

55　金玦不复：是表示不让太子回来的意思。

56　虽复何为，君有心矣：就是回来又有什么用，君已经另有想法。

57　是服也，狂夫阻之：这种衣服，就是遇到疯狂的人也会加以拦阻。

58　尽敌而反：这是献公的话。说消灭敌人就回来。

59　虽尽敌，犹有内谗：虽然杀尽敌人，内部仍然会有毁谤的话。

60　不如违之：违是去。此谓不如躲开，有不要打仗的意思。

61　虽知其寒，恶不可取：虽然知道他的寒薄，但是不忠不孝的恶名，不可取得。

62　子其死之：你就尽力战死。

63　内宠并后，外宠二政，嬖子配嫡，大都耦国，乱之本也：内宠并后是指骊姬得宠与君夫人相同。外宠二政是指二五相连，所以政令旁分。嬖子配嫡是指奚齐得宠，地位等于太子。大都耦国是指太子居于曲沃，曲沃与国都相等，这些全与辛伯谏周公的话相同，所以说祸乱已经将成。

64　今乱本成矣：现在乱的事实已经将成功。

65　立可必乎：准能立为君吗？

66　孝而安民：孝顺父亲而又安定人民。

67　与其危身以速罪也：指危害自身而招来祸害，不如孝而能安民。

## 今译

晋献公派太子申生征伐东山皋落氏。里克进谏说："太子是主持祭祀祖先和社稷，朝夕省视国君膳食的人，所以又叫作冢子。国君有事出国，就由太子留守国都。有人留守，太子就要随从国君出国。随从出国，叫作抚军；留守国都，叫作监国。这是古时的制度。那率领军队的事，是要专于谋划军事，宣布军队的号令，是国君和正卿所图谋的，不是太子的事。太子对于军队的责任只是在于制定军令罢了，假如太子要去禀从命令，那么他就不能显出威风；他要专制命令，那么就成为不孝，所以国君的嫡传继承人，不可以率领军队。国君任官既已失误，率领军队的人又没有威风，这怎么能用他呢？并且我听说皋落氏将要力战，你就舍了太子吧！”献公说：“我有几个儿子，还不知道要立谁呢。”里克没有回答就退出了。他去见太子，太子说：“我将被废了吧？”回答说：“既然教你管理人民，又教你管理军队，只怕你不能胜任。有什么理由废你呢？并且做儿子的人只怕不孝，不怕不能得立，修整自己而不责备他人，就能够免于祸难。”太子率领军队，献公给他穿的衣服左右颜色不同，而一半类似献公自己的衣服，给他佩带金玦。由孤突为太子驾戎车，先友为车右。梁馀子养为罕夷驾戎车，先丹木为车右，羊舌大夫为军尉。先友说：“穿了国君半边的衣服，掌握了带兵的大权，一切就在这一次了，你要勉力去做。有了君的半身，这不是恶意，掌握了兵权，可以远离灾害。亲于国君，远离灾害，又有什么患害呢？”狐突叹息说：“时间就是事情的征象，衣服就是身份的象征，佩带的物品就是表现心中的思想，所以要他谨慎地做一件事，就要在时序开始时下命令。表明他身份的衣服，就必然用纯色。表现他心中的意思，就要佩带得合度。现在在时序结束时下命令，正是阻止他完成任务。给他穿杂色的衣服，使他与太子的身份不合。给他佩带金玦，使他背弃自己的心中思想。用服装来疏远他，时间来禁阻他，庞杂就是薄凉，隆冬的十二月就表示肃杀之意，金子性寒，玦暗示分离，还有什么可以依恃呢！虽然要勉力，狄人可以尽灭吗？”梁馀子养说：“率领军队的人，要在宗庙接受任命，在祭社稷的时候接受祭肉，并且有一定的常服。既不能得穿常服，而穿杂色的衣服，命运如何，由此可以知道了。死而蒙不孝的恶名，不如逃走。”罕夷说：“杂色奇异而非常的衣服，金玦表示不让太子复回，虽然回去了又有什么作为呢？国君已经别有心思。”先丹木说：“这样的衣服，虽是发狂的人也能有所怀疑。若是说要尽灭敌人然后回国，敌人可以杀尽吗？纵然杀尽了敌人，也还有内部的谗言，不如躲开。”狐突想要离去，羊舌大夫说：“不可以逃避。违背君父的命令是不孝的，抛弃任务是不忠的。虽然知道他的寒薄，也不可以轻取恶名。你就尽力战死吧！”太子将要出战，狐突劝谏说：“不可。从前辛伯告诉周桓公说：‘内宠与王后并立，外宠旁分政事，得宠的儿子，地位等于太子，大的都邑与国都相等，这些都是乱事的本源。’周桓公没有听从辛伯的话，所以遭遇了灾难。现在乱事的本源都已经形成了，你准能被立为君吗？与其危害自身而加速招来祸害，还不如尽力孝顺以安定人民，你且好好考虑吧。”

**传** 成风[1]闻成季之繇[2]，乃事之[3]，而属僖公焉[4]，故成季立之[5]。

**今注**

1 成风：是庄公的妾，僖公的母亲。

2 繇：音同昼。为卦兆的占辞。

3 乃事之：就侍奉他。

4 而属僖公焉：并且将僖公托付给他。属音主。

5 故成季立之：所以季友立他为君。

**今译**

成风听了成季卦兆的占辞，就侍奉他，凡事听他的意见，并且把僖公托付给他。所以成季立僖公为国君。

**传** 僖之元年[1]，齐桓公迁邢于夷仪[2]。二年，封卫于楚丘[3]，邢迁如归[4]，卫国忘亡[5]。

**今注**

1　僖之元年：这一段证明我所谓《左氏春秋》与孔子所修的《春秋》是两部书，详细情形已见序中。

2　夷仪：在今河北省邢台县西有夷仪城。

3　楚丘：在今河北省滑县东六十里。

4　邢迁如归：邢迁都等于回家。

5　卫国忘亡：卫国忘记了它的亡国。

**今译**

僖公元年，齐桓公把邢国都城迁到夷仪。二年，建立卫国于楚丘。邢国迁都如同回到家里，卫国重建忘记了它的亡国。

**传**　卫文公[1]大布之衣[2]，大帛之冠[3]，务材训农[4]，通商惠工[5]，敬教劝学[6]，授方任能[7]。元年[8]，革车三十乘[9]，季年[10]，乃三百乘[11]。

**今注**

1　卫文公：文公是戴公的弟弟，戴公卒于此年。

2　大布之衣：用粗布做的衣裳。

3　大帛之冠：用厚绸子做的帽子。

4　务材训农：务必种植林木，并且训练百姓努力于农业。

5　通商惠工：使商业往来，并且加惠于百工。

6　敬教劝学：敬事教育，并劝人民努力向学。

7　授方任能：教授百事的方法，任用有才能的人。

8　元年：是指卫文公元年，即这一年。

9　革车三十乘：指牛革包的车子只有三十辆。

10　季年：文公的最末一年，等于鲁僖公的二十五年。

11　乃三百乘：于是增加到三百辆，有十倍的车辆。

## 今译

卫文公用粗布做衣裳，用厚绸做帽子，努力种植林木，并且训练百姓努力于农业，流通商业，加惠百工，敬事教育，劝导学业，传授百事的方法，任用贤能的官员。在他即位的第一年，只有革车三十辆，到他在位的最后一年，就增加到三百辆。

# 卷六　僖公上

## 僖公元年（公元前六五九年）

**今注**

僖公：名申，庄公的庶子，闵公的哥哥，他的母亲是成风。根据谥法小心畏忌曰僖。

**经** 元年春王正月。

**传** 元年春，不称即位[1]，公出故也[2]。公出复入不书，讳之也[3]。讳国恶[4]，礼也。

**今注**

1 不称即位：不将即位写在《春秋》上。

2 公出故也：僖公不在国都的缘故。

3 讳之也：避讳，所以不写。

4 讳国恶：避讳国家的坏事情。

**今译**

元年，春，不记载僖公即位，因为僖公不在国都。僖公离开国都以后又回来，也没有记载，这是讳避不写。讳避国家的坏事情是合于礼的。

**经** 齐师、宋师、曹师次于聂北救邢。

**传** 诸侯救邢，邢人溃，出奔师[1]。师遂逐狄人[2]，具邢器用而迁之，师无私焉[3]。

**今注**

1 出奔师：师是指驻于聂北诸侯的军队。邢人逃到聂北诸侯的军队中。

2 遂逐狄人：诸侯的军队于是追逐狄人。

3 师无私焉：诸侯的军队并没有私取邢人的财物。

**今译**

诸侯的军队去援救邢国，邢国人溃败，逃奔到诸侯的军队中，诸侯的军队于是驱逐狄人，收拾邢国的器用而帮助邢国人迁都。诸侯的军队没有私取邢国的器用。

**经** 夏六月，邢迁于夷仪。齐师、宋师、曹师城邢。

**传** 夏，邢迁于夷仪[1]，诸侯城之救患也[2]，凡侯伯救患，分灾，讨罪[3]，礼也。

**今注**

1 夷仪：在今河北省邢台县西夷仪城。

2 诸侯城之救患也：各诸侯全给它修建城池，救邢国的患难。

3 救患，分灾，讨罪：救患难，分邢国的灾难，讨敌人的侵犯。

**今译**

夏天，邢国迁到夷仪。诸侯的军队帮助修筑城池，救助邢国的患难。凡是侯伯，救助患难，分担灾难，讨伐有罪的国家，都是合于礼的。

**经** 秋七月戊辰，夫人姜氏薨于夷[1]，齐人以归[2]。

**今注**

1 夷：杜预注是鲁地。

2 齐人以归：齐国把她的尸首还给鲁国。传在闵公二年。

**今译**

秋天，七月戊辰，庄公的夫人姜氏在夷逝世。齐国人把她的尸首归还鲁国。

**经** 楚人伐郑。

**经** 八月，公会齐侯、宋公、郑伯、曹伯、邾人于柽。

**传** 秋，楚人伐郑[1]，郑即齐故也[2]。盟于荦[3]，谋救郑也。

**今注**

1 楚人伐郑：由此经起，始改称荆为楚。

2 郑即齐故也：是郑与齐联合的缘故。

3 荦：音洛，就是经所谓的柽。在今河南省淮阳县境。《水经注》名为涝城。

**今译**

秋天，楚国人攻伐郑国，因为郑国联合齐国。鲁僖公会盟齐侯、宋公、郑伯、曹伯以及邾人于荦，为了谋划救郑。

**经** 九月，公败邾师于偃。

**传** 九月，公败邾师于偃[1]，虚丘之戍将归者也[2]。

**今注**

1 偃：在今山东省费县南。

2 虚丘之戍将归者也：虚丘杜注称为邾地，但服虔注则称为鲁地。在今山东省费县界。此句指在虚丘戍守的邾国军队，将回邾而为鲁师所败。

**今译**

九月，鲁僖公在偃把邾国军队打败，打败的是戍守虚丘将要回国的邾国军队。

**经** 冬十月壬午，公子友帅师败莒师于郦，获莒挐。

**传** 冬，莒人来求赂[1]，公子友败诸郦[2]，获莒子之弟挐[3]，非卿也，嘉获之也[4]。公赐季友汶阳之田[5]及费[6]。

**今注**

1　来求赂：求还庆父的贿赂。

2　郦：鲁地。

3　挐：音同拿。是莒子兄弟的名字。

4　非卿也，嘉获之也：一般只有关于卿的事情，才写在《春秋》上，挐不是卿，就因为鲁国欢喜逮获他，所以才加以记载。

5　汶阳之田：汶阳田在汶水以北，据《水经注》说：蛇水“迳汶阳之田，齐所侵也”。在今山东省宁阳县境。

6　费：音秘。在今山东省费县。

**今译**

冬天，莒国人来要求贿赂作为送庆父回鲁国的代价。公子友把莒国人打败于郦，捉获莒子的弟弟挐，他不是卿，本来不必记载，但鲁国因为嘉许季友逮获他，所以记载下来。僖公赐给季友汶水以北的田以及费邑。

**经** 十有二月，丁巳，夫人氏之丧至自齐。

**传** 夫人氏之丧至自齐，君子以齐人之[1]杀哀姜也，为已甚矣[2]！女子从人者也[3]。

**今注**

1　之：按：石经宋本、淳熙本、岳本、足利本“人”后有“之”字，即《四库丛刊》影宋本，而《十三经注疏》本无“之”字。

2　为已甚矣：是太过分了吧！

3　女子从人者也：女子嫁了以后就随从夫家。

**今译**

庄公夫人姜氏的丧柩从齐国来到鲁国。君子以为齐国的人杀哀姜，是太过分了。女子既嫁就听从夫家的处置。

## 僖公二年（公元前六五八年）

**经**　二年春王正月，城楚丘。

**传**　二年春，诸侯城楚丘，而封卫焉[1]，不书所会，后也[2]。

**今注**

1　而封卫焉：因为卫懿公死，卫国又被敌人所灭，所以说等于重封卫国。

2　不书所会，后也：不写在《春秋》上，因为鲁国到会过迟。

**今译**

二年春天，诸侯修筑楚丘的城池，而重封卫国。没有记载会盟的事，因为鲁国到会过迟。

**经**　夏五月，辛巳，葬我小君哀姜[1]。

**今注**

1　此经无传。

**今译**

夏天，五月辛巳，安葬我鲁国的小君哀姜。

**经** 虞师、晋师灭下阳。

**传** 晋荀息[1]请以屈产之乘[2]与垂棘之璧[3]，假道[4]于虞以伐虢。公曰："是吾宝也[5]。"对曰："若得道于虞，犹外府也[6]。"公曰："宫之奇存焉[7]。"对曰："宫之奇之为人也，懦而不能强谏[8]。且少长于君[9]，君昵之[10]，虽谏，将不听。"乃使荀息假道于虞，曰："冀[11]为不道，入自颠軨[12]，伐鄍[13]三门。冀之既病，则亦唯君故[14]。今虢为不道，保于逆旅[15]，以侵敝邑之南鄙[16]，敢请假道，以请罪于虢[17]。"虞公许之，且请先伐虢。宫之奇谏，不听，遂起师[18]。夏，晋里克、荀息帅师会虞师伐虢，灭下阳[19]。先书虞，贿故也[20]。

**今注**

1 荀息：晋大夫。

2 屈产之乘：在《左传》及《穀梁传》的注中皆以为是屈邑所产的马，唯独《公羊传》何休注说屈产是地名，为山西出名马的地方。今山西省石楼县东南四里有屈产泉。

3 垂棘之璧：垂棘是地名，指垂棘所出的美玉，但垂棘今地名不详。

4 假道：虞国在晋国、虢国之间。古时路过旁的国，先商请假道。

5 是吾宝也：这是晋国的宝物。

6 若得道于虞，犹外府也：要能在虞国假道，则虞国等于晋国的外府。外府所藏亦等于是晋国物件，可随时取用。

7 宫之奇存焉：宫之奇是虞大夫。存焉是仍旧在。

8 懦而不能强谏：性情很懦弱，而又不能强力来谏诤。

9　少长于君：自幼年起就长于公的宫中。

10　君昵之：昵音逆。虞君很亲昵他。

11　冀：国名，为晋所灭。在今山西省河津县东北十五里有冀亭。

12　颠軨：在今山西省平陆县东北七十里有颠軨，亦见《水经注》。軨音灵。

13　伐鄍：鄍是虞邑，在今山西省平陆县东北二十五里。

14　冀之既病，则亦唯君故：冀国的衰弱，就是因为你，荀息恭维虞国，意在假道。

15　保于逆旅：逆旅是客栈。现在虢人占据各种客栈，以寇晋国的边邑。

16　南鄙：是晋国南方的边邑。

17　请罪于虢：询问晋国对虢国有什么罪状。

18　遂起师：就发军队。

19　灭下阳：下阳是虢邑，在山西省平陆县东北二十里。

20　先书虞，贿故也：今《春秋》上写的虞在晋以前，就是因为虞国得到晋国的贿赂。

## 今译

晋国的大夫荀息请求用屈产所出的名马，以及垂棘所出的美玉，向虞国借路去攻伐虢国。晋献公说："这是晋国的宝物呀！"荀息回答说："若是能够得到虞国的道路，虞国就等于晋国的外府。宝物藏在外府，等于是藏在晋国。"献公说："他们还有宫之奇在呢。"回答说："宫之奇这个人，性情懦弱而不能强力诤谏他的国君，并且从小就和虞国国君一起生长于宫中，虞君对他很亲昵，他虽谏劝，必定不会听从。"于是派荀息向虞国假道，说："从前冀国不守正道，从颠軨入侵你们虞国，进攻鄍邑的三门。冀国的衰弱，就是因为有你。现在虢国不守正道，派军队占据了客栈，以侵略我国南边的边境，敢请向你借条过路，以便向虢国请问晋国有什么罪状。”虞公允许了，并且请求由他先去讨伐虢国。宫之奇诤谏，虞公不听，就发动军队。夏天，晋国的大夫里克和荀息，率领军队会合虞国军队去攻伐虢国，灭了下阳。经上先写虞师，因为他接受贿赂。

**经** 秋九月，齐侯、宋公、江人、黄人盟于贯。

**传** 秋，盟于贯[1]，服江、黄也[2]。

**今注**

1 贯：贯一作贳，宋地，在今山东省曹县西南十里蒙泽故城，即古贳国。

2 服江、黄也：江国在今河南新息县西南八十里。江国与黄国本来是服从楚国的，现在开始服从齐国。

**今译**

秋天，会盟于贯，说服江国与黄国亲向齐国。

**传** 齐寺人貂[1]，始漏师于多鱼[2]。

**今注**

1 寺人貂：寺人即太监，貂是他的名字。

2 始漏师于多鱼：始漏师是指开始泄露军队的计划。多鱼，必是齐地，杜注地名缺其处。

**今译**

齐国的太监貂，开始在多鱼泄露齐桓公的军事机密。

**传** 虢公败戎于桑田[1]，晋卜偃[2]曰：“虢必亡矣！亡下阳不惧，而又有功，是天夺之鉴[3]，而益其疾也[4]。必易晋[5]而不抚其民矣！不可以五稔[6]。”

**今注**

1 桑田：虢田，在今河南省灵宝县二十五里稠桑驿。

2 卜偃：晋大夫。

3 是天夺之鉴：鉴是铜镜子，所用以自照形状。此指天把镜子夺掉，使不能用以自照。

4 益其疾也：更增加他的疾病。

5 必易晋：必定轻视晋国。

6 不可以五稔：虢国的亡必不能过五年。

**今译**

虢公把戎人打败于桑田。晋国卜偃说："虢国必定要亡国了。失去了下阳不加以戒惧，反而又有了战功，这是天把他的镜子夺掉，使他不能自照而知警戒，加重他的弱点。他必定轻视晋国，因而不安抚他的人民！不超过五年，虢国必会亡国。"

**经** 冬十月，不雨[1]。

**今注**

1 传见僖公三年。

**今译**

冬天，十月，没有下雨。

**经** 楚人侵郑。

**传** 冬，楚人伐郑，鬬章[1]囚郑聃伯[2]。

**今注**

1 鬬章：楚大夫。

2　聃伯：聃音耽。聃原是文王子聃季的封国，后来为郑国所灭。聃伯是郑大夫。

**今译**

冬天，楚国人攻伐郑国。鬬章俘获郑国大夫聃伯。

## 僖公三年（公元前六五七年）

**经**　三年春王正月，不雨。夏四月，不雨。

**传**　三年春，不雨。夏六月，雨[1]。自十月不雨至于五月[2]，不曰旱，不为灾也[3]。

**今注**

1　夏六月，雨：经作夏四月，不雨。石经则将六月作四月。

2　自十月不雨至于五月：十月不雨见于僖公二年的经。

3　不曰旱，不为灾也：不写在竹简上说旱，是因为未造成灾害。

**今译**

三年春天，没有下雨。夏天六月，下雨。从去年十月至今年五月，一直没下雨，而不说旱，因为没有造成灾害。

**经**　徐人取舒[1]。

**今注**

1　徐人取舒：徐在今安徽泗县北八十里徐城。舒在今安徽舒城县。此经无传。

**今译**

徐国人轻取舒国。

**经**　六月，雨[1]。

**今注**

1　已见于传。

**今译**

六月，下雨。（传见“三年春，不雨。夏六月，雨”。）

**经**　秋，齐侯、宋公、江人、黄人会于阳谷。

**传**　秋，会于阳谷[1]，谋伐楚也。

**今注**

1　阳谷：齐地。在今山东省阳谷县东北三十里阳谷故城。

**今译**

秋天，会盟于阳谷，谋划讨伐楚国。

**经**　冬，公子友如齐莅盟。

**传**　齐侯为阳谷之会来寻盟。冬，公子友如齐莅盟[1]。

**今注**

1　如齐莅盟：意思是受齐国的盟誓。

**今译**

齐桓公为了阳谷之会派人来鲁国寻求盟誓。冬天，公子友到齐国参加盟誓。

**经**　楚人伐郑。

**传**　楚人伐郑，郑伯欲成[1]，孔叔[2]不可，曰：“齐方勤我[3]，弃德不祥[4]。”

**今注**

1　郑伯欲成：郑伯想讲和。

2　孔叔：郑大夫。

3　齐方勤我：齐国正帮助我们对付灾难。

4　齐德不祥：违背恩德是不好的。

**今译**

楚国人攻伐郑国，郑伯想要讲和，孔叔不赞成，说：“齐国正在帮助我们对付灾难，违背了恩德是不好的。”

**传**　齐侯与蔡姬[1]乘舟于囿[2]，荡公[3]，公惧变色[4]，禁之不可[5]。公怒归之，未之绝也[6]，蔡人嫁之。

**今注**

1　蔡姬：蔡国是姬姓，在另一节中说：“齐侯之夫人三，王姬、徐嬴、蔡姬，皆无子。”

2　乘舟于囿：在花园中划荡小船。

3　荡公：摇动齐桓公。

4　公惧变色：齐侯害怕，脸上变了颜色。

5　禁之不可：禁止她摇荡，她也不听从。

6　未之绝也：并没有完全断绝关系。

**今译**

齐桓公和蔡姬在花园里的池中划船。震荡了齐桓公，桓公害怕，变了脸色，禁止蔡姬摇荡，她也不听。桓公非常生气，把她送回蔡国，并未完全断绝关系，蔡国人又把她嫁给别人。

## 僖公四年（公元前六五六年）

**经**　四年春王正月，公会齐侯、宋公、陈侯、卫侯、郑伯、许男、曹伯侵蔡，蔡溃。遂伐楚，次于陉。

**经**　夏，许男新臣卒。

经 楚，屈完来盟于师，盟于召陵。

传 四年春，齐侯以诸侯之师侵蔡[1]，蔡溃，遂伐楚。楚子使与师言[2]曰："君处北海，寡人处南海[3]，唯是风马牛不相及[4]也。不虞君之涉吾地也，何故[5]？"管仲对曰："昔召康公[6]，命我先君大公[7]，曰：'五侯九伯，女实征之[8]，以夹辅周室[9]。'赐我先君履[10]，东至于海[11]，西至于河[12]，南至于穆陵[13]，北至于无棣[14]。尔贡苞茅不入[15]，王祭不共[16]，无以缩酒[17]，寡人是征[18]。昭王南征而不复[19]，寡人是问[20]。"对曰："贡之不入，寡君之罪也[21]，敢不共给？昭王之不复[22]。君其问诸水滨[23]。"师进，次于陉[24]。夏，楚子使屈完如师[25]。师退，次于召陵[26]。齐侯陈诸侯之师[27]，与屈完乘而观之[28]。齐侯曰："岂不穀是为[29]，先君之好是继[30]，与不穀同好如何？"对曰："君惠徼福于敝邑之社稷[31]，辱收寡君[32]，寡君之愿也。"齐侯曰："以此众战，谁能御之[33]；以此攻城，何城不克[34]？"对曰："君若以德绥诸侯[35]，谁敢不服？君若以力[36]，楚国方城以为城[37]，汉水以为池[38]，虽众，无所用之。"屈完及诸侯盟[39]。

### 今注

1 以诸侯之师侵蔡：诸侯之师指宋公、陈侯、卫侯、郑伯、许男、曹伯的军队。

2 楚子使与师言：楚成王派人与军队交涉。

3 君处北海，寡人处南海：你住在渤海左近，我住在南海，南海是指云梦泽，楚都郢在泽西。

4 唯是风马牛不相及：牝牡相诱曰"风"，风马牛不相及，言虽马牛风逸，牝牡相诱亦不相及。比喻齐、楚距离甚远，本不相干。

5 不虞君之涉吾地也，何故：涉是侵入。不想你侵入我的地方，什么缘故？

6　昔召康公：召康公即召公奭与周公共相王室。

7　大公：大音泰。大公（姜太公）是封齐的始祖，他当时从周武王灭商。

8　五侯九伯，女实征之：五等的诸侯及九州的伯爵，你全能管理他。

9　以夹辅周室：他同周公联合辅佐周王。

10　赐我先君履：履是代表可以管理的地方。赏给大公管理的地方。

11　东至于海：齐国东边是海。

12　西至于河：西到黄河。

13　南至于穆陵：穆陵在今山东临朐县南一百里大岘山上之穆陵关。南到穆陵关。

14　北至于无棣：无棣是齐邑，在今山东无棣县北三十里。

15　尔贡苞茅不入：苞茅是里束的菁茅，用以漉酒，这种为南方所产。此句乃是责备楚国不贡献苞茅。

16　王祭不共：不能供给王室的祭祀。

17　无以缩酒：因为没有苞茅，所以不能漉酒。

18　寡人是征：所以我向你索要。

19　昭王南征而不复：在昭王五十一年的时候，昭王南巡渡汉水，汉水的人以胶舟进，中流溶解，昭王及祭公皆淹死，这句话即指此事。

20　寡人是问：顾亭林说："齐侯以为楚罪而问之。"

21　贡之不入，寡君之罪也：他承认不贡献苞茅是楚国的罪。

22　昭王之不复：关于昭王不回来的事。

22　君其问诸水滨：你去问汉水边上的人，因为彼时楚国力量尚未达到汉水的边界。

24　次于陉：陉音刑。楚地，在今河南郾城县境。军队驻在陉的地方。

25　楚子使屈完如师：屈完是楚大夫。楚成王派屈完到诸侯军队中来，观齐师的强或弱。

26　次于召陵：召陵故城在今河南省郾城县东三十五里。军队驻在召陵的地方。

27　齐侯陈诸侯之师：齐桓公陈列诸侯的军队。

28　乘而观之：乘是共乘车。此指共乘车来看诸侯的军队。

29　岂不穀是为：不穀是诸侯的谦称，意思说诸侯并非为他自己。

30　先君之好是继：这是为的继续先君的旧好。

31　君惠徼福于敝邑之社稷：你给我们社稷的福祉。

32　辱收寡君：愿意收留我们的君。

33　以此众战，谁能御之：拿这众多的军队作战，谁能够防御。

34　以此攻城，何城不克：拿这些军队攻城，什么城池不被打下。

35　以德绥诸侯：要用德行安定诸侯。

36　君若以力：你要用武力。

37　楚国方城以为城：方城是山名，在今河南叶县南。楚国以方城做城。

38　汉水以为池：楚国以汉水做护城河。

39　屈完及诸侯盟：屈完就同诸侯盟誓。

## 今译

四年春天，齐桓公用诸侯的联军侵入蔡国，蔡国溃败。于是讨伐楚国。楚成王派人与联军交涉说："你住在北方，我住在南海，我们距离这样远，就是马牛风逸，牝牡相诱亦不相及。没料到你侵入我的地方，这是什么缘故？”管仲回答说：“从前召康公命令我国的先君姜太公说：‘五等的诸侯及九州的伯爵，你全能征讨他们，以与周公共同辅佐周室。’赐给我国的先君管理的地方，东边到海，西边到黄河，南边到穆陵，北边到无棣。你应进贡的苞茅没有送来，不能供给周王的祭祀，无法漉酒，我为此来向你索要。昭王南巡而没有复回，我为此来向你质问。”楚国的使者回答说：“贡物没有送进，是我楚君的罪过。怎敢不供给周室之用？昭王没有复回，你且去问汉水边上的人。”诸侯的联军便进军，驻扎在陉。夏天，楚成王派屈完到联军去观看联军的强弱。联军退到召陵驻扎。齐桓公阵列了诸侯的联军，与屈完乘车检阅。齐桓公说：“诸侯支持我，并非为我个人，这是为了继续先君的旧好，你认为楚国和我同心和好如何？”回答说：“你给我们社稷带来福祉，愿意收留我们的国君，这是我君的意愿。”齐桓公说：“用这样多的军队作战，谁能抵御；用这样多的军队攻打城池，没有城池打不下。”回答说：“你若用德行抚绥诸侯，谁敢不服从？你若用武力，楚国用方城做城，用汉水做护城河，军队虽众多，也没有用处。”屈完和诸侯盟誓。

**经** 齐人执陈辕涛涂。

**传** 陈辕涛涂[1]谓郑申侯[2]曰：“师出于陈、郑之间[3]，国必甚病[4]。若出于东方，观兵于东夷[5]，循海而归，其可也。”申侯曰：“善。”涛涂以告。齐侯许之。申侯见，曰：“师老矣[6]！若出于东方而遇敌，惧不可用也[7]。若出于陈、郑之间，共其资粮屝屦[8]，其可也。”齐侯说，与之虎牢[9]，执辕涛涂[10]。

**今注**

1 辕涛涂：陈大夫。

2 申侯：郑大夫。

3　师出于陈、郑之间：军队要经过陈国与郑国交界处。

4　国必甚病：陈国同郑国因为供应烦费，必定甚受苦。

5　观兵于东夷：观兵是显示他的军队很雄壮，为的给东夷看。东夷是指郯、莒、徐夷诸国。

6　师老矣：军队很疲倦，不堪再用。

7　若出于东方而遇敌，惧不可用也：若由东方返齐国，遇见敌人，恐怕不可以作战。

8　共其资粮屝屦：供给食物同草鞋。

9　虎牢：郑制邑，在今河南汜水县西。

10　执辕涛涂：齐国遂将辕涛涂捕获。

**今译**

陈国的大夫辕涛涂对郑国的大夫申侯说："军队经过陈国和郑国交界的地方，我们两国必定甚受其苦。若是经过东方，让东方的夷人观看军队的雄威，然后沿着海边回来，这样才可以。"申侯说："好极了。"涛涂把这个意见告诉齐桓公，桓公答应了他。申侯也去见齐桓公说："军队已经疲倦了，若是经过东方而遇到敌人，恐怕不可以打仗。若是经过陈国、郑国的交界，充分供应军队的粮食和草鞋，这样才可以。"齐侯很高兴，把虎牢赐给申侯，而把辕涛涂抓起来。

**经**　秋，及江人、黄人伐陈。

**传**　秋，伐陈，讨不忠也[1]。

**今注**

1　讨不忠也：因为陈辕涛涂不忠于齐国，故讨伐他。

**今译**

秋天，讨伐陈国，声讨他的不忠。

经 八月，公至自伐楚[1]。

**今注**

1 公至自伐楚：因为告于宗庙，所以写在竹简上。此经无传。

**今译**

八月，鲁僖公讨伐楚国之后回到鲁国。

经 葬许穆公。

传 许穆公卒于师，葬之以侯礼也[1]。凡诸侯薨于朝会加一等[2]，死王事加二等[3]，于是有以衮敛[4]。

**今注**

1 葬之以侯礼也：许是男爵，而以侯礼来葬加一等。

2 凡诸侯薨于朝会加一等：诸侯命有三等，公为上等，侯及伯为中等，子及男为下等。

3 死王事加二等：为王战死就加二等来葬敛。

4 有以衮敛：衮音滚。是公的衣服，凡加二等者，可以用公的衣服来殡敛。

**今译**

许穆公在军中逝世，用侯爵的礼节来葬他。凡是诸侯在朝会时逝世，用加一等的礼节，为周王战死，用加二等的礼节，于是，可以用公的衣服来殡敛。

经 冬十有二月，公孙兹帅师会齐人、宋人、卫人、郑人、许人、曹人侵陈。

传 冬，叔孙戴伯[1]帅师会诸侯之师侵陈，陈成[2]，归辕涛涂[3]。

**今注**

1 叔孙戴伯：公孙兹，叔牙子，戴是谥号。

2 陈成：陈国要求讲和。

3 归辕涛涂：因为陈服罪，所以归还其大夫。

**今译**

冬天，叔孙戴伯率领军队，会合诸侯的军队侵入陈国，陈国人要求讲和，于是把辕涛涂送回陈国。

**传** 初，晋献公欲以骊姬为夫人，卜之不吉[1]；筮之吉[2]，公曰："从筮。"卜人曰："筮短龟长，不如从长[3]。且其繇[4]曰，专之渝，攘公之羭[5]，一薰一莸，十年尚犹有臭[6]，必不可。"弗听，立之。生奚齐。其娣生卓子。及将立奚齐[7]，既与中大夫成谋[8]。姬谓大子曰："君梦齐姜，必速祭之[9]。"大子祭于曲沃[10]，归胙于公[11]。公田[12]。姬置诸宫六日[13]，公至，毒而献之[14]。公祭之地，地坟[15]。与犬，犬毙。与小臣[16]，小臣亦毙。姬泣曰："贼由大子[17]。"大子奔新城[18]。公杀其傅杜原款[19]。或谓大子："子辞，君必辩焉[20]。"大子曰："君非姬氏，居不安，食不饱。我辞，姬必有罪[21]。君老矣，吾又不乐[22]。"曰："子其行乎[23]？"大子曰："君实不察其罪[24]，被此名也以出，人谁纳我[25]？"十二月戊申，缢于新城。姬遂谮二公子[26]，曰："皆知之。"重耳奔蒲，夷吾奔屈[27]。

**今注**

1 卜之不吉：用龟来占卜，不吉。

2 筮之吉：但是用筮草来占卜，则吉兆。

3 筮短龟长，不如从长：筮草短而占卜的龟象长，还是应当从龟的占卜。

4 繇：音同昼。卦兆的占辞。

5 专之渝，攘公之羭：渝是变，音俞。若专心爱骊姬，必然发生变乱，必能夺掉献公的美德。

6　一薰一莸，十年尚犹有臭：薰是香草，指申生等；莸是臭草，指骊姬等；香与臭共居，十年尚留下臭味。

7　立奚齐：立奚齐为太子。

8　与中大夫成谋：中大夫据《国语·晋语》所说指里克。《晋语》："里克曰：吾秉君以杀太子吾不忍，通复故交吾不敢，中立其免乎！"

9　君梦齐姜，必速祭之：因为献公梦见申生的母亲齐姜，必定赶紧去祭她。

10　大子祭于曲沃：申生往曲沃去祭祀。

11　归胙于公：胙是祭肉。送祭肉到献公处。

12　公田：献公正在打猎。

13　姬置诸宫六日：骊姬把祭肉搁在宫中六天。

14　公至，毒而献之：献公回来以后，骊姬就下毒于祭肉上，而献给献公。

15　公祭之地，地坟：献公以肉祭地，地就隆起。

16　与小臣：晋朝韦昭注："小臣，官名，掌阴事阴命，阉士也。"

17　贼由大子：指奸谋弑逆实由太子。

18　新城：曲沃。

19　杜原款：是申生的师傅。

20　子辞，君必辩焉：你说明祭肉已存六天，献公必然要查考这件事。

21　我辞，姬必有罪：我要辩护，骊姬必定得罪而死。

22　君老矣，吾又不乐：献公已老，如骊姬获罪，是我又使他不快乐。

23　子其行乎：你还是逃奔他国吧！

24　君实不察其罪：献公不细察我犯的罪。

25　人谁纳我：谁还会接纳我。

26　二公子：指重耳与夷吾。

27　重耳奔蒲，夷吾奔屈：蒲与屈皆见庄公二十八年注。

## 今译

起初，晋献公想要以骊姬做夫人，用龟来占卜，不吉利。用筮草来占卜，吉利。晋献公说："依照筮草占卜的结果做吧！"卜人说："筮草之数短而龟象长，不如依照长的。并且卜辞说：'若是因专爱而生变乱，就要破坏了公的美德。香草和臭草放在一起，十年还留下臭味。'必定不可以依照筮草占卜的吉兆。"晋献公不听，就立骊姬做夫人，生了奚齐，她的妹妹生了卓子。等到后来将要立奚齐为太子，已经和中大夫商量过，骊姬对太子申生说："献公梦见了你的母亲齐姜，必要赶快去祭她。"太子申生就到曲沃去祭，把祭肉送回给献公。献公正在打猎，骊姬把祭肉放在宫中六天。等献公回来以后，就下了毒药，然后才献给献公。献公把肉放置在地上，地就隆起。把肉给狗吃，狗就死了。给小臣，小臣也死。骊姬哭泣着说："奸谋弑逆实由太子。"太子出奔到新城。献公杀了他的师傅杜原款。有人告诉太子说："你若说明祭肉已搁了六天，献公必然要查明这件事。"太子说："献公若没有姬氏，他住不能安适，吃不能饱。我若说明，姬必定有罪。献公老了，我这样做又让他不快乐。"别人又说："你姑且出奔他国吧！"太子说："献公实在不察明我的罪，担负着企图弑父的罪名出奔，谁会容纳我？"十二月戊申，太子就在新城自缢。骊姬于是就说其他二位公子的坏话，说："他们都知道太子的阴谋。"重耳就逃奔到蒲，夷吾就逃奔到屈。

## 僖公五年（公元前六五五年）

传 五年，春王正月辛亥朔，日南至[1]。公既视朔[2]，遂登观台以望，而书[3]，礼也。凡分、至、启、闭[4]必书云物[5]，为备故[6]也。

**今注**

1 日南至：周的正月，是现在农历的十一月，南至即是冬至。

2 公既视朔：每月初一，告朔日于庙，名曰视朔。

3 遂登观台以望，而书：观台是在台上建筑屋子，以备远望，而书是指把此事记下来。

4 分、至、启、闭：分是指春分及秋分；至是指冬至及夏至；启是立春同立夏；闭是立秋同立冬。

5 云物：表示云彩的变换。

6 为备故：为的是可以预先察知祥瑞与否。

**今译**

五年，春，周王历正月，辛亥，初一这一天是冬至，太阳在最南端。僖公既亲自告朔于宗庙以后，就登上观台去瞭望，记载这件事称许僖公的合于礼。凡是春分、秋分、夏至、冬至、立春、立夏、立秋、立冬各节气，都要记载云彩的转变，以备预先察知妖祥，早做准备。

经 五年春，晋侯杀其世子申生。

传 晋侯使以杀大子申生之故来告。初[1]，晋侯使士蒍为二公子[2]筑蒲与屈[3]，不慎置薪焉[4]。夷吾诉之，公使让之[5]。士蒍稽首[6]而对曰："臣闻之，无丧而戚，忧必仇焉[7]。无戎而城，仇必保焉[8]。寇仇之保，又何慎焉[9]？守官废命，不敬[10]。固仇之保，不忠[11]。失忠与敬，何以事君？《诗》云：'怀德唯宁，宗子唯城[12]。'

君其修德而固宗子[13]，何城如之？三年将寻师焉[14]，焉用慎[15]？”退而赋曰：“狐裘龙茸[16]，一国三公，吾谁适从[17]？”及难[18]，公使寺人披[19]伐蒲，重耳曰：“君父之命不校[20]。”乃徇[21]曰：“校者，吾仇也[22]。”逾垣而走，披斩其祛[23]，遂出奔翟[24]。

**今注**

1 初：是追述早几年的事情。

2 二公子：指文公重耳与惠公夷吾。

3 蒲与屈：注见庄公二十八年。

4 不慎置薪焉：筑城的时候不谨慎，把薪材搁置在里边。

5 让之：让是责让。

6 稽首：古人坐在席上，拜头至地。

7 无丧而戚，忧必仇焉：没有缘故而忧虑，忧必立刻就来。

8 无戎而城，仇必保焉：没有兵戎而修城池，仇敌必加强他的防卫。

9 寇仇之保，又何慎焉：这是为了寇仇加强他的防卫，这又有什么可慎重的呢？

10 守官废命，不敬：若不坚筑城池，则有官守而废君的命令，那就是不恭敬。

11 固仇之保，不忠：若筑的城池坚固，就是为寇仇加强他的防卫，就是不忠。

12 怀德唯宁，宗子唯城：出《诗·大雅·生民之什·板》篇。意思是说怀德以安宁，则宗子像城一样坚固。

13 君其修德而固宗子：你只要修德行而使宗子坚固。

14 三年将寻师焉：三年以后将用兵。

15 焉用慎：何必谨慎呢？

16 狐裘龙茸：狐狸的皮裘很杂乱。龙茸是杂乱貌，龙音蒙。

17 吾谁适从：我听谁的话好？这是士蒍自己作的诗。

18 及难：等到骊姬发祸难的时候。

19 寺人披：寺人等于太监，披是寺人的名字。

20 君父之命不校：对君父的命令，不能反对。

21 徇：是号令于众。

22 校者，吾仇也：要是来抵抗的，就是我的仇人。

23 袪：音驱，袖口。

24 翟：翟就是狄，在今山西省汾阳与太原两县之间。

**今译**

晋献公派人把杀太子申生的理由来告诉鲁国知道。起初，晋献公派士蒍为重耳及夷吾两位公子修筑蒲和屈两城，筑城时不谨慎，把柴薪放在墙里。夷吾把这件事告诉献公，献公派人去责备士蒍。士蒍拜首而回答说：“我听说过，没有丧事而哀戚，忧患必立刻到来；没有战事而筑城，必使寇仇加强他的防卫。结果使寇仇加强防卫，有什么可谨慎的呢？若不坚筑城墙，既受了官职而不听国君的命令，就是不敬；然而使寇仇加强防卫，就是不忠。失去了忠心与恭敬，还用什么服侍国君呢？《诗经》说：‘怀着德行以安宁国家，同宗的子弟必如城池一样坚固。’国君只要修整他的德行而使宗子坚固，何必筑城呢？三年以后将要用兵，现在何必谨慎呢？”士蒍退而赋诗道：“狐裘毛色杂乱，一国有三个主人，我听谁的话才好？”等到骊姬发难的时候，献公派寺人披讨伐蒲城，重耳说：“君父的命令不能反对。”就向众人发布命令说：“抵抗的人就是我的仇人。”他自己就跳过城垣逃走。寺人披赶上切断了他的衣袖，重耳于是出奔到翟。

**经** 杞伯姬[1]来，朝其子[2]。

**今注**

1　伯姬：是鲁庄公的女儿。

2　朝其子：等于其子来朝。此经无传。

**今译**

伯姬来鲁国归宁，她的儿子同来朝见。

**经**　夏，公孙兹如牟。

**传**　夏，公孙兹[1]如牟[2]，娶焉[3]。

**今注**

1　公孙兹：是叔牙之子，即叔孙戴伯。

2　牟：牟音谋。在今山东省莱芜县东二十里。

3　娶焉：他借着聘问就在那里娶妻。

**今译**

夏天，公孙兹到牟国聘问，并且在牟国娶妻。

**经**　公及齐侯、宋公、陈侯、卫侯、郑伯、许男、曹伯会王世子于首止。

**传**　会于首止[1]，会王大子郑[2]，谋宁周[3]也。

**今注**

1　首止：杜注卫地，但《钦定春秋传说汇纂》以为应该是宋地。在今河南省睢县。

2　会王大子郑：会周王的太子，名郑。

3　谋宁周：惠王将废太子郑而立王子带，故齐桓公率诸侯会王太子以安定他的位置。

**今译**

诸侯会于首止，会见周王的太子郑，谋求安定太子郑在周的地位。

**传** 陈辕宣仲[1]怨郑申侯之反己于召陵[2]，故劝之城其赐邑[3]，曰："美城之，大名也[4]。子孙不忘，吾助子请[5]。"乃为之请于诸侯而城之美。遂谮诸郑伯曰："美城其赐邑，将以叛[6]也。"申侯由是得罪。

**今注**

1 辕宣仲：即辕涛涂。

2 召陵：注见僖公四年。

3 故劝之城其赐邑：所以劝他修理齐桓公所赐他的虎牢。

4 美城之，大名也：将城修得甚美，这是一件出名的事情。

5 吾助子请：我帮着你来请求。

6 将以叛：这是为着造反。

**今译**

陈国的大夫辕宣仲怨恨郑国的大夫申侯在召陵反对他，就劝申侯修筑他所得到的城邑，说："将城修得华美，这是一件出名的事情，你的子孙将不会忘记你，我愿帮助你去申请。"于是，就为他向诸侯请求，把虎牢修筑得很华美，然后就向郑文公说申侯的坏话："他把他得到的城邑修得华美，为的是将来借以叛变。"申侯因此得罪。

**经** 秋八月，诸侯盟于首止，郑伯逃归不盟。

**传** 秋，诸侯盟，王使周公召郑伯曰："吾抚女以从楚[1]，辅之以晋，可以少安[2]。"郑伯喜于王命，而惧其不朝于齐也[3]，故逃归不盟。孔叔[4]止之，曰："国君不可以轻，轻则失亲[5]，失亲患必至[6]，病而乞盟，所丧多矣[7]！君必悔之[8]。"弗听，逃其师而归。

**今注**

1　吾抚女以从楚：女音同汝。我安抚你，以便你追随楚国。

2　辅之以晋，可以少安：再以晋国相辅助，可以稍微安定。

3　而惧其不朝于齐也：而又怕没有到齐国朝见。

4　孔叔：郑大夫。

5　国君不可以轻，轻则失亲：国君不可以轻佻，轻佻则丢掉亲党。

6　失亲患必至：丢掉了亲党，祸患必定来到。

7　病而乞盟，所丧多矣：有祸患再求盟于人，所损失的必定更多。

8　君必悔之：你必定很后悔。

**今译**

秋，诸侯会盟于首止，周惠王派周公去召见郑文公，对他说："我安抚你，以便你随从楚国，再以晋国辅助，这样你就可以稍微安定。"郑文公心喜周王的命令，又惧怕自己没到齐国朝见，所以就逃开而不参加会盟。孔叔阻止他说："国君不可以轻佻，轻佻就要失去亲党的支援；失去了亲党的支援，祸患必会到来。等到祸患到来再乞求参加盟会，所损失的必定很多。你一定会后悔的。"郑文公不听，逃离他的军队，自己先回国。

**经**　楚人灭弦，弦子奔黄。

**传**　楚鬬穀於菟[1]灭弦[2]，弦子奔黄[3]，于是江[4]、黄、道[5]、柏[6]方睦于齐，皆弦姻也[7]。弦子恃之而不事楚[8]，又不设备，故亡。

**今注**

1　鬬穀於菟：楚大夫，即令尹子文。

2　弦：在今河南省潢川县西南有弦城。

3　黄：古国名，子爵。在今河南潢川县西十二里有黄城。

4　江：江国在今河南省新息县西南八十里。

5　道：在今河南省确山县东北二十里有道城。

6　柏：国名。在今河南省西平县西南有柏亭。

7　皆弦姻也：全是弦国的姻亲。

8　弦子恃之，而不事楚：弦子仗着他们，又不侍奉楚国。

**今译**

楚大夫鬬穀於菟消灭了弦国，弦子逃奔到黄国。这时候，江国、黄国、道国、柏国正好都与齐国亲睦，他们又都是弦国的姻亲，弦子仗着他们，而不服侍楚国，又不准备防御工事，所以亡国。

**经**　九月，戊申朔，日有食之[1]。

**今注**

1　此经无传。

**今译**

九月，戊申，初一，发生日食。

**经**　冬，晋人执虞公。

**传**　晋侯[1]复假道[2]于虞以伐虢。宫之奇[3]谏曰："虢，虞之表[4]也，虢亡，虞必从之[5]。晋不可启[6]，寇不可玩[7]。一之谓甚，其可再乎[8]？谚[9]所谓'辅车相依，唇亡齿寒[10]'者，其虞虢之谓也。"公曰[11]："晋，吾宗也，岂害我哉？"对曰："大伯，虞仲[12]，大王之昭[13]也。大伯不从，是以不嗣[14]。虢仲，虢叔，王季之穆[15]也。为文王卿士，勋在王室，藏于盟府[16]。将虢是灭，何爱于虞？且虞能亲于桓、庄[17]乎？其爱之也，桓、庄之族何罪，而以为戮，不唯偪乎[18]？亲以宠偪，犹尚害之，况以国乎[19]？”公曰：“吾享祀丰絜，神必据我[20]。”对曰：“臣闻之，鬼神非人实亲，唯德是依[21]。故《周书》[22]曰：‘皇天无亲，唯德是辅[23]。’又曰：‘黍稷非馨，明德唯馨[24]。’又曰：‘民不易物，唯德繄物[25]。’如是，则非德民不和，神不享矣[26]。神所冯依，将在德矣[27]。若晋取虞，而明德以荐馨香，神其吐之乎[28]？”弗听，许晋使[29]。宫之奇以其族行[30]，曰：“虞不腊矣[31]，在此行也，晋不更举矣[32]。”八月甲午，晋侯围上阳[33]。问于卜偃[34]曰：“吾其济乎[35]？”对曰：“克之。”公曰：“何时？”对曰：“童谣[36]云：‘丙之晨，龙尾伏辰[37]，均服振振[38]，取虢之旂。鹑之贲贲[39]，天策焞焞[40]，火中成军[41]，虢公其奔。’其九月、十月之交乎。丙子旦，日在尾，月在策，鹑火中，必是时也。”冬十二月丙子朔，晋灭虢，虢公丑[42]奔京师[43]。师还，馆于虞[44]，遂袭虞，灭之。执虞公及其大夫井伯[45]，以媵秦穆姬[46]，而修虞祀[47]，且归其职贡于王[48]。故书曰：“晋人执虞公。”罪虞，且言易也。

**今注**

1　晋侯：即晋献公。

2　假道：要求借路。

3　宫之奇：虞大夫。

4　表：外表。

5　虞必从之：虞必定追随着它。

6　启：启是启他的贪心。

7　寇不可玩：玩音完，谓相习而不经意。对于敌寇不可以疏忽也。

8　其可再乎：这一件已经不可以，还能再来吗？

9　谚：是民间俗谚。

10　辅车相依，唇亡齿寒者：辅是指面颊，车是指的牙床骨。这是说虞如牙齿在里边，虢如嘴唇在表面，所以去一不可。

11　公曰：虞君说。

12　大伯、虞仲：大音泰。他们全是周大王的儿子。

13　大王之昭：大王的儿子在昭位，因为在祖先系统中，每隔一代相同，所谓昭生穆，穆生昭。

14　大伯不从，是以不嗣：因为大伯不听从大王的话，所以他没有接着大王做君。

15　王季之穆：是王季的儿子在穆位。

16　勋在王室，藏于盟府：他们是在王室有功，而藏在盟府。盟府是周室管盟勋的官。

17　桓、庄：是指桓叔同庄伯的族人，对于晋献公为从祖的兄弟。

18　不为偪乎：《左传·庄公二十五年》，晋献公患桓、庄之族的压迫，尽把他们杀掉。

19　亲以宠偪，犹尚害之，况以国乎：虽然亲近的人，但是他有势力，就生压迫，所以把他诛戮，何况国家呢？

20　吾享祀丰絜，神必据我：我的祭祀非常丰满，神必保佑我。

21　唯德是依：唯独对有德的才凭依。

22　《周书》：是逸书。

23　皇天无亲，唯德是辅：天没有亲近的人，只有对有德的人才辅助。

24　黍稷非馨，明德唯馨：祭祀所用的谷物，不一定是香的，唯独君的明德，方能馨香远闻。

25　民不易物，唯德繄物：物指祭祀用的物品。民不能够改变祭品，唯人君的明德方能与祭品有关。

26　则非德民不和，神不享矣：如此则要不是明德，民就不能和善，神也不能享受。

27　神所冯依，将在德矣：神所凭依的，皆在于明德。冯音及意皆同凭。

28　而明德以荐馨香，神其吐之乎：晋国有明德，以馨香来祭祀，神还能不吃，吐掉它吗？

29　许晋使：允许晋国的假道。

30　宫之奇以其族行：宫之奇与他的全族，全都离开虞国。

31　虞不腊矣：虞不能再举行腊祭。腊是每年过年时举行的。

32　在此行也，晋不更举矣：在这一次，晋可以成功，晋不必再举兵。

33　上阳：是虢国的都城，在今河南省陕县。

34　卜偃：晋大夫。

35　吾其济乎：我能够成功吗？

36　童谣：儿童的歌谣。

37　丙之晨，龙尾伏辰：丙之辰是丙日的朔旦。龙尾是星名。日月的相会叫作辰，因为太阳在尾星上，所以尾星不见。

38　均服振振：均服是黑衣服，为行军所用。振振是很兴盛的样子。

39　鹑之贲贲：鹑是火星，贲贲是鹑星的形状。

40　天策焞焞：天策是传说中的星星。焞焞是星星没有光耀。

41　火中成军：于是在鹑火中，军事能成功。

42　虢公丑：丑是虢公的名字。

43　京师：是周朝的都城。

44　馆于虞：住在虞国。

45　井伯：是虞大夫。

46　穆姬：是晋献公之女，嫁于秦穆公者。

47　而修虞祀：代表虞国祭祀境内山川的神。

48　归其职贡于王：把他的职贡归于周王朝。

**今译**

晋献公又向虞国借路以攻伐虢国。宫之奇向虞公进谏说："虢国，等于是虞国的外表，虢国亡了，虞国必随之灭亡。晋国的贪心不可开启，对于敌寇不可疏忽。一次已经可说是太过分了，难道还可以再有第二次吗？谚语所说，颊骨和齿床互相依赖；嘴唇没有了，牙齿就受寒。这种说法，就是指着虞和虢而说的。"虞公说："晋国是我的同宗，他难道会害我吗？"回答说："大伯和虞仲都是大王的儿子，大伯因为不听大王的命令，所以不能嗣位。虢仲和虢叔都是王季的儿子，他们做文王的卿士，对王室有功勋，功勋记载在盟府典藏的简册里。然而，晋国将要把虢灭掉，它对虞国又有什么爱护？而且，虞国能够比桓、庄之族更亲于晋国吗？就说晋国爱护虞国，但是桓、庄之族有什么罪状，而为晋献公所杀尽，不是因为他们对他最亲近，使他感觉压迫吗？虽然是亲近的人，但因其得宠而逼迫，都是要加以杀害。何况是就国家来说呢？"虞公说："我供奉祭祀的东西很丰美洁净，神必定会保佑我。"回答说："我听说，鬼神并不是亲于人，只有德行才是唯一的依据。所以《周书》说：'天没有亲近的人，它只是辅佐有德的人。'又说：'黍稷不是馨香的来源，只有光明的德行才能馨香远闻。'又说：'人民不能改变祭物，只有人君的德行关系祭物的效用。'这样说来，那么若是没有德行，人民不和谐，神也不享用祭品。神所依据的，将在于德行了。若是晋国取得了虞国，而用光明的德行去供荐馨香，神难道会不接受吗？"虞公不听，答应晋国使臣的要求。宫之奇带着他的族人离开虞国，说：“虞国今年将不能举行腊祭了。在这一次，晋国就可成功，不必另外再出兵。”八月，甲午，晋献公包围上阳，问卜偃说：“我可以成功吗？”回答说：“你能攻克。”献公说：“什么时候？”回答说：“童谣唱道：‘丙日的清晨，看不见尾星。同色的军装，多么壮盛，打着取虢的旗帜。鹑星光耀地出现，天策星暗而无光；当火星高升，军事成功，虢公将要出奔。’这样说来，将在九月十月之间吧。丙子日的早晨，太阳在尾星附近，月亮在天策星附近，鹑星正在南方，必定是在那时候。”到了冬天，十二月，丙子朔，晋国消灭虢国，虢公丑出奔到京师。晋国军队回国时，驻扎在虞国，于是就偷袭虞国，消灭了它，抓住了虞公，以及他的大夫井伯，派他护送献公的女儿穆姬出嫁到秦国。晋国代表虞国祭祀境内山川的神，并且把它的职贡送给周王。所以经上记载说：“执虞公。”以数落虞公的罪状，并且说明晋国灭虞的容易。

## 僖公六年（公元前六五四年）

**经** 六年春王正月。

**今注**

此经无传。《左传》的规则，凡四季必书，不管有事或无事。

**今译**

六年，春，周王历正月。

**传** 六年春，晋侯使贾华[1]伐屈，夷吾不能守[2]，盟而行[3]。将奔狄，郤芮[4]曰：“后出同走，罪也[5]。不如之梁[6]，梁近秦而幸焉[7]。”乃之梁。

**今注**

1　贾华：晋大夫。

2　夷吾不能守：夷吾没有方法守住屈。因为在僖公五年，晋侯伐蒲的时候，重耳就说："君父之命不校。"可见他不是不能守。

3　盟而行：与屈人盟后逃走。

4　郤芮：晋大夫。

5　后出同走，罪也：较重耳后逃出，而逃到同一国，这岂不是罪过。

6　之梁：往梁国。

7　而幸焉：得到秦的亲信。

**今译**

六年，春，晋献公派贾华讨伐屈城，夷吾不能守住屈城，就和屈人订盟而后逃走。他将要逃奔到狄人的地方，郤芮说："你在重耳之后逃走，而同逃到一个地方，这岂不是表示与重耳同谋吗？不如到梁国去，梁国邻近秦国而且为秦国所亲幸，可借以求秦国的帮助。"于是夷吾到梁国去。

**经**　夏，公会齐侯、宋公、陈侯、卫侯、曹伯伐郑，围新城。

**经**　夏，诸侯伐郑，以其逃首止之盟[1]，故也。围新密[2]，郑所以不时城也[3]。

**今注**

1　首止之盟：在僖公五年。

2　新密：即现在的新城。

3　所以不时城也：所以不按着该修城的时候。

**今译**

夏，鲁僖公会合诸侯各国讨伐郑国，因为郑国逃避首止之盟，所以讨伐。诸侯的军队包围了新密，但经上说是新城，这是因为郑国在不适当的时候修城。

**经** 秋，楚人围许，诸侯遂救许。

**传** 秋，楚子围许以救郑，诸侯救许，乃还[1]。

**今注**

1 乃还：楚子就回国。

**今译**

秋，楚成王出兵围攻许国，以救郑国，诸侯援救许国，楚成王才退回。

**经** 冬，公至自伐郑。

**今注**

此经无传。

**今译**

冬，鲁僖公在讨伐郑国之后回到鲁国。

**传** 冬，蔡穆侯[1]将许僖公[2]以见楚子于武城[3]，许男面缚衔璧[4]，大夫衰绖[5]，士舆榇[6]。楚子问诸逢伯[7]，对曰："昔武王克殷，微子启如是[8]。武王亲释其缚，受其璧而祓之[9]，焚其榇[10]，礼而命之[11]，使复其所[12]。"楚子从之。

**今注**

1 蔡穆侯：名肹，哀侯献舞的儿子。

2 许僖公：名业，穆公新臣的儿子。

3 武城：楚地，一名武延城，在今河南省南阳县北。

4 面缚衔璧：面缚是让手绑在后面，使人只能看到他的面部，所以称之为面缚。衔璧是因为手被捆着，故用口衔着玉石，以为挚见之礼。

5　衰绖：衰音崔，绖音蝶。衰绖是丧服。

6　舆榇：榇音衬，用车拉着棺材。

7　逢伯：楚大夫。

8　微子启如是：微子启是纣的庶兄，他曾经行过这种礼节。

9　受其璧而祓之：祓音服，拔除不祥的礼节。此句谓受他的玉璧而为他行拔除不祥的礼节。

10　焚其榇：将他的棺材烧掉。

11　礼而命之：用礼节命令他。

12　使复其所：使回到他原在的地所。

**今译**

冬，蔡穆侯陪着许僖公在武城见楚成王。许僖公叫人把他的手缚在背后，用口衔着璧，又叫许国的大夫穿着丧服，士用车拉着棺材，一起进见楚成王。楚成王向逢伯请问这件事的道理，逢伯回答说："从前周武王克服了殷朝，微子启就是这样做的。武王亲自解开他捆着的手，接受了他的璧，而为他行拔除不祥的礼节，烧掉那棺材，用礼节命令他，使他回到他原有的地方。"楚成王就依照逢伯的话去做。

## 僖公七年（公元前六五三年）

**经**　七年春，齐人伐郑。

**传**　七年春，齐人伐郑。孔叔[1]言于郑伯曰："谚有之，曰：'心则不竞，何惮于病[2]？'既不能强，又不能弱，所以毙也[3]，国危矣[4]！请下齐以救国[5]。"公曰："吾知其所由来矣，姑少待我[6]。”对曰：“朝不及夕，何以待君[7]？”

**今注**

1 孔叔：郑大夫。

2 心则不竞，何惮于病：心就不能强，何必畏惧于疾病。

3 所以毙也：这种情形，所以必要死掉。

4 国危矣：国家很危险。

5 请下齐以救国：请投降齐国，以救郑国。

6 吾知其所由来矣，姑少待我：我知道为什么原因，你姑且稍等我。

7 朝不及夕，何以待君：现在早晨不能等到晚上，怎么样等着你。

**今译**

七年，春天，齐国人讨伐郑国。孔叔对郑文公说：“谚语说：‘心志本来就不强，何必畏惧柔弱的表现呢？’既然不能坚强，又不能柔弱，这就是死亡之道。我们的国家已经危急了，请你投降齐国，以救国家。”郑文公说：“我知道齐国来攻伐的原因。你姑且稍微等一下。”回答说：“现在我们不能从早上等到晚上，我们怎么能等你呢？”

**经** 夏，小邾子[1]来朝。

**今注**

1 小邾子：即郳犁来，始得王命而来朝。因是邾国的分封，所以称小邾子。此经无传。

**经** 郑杀其大夫申侯。

**传** 夏，郑杀申侯以说于齐[1]，且用陈辕涛涂之谮[2]也。初，申侯申出[3]也，有宠于楚文王[4]。文王将死，与之璧，使行[5]，曰："唯我知女，女专利而不厌[6]，予取予求，不女疵瑕[7]也。后之人，将求多于女[8]，女必不免[9]。我死，女必速行，无适小国，将不女容焉[10]。"既葬，出奔郑，又有宠于厉公。子文[11]闻其死也，曰："古人有言曰，知臣莫若君：弗可改也已[12]。"

## 今注

1 郑杀申侯以说于齐：郑伯杀申侯，以使齐桓公高兴。

2 谮：怎（四声），以谗诬的话来害人。

3 申侯申出：出是指由申国君的姐妹所生。此意是说申侯是申国的外甥。

4 楚文王：名熊赀，是武王熊通的儿子，他开始迁都于郢。

5 使行：使他往旁国去。

6 唯我知女，女专利而不厌：女音义同汝。只有我深知道你，你只喜欢利益而没有满足。

7 予取予求，不女疵瑕：你跟我要钱财，我不以你为罪累。疵，词（一声），毁谤的意思。

8 后之人，将求多于女：将来接着我做君的，将对你要求甚多。

9 女必不免：你必不能逃避。

10 无适小国，将不女容焉：不要到小国去，小国将不能容纳你。

11 子文：即令尹子文，是鬬穀於菟的字。

12 知臣莫若君，弗可改也已：没有比君再能知道臣的，这句话不能改变。

## 今译

夏天，郑文公杀了申侯，以取悦于齐桓公，而且利用陈国大夫辕涛涂所说的坏话做借口。起初，因为申侯是申国国君的姊妹所生，所以得到楚文王的宠爱。文王将要死的时候，给申侯一块璧，叫他离开楚国，对他说："只有我知道你最深，你只喜欢得到利益而且永远不满足。你向我索取，向我要求，我并不以为是你的过失。将来接着我做国君的人将认为你的要求过分，你必定不能免于罪。我死了，你必定要快快离开。不要到小国去，因为小国必定不能容纳你的。"楚文王下葬以后，申侯就出奔到郑国，又为郑厉公所宠。这时，楚国的令尹子文听到申侯被杀的消息，就说："古人有一句话说，没有比国君更能知道臣子的了。这句话实在不能改变的。"

**经** 秋七月，公会齐侯、宋公、陈世子款、郑世子华盟于甯母。

**传** 秋，盟于甯母[1]，谋郑故也[2]。管仲言于齐侯曰："臣闻之，招携以礼[3]，怀远以德[4]，德礼不易，无人不怀[5]。"齐侯修礼于诸侯，诸侯官受方物[6]。郑伯使大子华[7]听命于会[8]，言于齐侯曰："泄氏、孔氏、子人氏三族[9]，实违君命，君若去之以为成[10]，我以郑为内臣[11]，君亦无所不利焉。"齐侯将许之。管仲曰："君以礼与信属诸侯[12]，而以奸终之[13]，无乃不可乎？子父不奸[14]之谓礼，守命共时[15]之谓信，违此二者，奸莫大焉。"公曰："诸侯有讨于郑，未捷[16]。今苟有衅[17]，从之不亦可乎？"对曰："君若绥之以德，加之以训辞[18]，而帅诸侯以讨郑，郑将覆亡之不暇，岂敢不惧？若揔其罪人以临之[19]，郑有辞[20]矣，何惧？且夫合诸侯以崇德也，会而列奸[21]，何以示后嗣[22]？夫诸侯之会，其德、刑、礼、义，无国不记[23]。记奸之位[24]，君盟替[25]矣。作而不记，非盛德也[26]。君其勿许，郑必受盟。夫子华既为大子，而求介[27]于大国以弱其国，亦必不免。郑有叔詹、堵叔、师叔三良为政[28]，未可间也。"齐侯辞焉[29]。子华由是得罪于郑。

## 今注

1　甯母：鲁地。在今山东省鱼台县东二十里谷城镇。

2　谋郑故也：商讨对付郑国的办法。

3　招携以礼：招抚不服从的人用礼貌。

4　怀远以德：怀柔远人用德惠。

5　德礼不易，无人不怀：德与礼保持不变，就没有人不怀念你。

6　诸侯官受方物：诸侯官员接受齐侯命令，规定各国应该贡献天子的物品。

7　郑伯使大子华：郑伯是郑文公，名捷。大子华是郑伯的大子。大音泰。

8　听命于会：到会中来听候命令。

9　泄氏、孔氏、子人氏三族：皆郑大夫。

10　君若去之以为成：你若把他们三族去掉，就可以讲和。

11　我以郑为内臣：我以郑国为你的臣子。

12　君以礼与信属诸侯：你以礼貌和信实使令诸侯。

13　而以奸终之：而以邪谋来终了。

14　子父不奸：奸同干犯，儿子与父亲不相干犯。

15　守命共时：守君命以恭敬当时的事情。

16　未捷：未能打胜。

17　今苟有衅：现在假如敌国有隙可乘。

18　绥之以德，加之以训辞：用德行来安抚他，再加上教训。

19　揔其罪人以临之：揔是率领。率领他的罪人（指子华）以威胁他。

20　郑有辞：郑国很有理由回答。

21　会而列奸：开会而把奸佞列入。

22　何以示后嗣：怎么能传给子孙。

23　无国不记：没有一国不记在竹简上。

24　记奸之位：把奸人（指子华）记在位子上。

25　君盟替：你的盟会就失败了。

26　作而不记，非盛德也：做事情而不记载在竹简上，这不是很好的德行。

27　求介：求获得力量。

28　三良为政：三良即指泄氏、孔氏、子人氏三族。为政是掌握政治。

29　齐侯辞焉：齐桓公也就辞谢子华的建议。

**今译**

秋天，在甯母会盟，为了商讨对付郑国的办法。管仲对齐桓公说：“我听说过，招抚离心的人要用礼；怀柔远方的人要用德。德和礼始终不变，没有人不感怀你。”齐桓公就对诸侯各国以礼相待，诸侯各国的官员领受了齐桓公发给他们的命令，规定他们所应贡献给天子的物品。郑文公派太子华到会，听取齐桓公的命令，太子华对齐桓公说：“泄氏、孔氏及子人氏三族，实在是违背你的命令，若是你把他们除掉，作为讲和的条件，我愿意以郑国做齐国的内臣。对你也不是没有好处。”齐桓公将要允许太子华的要求，管仲说：“你以礼和信用联合了诸侯，而以奸计来结束，这不是不可以的吗？儿子与父亲不互相干犯，叫作礼；坚守命令以恭敬的态度处理当时的事情，叫作信。违背了这两个原则，就是莫大的奸逆。”齐桓公说：“诸侯曾讨伐郑国而没有成功，现在郑国若有衅隙，趁机收拾它，不是很好吗？”管仲回答说：“你若以德行安抚他，再加以教训他的辞令，而后率领诸侯讨伐郑国，郑国将为了挽救覆亡而无暇他顾，难道还敢不怕？你若是率领了郑国的罪人去威胁它，郑国就有话可说，还有什么要怕的呢？并且联合诸侯是为了尊崇道德，会盟而使奸佞同列，怎么能传示子孙呢？诸侯的会盟，有关的德行、刑罚、礼节、道义，没有一个国家不把这些事情记载下来。各国记载了奸佞与列的事，那么你所召集的盟会也就失败了。所做的事不记载在竹简上，并不是盛德。你且不要允许他才好。郑国必定会接受盟约。而那个子华既做了太子，反而向大国求援，以削弱自己国家的力量，他也必将不免于祸患。郑国现在有叔詹、堵叔、师叔，这三个好人掌理政治，是没有机会可以利用的。”齐桓公拒绝了子华的要求。而子华因此得罪于郑国。

经　曹伯班[1]卒。

**今注**

1　曹伯班：即曹昭公。此经无传。

**今译**

曹昭公逝世。

经　公子友如齐[1]。

**今注**

1　盟誓以后而去聘问，表示招待不周。此经无传。

**今译**

公子友到齐国去聘问。

经　冬，葬曹昭公[1]。

**今注**

1　曹昭公：即曹伯班。此经无传。

**今译**

冬天，安葬曹昭公。

传 冬，郑伯使请盟于齐[1]。

**今注**

1 郑伯使请盟于齐：郑伯要求与齐国盟誓，此即前文管仲所说：“郑必受盟。”

**今译**

冬天，郑文公派人到齐国请求与齐国盟誓。

传 闰月[1]，惠王崩，襄王[2]恶大叔带之难[3]，惧不立，不发丧而告难于齐[4]。

**今注**

1 闰月：古代的方法，把闰月必安置在年终，所谓“归余于终”。

2 襄王：是惠王的太子郑。

3 大叔带之难：大叔带是襄王的弟弟。惠王的皇后很想立他做王。难是指患难。大音泰。

4 不发丧而告难于齐：在没有发丧以前，就派人告患难于齐桓公。

**今译**

闰月，周惠王驾崩。周襄王因为担心太叔带要发难，害怕而不敢立，就不发布惠王丧事的讣闻，而把太叔带将发难的事向齐国报告。

## 僖公八年（公元前六五二年）

经 八年春王正月，公会王人、齐侯、宋公、卫侯、许男、曹伯、陈世子款盟于洮，郑伯乞盟。

传　八年春，盟于洮[1]，谋王室[2]也。郑伯乞盟，请服也[3]。襄王定位，而后发丧[4]。

**今注**

1　洮：曹地。在今山东省鄄城县西南五十里。

2　谋王室：因为襄王深惧太叔带会作乱，所以诸侯会盟以加以计谋。

3　郑伯乞盟，请服也：郑伯请加入盟誓，这时方才服从齐国。

4　襄王定位，而后发丧：襄王的位置定了，而后发布惠王的丧事。

**今译**

八年，春天，鲁僖公会合王室的代表，齐侯、宋公、卫侯、许男、曹伯以及陈世子款盟誓于洮，为的是商讨安定王室的计谋。郑伯乞求参加盟誓，至此才服从齐国。襄王的王位稳定以后，才发布惠王的丧事。

经　夏，狄伐晋。

传　晋里克帅师，梁由靡御，虢射为右[1]，以败狄于采桑[2]。梁由靡曰："狄无耻，从之必大克[3]。"里克曰："惧之而已，无速众狄[4]。"虢射曰："期年，狄必至，示之弱矣[5]。"夏，狄伐晋，报采桑之役也[6]。复期月[7]。

**今注**

1　梁由靡御，虢射为右：梁由靡、虢射皆晋大夫。

2　采桑：在今山西省乡宁县西，大河津济处。

3　狄无耻，从之必大克：狄人不以逃走为羞耻，追逐他必定大胜。

4　惧之而已，无速众狄：把他们打败为的只是让他们有所畏惧，不可引发众多狄人来进攻。

5　示之弱矣：表示晋军很衰弱。

6　报采桑之役：这是为的报复采桑的战役。

7　复期月：不止一年，并且一年又过了一个月。

**今译**

晋国的里克率领了军队，梁由靡为他驾着战车，虢射做车右，在采桑把狄人打败。梁由靡说："狄人不以逃走为可耻，我们从后追逐，必定可以大获胜利。"里克说："把他们打败为的只是让他们有所畏惧，不可引发众多狄人来攻击我们。"虢射说："一年以后，狄人必定会来攻，因为这一次已表现了晋军的薄弱。"夏天，狄人攻伐晋国。这是为了报复采桑那次战役。在采桑之役一年又一个月以后，应验了虢射的话。

**经**　秋七月，禘于大庙，用致夫人。

**传**　秋，禘而致哀姜焉[1]，非礼也[2]。凡夫人不薨于寝[3]，不殡于庙[4]，不赴于同[5]，不祔于姑[6]，则弗致[7]也。

**今注**

1　禘而致哀姜焉：禘音同弟，古时重大祭典。祭太庙而使哀姜入庙。

2　非礼也：这不合于礼制。

3　凡夫人不薨于寝：凡是夫人不死在寝宫。

4　不殡于庙：不在庙里出殡。

5　不赴于同：不将讣闻送到各同盟国。

6　不祔于姑：因为古代夫妻两个人图腾不相同，所以她不能够祔在她丈夫的庙中，可是照原则说，两个图腾的人，必须为交换婚，所以下一代的夫人同上一代的姑恰是同图腾，可以相祔。

祔音附。

7 则弗致：四件不符合，则不入庙。

**今译**

秋天，举行禘祭于太庙，以安置哀姜的神主。这是不合礼的。凡是夫人不在寝宫逝世，不在太庙出殡，不将讣闻送到同盟的国家，不祔祭于她的姑，那么就不能安置她的神主在太庙中。

**经** 冬，十有二月丁未，天王崩。

**传** 冬，王人来告丧，难故[1]也，是以缓。

**今注**

1 难故：太叔带之难的缘故。

**今译**

冬天，周王的人来报告惠王的丧事，因为有太叔带之难，所以延缓。

**传** 宋公[1]疾，大子兹父[2]固请曰："目夷长且仁[3]，君其立之。"公命子鱼[4]。子鱼辞曰："能以国让，仁孰大焉[5]。臣不及也，且又不顺[6]。"遂走而退。

**今注**

1 宋公：即桓公御说。

2 兹父：是桓公的嫡子襄公。

3 目夷长且仁：目夷是兹父的庶兄。他年长而且仁厚。

4 子鱼：即公子目夷。

5 能以国让，仁孰大焉：能拿国家来礼让，再没有比这种仁更大的。

6 且又不顺：因为立庶不立嫡，是不合于礼。

**今译**

宋桓公病得很厉害，太子兹父坚持向桓公请求说："目夷比我年长而且仁厚，请你立他继承君位。"桓公就命子鱼继位，子鱼推辞说："能够把国家让给别人，再没有比这种仁德更大的了。我不如他，而且我的地位不合于继任为君。"于是就走开了。

## 僖公九年（公元前六五一年）

**经** 九年春王三月，丁丑，宋公御说卒。

**传** 九年春，宋桓公卒[1]，未葬，而襄公会诸侯，故曰子[2]。凡在丧，王曰小童[3]，公侯曰子[4]。

**今注**

1 宋桓公卒：即是宋公御说卒。

2 襄公会诸侯，故曰子：襄公就去会盟诸侯，所以称他为子。

3 凡在丧，王曰小童：凡是未葬，王就叫作小童。

4 公侯曰子：公或侯皆称为子。

**今译**

九年春天，宋桓公逝世，尚未下葬，而宋襄公就会见诸侯，所以称他为"子"。凡是在丧事未完以前，王就称为"小童"，公侯都称为"子"。

**经** 夏，公会宰周公、齐侯、宋子、卫侯、郑伯、许男、曹伯于葵丘。

**传** 夏，会于葵丘[1]，寻盟，且修好[2]，礼也。王使宰孔[3]赐齐侯胙[4]，曰："天子有事于文、武[5]，使孔赐伯舅胙[6]。"齐侯将下拜[7]。孔曰："且有后命[8]。天子使孔曰，以伯舅耋老[9]，加劳赐一级，无下拜[10]。”对曰：“天威不违颜咫尺[11]，小白余敢贪天子之命，无下拜[12]，恐陨越于下，以遗天子羞[13]，敢不下拜？”下拜登受[14]。

**今注**

1　葵丘：在今河南省考城县东三十里。

2　寻盟，且修好：重申从前的盟约，并且重修旧好。

3　宰孔：即宰周公，为天子宰。

4　赐齐侯胙：胙音作，是祭祖先用的祭肉。因为周代行封建制度，所以将亲戚列入同姓，杜预说：“尊之比二王后。”是他不明白周代的封建制度。赐齐侯胙是以祭肉赐齐桓公。

5　有事于文、武：谓有祭祀于周文王、周武王。

6　赐伯舅胙：是天子称异姓诸侯为伯舅、叔舅，见于《礼记》。但经我细研究，何人须称伯舅及何人须称叔舅，并不是看这个人年纪的长幼，而是看始封的诸侯，对当时的天子长或幼。赐伯舅胙亦指赏给齐桓公祭肉。

7　将下拜：将到阶下来拜谢。

8　且有后命：更有以后的命令。

9　耋老：耋音叠，年八十曰耋，见《说文》；而《左传》杜预注七十曰耋。耋老是高年的意思。

10　加劳赐一级，无下拜：因为你辛苦，所以加赐一等级，不必下台去拜谢。

11　天威不违颜咫尺：皇帝的威严不离开我的颜面过远。咫等于八寸，天是指皇帝。

12　小白余敢贪天子之命，无下拜：小白是齐桓公自称。此句指我哪里敢贪图天子的命令，不下台去拜谢。

13　恐陨越于下，以遗天子羞：恐怕天威颠坠到台阶的下边，使天子蒙受羞耻。

14　下拜登受：下台拜谢，然后上堂受祭肉。

**今译**

夏天，诸侯会见于葵丘，重申过去的盟约，续修旧日的和好。这是合于礼的。周襄王派他的宰孔把祭肉赐给齐桓公，对他说："天子祭文王和武王，所以派孔来赐祭肉给伯舅。"齐桓公将到阶下拜谢，孔就说："且慢，还有一个命令。天子派我来曾说道，因为伯舅年事已高，所以加赐一级，不必下阶拜谢。"齐桓公回答说："天子的威严在我的面前不远。我，小白，若是敢贪图天子的命令，而不下阶拜谢，我恐怕天威颠坠到下面，而使天子因而蒙受羞耻。我怎敢不下阶拜谢呢？"于是就到台阶下拜谢，然后到堂上领受祭肉。

**经**　秋七月，乙酉，伯姬[1]卒。

**今注**

1　伯姬：是鲁僖公的长女。据《公羊传》《穀梁传》说伯姬未嫁人。此经无传。

**今译**

秋天，七月乙酉，僖公的大女儿逝世。

**经**　九月戊辰，诸侯盟于葵丘。

**传**　秋，齐侯盟诸侯于葵丘，曰："凡我同盟之人，既盟之后，言归于好[1]。"宰孔先归，遇晋侯[2]，曰："可无会也[3]。齐侯不务德而勤远略[4]，故北伐山戎[5]，南伐楚[6]，西为此会也。东略之不知，西则否矣[7]，其在乱乎！君务靖乱，无勤于行[8]。"晋侯乃还。

**今注**

1 言归于好：言归于好四字以上为盟誓之辞。

2 晋侯：晋献公，也来参加葵丘之会。

3 可无会也：不必去聚会。

4 齐侯不务德而勤远略：齐桓公不讲究德行，而做远的侵略。

5 北伐山戎：见庄公三十一年。

6 南伐楚：见僖公四年。

7 东略之不知，西则否矣：往东边做什么我不知道，往西边则绝对不会侵略。

8 君务靖乱，无勤于行：你务必安定晋国的乱，不必勤勉于外国的行动。

**今译**

秋天，齐桓公会盟诸侯于葵丘。他说："凡是与我同盟的人，既然盟誓以后，要弃绝任何不和的事而归于和好。"天子的宰孔首先回去，在路上遇到晋献公，对晋献公说："可以不必去会盟。齐侯不讲求德行而努力于遥远的侵略。所以他向北边讨伐山戎，向南边讨伐楚国，在西边他召集了这次会盟。我不知道他向东边要做些什么事，但是他将不会向西边侵略的。晋国的乱事还在吗？你务必要安定晋国的内乱，不必勤勉地从事国外的活动。"晋献公于是回国。

**经** 甲子，晋侯佹诸卒。

**传** 九月，晋献公卒，里克、丕郑[1]，欲纳文公[2]，故以三公子之徒[3]作乱。初，献公使荀息[4]傅奚齐[5]，公疾[6]召之，曰："以是藐诸孤[7]，辱在大夫[8]，其若之何？"稽首[9]而对曰："臣竭其股肱之力[10]，加之以忠贞[11]。其济，君之灵也[12]；不济，则以死继之[13]。"

公曰："何谓忠贞？"对曰："公家之利，知无不为，忠也[14]。送往事居，耦俱无猜，贞也[15]。"及里克将杀奚齐，先告荀息曰："三怨将作[16]，秦晋辅之[17]，子将何如？"荀息曰："将死之。"里克曰："无益也。"荀叔[18]曰："吾与先君言矣，不可以贰。能欲复言而爱身乎[19]？虽无益也，将焉辟之[20]？且人之欲善，谁不如我？我欲无贰，而能谓人已乎[21]？"

**今注**

1 丕郑：晋大夫。

2 欲纳文公：希望请公子重耳来做君。

3 三公子之徒：谓申生、重耳、夷吾的党徒。

4 荀息：晋大夫。

5 傅奚齐：为奚齐的师傅。

6 公疾：病重叫疾。

7 以是藐诸孤：这是一个比我旁的儿子全小的儿子。

8 辱在大夫：这是屈辱你。

9 稽首：古人坐到席上，稽首而拜，就是叩首至地。

10 臣竭其股肱之力：我用我的四肢的力量。

11 加之以忠贞：再加上忠心同贞正。

12 其济，君之灵也：如果成功，是你的保佑。

13 不济，则以死继之：要不成功，则接着尽死。

14 公家之利，知无不为，忠也：于公家有利的事，所知道的没有不做，就是忠。

15 送往事居，耦俱无猜，贞也：往是死者，居是生者。此句意思是送死者，侍奉生者，皆无所怀疑。这就是贞正。

16 三怨将作：就是三公子的党徒将发作。

17 秦晋辅之：秦国同晋国全都帮他的忙，反对奚齐。

18　荀叔：即荀息。

19　能欲复言而爱身乎：能把说的话收回，而专门来爱自己的身体吗？

20　虽无益也，将焉辟之：虽然没有好处，哪能躲避他？

21　我欲无贰，而能谓人已乎：我想着没有二心，岂能希望旁人有二心。

**今译**

九月，晋献公逝世。晋国的大夫里克和丕郑想要接纳公子重耳做国君，所以借着三位公子的徒众作乱。起初，晋献公派荀息做奚齐的师傅。当献公病重的时候，召唤荀息来对他说："这个儿子比旁的儿子都小，这是屈辱了你，将怎么办才好？"荀息深深地低头叩拜回答道："我愿意用尽我全身的力量，加上我的忠心和贞正。如果成功，是您的保佑；如果不成功，我就尽死效力。"献公说："什么叫作忠贞？"回答说："凡是对公家有利的事，知道的，没有不做，叫作忠。送死和事生，两方面都没有猜疑，叫作贞。"等到里克将要杀奚齐，先告诉荀息说："三位公子的徒众将要举事，秦国和晋国要辅佐他们，你将怎么办呢？"荀息说："我将死。"里克说："没有用处的！"荀息又说："我已经对先君说过了，不可以改变。怎能收回已经说了的话，而贪爱自己的身体呢？虽然没有用处，哪能逃避呢？况且人们想要做好，谁不像我一样呢？我自己愿意没有二心，而能够说别人可以有二心吗？"

**经**　冬，晋里克杀其君之子奚齐。

**传**　冬十月，里克杀奚齐于次[1]，书曰："杀其君之子[2]。"未葬也。荀息将死之[3]。人曰："不如立卓子而辅之。"荀息立公子卓以葬[4]。十一月，里克杀公子卓于朝，荀息死之，君子曰："《诗》所谓：'白圭之玷，尚可磨也；斯言之玷，不可为也[5]。'荀息有焉[6]。"

**今注**

1　次：是居丧所住的地方。

2　书曰，杀其君之子：写在《春秋》上说，杀了他的君的儿子。

3　荀息将死之：荀息就要自杀。

4　立公子卓以葬：立公子卓为君，以办理献公的丧礼。

5　白圭之玷，尚可磨也；斯言之玷，不可为也：此诗出《大雅·荡之什·抑》篇。假设很白的玉石有缺点，尚可以磨治；如果一句话有缺陷，就没有方法再磨治。玷音店，是玉之缺点。

6　荀息有焉：荀息能够实行他的诺言，这等于《抑》篇所说。

**今译**

冬天十月，里克杀奚齐于他居丧的地方。《春秋》上记载说："杀他的国君的儿子。"因为晋献公尚未下葬。荀息将要死。有人说："不如立卓子而辅佐他。"荀息就立了公子卓，以办理献公的丧礼。十一月，里克杀公子卓于朝廷，荀息就为了效死而自杀。君子说道："《诗经》上说：白的玉圭上有缺点，还可以磨掉；所说的话有缺点，就没有办法了。"荀息的行为就是含有这种意义。

**传**　齐侯以诸侯之师伐晋，及高梁[1]而还，讨晋乱也。令不及鲁[2]，故不书。

**今注**

1　高梁：《水经注》：汾水，南迳高梁故城西，在扬县之南十八里。则高梁在今山西省洪洞县之南。

2　令不及鲁：命令不达到鲁国。

### 今译

齐桓公用诸侯的军队讨伐晋国，到了高梁就回师，为的是声讨晋国的乱事。出师的命令没有到达鲁国，所以鲁国的史书没有记载。

**传** 晋郤芮[1]使夷吾重赂秦以求入[2]，曰："人实有国，我何爱焉[3]？入而能民，土于何有[4]？"从之。齐隰朋[5]帅师会秦师，纳晋惠公[6]。秦伯[7]谓郤芮曰："公子谁恃[8]？"对曰："臣闻亡人无党，有党必有仇[9]。夷吾弱不好弄[10]，能斗不过[11]，长亦不改，不识其他[12]。"公谓公孙枝[13]曰："夷吾其定乎[14]？"对曰："臣闻之，唯则定国[15]。《诗》曰：不识不知，顺帝之则[16]。文王之谓也[17]。又曰：不僭不贼，鲜不为则[18]。无好无恶，不忌不克之谓也[19]。今其言多忌克，难哉[20]！"公曰："忌则多怨，又焉能克？是吾利也[21]。"

### 今注

1 郤芮：是晋大夫，郤克的祖父。

2 重赂秦以求入：重音众。加重贿赂秦国，以求进入晋国。

3 人实有国，我何爱焉：这个国家是人家的，我对它有什么舍不得？

4 入而能民，土于何有：进到晋国，而能够治理人民，土地又算什么？

5 隰朋：齐大夫。隰音习。

6 晋惠公：即夷吾。

7 秦伯：即秦穆公。

8 公子谁恃：公子仗着什么人。

9 臣闻亡人无党，有党必有仇：我听说逃亡的人，必定没有党派，有了党派必定有仇人。

10 弱不好弄：他年幼的时候，并不喜欢戏弄别人。

11　能斗不过：他每回同人斗争的时候，也不求过于胜利。

12　长亦不改，不识其他：到了年长，也不改变他的性格，其他的我就不知道了。

13　公孙枝：字子桑，是秦大夫。

14　夷吾其定乎：夷吾入晋，能否安定晋国。

15　唯则定国：根据法律，就可以安定国家。

16　不识不知，顺帝之则：出《诗·大雅·文王之什·皇矣》篇。帝是指天，则是指法则：他虽然不明白天的法则，但他自然能够推行。

17　文王之谓也：这就指文王。

18　不僭不贼，鲜不为则：出《诗·大雅·荡之什·抑》篇。僭是过差，贼是伤害。不过差，也不伤害，没有不能为人法则的。

19　无好无恶，不忌不克之谓也：忌是猜忌，克是好胜。此指不偏好，也不怨恶，就是不猜忌不好胜的意思。

20　今其言多忌克，难哉：现在他的话，多猜疑好胜，这真难于安定国家。

21　忌则多怨，又焉能克？是吾利也：猜忌则多招致怨恶，又如何能够制胜？这是对我很有利的。

**今译**

晋国的大夫郤芮建议夷吾加重贿赂秦国，以求帮助他进入晋国，对他说："这个国家实在是别人的，我对它有什么舍不得？但若是进入晋国而能治理人民，又何必怕没有土地呢？"夷吾就听从郤芮的话。这时，齐国的大夫隰朋率领军队会合秦国的军队，将使晋惠公（即夷吾）回晋国。秦穆公对郤芮说："公子倚仗什么人呢？"回答说："我听说亡命的人没有党派，有了党派必定有仇人。夷吾年幼时不喜欢戏弄别人，和别人打斗也不求胜；他长大了以后，这些习性都没有改变。我只知道这样，不知道其他的事。”秦穆公对公孙枝说：“夷吾将能够安定晋国吗？”回答说：“我听说，只有法律能安定国家。《诗·大雅》说：‘虽然不认识也不知道天的法则，但能顺着去做。’这是指着文王而说的。《诗》又说：‘不过分也不伤害，没有不能作为法则的。’这就是说没有偏好也没有怨恶，不猜忌也不好胜的意思。现在我看夷吾的话，多猜疑而好胜，恐怕很难吧！”穆公说：“他好猜忌就会多招怨恨，又怎么能够制胜？这对我是有利的。”

**传** 宋襄公即位，以公子目夷[1]为仁[2]，使为左师[3]，以听政[4]，于是宋治。故鱼氏世为左师[5]。

**今注**

1　公子目夷：目夷即子鱼。

2　为仁：宋襄公以他为仁让。

3　左师：是官名。

4　以听政：管理政治。

5　故鱼氏世为左师：鱼氏是目夷的后人。所以目夷的后人代代做左师的官。

**今译**

宋襄公即位以后，因为公子目夷的仁让，就派他做左师以管理政事。于是宋国政治上轨道。所以鱼氏就世代做宋国的左师。

## 僖公十年（公元前六五〇年）

**经** 十年春王正月，公如齐[1]。

**今注**

1　此经无传。

**今译**

十年，春天，正月，鲁僖公到齐国去。

**经**　狄灭温，温子奔卫。

**传**　十年春，狄灭温[1]，苏子无信也[2]。苏子叛王即狄[3]，又不能于狄[4]，狄人伐之。王不救，故灭。苏子奔卫[5]。

**今注**

1　温：温县故城在今河南省温县西南三十里。

2　苏子无信也：苏子没有信用。

3　即狄：同狄人联合。

4　又不能于狄：又不能够与狄人和好。

5　苏子奔卫：苏子为周武王司寇苏公之后，他封邑在温，所以苏子就逃到卫国。

**今译**

十年春天，狄人消灭了温国，因为苏子不讲信用。苏子背叛周襄王而与狄人联合，但他又不能与狄人和好，所以狄人讨伐他。周襄王不去救他，所以灭亡。苏子逃奔到卫国。

**经**　晋里克弑其君卓，及其大夫荀息。

**今注**

此经的传已见于僖公九年，而经却写在今年春天，概从赴告。

**今译**

晋国大夫里克弑了他的国君卓，以及大夫荀息。（传在九年）

经　夏，齐侯、许男伐北戎[1]。

**今注**

1　此经无传。

**今译**

夏天，齐桓公和许僖公北伐山戎。

经　晋杀其大夫里克。

传　夏，四月，周公忌父[1]、王子党[2]会齐隰朋立晋侯[3]，晋侯杀里克以说[4]。将杀里克，公使谓之曰："微子，则不及此[5]。虽然，子弑二君与一大夫，为子君者，不亦难乎[6]？"对曰："不有废也，君何以兴[7]？欲加之罪，其无辞乎[8]？臣闻命矣！"伏剑而死。于是丕郑[9]聘于秦，且谢缓赂[10]，故不及。

**今注**

1　周公忌父：即周国卿士。

2　王子党：周大夫。

3　晋侯：是晋惠公。

4　以说：自为解说，不是篡位。

5　微子，则不及此：要不是你，我就不能得君位。

6　为子君者，不亦难乎：做你的君，不是也很难吗？

7　不有废也，君何以兴：要不是废除旁人，你怎么能够兴起。

8　欲加之罪，其无辞乎：要想加罪状给我，你不怕没有说辞。

9　丕郑：是晋大夫里克党羽。

10　谢缓赂：为晋国缓交贿赂致歉。

**今译**

夏天四月，周公忌父、王子党会合齐国大夫隰朋立晋惠公。晋惠公杀了里克以自为解说。将杀里克时，惠公先派人对他说：

"若是没有你，我就不能有君位。虽然如此，但是你弑杀了二个国君和一个大夫。做你的国君的人，不是很为难吗？"回答说："若不废除了旁人，你怎么能兴起？你想要加我罪状，不怕没有话说。我遵命就是了。"伏身就着剑自杀了。这时候，丕郑正到秦国去聘问，并且对缓交贿赂表示歉意，所以没有连累到。

**经** 秋七月。

**今注**

此经无传。《左氏春秋》习惯，虽无事亦必书四季。

**今译**

秋天，七月。

**传** 晋侯改葬共大子[1]。秋，狐突适下国[2]，遇大子，大子使登仆[3]而告之曰："夷吾无礼，余得请于帝矣[4]，将以晋畀秦[5]，秦将祀余。"对曰："臣闻之，神不歆非类[6]，民不祀非族[7]，君祀无乃殄[8]乎？且民何罪，失刑乏祀[9]，君其图之[10]！"君曰："诺！吾将复请。七日[11]，新城西偏将有巫者而见我焉！"[12]许之，遂不见。及期而往，告之曰："帝许我罚有罪矣，敝于韩[13]。"

**今注**

1　改葬共大子：共音同恭。共是太子申生的谥号。改葬是改行葬礼的意思。

2　狐突适下国：狐突是重耳舅父。适下国是往曲沃。

3　登仆：登车为仆去驾车。

4　夷吾无礼，余得请于帝也：所谓夷吾无礼，不止一端，故很难详细知道。"贾逵云：烝于献公夫人贾君，故曰无礼。马融云：申生不自明而死，夷吾改葬之，章父之过，故曰无礼。"余得请于帝是说我已经请示过上帝。

5　将以晋畀秦：畀音同敝，赐与。将把晋国送给秦国。

6　神不歆非类：歆是享受。若非我族类的人来祭祀，神也不享受。

7　民不祀非族：人民也不祭祀非我族类的人。

8　君祀无乃殄：殄音同腆，灭绝的意思。你的祭祀不就绝灭了吗？

9　且民何罪，失刑乏祀：并且人民犯什么罪，因怒夷吾而滥施刑罚于人民，又把晋国给秦国而自绝祭祀。

10　君其图之：那么你还是深思熟虑吧！

11　七日：七天以后。

12　新城西偏将有巫者而见我焉：新城是指的曲沃。在曲沃城里的西边，将有一个巫人，你就由他可以见到我。

13　帝许我罚有罪矣，敝于韩：上帝已经答应我，将惩罚那个有罪的人，使他在韩地打败仗。韩即韩原，为晋地。《一统志》："在陕西韩城县西南八里。"江永说："就秦伯之军涉河作战，及晋侯曰寇矣而言，应在山西河津万泉之间。"故韩地应在今荥河县东北，万泉县西。

**今译**

晋惠公改葬太子申生。秋天，狐突到曲沃去，遇到太子，太子叫他驾车，而告诉他说："夷吾无礼，我已经向上帝请求过，将把晋国给秦国，秦国将要祭祀我。"狐突回答说："我听说过，神不享受不同族类的祭祀，人民也不祭祀不同族类的神。你的祭祀不是要断绝了吗？况且人民有什么罪，你向他们滥施刑罚，又断了自己应享的祭祀。你且好好考虑吧！"太子申生就说："好吧！我将再向上帝请求。七天以后，在新城的西边，将有巫人，你可以由他见到我。”狐突答应他，太子就不见了。到了预定的日期，狐突就到城西边太子告诉他说：“上帝允许我处罚有罪的人，将让他在韩打败仗。”

**经** 冬，大雨雪[1]。

**今注**

1 此经无传。

**今译**

冬天，下大雪。

**传** 丕郑之如秦也，言于秦伯[1]曰：“吕甥、郤称、冀芮[2]实为不从[3]，若重问以召之[4]，臣出晋君[5]，君纳重耳，蔑不济矣[6]。”冬，秦伯使泠至报问[7]，且召三子[8]。郤芮曰：“币重而言甘，诱我也[9]。”遂杀丕郑、祁举[10]及七舆大夫[11]左行共华、右行贾华、叔坚、骓歂、累虎、特宫、山祁，皆里丕之党也[12]。丕豹[13]奔秦，言于秦伯曰：“晋侯背大主而忌小怨[14]，民弗与也，伐之必出[15]。”公曰：“失众，焉能杀[16]？违祸，谁能出君[17]？”

**今注**

1 秦伯：秦穆公。

2 吕甥、郤称、冀芮：吕甥等三人是晋大夫。

3 实为不从：他们实在不肯给你贿赂。

4 重问以召之：问是聘问的布币。若加重他的布币以召到秦国。

5 臣出晋君：我就把晋惠公驱逐出境。

6 君纳重耳，蔑不济矣：你就把重耳纳回晋国，没有不成功的。

7 泠至报问：泠至是秦大夫。报问是报答晋国的聘问。

8 三子：是吕甥、郤称、冀芮三大夫。

9　币重而言甘，诱我也：用的布币很多，而说的话甜蜜，这是引诱我。

10　祁举：晋大夫。

11　七舆大夫：是管侯伯七命的副车，共七乘。其后所举左行共华以下七人，即七舆大夫的名字。

12　皆里丕之党也：全都是里克、丕郑的党羽。

13　丕豹：是丕郑之子。

14　背大主而忌小怨：违背大主，大主指秦穆公。小怨指里丕等。

15　民弗与也，伐之必出：人民不会赞成他，若秦国伐他，则晋国人必驱逐他的君。

16　失众，焉能杀：如果失掉众人，安能杀里丕的党羽。

17　违祸，谁能出君：你是躲避祸乱，谁还能驱逐君出晋国。

**今译**

丕郑到秦国去聘问，对秦穆公说："吕甥、郤称和冀芮三个人，实在是他们不给你贿赂。若是加重送他们聘问的布币，召他们来秦国，我就把晋惠公驱逐出境，然后你把重耳纳回晋国，绝对不会不成功。"冬天，秦穆公派泠至到晋国去报聘，并且召请三位大夫。郤芮说："用的布币很多而说的话甜蜜，这是为了引诱我。"于是就杀死丕郑、祁举以及七舆大夫左行共华、右行贾华、叔坚、骓歂、累虎、特宫、山祁七人，都是里克和丕郑的党徒。丕郑的儿子丕豹逃奔到秦国，对秦穆公说："晋惠公背叛了大的恩主，而忌恨小的仇怨，人民不会拥护他的。你讨伐他，必定可以把他赶走。"秦穆公说："他如果失去了众人的拥护，怎么能杀死里克、丕郑的党羽？你既是逃避祸事而来的，谁还能驱逐你的国君呢？"

## 僖公十一年（公元前六四九年）

经　十有一年春，晋杀其大夫丕郑父。

传　十一年春，晋侯使以丕郑之乱来告[1]。

**今注**

1　丕郑之乱来告：所以《春秋》上写明，晋杀其大夫丕郑父。

**今译**

十一年春天，晋惠公的使者把丕郑的乱事通告鲁国。

传　天王使召武公[1]、内史过[2]赐晋侯命[3]，受玉惰[4]，过归告王曰："晋侯其无后乎[5]！王赐之命而惰于受瑞[6]，先自弃也已，其何继之有？礼，国之干也[7]；敬，礼之舆也[8]。不敬则礼不行[9]，礼不行则上下昏，何以长世[10]？"

**今注**

1　召武公：周卿士。

2　内史过：周大夫。

3　赐晋侯命：赐晋惠公的圭章。

4　受玉惰：他接受圭章时，行礼很懒惰。

5　晋侯其无后乎：晋惠公恐怕没有子孙。

6　王赐之命而惰于受瑞：王给他命圭，而他接受的时候很懒惰。

7　礼，国之干也：礼是国家的根本。

8　敬，礼之舆也：敬是礼的车辆。

9　不敬则礼不行：不恭敬则礼像没有车辆不能走。

10　何以长世：那怎么可以使后代增长。长音掌。

**今译**

周襄王派召武公和内史过赐命晋惠公。晋惠公接受玉圭时，行礼懒惰。内史过回去告诉襄王说："晋侯将没有后嗣的吧！王赐命给他，而他懒于接受祥瑞的玉圭，自己先就自弃了，还有什么继嗣的希望呢？礼，是国家的根本；敬，是礼的车舆。不恭敬，礼就不能推行；礼不能推行，上下的秩序就混乱，怎么能够延长后世呢？"

**经** 夏，公及夫人姜氏会齐侯于阳谷[1]。

**今注**

1 阳谷：齐地。在今山东省阳谷县东北五十里。此经无传。

**今译**

夏天，鲁僖公和夫人姜氏在阳谷与齐桓公会面。

**传** 夏，扬拒、泉皋、伊、雒之戎[1]，同伐京师入王城，焚东门，王子带召之也[2]。秦晋伐戎以救周。秋，晋侯平戎于王[3]。

**今注**

1 扬拒、泉皋、伊、雒之戎：江永《春秋地理考实》："今河南洛阳县西南，有前城，有戎城，即泉皋也。"又扬拒去偃师不远，昭公二十二年，刘子奔扬。疑即此。伊水洛水之间，河南雒阳县西南有戎城。

2 王子带召之也：王子带就是甘昭公，召戎来相助，准备夺周的王位。

3 晋侯平戎于王：晋侯使人在周与戎之间讲求和平。

**今译**

夏天，居住在扬拒、泉皋及伊水、洛水附近的戎人，共同攻伐京师。进入周王的都城，焚毁东门。因为王子带召戎人来相助，准备篡夺王位。秦国和晋国出兵讨伐戎人以救周室。秋天，晋惠公调停戎人，使他们与周王保持和平。

经 秋八月，大雩[1]。

**今注**

1 大雩：是祭名。此经无传。

**今译**

秋天，八月，举行大雩求雨的祭典。

经 冬，楚人伐黄。

传 黄人[1]不归楚贡[2]，冬，楚人伐黄[3]。

**今注**

1 黄人：黄，嬴姓国，故城在今河南省潢川县西十二里。

2 不归楚贡：不归献楚国的贡物。

3 楚人伐黄：黄人依仗齐国的支持，所以楚国就派兵征讨黄国。

**今译**

黄国人不向楚国进贡，冬天，楚国人就讨伐黄国。

## 僖公十二年（公元前六四八年）

经 十有二年春王三月，庚午[1]，日有食之。

**今注**

1 庚午：不书朔，史官记载的有错误。此经无传。

**今译**

十二年春天，周王历三月庚午，日食。

传 十二年春，诸侯城卫楚丘之郛[1]，惧狄难也。

**今注**

1　楚丘之郛：郛是外郭。楚丘是卫地，在今河南省滑县东六十里。

**今译**

十二年春天，诸侯修筑卫国楚丘城的外郭，因为怕狄人来侵犯。

**经**　夏，楚人灭黄。

**传**　黄人恃诸侯之睦于齐也，不共楚职[1]，曰："自郢[2]及我九百里[3]，焉能害我？"夏，楚灭黄。

**今注**

1　不共楚职：不供给对楚国的供物。

2　郢：楚都。在今湖北省江陵县北十五里，是为纪郢。

3　及我九百里：他来到我这里，相距九百里。

**今译**

黄国人依恃着诸侯各国与齐国亲睦的情势，就不供应对于楚国的贡物，说道："从郢都来到我这里有九百里，怎么能侵害我呢？"夏天，楚国消灭了黄国。

**经**　秋七月。

**传**　王以戎难故，讨王子带[1]。秋，王子带奔齐。

**今注**

1　讨王子带：王子带前年曾召戎来伐周国。讨伐王子带。

**今译**

周襄王为了戎人来侵王城的缘故，讨伐王子带。秋天，王子带逃奔到齐国。

**经** 冬十有二月丁丑，陈侯杵臼卒。

**传** 冬，齐侯使管夷吾平戎于王[1]，使隰朋平戎于晋[2]，王以上卿之礼飨管仲[3]，管仲辞[4]曰：“臣贱有司也[5]，有天子之二守国、高在[6]，若节春秋来承王命[7]，何以礼焉[8]？陪臣[9]敢辞。”王曰：“舅氏[10]余嘉乃勋，应乃懿德[11]，谓督不忘[12]，往践乃职，无逆朕命[13]。”管仲受下卿之礼[14]而还。君子曰：“管氏之世祀[15]也，宜哉！让不忘其上[16]。《诗》曰：‘恺悌君子，神所劳矣[17]。’”

## 今注

1 平戎于王：使周王与戎和平相处。

2 平戎于晋：使晋惠公与戎和平相处。

3 王以上卿之礼飨管仲：因为管仲是齐国下卿，周襄王为加礼，故以上卿的礼节款待他。

4 辞：恳辞。

5 臣贱有司也：我是职位卑下的官吏。

6 有天子之二守国、高在：国是国归父，高是高傒，皆是天子所命的上卿。有天子所派的上卿国子与高子都在。

7 若节春秋来承王命：若按着春秋的时节，来听承王的命令。

8 何以礼焉：又如何以礼节对待他。

9 陪臣：是诸侯的臣向天子自称。

10 舅氏：因为他是伯舅的臣子，故称他为舅氏。

11 余嘉乃勋，应乃懿德：我嘉勉你的功勋，而报答你的美德。

12 谓督不忘：督是真正。此句是说真正不忘。

13 往践乃职，无逆朕命：你就去做你应当做的事，不要违背了我的命令。

14 管仲受下卿之礼：据王引之说：管仲以下，受以上，应当有一终字。此句指管仲受本位的礼节。

15　世祀：世守其祀。

16　让不忘其上：谦让不忘他上边的人。

17　恺悌君子，神所劳矣：此诗出《大雅·文王之什·旱麓》篇。恺悌等于乐易。此句指乐易的君子，是神所欢迎的。

**今译**

冬天，齐桓公派管夷吾去调停周襄王与戎人的关系，使他们和平相处。派隰朋去调停晋国与戎人的关系，使他们和平相处。周襄王用上卿的礼节款待管仲，管仲推辞说："我不过是职位卑下的官吏，齐国还有天子的守臣国子和高子，若是他们在春秋时节，来听承王的命令，要用什么礼节对待他们呢？我只是诸侯的臣子，敢请辞谢。"周襄王说："你，伯舅的使臣，我嘉许你的勋劳，报答你的美德，为了表示真正不忘，请你履行你的职务，不要违背我的命令。"管仲终于接受了下卿的礼节而后回国。君子说："管氏的后世，世代守着他的祭祀，不是应该的吗？他能谦让而不忘记在他上面的人。《诗·大雅》说：'那和乐安易的君子，是神所欢迎的'。"

## 僖公十三年（公元前六四七年）

**经**　十有三年春，狄侵卫[1]。

**今注**

1　狄侵卫：传在十二年春，诸侯城卫楚丘之郛，惧狄难也。

**今译**

十三年春天，狄人侵犯卫国。

**传**　十三年春，齐侯使仲孙湫[1]聘于周，且言王子带[2]，事毕，不与王言，归复命曰[3]：“未可，王怒未怠[4]，其十年乎[5]？不十年，王弗召也。”

**今注**

1 仲孙湫：齐大夫。

2 且言王子带：见僖公十二年“秋，王子带奔齐”。意思说想使王子带回到周国。

3 归复命曰：归到齐国以后，又回答齐桓公说。

4 王怒未怠：王的怒气还没有止息。

5 其十年乎：必须要等到十年以后吗？

**今译**

十三年春天，齐桓公派仲孙湫到周去聘问，并且同周王谈王子带的事。聘问的事情完毕以后，仲孙湫并没有同周王谈起王子带的事，回到齐国后，向齐桓公报告说：“还不能说，王的怒气还没消，大概要等十年吧？不到十年，王不会召王子带回去的。”

**经** 公会齐侯、宋公、陈侯、卫侯、郑伯、许男、曹伯于咸。

**传** 夏，会于咸[1]，淮夷病杞故[2]，且谋王室[3]也。

**今注**

1 咸：卫地。今河北省濮阳县东南六十里有咸城。

2 淮夷病杞故：淮水的夷人侵犯杞国的缘故。

3 且谋王室：并且因为保卫王室。

**今译**

夏天，鲁僖公与齐侯、宋公、陈侯、卫侯、郑伯、许男、曹伯会于咸，因为淮夷侵犯杞国的缘故，并且谋求保卫王室。

**经** 秋九月，大雩[1]。

**今注**

1　雩：是指祭祀。杜注说因为过了时，写在《春秋》上。此经无传。

**今译**

秋天九月，行大雩（求雨）的祭典。

**传**　秋，为戎难故，诸侯戍周[1]，齐仲孙湫致之[2]。

**今注**

1　诸侯戍周：诸侯派人去戍守周都城。

2　致之：率领他们。

**今译**

秋天，为了戎人侵犯王室的缘故，诸侯派兵戍守周王城，由齐国的大夫仲孙湫率领他们。

**经**　冬，公子友如齐[1]。

**今注**

1　此经无传。

**今译**

冬天，公子友到齐国去。

**传**　冬，晋荐饥[1]，使乞籴[2]于秦。秦伯[3]谓子桑[4]：“与诸乎[5]？”对曰：“重施而报，君将何求[6]？重施而不报，其民必携[7]。携而讨焉，无众必败[8]。”谓百里[9]：“与诸乎？”对曰：“天灾流行，国家代有[10]，救灾恤邻，道也[11]。行道有福。”丕郑之子豹在秦，请伐晋[12]。秦伯曰：“其君是恶，其民何罪[13]？”秦于是乎输粟于晋，自雍及绛[14]相继，命之曰汎舟之役[15]。

## 今注

1 荐饥：荐饥是屡次的谷不熟。荐是重或厚的意思。

2 乞籴：籴音同笛，谓买入谷类。乞籴是要求买谷类。

3 秦伯：即秦穆公。

4 子桑：即公孙枝，是秦大夫。

5 与诸乎：是否给他。

6 重施而报，君将何求：假设施舍很重而得到厚报，你当然很满意。

7 其民必携：晋国的人民必定不满意而叛。

8 携而讨焉，无众必败：人民叛乱，再加以讨伐，他没有人民，必定失败。

9 百里：秦大夫百里奚。

10 国家代有：各国全都轮流地有。

11 救灾恤邻，道也：救灾害，帮助邻国，这是合于道德的。

12 请伐晋：丕豹欲替其父丕郑报仇，所以请求伐晋国。

13 其君是恶，其民何罪：他的君不好，他的人民有什么罪呢？

14 雍及绛：雍是秦国都，在今陕西省凤翔县南七里。绛是晋国都，在今山西省太平县南二十五里。

15 汎舟之役：因为船全都相连接，所以称为汎舟之役。

## 今译

冬天，晋国屡次发生饥荒，派人到秦国去请求籴买谷物。秦穆公对大夫子桑说：“要给他吗？”回答说：“若是你施舍厚重而得到厚报，你还要求什么呢？若是你施舍厚重而得不到回报，晋国的人民必定离心。他的人民离心而你去讨伐他，他没有众人的支持，必定要失败。”秦穆公又问百里奚，要不要卖谷物给晋国，百里奚回答说：“天灾流行，每一个国家都轮得到，救助灾害，体恤邻邦，这是合于正道的。实行正道的人将享有福气。”丕郑的儿子丕豹正居留在秦国，请秦穆公讨伐晋国。秦穆公说：“他的君主不好，但是他的人民有什么罪？”秦国于是就把粟输到晋国。从秦国的国都雍至晋国的国都绛，一路舟楫相继不绝，所以就称这一次为汎舟之役。

## 僖公十四年（公元前六四六年）

经　十有四年春，诸侯城缘陵。

传　十四年春，诸侯城缘陵[1]而迁杞焉[2]，不书其人，有阙[3]也。

**今注**

1　缘陵：杞地，故城在今山东省昌乐县东南七十里。

2　而迁杞焉：把国都城迁到缘陵。《史记·陈杞世家》，杞，姒姓国，夏禹之后，武王封东楼公于杞，居雍丘。在今山东省安邱县东北三十里有杞城镇。

3　不书其人，有阙：不写修建缘陵的人，因为器材不完备，城池未坚固。

**今译**

十四年春天，诸侯修筑缘陵城，而把杞国都迁到缘陵。没有记载修城的人，因为器材短缺，城池修得不坚固。

经　夏六月，季姬及鄫子遇于防，使鄫子来朝。

传　鄫季姬来宁[1]，公怒止之[2]，以鄫子之不朝也。夏，遇于防[3]，而使来朝。

**今注**

1　鄫季姬来宁：季姬，鲁国的女儿，为鄫国的夫人，来省视母家。鄫是姒，姓子爵国，在今山东省临沂县西南一百一十里。

2　公怒止之：鲁僖公恼怒了，就叫她住在鲁国。

3　防：鲁地，在今山东省曲阜县东二十里。

**今译**

鄫国的夫人季姬来鲁国归宁，鲁僖公不高兴地阻止她，因为鄫子不来朝见的缘故。夏天，季姬和鄫子在防相遇，就要鄫子来朝见。

**经**　秋八月辛卯，沙鹿崩。

**传**　秋八月辛卯，沙鹿[1]崩，晋卜偃曰："期年将有大咎，几亡国[2]。"

**今注**

1　沙鹿：江永云："卫地。"而杜预说是晋地，"不言晋沙鹿者，凡有灾害系于所灾所害之处，不系于所属之国，故不系晋也。"沙鹿在今河北省大名县东四十五里。

2　期年将有大咎，几亡国：在一年之内将有大的凶灾，几乎亡了国家。

**今译**

秋天，八月辛卯，沙鹿山崩，晋国的卜人偃说："在一年之内将有大的凶咎，几乎将使国家灭亡。"

**经**　狄侵郑[1]。

**今注**

1　此经无传。

**今译**

狄人侵犯郑国。

**经** 冬，蔡侯肸[1]卒。

**今注**

1 蔡侯肸：蔡穆侯名肸。肸音西。

**今译**

冬天，蔡穆侯肸逝世。

**传** 冬，秦饥，使乞籴于晋，晋人弗与[1]。庆郑[2]曰："背施无亲[3]，幸灾不仁[4]，贪爱不祥[5]，怒邻不义[6]，四德皆失，何以守国[7]？"虢射[8]曰："皮之不存，毛将安傅[9]？"庆郑曰："弃信背邻，患孰恤之[10]？无信患作，失援必毙，是则然矣[11]！"虢射曰："无损于怨而厚于寇[12]，不如勿与。"庆郑曰："背施幸灾，民所弃也。近犹仇之，况怨敌乎[13]？"弗听。退曰："君其悔是哉！"

**今注**

1 晋人弗与：晋人不给秦谷。

2 庆郑：晋大夫。

3 背施无亲：背施忘恩，就是不亲善。

4 幸灾不仁：以旁人的灾害为幸，这是不仁的。

5 贪爱不祥：贪爱自己的物品，不以分救有灾害的人，是不祥的。

6 怒邻不义：使邻国发怒，这是不义的。

7 四德皆失，何以守国：四德是亲、仁、祥、义；皆失是都没有了。何以守国，是指用什么方法来守国家。

8 虢射：是晋大夫，为惠公的舅父。射读音亦。

9 皮之不存，毛将安傅：皮是表示晋惠公所许秦国的列城五，毛是表示晋国借给秦国的谷。此句指重要的事还没有办理，次要的事办也无用。

10　弃信背邻，患孰恤之：失了信，背叛邻国，发生患难，谁能够抚恤他？

11　是则然矣：这是必然的事。

12　无损于怨而厚于寇：对于结的怨不能减少，而加厚寇仇的力量。

13　近犹仇之，况犹敌乎：近处的人，犹能变成仇敌，何况有怨的敌人。

14　君其悔是哉：你对于这件事，必定后悔。

**今译**

冬天，秦国发生饥荒，派人到晋国去请求籴买谷物。晋人不给。晋大夫庆郑说："背弃了别人施舍的恩惠，就是不亲善。庆幸别人的灾害，就是不仁。贪爱自己的物品，不以救助别人，是不祥的。使邻国发怒是不义的。这四种德行都做不到，怎么能守得住国家？"虢射说："皮都没有了，毛要附着在哪里？"庆郑又说："失去了信用，背弃了邻国，一旦发生祸患，谁来帮助他？因为无信而发生祸患，失去了援助必定会死亡，这是必然的了。"虢射又说："既然不能减少秦国的怨恨，输送谷物反而是加厚敌人的力量，不如不要给他。"庆郑就说："背弃了人家施舍的恩惠而庆幸他的灾害，这是人民所要反对的。亲近的人都要仇视他，何况有仇怨的敌人呢？"但是晋侯不听。庆郑也就退下，说道："你对于这件事必定要后悔！"

## 僖公十五年（公元前六四五年）

**经**　十有五年春王正月，公如齐[1]。

**今注**

1　此经无传。

**今译**

十五年春天，周王历正月，僖公到齐国去。

**经**　楚人伐徐。三月，公会齐侯、宋公、陈侯、卫侯、郑伯、许男、曹伯盟于牡丘，遂次于匡，公孙敖帅师及诸侯之大夫救徐。

**传**　十五年春，楚人伐徐[1]，徐即诸夏[2]，故也。三月盟于牡丘[3]，寻葵丘之盟[4]，且救徐也。孟穆伯[5]帅师及诸侯之师救徐，诸侯次于匡[6]以待之。

**今注**

1　徐：是嬴姓国，在今安徽省泗县北八十里。

2　即诸夏：即是接近。诸夏指中原各国，对蛮夷而言。

3　牡丘：《钦定春秋传说汇纂》谓牡丘在今山东省聊城东北七十里。

4　葵丘之盟：在僖公九年。

5　孟穆伯：鲁大夫。

6　匡：卫地。《山东通志》载："匡城在鱼台县南十五里凤凰山北，即次于匡之地。"

**今译**

十五年春天，楚国人攻伐徐国，因为徐国亲近中原诸夏各国的缘故。三月，诸侯各国会盟于牡丘，重申葵丘之盟约，并且商讨援救徐国。鲁大夫孟穆伯率领鲁国的军队，和诸侯各国的军队一起去救徐国，诸侯停留在匡城等候。

**经**　夏五月，日有食之。

**传** 夏五月，日有食之，不书朔与日[1]，官失之也[2]。

**今注**

1 不书朔与日：不写明是初一与某日。

2 官失之也：这是记载人的疏忽。

**今译**

夏天，五月，发生日食。没有记载初一和某日，这是负责记载的史官的疏忽。

**经** 秋七月，齐师曹师伐厉。

**传** 秋伐厉[1]，以救徐也[2]。

**今注**

1 厉：姜姓国，在今湖北省随县北四十里。

2 以救徐也：因为厉是楚的盟国，为的是救徐国。

**今译**

秋天，齐国军队与曹国军队攻伐厉国，为的是救徐国。

**经** 八月，螽[1]。

**今注**

1 螽：音同忠。为蝗类的总名。此经无传。

**今译**

八月发生螽灾。

**经** 九月，公至自会[1]。

**今注**

1 此经无传。

**今译**

九月，僖公参加牡丘之会后，回到鲁国。

**经** 季姬归于鄫[1]。

**今注**

1 此经无传。去年，季姬来归宁，不书在《春秋》上，这次反书有记载，是因为表示与季姬已经断绝关系。

**今译**

僖公的三女儿回到鄫国。

**传** 晋侯之入[1]也，秦穆姬属贾君[2]焉。且曰："尽纳群公子[3]。"晋侯烝[4]于贾君，又不纳群公子，是以穆姬怨之[5]。晋侯许赂中大夫[6]，既而皆背之[7]，赂秦伯以河外列城五[8]，东尽虢略[9]，南及华山[10]，内及解梁城[11]，既而不与[12]。晋饥，秦输之粟[13]，秦饥，晋闭之籴[14]，故秦伯伐晋。卜徒父[15]筮之，吉。涉河，侯车败[16]，诘之[17]。对曰："乃大吉也，三败必获晋君。其卦遇蛊䷑[18]，曰'千乘三去，三去之余，获其雄狐[19]。'夫狐蛊，必其君也[20]。蛊之贞，风也。其悔，山也[21]。岁云秋矣，我落其实而取其材，所以克也[22]，实落材亡，不败何待[23]。"三败及韩[24]。晋侯谓庆郑曰："寇深矣[25]，若之何？"对曰："君实深之，可若何[26]？"公曰不孙[27]。卜右[28]，庆郑吉，弗使。步扬[29]御戎，家仆徒[30]为右，乘小驷[31]，郑入[32]也。庆郑曰："古者，大事[33]，必乘其产[34]，生其水土，而知其人心[35]，安其教训，而服习其道[36]，唯所纳之，无不如志[37]。今乘异产以从戎事，及惧而变，将与人易[38]。乱气狡愤，阴血周作，张脉偾兴，外强中干[39]，进退不可，周旋不能[40]，君必悔之。"弗听。九月，晋侯逆[41]秦师，使韩简[42]视师[43]。复曰："师少于我，斗士倍我[44]。"公曰：

“何故？”对曰：“出因其资[45]，入用其宠[46]，饥食其粟[47]，三施而无报，是以来也[48]。今又击之，我怠秦奋，倍犹未也[49]。”公曰：“一夫不可狃，况国乎[50]？”遂使请战，曰：“寡人不佞，能合其众而不能离也[51]。君若不还，无所逃命[52]。”秦伯使公孙枝对曰：“君之未入，寡人惧之[53]。入而未定列，犹吾忧也[54]。苟列定矣，敢不承命[55]。”韩简退曰：“吾幸而得囚[56]。”壬戌，战于韩原，晋戎马还泞而止[57]。公号庆郑[58]。庆郑曰：“愎谏违卜，固败是求，又何逃焉[59]。”遂去之。梁由靡[60]御韩简，虢射为右，辂秦伯，将止之[61]。郑以救公误之[62]，遂失秦伯。秦获晋侯以归。晋大夫反首拔舍从之[63]。秦伯使辞焉，曰：“二三子何其戚也[64]？寡人之从君而西也，亦晋之妖梦是践，岂敢以至[65]。”晋大夫三拜稽首[66]曰：“君履后土而戴皇天，皇天后土，实闻君之言[67]。群臣敢在下风[68]。”穆姬闻晋侯将至，以大子罃、弘[69]，与女简璧[70]登台而履薪焉[71]。使以免服衰绖逆[72]。且告曰：“上天降灾，使我两君匪以玉帛相见，而以兴戎。若晋君朝以入，则婢子夕以死。夕以入，则朝以死。唯君裁之。[73]”乃舍诸灵台[74]。大夫请以入[75]。公曰：“获晋侯，以厚归也[76]，既而丧归，焉用之[77]？大夫其何有[78]焉？且晋人戚忧以重我[79]，天地以要我[80]，不图晋忧，重其怒也[81]。我食吾言，背天地也[82]。重怒难任，背天不祥[83]，必归晋君。”公子絷[84]曰：“不如杀之，无聚慝焉[85]。”子桑曰：“归之而质其大子，必得大成[86]。晋未可灭而杀其君，只以成恶[87]，且史佚[88]有言曰：‘无始祸[89]，无怙乱[90]，无重怒。重怒难任，陵人不祥[91]。’”乃许晋平。晋侯使郤乞[92]告瑕吕饴甥[93]，且召之。子金教之言曰：“朝国人而以君命赏[94]。且告之曰：孤虽归，辱社稷矣，其卜贰圉[95]也。”众皆哭。晋于是乎作爰田[96]。吕甥曰：“君亡之不恤而群臣是忧[97]，惠之至也，将若君何？”众曰：“何为而可？”对曰：“征缮以辅孺子[98]。诸侯闻之，丧君有君，群臣辑睦，甲兵益多[99]。好我者劝，恶我者惧，庶有益乎[100]！”众说[101]。晋于是乎作州兵[102]。初，晋献公筮嫁伯姬于秦，遇归妹䷵之睽䷥[103]。史苏[104]占之曰：“不吉。其繇[105]曰：‘士刲羊，亦无衁也[106]。女承筐，亦无贶也[107]。西邻责言，不可偿也[108]。’归妹之睽，犹无相也[109]。震之离，亦离之震[110]，为雷为火，为嬴败姬[111]。车说其輹，火焚其旗[112]，不利行师，败于宗丘[113]。归妹睽孤，寇张之弧[114]，侄其从姑[115]。六年其逋，逃归其国，而弃其家[116]，明年，其死于高梁之虚[117]”。及惠公在秦，曰：“先君若从史苏之占，吾不及此夫。”韩简侍，曰：“龟，象也[118]；筮，数也[119]。物生而后有象[120]，象而后有滋[121]，滋而后有数[122]，先君之败德，及可数乎[123]！史苏是占，勿从何益！《诗》曰：‘下民之孽，匪降自天，僔沓背憎，职竞由人[124]。’”

**今注**

1　晋侯之入：晋惠公回国时。

2　秦穆姬属贾君：秦穆姬是秦穆公的夫人，贾君是晋献公的次妃。属是属托。

3　尽纳群公子：凡晋献公驱逐出国的各公子，皆使他们回晋国。

4　烝：娶其父妾曰烝。

5　穆姬怨之：穆姬因而怨望他。

6　许赂中大夫：中大夫指晋国的执政者，如里克、丕郑等。许赂是以前许给他们贿赂。

7　既而皆背之：后来不久全都违背了。

8　河外列城五：河外是指着黄河环曲的南面，其中有五个城。

9　东尽虢略：东边一直到今河南省嵩县西北。

10　南及华山：华山在今陕西省华阴县南十里。

11　内及解梁城：解音同懈。一直到晋的内地解梁城。解梁城在今山西省临晋县西南五姓湖北之解城。

12　既而不与：后来又全不给他。

13　晋饥，秦输之粟：见僖公十三年。

14　秦饥，晋闭之籴：见僖公十四年。

15　卜徒父：是秦国掌占卜的大夫。

16　侯车败：晋侯的车战败。

17　诘之：询问他。

18　其卦遇蛊䷑：蛊音古，是卦名。此指遇见蛊卦䷑。

19　千乘三去，三去之余，获其雄狐：千乘指军队而言。晋国的军队失败了三次，失败后，抓获到它的雄狐。雄狐指晋君而言。

20　夫狐蛊，必其君也：狐又遇见蛊卦，这必指着它的君。

21　蛊之贞，风也。其悔，山也：内卦为贞，外卦为悔，巽为风，秦象；艮为山，晋象。

22　岁云秋矣，我落其实而取其材，所以克也：现在已经是秋天，我得到他的果实又得到他的木材，所以必定战胜。

23　实落材亡，不败何待：果实也落了，木材也没有了，那必定会战败。

24　三败及韩：晋惠公军队果然三度失败，一直败到韩地。韩在今陕西省韩城县南。

25　寇深矣：敌寇已经深入。

26　君实深之，可若何：你召秦国使他的军队深入，这有什么办法呢？

27　不孙：孙与逊音意皆相通。此指不能逊顺。

28　卜右：古人对职位必定占卜，占卜须以何人为车右。

29　步扬：晋大夫，是犨的父亲。

30　家仆徒：晋大夫。

31　小驷：马名。

32　郑入：郑国所贡献给晋国的。

33　大事：成公十二年“国之大事，在祀与戎”。此云大事，系专指戎事。

34　必乘其产：必定乘用他自己国家所产的马。

35　生其水土，而知其人心：它生在合于它自己水土的地方，而又明知它的国家的人心。

36　安其教训，而服习其道：安于其国的教训，而认识其国的道路。

37　唯所纳之，无不如志：必定听从乘车人的指导，没有不听从他的志向。

38　今乘异产以从戎事，及惧而变，将与人易：这种乘坐异国所产的马，以从事兵戎战事，到了临战畏惧而变化的时候，他同人心不一样。

39　乱气狡愤，阴血周作，张脉偾兴，外强中干：在乱的气氛中，使马发生狡猾的动作，于是它的血脉浑身环绕，它的脉搏也兴奋起来，外边样子好像很强，但真正并无力量。

40　进退不可，周旋不能：到那时想要它进或退皆不能，要它回旋也不能办到。

41　逆：迎接。

42　韩简：晋大夫。

43　视师：来侦察秦国的军队。

44　师少于我，斗士倍我：秦国的军队比晋国少，但是能作战的人却超过我国一倍。

45　出因其资：由晋国逃出的时候，用他的资助。

46　入用其宠：入晋国的时候，用他的帮助。

47　饥食其粟：晋国饥荒的时候，就吃秦国的谷米。

48　三施而无报，是以来也：秦国施舍三次，而没有得到晋国的报答，所以秦国就来了。

49　今又击之，我怠秦奋，倍犹未也：现在晋国又攻击秦国，我国懈怠，而秦国奋发，不止加倍的力量。

50　一夫不可狃，况国乎：一个人还不可以习惯不以为意，何况是一个国家。

51　寡人不佞，能合其众而不能离也：我没才干，只能合我们的军队，而不能使他们分散。

52　君若不还，无所逃命：你要不回去，我只好跟你作战。

53　君之未入，寡人惧之：你没有来到晋国以前，我很怕你不能进入。

54　入而未定列，犹吾忧也：你已经进去，而位置没有完全定，这仍旧是我的忧愁。

55　苟列定矣，敢不承命：假设位置已经定轨，我敢不接受你的命令吗？

56　吾幸而得囚：我要是被囚虏，这还是幸事。

57　战于韩原，晋戎马还泞而止：在韩的平原上作战，晋侯的马车陷入泥淖中旋转不前。泞是泥也；还是便旋也。韩原是晋地，江永谓“就秦伯之军涉河作战，及晋侯曰寇深矣而言，应在山西河津万泉之间”。

58　公号庆郑：晋惠公就号呼庆郑来救援他。

59　愎谏违卜，固败是求，又何逃焉：愎音同必，谓意气自用，不受他人劝谏。此句谓不听庆郑的谏言，又违背了占卜，只有求得失败，又何必逃走呢？

60　梁由靡：晋大夫，梁由是姓，靡是名。

61　辂秦伯，将止之：辂音同路，为车軨前横木。此句谓用手拉着秦穆公车前的横木，将擒获他。

62　郑以救公误之：庆郑以救晋侯，使他错过时机。

63　晋大夫反首拔舍从之：晋国的大夫们使头发散乱，毁坏衣服，故意表示忧戚以追从在秦国的军队后面。

64　二三子何其戚也：春秋时代的贵族互称为子，若是多数时，则称为二三子。何其戚是说你们为什么如此悲伤。

65　寡人之从君而西也，亦晋之妖梦是践，岂敢以至：妖梦指申生所说上帝准许他罚有罪的话。此句指我追随着晋君西往秦国去，这也是为的实践晋国的妖梦，哪里敢有旁的意思。

66　三拜稽首：三次跪拜，并且首至地。

67　皇天后土，实闻君之言：天地全部听到你所说的话。

68　群臣敢在下风：群臣在君的下边听着。

69　大子䓨、弘：大子䓨是秦穆公子康公；弘是䓨的同母弟。

70　简璧：是秦穆公女。

71　登台而履薪焉：杜注："古之宫闭者，皆居之台以抗绝之。穆姬欲自罪，故登台而荐之以薪，左右上下者皆履柴乃得通。"

72　使以免服衰绖逆：免音读问，袒免的衣服。使迎接秦伯的人穿着丧服。

73　上天降灾………唯君裁之：按《正义》云，《左传》本无此言，后人妄增之，今定本亦无。叶抄《释文》云："此凡四十二字，检古本皆无。寻杜注亦不得有，是后人加也。"《正义》作使我两君两见不以玉帛，与诸本亦异；并且杜预对于婢子亦无注，直到僖公二十二年"寡君之使婢子，侍执巾栉以固子也"方有注。

74　乃舍诸灵台：灵台即周之灵台，在今陕西省鄠县。

75　大夫请以入：秦国的大夫请执晋侯以入秦国。

76　获晋侯，以厚归也：我执晋侯以归，以表示厚获俘囚。

77　既而丧归，焉用之：假设夫人因而自杀，这是以丧归，我又有什么用处。

78　大夫其何有：你们又何所得。

79　且晋人戚忧以重我：晋人表示戚忧以加重我的罪状。

80　天地以要我：用天地以要挟我。

81　不图晋忧，重其怒也：要不管晋人的忧戚，就加重晋人的愤怒。

82　我食吾言，背天地也：我收回我说的话，那岂不是违背了天地。

83　重怒难任，背天不祥：晋人的怨恨使我担当不起，违背上天的意思，是不吉祥的。

84　公子縶：秦大夫。縶音直。

85　不如杀之，无聚慝焉：慝音同特，恶念，隐恶的意思。不如把晋侯杀掉，不要使他回到晋国相聚为恶。

86　归之而质其大子，必得大成：如果把晋侯送回去，而把他的太子留在秦国为人质，必能有大的成就。

87　晋未可灭而杀其君，只以成恶：晋现在无法把它灭了，而杀了它的君，恰好成为罪恶。

88　史佚：是周武王时太史名佚。佚音逸。

89　无始祸：不要为祸乱的开始。

90　无怙乱：不要利用人家乱的时候，使自己得到利益。

91　重怒难任，陵人不祥：使人更增加怒难于担任，欺侮人是不吉祥的。

92　郤乞：晋大夫。

93　瑕吕饴甥：即吕甥也。姓瑕吕，名饴甥，字子金，为晋大夫。

94　朝国人而以君命赏：召见国人在朝上，而以君的命令赏赐他们。

95　其卜贰圉：可以占卜，立圉为君。圉是惠公太子怀公。

96　爰田：将公田的税收分赏于众人，名曰爰田。

97　君亡之不恤而群臣是忧：君出亡而不自怜恤，只是忧虑群臣。

98　征缮以辅孺子：征是赋税，缮是甲兵，以辅佐太子圉。

99　群臣辑睦，甲兵益多：臣全都和睦，军队也更多。

100　好我者劝，恶我者惧，庶有益乎：喜欢我的人就得到劝助，恨我的人更害怕，这或者对我有好处。

101　众说：说音义同悦。

102　州兵：五党为州，州等于二千五百家，每州各缮治甲兵。

103　遇归妹䷵之睽䷥：兑下震上谓之归妹，兑下离上谓之睽，归妹变成睽卦，之是变。睽音葵。

104　史苏：晋国卜筮的史官。

105　其繇：繇音宙，是卦兆的占辞。

106　士刲羊，亦无衁也：刲音亏，割也。衁音荒，血也。士人割羊，也没有血。

107　女承筐，亦无贶也：女人拿着筐，亦无所得，贶音况。

108　西邻责言，不可偿也：西邻责备的话，不可以报答。

109　归妹之睽，犹无相也：归妹卦变成睽，也没有方法相辅助。

110　震之离，亦离之震：震变成离，也是离变成震。

111　为雷为火，为嬴败姬：震为雷，离为火，结果嬴姓打败了姬姓。

112　车说其輹，火焚其旗：輹是车下缚。震为车，离为火，车脱开了绳索，火就焚烧了他的旗子。

113　不利行师，败于宗丘：宗丘等于宗邑。作战不利，所以没出国就战败。

114　归妹睽孤，寇张之弧：归妹孤绝失位，故遇寇敌的弓矢，这是睽卦上九爻的意思。

115　侄其从姑：侄子就跟着姑姑走，这是说子圉为人质于秦国。

116　六年其逋，逃归其国，而弃其家：六年的工夫，就要逃回晋国，而子圉放弃了他的夫人秦女怀嬴。

117　高梁之虚：晋地，在今山西省临汾县东北三十七里。

118　龟，象也：龟甲所以象示事情。

119　筮，数也：筮草所以代表气数。

120　物生而后有象：事物生了以后才能象示事情。

121　象而后有滋：象示以后就滋生其他的事物。

122　滋而后有数：滋生而后有气数。

123　先君之败德，及可数乎：晋献公失德的地方，还能够数出数目吗！言甚多，不可尽数。

124　下民之孽，匪降自天，僔沓背憎，职竞由人：出《诗·小雅·十月之交》篇。此句意思是小民的妖孽并非降自上天，因为对谈则相和，背则相怨，这种原因皆由人而来。

**今译**

晋惠公回国时，秦穆公夫人嘱托他照料晋献公的次妃贾君，并且说："要全部接纳诸位公子回国。"后来，晋惠公娶了贾君，又不接纳诸位公子回国，因此秦穆公夫人怨恨他。晋惠公曾许诺把贿赂给晋国执政的中大夫里克和丕郑等人，后来也都违背诺言。

又用黄河环曲南面的五个城贿赂秦穆公，这五个城东边一直到虢国的边境，南边到华山，一直到晋国境内的解梁城。后来，也全不给。晋国发生饥荒，秦国输送粟米给晋国。后来秦国发生饥荒，晋国关闭秦国籴谷的市。由于以上种种原因，所以秦穆公讨伐晋国。秦国的卜人徒父用筮草占卜，说道："吉利：渡过黄河，晋侯的车战败。"秦穆公进一步询问他，回答说："这乃是大吉大利的。打败晋侯的军队三次，必定可以捉获晋的国君。占卜遇到蛊卦䷑，蛊卦的卦辞说：'千乘的车队出战失败三次，三次以后，就可捉获它的雄狐。'那蛊卦的雄狐必定是它的国君。蛊的内卦为贞，代表风；外卦为悔，代表山。现在岁时已到秋季，我们是风，吹下了他山上的果实，而且取得他的木材，所以我们必定战胜他。果实落了，木材也没有了，晋国只有失败。"后来晋惠公的车队果然失败三次，一直退到韩地。晋惠公对大夫庆郑说："敌寇已经深入了，怎么办呢？"庆郑回答说："实在是因为您的缘故，才招致敌军深入，这有什么办法呢？"晋惠公说："你对我不逊顺。"接着，惠公占卜车右的人选，结果是庆郑合于吉兆。但惠公因他对自己不逊而不用他。而使步扬驾戎车，家仆徒为车右，乘用郑国所献的马——小驷。庆郑因此说道："古时候凡是有战事，必定乘用自己国家所产的马，因为土产的马生在它的水土，而知道它的人心；安于它的教训，而熟习它的道路。乘车的人有所命令，没有不听从他的志向。现在乘用外国所产的马，以从事于战争，等到马畏惧而生变的时候，将与人的命令不一致。在纷乱的气氛之下，马受扰乱刺激，于是它的血脉环绕全身，血脉亢张，脉搏加快，外表看似强健，实际则没有力量。既不能进攻退守，又不能周旋应战，您必定要后悔的。"晋惠公不听他的话。到了九月，晋惠公迎战秦国的军队，派大夫韩简侦察秦军，韩简回来报告说：

“秦国的军队比我国少，但是能战的斗士超过我国一倍。”晋惠公说：“这是什么道理？”回答说：“您出国逃亡的时候，利用他的帮助；您回国的时候，又利用他的宠爱。晋国饥荒，吃秦国的粟米，三次施给您恩惠而您不报答，因此来攻伐。现在又出兵攻击秦国军队，我军懈怠，而秦军奋勇。恐怕他的力量不止比我国多一倍。”晋惠公说：“即使是一个平凡的人，都不能使他习惯于别人的退让，何况一个国家呢？”于是就派韩简去请秦军出战，说道：“我没有才干，只能结合我的军队，而不能使他们分离。您，秦国的君主，若是不退回去，我只好跟你作战。”秦穆公派公孙枝回答说：“您还没有进入晋国以前，我怕您不能进入；您进入了而还没有定位以前，我还是担忧。假使您的位置已经定了，我敢不接受你的命令吗？”韩简退回来，说道：“我若是被俘了，还算是幸运的。”壬戌，晋军和秦军交战于韩地的原野。晋惠公的战车和马掉进泥泞中旋转不前。惠公呼叫庆郑，庆郑说：“刚愎而不听谏言，违背占卜的吉兆，固然只有得到失败，又何必逃避呢？”于是就不顾而去。梁由靡驾着韩简的战车，虢射为车右，迎战秦穆公，拉着秦穆公车前的横木，将擒获他。庆郑叫他们去救晋惠公，因而失去了擒获秦穆公的机会。秦国终于捉获了晋惠公而回。晋国的大夫们散乱着头发，毁坏了衣服，追随在秦国军队的后面。秦穆公派人劝他们说：“诸位先生为什么这样悲伤呢？我带着晋君到西边去，也不过是为了实践晋国的妖梦，哪里敢有别的意思！”晋国的大夫们三次跪拜，叩头到地，说道：“您脚踏着后土，头顶着皇天，皇天后土都听到您所说的话。我们敢请在下面听着。”秦穆公夫人听说晋惠公将要到了，就带着太子䓨和他的弟弟弘，妹妹简璧，登上高台，踏着预先叫人铺好的柴薪，以表示处罚自己的罪。派人穿着丧服去迎接秦穆公，并告诉他说：

“上天降下灾祸，使两位君主不以玉璧丝帛相见，而以发动战争相见。若是晋君早上进入秦国，那么我就在晚上死；晚上进入，我就早上死。完全听您的裁决。”秦穆公就把晋惠公留在灵台。秦国的大夫请求执着晋惠公进入国都。秦穆公说：“俘获了晋侯，原来是表示厚获而归，假如晋侯进入，而夫人自杀，反而带着丧回国，有什么用处呢？诸位大夫又能得到什么呢？况且晋国人悲伤忧愁以加重我的罪状，用天地的威灵要挟我。若是不考虑晋国人的忧愁，就会加重他们的愤怒。我若是背弃了诺言，就是违背了天地。加重了晋国人的愤怒，我将难以担当，违背了天意则是不祥。还是要送晋君回国才好。”公子絷说：“不如杀了晋君，使他不再能聚众作恶。”子桑说：“送他回国，而把晋国的太子留在秦国做人质，必定可以有大成就。晋国还不可以消灭，而杀了它的国君，恰好成为罪恶。而且周武王时的太史佚曾说过：‘不要惹起祸乱，不要以别人的乱事为自己的利益，不要加重别人的愤怒，加重了愤怒，难以担当。欺侮别人是不吉祥的。’”于是就允许晋国讲和。晋惠公派郤乞去告诉瑕吕饴甥，并且召他来迎接。瑕吕饴甥就教郤乞说：“你要召国人来朝廷会集，而用惠公的命令赏赐他们，并告诉他们说：‘我虽回国，已使国家受辱了。不如占卜，另立圉为国君。’”众人听了都哭起来。晋国于是就在这时创立爰田的制度，把公田的税收，归惠公所有的部分，分给众人。吕甥就说：“国君对于自己的存亡不关心，而忧虑诸位大臣的福利，这是最高的恩惠，我们要怎样报答国君呢？”众人就说：“无论怎么做都可以！”吕甥回答说：“征收赋税，修缮甲兵，以辅佐太子。诸侯听说，我们晋国国君虽出亡在外，但国内有国君主政，并且所有的臣子都和睦，军队也增加。对我友好的国家因此得到劝谏，对我敌视的国家因此得到戒惧，这样也许才有益处。”众人都很悦服，晋国于是就在这时成立了州兵的制度。起初，晋献公用筮草占卜，把大女儿嫁到秦国，遇到归妹䷵卦变到睽䷥卦。史苏占卜说：“不吉利。归妹卦辞说：‘士人割羊，也没有血；女子拿着筐承接，也无所得。西边的邻人将有责让的话，也不能报偿。’由归妹卦变到睽卦，也是得不到帮助。因为震卦变到离卦，也等于是离卦变到震卦。震代表离，离代表火，这是表示嬴姓打败姬姓。车脱了绳索，火焚烧了旗帜，这是表示不利于军队行动的，并且暗示将在宗邑附近打败仗。由归妹卦变到睽卦，遇到孤绝之象，故将遇到张着弓弧的敌寇。然后是侄儿随从姑母，六年之后，他将逃亡，回到晋国，而放弃他的家室。第二年，将死于高梁之虚。”等到晋惠公被执留在秦国，他说：“先君若是听从史苏的占卜，我不会落到今天这个地步吧！”韩简侍候在旁，说道：“龟甲占卜以象征事物，筮草占卜以代表气数。事情发生了以后才有现象，有了现象又滋生其他事情，事情滋生然后才能决定气数。先君败坏德行的事迹，还可以尽数吗！史苏那次占卜，虽然他不听从，并不因此增加你的灾难。《诗·小雅》说：‘一般人的妖孽，不是从天上降下来的。对面谈和，背后相嫉，都是由人自己造成的。’”

经 己卯晦，震夷伯之庙。

传 震夷伯[1]之庙，罪之也[2]，于是展氏有隐慝[3]焉。

**今注**

1 夷伯：鲁大夫。

2 罪之也：以他为有罪。

3 展氏有隐慝：展氏有不明显的恶处。展氏是夷伯的后人。

**今译**

地震震坏了夷伯的庙，这是惩罚他的罪。从此，夷伯的后人展氏有了隐藏的罪恶。

经 冬，宋人伐曹。

传 冬，宋人伐曹，讨旧怨也[1]。

**今注**

1 讨旧怨也：是庄公十四年，曹与诸侯伐宋的旧怨。

**今译**

冬天，宋国人讨伐曹国，为的是声讨旧的仇怨。

经 楚人败徐于娄林。

传 楚败徐于娄林[1]，徐恃救也[2]。

**今注**

1 娄林：徐地，在今安徽省泗县东北。

2 徐恃救也：徐仗恃齐国的救援。

**今译**

楚国把徐国打败于娄林，因为徐国仗恃着齐国的援救。

经 十有一月壬戌，晋侯及秦伯战于韩，获晋侯。

**今注**

杜注：壬戌是九月十三日，因为“传”是根据晋国用的夏正，而“经”所说的十一月是周正，周正的十一月恰好与夏正的九月相等，此事已见前引之传文。

**今译**

十一月壬戌，晋惠公和秦穆公战于韩。秦国俘获了晋惠公。（传见前。）

传　十月，晋阴饴甥[1]会秦伯，盟于王城[2]。秦伯曰："晋国和乎[3]？"对曰："不和。小人耻失其君而悼丧其亲[4]，不惮征缮以立圉[5]也。曰必报仇，宁事戎狄[6]；君子爱其君而知其罪，不惮征缮以待秦命[7]，曰必报德，有死无二[8]。以此不和。"秦伯曰："国谓君何？"对曰："小人戚，谓之不免[9]，君子恕，以为必归[10]。小人曰：'我毒秦，秦岂归君[12]？'君子曰：'我知罪矣，秦必归君[12]。'贰而执之，服而舍之，德莫厚焉，刑莫威焉[13]；服者怀德，贰者畏刑[14]；此一役也，秦可以霸[15]。纳而不定，废而不立，以德为怨[16]，秦不其然[17]。"秦伯曰："是吾心也[18]。"改馆晋侯，馈七牢焉[19]。蛾析[20]谓庆郑曰："盍行乎[21]？"对曰："陷君于败，败而不死，又使失刑，非人臣也[22]，臣而不臣，行将焉入[23]？"十一月，晋侯归。丁丑，杀庆郑而后入。是岁，晋又饥。秦伯又饩之粟[24]。曰："吾怨其君而矜其民[25]。且吾闻唐叔[26]之封也，箕子[27]曰：'其后必大。'晋其庸可冀乎[28]？姑树德焉，以待能者[29]。"于是秦始征晋河东，置官司焉[30]。

### 今注

1　阴饴甥：即吕甥。

2　王城：秦地。在今陕西省朝邑县东。

3　晋国和乎：晋国内部和睦吗？

4　小人耻失其君而悼丧其亲：小人们以丢掉他的君为羞耻，而又丧悼他的亲人为秦所杀。

5　不惮征缮以立圉：不厌烦征兵并修城以立太子。

6　必报仇，宁事戎狄：宁可事奉戎狄，必定报秦国这仇怨。

7　以待秦命：等待秦国的命令。

8　必报德，有死无二：必定报答秦国的恩惠，就是死也没有二心。

9　小人戚，谓之不免：小人阶级发愁，以为晋君不免于死。

10　君子恕，以为必归：君子阶级宽恕，以为晋君必回晋国。

11　我毒秦，秦岂归君：我忘记秦的恩惠，秦国安能将晋君归还？

12　我知罪矣，秦必归君：我已经知道罪状了，秦国必定将晋君归还。

13　贰而执之，服而舍之，德莫厚焉，刑莫威焉：他有二心，就把他逮起来；他要服从就把他饶恕。这种德没有再比这个更厚的，刑罚没有再比这种威重的。

14　服者怀德，贰者畏刑：服从的人就感激他的德惠，有二心的人就怕刑罚。

15　此一役也，秦可以霸：这一战事，秦可以称霸主。

16　纳而不定，废而不立，以德为怨：纳进晋君而不决定，废晋君又不立，把恩德变成怨恨。

17　秦不其然：秦大概不至于如此。

18　是吾心也：这正合于我的心。

19　改馆晋侯，馈七牢焉：更改晋侯的馆舍，赠送给他七牢。牛、羊、豕各一为一牢；七牢是七牛、七羊、七豕。

20　蛾析：蛾音同蚁，是晋大夫。

21　盍行乎：何不出走呢？

22　陷君于败，败而不死，又使失刑，非人臣也：这是指着韩地之战，由于晋侯呼庆郑，而庆郑不往救，“陷君于败”，但是国君被打败以后，自己又不能死，逃往他处，使晋君不能杀戮他，所以“非人臣也”。

23　臣而不臣，行将焉入：做人臣而不守臣的规则，逃亡将到哪里去？

24　又饩之粟：又送给他谷子。

25　吾怨其君而矜其民：我很怨恨它的君，而哀怜它的人民。

26　唐叔：是武王子，晋始封的君。

27　箕子：是殷王帝乙之子，纣的庶兄。

28　“其后必大。”晋其庸可冀乎：他的后人必定光大，晋国是不可以谋取的。

29　姑树德焉，以待能者：姑且在那里树恩德，以等待能干的人来。

30　秦始征晋河东，置官司焉：秦国开始设官以征晋国河东的赋税，这就是惠公以前所许赠送给秦国的河外列城五。河东是晋地，指今山西省永济、荥河之间。

**今译**

十月，晋大夫阴饴甥会见秦穆公在王城盟誓。秦穆公问：“晋国内部和睦吗？”回答说：“不和睦，小人们因为失掉了国君感到耻辱，并且因他们的亲人为秦国人所杀而感到悲痛。不惮烦征赋治兵以立圉为君，发誓说，宁可侍奉戎狄，也必要报仇雪耻。君子们则爱护他们的国君，而知道他的罪行。不惮烦征赋治兵以等待秦国的命令，说道，必定要报答秦国的恩德，只有效死而无二心。因此两种人并不和谐。”秦穆公问：“全国的人对国君的态度怎样？”回答说：“小人们忧戚，认为国君不免于死；君子们宽恕，认为国君必能回国。小人们说：我们对秦国恶毒，秦国难道会送我们的国君回国？君子们说：我们认了自己的罪，秦国必定送回我们的国君。他有二心就把他逮起来；他服罪，就把他放回。没有比这更厚重的德行了，没有比这更威严的刑罚了。服从的人感恩这种德行，有二心的人畏惧这种刑罚。就靠这次战役，秦国就可以称霸。若是送晋君归国而不安定他的地位，废了他而不立为君，把恩德变成怨恨，料想秦国不至于这样做吧！”秦穆公说：“这正是我的心意。”于是更换晋惠公的馆舍，赠给他七副太牢。晋大夫蛾析对庆郑说：“你何不出走呢？”庆郑回答说：“我使国君陷于失败，打败了又不效死，逃到他处，使国君不能施刑。这不是为人臣子所应做的。为人臣子而不守臣道，逃亡又能逃到哪里去呢？”十一月，晋惠公回国。丁丑，杀了庆郑，然后进入国都。这一年，晋国又发生饥荒，秦穆公又送粟米给晋国，说：“我怨恨它的国君，而哀怜它的人民。并且我听说唐叔的受封，箕子曾说：‘他的后代必定昌盛。’晋国难道是可以希冀的吗？我姑且建树德行，以等待能干的人吧！”于是在这时候，秦国开始在晋国河东之地征税，设置了官职，掌管其事。

# 卷七　僖公中

## 僖公十六年（公元前六四四年）

**经**　十有六年春王正月戊申朔，陨石于宋五，是月，六鹢退飞过宋都。

**传**　十六年春，陨石于宋五[1]，陨星也[2]，六鹢退飞过宋都，风也[3]。周内史叔兴[4]聘于宋，宋襄公问焉，曰："是何祥也，吉凶焉在[5]？"对曰："今兹鲁多大丧[6]，明年，齐有乱[7]，君将得诸侯而不终[8]。"退而告人曰："君失问[9]，是阴阳之事，非吉凶所生也[10]。吉凶由人[11]，吾不敢逆君故也[12]。"

### 今注

1　陨石于宋五：天上落下五块石头在宋国都城。

2　陨星也：这是天上的星星掉下来。

3　六鹢退飞过宋都，风也：六只水鸟向后退着飞，过宋国的都城上，这是因为风力所压迫。鹢音同亦，水鸟名，色白，不畏风。

4　叔兴：内史的名字。

5　是何祥也，吉凶焉在：这是何种的预兆，吉或凶何在？焉等于安。

6　今兹鲁多大丧：今年鲁国多大丧。多大丧指季友与公孙兹之死。

7　齐有乱：齐国有乱。这是指齐桓公死后，五公子争立的事情。

8　君将得诸侯而不终：宋襄公将得到诸侯的拥护，而不能终为霸主。

9　君失问：你问的方法不对。

10　是阴阳之事，非吉凶所生也：这是阴同阳的事情，不是与吉或凶有关系的。

11　吉凶由人：吉或凶皆由人支配。

12　吾不敢逆君故也：我因为不敢违背他的意见的缘故。

**今译**

十六年春天，天上落下五块石头在宋国都城，这是天上的星星掉下来。有六只水鸟向后退着飞，飞过宋国的都城上空，这是因为风力所压迫。周的内史叔兴到宋国聘问，宋襄公问他，说："这是何种的预兆，吉或凶何在？"回答说："今年鲁国多大丧，明年，齐国有乱，你将得到诸侯的拥护，而不能终为霸主。"回来就告诉别人说："宋襄公问的方法不对，这是阴同阳的事情，不是与吉或凶有关系的。吉或凶皆由人支配而成，这是因为我不敢违背宋襄公意见，才这么回答他。"

**经**　三月壬申，公子季友[1]卒。

**今注**

1　公子季友：这是三桓季氏的祖先。此经无传。

**今译**

三月壬申，公子季友逝世。

**经** 夏四月丙申，鄫季姬卒[1]。

**今注**

1 此经无传。

**今译**

夏天，四月丙申，嫁到鄫国的季姬逝世。

**经** 秋七月甲子，公孙兹[1]卒。

**今注**

1 公孙兹：是公子叔牙之子。此经无传。

**今译**

秋天，七月甲子，公孙兹逝世。

**传** 夏，齐伐厉[1]，不克，救徐而还[2]。

**今注**

1 齐伐厉：在僖公十五年，齐伐厉以救徐。

2 救徐而还：救了徐国就班师。

**今译**

夏天，齐国讨伐厉国，没有战胜，救了徐国就班师。

**传** 秋，狄侵晋，取狐厨、受铎[1]，涉汾[2]及昆都[3]，因晋败也。

**今注**

1 狐厨、受铎：是晋的二邑。狐厨在今山西省襄陵县西北狐谷亭。受铎应当在狐厨附近。

2 涉汾：渡过汾水。汾是今纵贯山西省的汾河。汾水出太原，从平阳南流折而西入黄河。

3 昆都：晋邑，地在汾水之南。在今山西省襄陵县南有昆都聚。

**今译**

秋天，狄人侵犯晋国，取得狐厨、受铎二城，渡过汾河，到达了昆都城，这是因为晋国被打败的缘故。

**传** 王以戎难告于齐[1]，齐征诸侯而戍周[2]。

**今注**

1 王以戎难告于齐：周王以戎的侵略告知齐桓公。

2 齐征诸侯而戍周：齐就召集诸侯，派兵戍守周国。

**今译**

周王以戎的侵略告于齐桓公，齐就召集诸侯，派兵戍守周国。

**传** 冬十一月，乙卯，郑杀子华[1]。

**今注**

1 郑杀子华：管仲在僖公七年曾说：子华想去掉郑国的三良，必定被杀。

**今译**

冬天，十一月，乙卯，郑国人杀了公子华。

**经** 冬，十有二月，公会齐侯、宋公、陈侯、卫侯、郑伯、许男、邢侯、曹伯于淮。

**传** 十二月，会于淮[1]，谋鄫且东略也[2]，城鄫[3]。役人病[4]，有夜登丘而呼[5]曰：“齐有乱[6]。”不果城而还。

**今注**

1 淮：杜注：“临淮郡左右。”未能实指何地。江永：“晋临淮郡盱眙。”指今安徽省盱眙县，五河县，或江苏淮阴县滨淮之地。

2　谋鄫且东略也：谋救鄫国且向东方发展。

3　城鄫：给鄫国都城修城。

4　役人病：修城的工人生病。

5　有夜登丘而呼：有一群人夜里上到小岗上大喊。

6　齐有乱：齐国有乱。

**今译**

十二月，诸侯在淮水附近集会，为谋救鄫国且向东方发展，于是给鄫国都城修城，修城的工人生病了，有群人在夜里上到小岗上大喊："齐国有乱。"结果没有筑城就回来了。

## 僖公十七年（公元前六四三年）

**经**　十有七年春，齐人、徐人伐英氏。

**传**　十七年春，齐人为徐伐英氏[1]，以报娄林之役也[2]。

**今注**

1　齐人为徐伐英氏：英氏是偃姓国，在今安徽省六安县西南，有英氏城。齐人为徐国讨伐英氏。

2　以报娄林之役也：娄林之役在僖公十五年。娄林，徐地，在今安徽省泗县东北。

**今译**

十七年春天，齐人为徐国讨伐英氏，以报娄林战役的仇。

**传**　夏，晋大子圉为质于秦，秦归河东而妻之[1]，惠公之在梁也[2]，梁伯妻之，梁嬴孕过期[3]，卜招父[4]与其子卜之。其子曰："将生一男一女。"招曰："然。男为人臣，女为人妾[5]。"故名男曰圉，女曰妾[6]，及子圉西质[7]，妾为宦女焉[8]。

**今注**

1　秦归河东而妻之：秦国本已经征税于晋国的河东，此事在僖公十五年。现在秦国将河东归还，而使秦女怀嬴嫁子圉。

2　惠公之在梁也：惠公以前在梁国的时候。

3　梁嬴孕过期：梁国是嬴姓，梁伯的女儿怀子过十月未能产。

4　卜招父：梁国太卜。

5　男为人臣，女为人妾：男的是做人的臣下，女的是为人的妾。

6　故名男曰圉，女曰妾：圉是养马的人；凡不行聘礼就嫁叫作妾。

7　西质：到秦国为人质。

8　妾为宦女焉：妾就做秦国的宦女。宦女等于妾。

**今译**

夏天，晋太子圉于秦国做人质，秦国将河东归还，而使秦女怀嬴嫁给子圉。惠公以前在梁国的时候，梁伯以女儿嫁他，但梁嬴怀子过了十个月尚未能产，于是卜招父同其子占卜。其子说："将要生一个男孩和一个女孩。"卜招父则说："对。男的是做人的臣下，女的是为人的妾。"所以命名男的叫圉，女的叫妾，等到太子圉到秦国为人质，妾就做秦国的宦女。

**经**　夏，灭项。

**传**　师灭项[1]，淮之会，公有诸侯之事[2]，未归而取项[3]，齐人以为讨而止公[4]。

**今注**

1　师灭项：鲁国的军队灭了项国。项是国名，在今河南省项城县东北六十里，有古项城。

2　公有诸侯之事：诸侯之事是指着会同讲礼的事。公是鲁僖公。

3　未归而取项：他没有回来，鲁国的当政者就取得了项国。

4　齐人以为讨而止公：齐人因为这件事，将鲁君执获。因为是国内的事，所以讳言执获，变而言止。

**今译**

鲁国的军队灭了项国。此时，鲁僖公正在淮水会见诸侯，有会同讲礼的事，没有回国，鲁国的当政者就取得了项国，齐人因为这件事，将鲁僖公执获。

**经**　秋，夫人姜氏会齐侯于卞。九月，公至自会。

**传**　秋，声姜[1]以公故，会齐侯于卞[2]。九月，公至[3]，书曰："至自会[4]。"犹有诸侯之事焉[5]，且讳之也[6]。

**今注**

1　声姜：鲁僖公夫人，是齐国的女儿。

2　卞：在今山东省泗水县东五十里。

3　公至：僖公回来。

4　至自会：僖公由会中回来。

5　犹有诸侯之事焉：好像仍旧有会同讲礼的事情。

6　且讳之也：并且避讳说被执，故托会以告庙。

**今译**

秋天，鲁僖公夫人声姜因为僖公被执获的缘故，会见齐侯于卞城。九月，僖公回国，《春秋》特别记载说："僖公由会中回来。"好像仍旧有会同讲礼的事情，并且避讳说僖公被执。

**经**　冬十有二月，乙亥，齐侯小白卒。

**传**　齐侯之夫人三，王姬、徐嬴、蔡姬[1]，皆无子。齐侯好内[2]，多内宠，内嬖如夫人[3]者六人：长卫姬生武孟[4]，少卫姬生惠公[5]，郑姬生孝公[6]，葛嬴生昭公[7]，密姬生懿公[8]，宋华子生公子雍[9]。公与管仲属[10]孝公于宋襄公，以为大子。雍巫[11]有宠于卫共姬[12]，因寺人貂[13]以荐羞[14]于公，亦有宠。公许之立武孟。管仲卒，五公子皆求立[15]。冬，十月乙亥，齐桓公卒，易牙入，与寺人貂因内宠以杀群吏[16]，而立公子无亏。孝公奔宋。十二月乙亥，赴[17]。辛巳夜，殡[18]。

**今注**

1　王姬、徐嬴、蔡姬：王姬是周王的女儿；徐嬴是徐国的女儿；蔡姬是蔡国的女儿，即是曾以荡舟使齐桓公发怒的那个人。《春秋》的习惯，女子从姓，所以各以该国的姓分称。

2　好内：喜欢女色。

3　内嬖如夫人：如夫人的礼秩等于夫人。内嬖是内里最宠爱的。

4　长卫姬生武孟：长音同掌。长卫姬即卫共姬，是卫国的女儿。武孟即公子无亏。

5　少卫姬生惠公：少卫姬亦是卫国的女儿。惠公即公子元。

6　郑姬生孝公：郑姬是郑国的女儿。孝公即公子昭。

7　葛嬴生昭公：葛嬴是葛国的女儿，嬴姓，故城在今河南省宁陵县北十五里。昭公即公子潘。

8　密姬生懿公：密姬是密国的女儿。懿公即公子商人。

9　宋华子生公子雍：宋华子是宋华氏的女儿子姓。公子雍未能立为君。

10　属：托付。属音主。

11　雍巫：即易牙，巫是名字，雍是做饭的人。

12　卫共姬：即长卫姬。

13 寺人貂：即竖貂，为有宠于桓公的太监。

14 荐羞：羞与馐通。是贡献好吃的食物。

15 五公子皆求立：五公子即孝公以外的公子无亏、公子元、公子潘、公子商人、公子雍。皆求立是指皆想即位为君。

16 因内宠以杀群吏：用内官的权宠杀各种官吏。

17 赴：以丧事讣告诸侯。

18 殡：是殓。杜注说经过六十七天乃殡。

**今译**

齐桓公的夫人有三个，即王姬、徐嬴、蔡姬，皆没有生育孩子。桓公喜欢女色，且多内里宠爱的，内里最宠爱的如夫人有六个：长卫姬生公子无亏，少卫姬生公子元，郑姬生公子昭，葛嬴生昭公，密姬生公子商人，宋华子生公子雍。齐桓公同管仲托付公子昭给宋襄公，立他为太子。此时雍巫为长卫姬所宠爱，因为寺人貂的关系贡献好吃的食物，亦为桓公所喜爱，于是为长卫姬请立公子无亏，公答应了。管仲逝世后，公子无亏、公子元、公子潘、公子商人、公子雍等五公子皆想即位为君。冬天，十月乙亥，齐桓公逝世。易牙进入宫内，同寺人貂用内官的权宠杀各种官吏，而拥立公子无亏即位。于是公子昭逃奔到宋国。十一月乙亥，以丧事讣告诸侯。辛巳的夜晚才入殓。

## 僖公十八年（公元前六四二年）

**经** 十有八年春王正月，宋公、曹伯、卫人、邾人伐齐。

**传** 十八年春，宋襄公以诸侯伐齐。三月，齐人杀无亏[1]。

**今注**

1 齐人杀无亏：杜预注说，以取悦于宋国，故齐人杀公子无亏。

**今译**

十八年春天，宋襄公率领诸侯讨伐齐国。三月，齐人杀公子无亏，以取悦宋国。

**传** 郑伯始朝于楚[1]，楚子赐之金[2]，既而悔之，与之盟曰："无以铸兵[3]。"故以铸三钟[4]。

**今注**

1 郑伯始朝于楚：因为齐桓公死了，中原没有霸主，所以郑伯头一次到楚国朝见。

2 楚子赐之金：楚成王赏给他铜。春秋时仍称铜为金。

3 无以铸兵：不要用以铸造兵器。

4 故以铸三钟：因此就铸了三个钟。

**今译**

郑伯头一次到楚国朝见，楚成王赏给他铜，不久就后悔，遂与郑伯盟誓说："不要用铜来铸造兵器。"因此就铸了三个钟。

**经** 夏，师救齐[1]。

**今注**

1 此经无传。

**今译**

夏天，鲁国军队救援齐人。

**经** 五月戊寅，宋师及齐师战于甗，齐师败绩。

**传** 齐人将立孝公，不胜四公子之徒[1]，遂与宋人战。夏五月，宋败齐师于甗[2]，立孝公而还。

**今注**

1　不胜四公子之徒：齐国人打不过四公子的党羽。四公子指公子元、公子雍、公子潘与公子商人。

2　甗：齐地，在今山东省历城县与长清县之间。甗音同演。

**今译**

齐人欲立公子昭为君，却又打不过四公子的党羽，孝公逃亡到宋国。于是四公子余党就同宋人作战。夏天，五月，宋人战败齐国军队在甗地，推立公子昭即位后就班师。

**经**　狄救齐[1]。

**今注**

1　专门为帮助四公子的党羽。此经无传。

**今译**

狄人援救齐国。

**经**　秋八月，丁亥，葬齐桓公。

**传**　秋，八月，葬齐桓公[1]。

**今注**

1　葬齐桓公：孝公即位以后，方能葬。

**今译**

秋天，八月，安葬齐桓公。

**经**　冬，邢人、狄人伐卫。

**传**　冬，邢人、狄人伐卫，围菟圃[1]，卫侯以国让父兄子弟及朝众[2]，曰："苟能治之，燬请从焉[3]。"众不可，而后师于訾娄[4]，狄师还。

**今注**

1　菟圃：卫地，应与訾娄相近。

2　卫侯以国让父兄子弟及朝众：卫侯以他的国家让位于他的长辈、晚辈及朝廷上的众人。

3　苟能治之，燬请从焉：假设能够治理卫国，我也将听从他的命令。燬是卫侯的名字。

4　訾娄：卫地，在今河南省滑县西南六十里，与河北长垣县接界。

**今译**

冬天，邢人、狄人讨伐卫国，包围菟圃城，卫侯以他的国家让位于他的长辈、晚辈及朝廷上的众人，说："假设能够治理卫国，我也将听从他的命令。"众人不准卫侯让位，卫侯后来陈师在訾娄城，狄人军队就退去。

**传**　梁伯益其国，而不能实也[1]，命曰新里[2]，秦取之。

**今注**

1　梁伯益其国，而不能实也：梁伯增扩他的国土，但是他没有人民来充实它。

2　命曰新里：把新城命名为新里。新里在今陕西省澄城县东北二十里，即梁新城。

**今译**

梁伯增扩他的土地，但是他没有人民来充实它，于是把新城命名为新里，后为秦国取得。

## 僖公十九年（公元前六四一年）

传　十有九年春，遂城而居之[1]。

**今注**

1　遂城而居之：这是连着十八年传所说的“命曰新里，秦取之”。所以也不讲秦国。

**今译**

十九年春天，秦国取得新里城后，而移民去居住。

经　十有九年，春王三月，宋人执滕子婴齐。

传　宋人执滕宣公[1]。

**今注**

1　滕宣公即滕子婴齐。

**今译**

宋人执获滕宣公。

经　夏六月，宋公、曹人、邾人盟于曹南[1]。

**今注**

1　曹南：曹国都城的南边。

**今译**

夏天，六月，宋公、曹人、邾人在曹国都城的南边会盟。

经　鄫子会盟于邾，己酉，邾人执鄫子用之。

传　夏，宋公使邾文公[1]，用鄫子于次睢之社[2]，欲以属东夷[3]，司马子鱼[4]曰：“古者六畜不相为用[5]，小事不用大牲[6]，而况敢用人乎？祭祀以为人也。民，神之主也[7]，用人，其谁飨之[8]？齐桓公存三亡国，以属诸侯[9]，义士犹曰薄德[10]，今一会而虐二国之君[11]，又用诸淫昏之鬼[12]，将以求霸，不亦难乎[13]？得死为幸[14]！”

**今注**

1　邾文公：邾国君。

2　次睢之社：据张华《博物志》说：“琅邪临沂县东界次睢有大丛社，土民谓之食人社，即次睢之社。”在今山东省临沂县境。

3　欲以属东夷：为的可以威慑东方的夷人。东夷是居淮北泗睢以东之夷人。

4　司马子鱼：即公子目夷。

5　古者六畜不相为用：古时候，六种牲畜不自相用于祭祀。这是指着说，祭马神就不用马。

6　小事不用大牲：为小的事情不用大的牺牲来祭祀。

7　民，神之主也：人民是神的主人。

8　用人，其谁飨之：用人来祭祀，谁能够享受。

9　存三亡国，以属诸侯：三王国指着鲁、卫、邢。存三个将亡的国家，以保护诸侯。

10　义士犹曰薄德：有义气的人尚且说他的德行很薄。

11　今一会而虐二国之君：宋襄公三月会诸侯执滕子，同一月又执鄫子。二国之君就指滕子与鄫子。

12　又用诸淫昏之鬼：又用来祭祀不合于礼的鬼神。

13　将以求霸，不亦难乎：将用来求做霸主，这不也是很难的吗？

14　得死为幸：君能得到好死，这是很庆幸的事。

**今译**

夏天，宋襄公派邾文公去到次睢之社，用鄫子来祭祀，想用来威慑东方的夷人。司马子鱼说：“古时候的祭祀，六种牲畜不自相用于祭祀。小的事情不用大的牺牲来祭祀，何况敢用人来祭祀吗？祭祀是为了人求庇护，人民是神的主宰，用人来祭祀，谁能够享受呢？齐桓公使三个将要灭亡的国家存续下去，借以怀服诸侯。有正义的人还说他的德行很薄，现在一次会盟就虐待两个国家的君主，又把他们用于祭祀不合于礼的鬼神，将借此求做霸主，不也是很难的吗？你能够得好死，就是很幸运的！”

**经** 卫人伐邢。

**传** 秋，卫人伐邢，以报菟圃之役[1]，于是卫大旱，卜有事于山川[2]，不吉。甯庄子[3]曰：“昔周饥，克殷而年丰[4]，今邢方无道，诸侯无伯[5]，天其或者欲使卫讨邢乎？”从之，师兴而雨[6]。

**今注**

1 菟圃之役：在僖公十八年。

2 卜有事于山川：占卜是否要祭祀山川的神。

3 甯庄子：是卫大夫。

4 克殷而年丰：灭了殷国以后，就五谷丰收。

5 邢方无道，诸侯无伯：邢国政治不上轨道，诸侯也没有霸主。

6 师兴而雨：军队动员以后，天就降下雨来。

**今译**

秋天，卫国人攻伐邢国，为的是报复菟圃之役的仇恨，在这时卫国正好发生大旱灾，占卜是不是要祭祀山川的神，结果是不吉利。卫大夫宁庄子就说：“从前周朝发生饥荒，灭了殷以后，就五谷丰收，现在邢国的政治不上轨道，诸侯也没有霸主，难道是上天将要派卫国去讨伐邢国吗？”卫国君听从宁庄子的话，军队动员以后，天就下雨了。

经 秋，宋人围曹。

传 宋人围曹，讨不服也[1]。子鱼言于宋公曰：“文王闻崇[2]德乱而伐之。军三旬而不降[3]，退修教而复伐之，因垒而降[4]。《诗》曰：‘刑于寡妻，至于兄弟，以御于家邦[5]。’今君德无乃犹有所阙[6]，而以伐人，若之何？盍姑内省德乎？无阙而后动[7]。”

**今注**

1 讨不服也：因为在曹都城南方盟誓的时候，曹国没有遵守地主的礼节。

2 崇：崇侯虎。

3 军三旬而不降：围了三十天而崇国不投降。

4 退修教而复伐之，因垒而降：退回来再修教化而又讨伐他，方到城垒，他就投降。

5 刑于寡妻，至于兄弟，以御于家邦：先立礼法对于妻子，扩充到兄弟，渐及于全国。这是《毛诗·文王》篇。

6 今君德无乃犹有所阙：现在你的德行是否尚有所阙失。

7 无阙而后动：如果德行没有阙失，然后方能动军队。

**今译**

宋国人包围曹国，讨伐曹国的不讲究。宋公子子鱼就对宋襄公说：“周文王听到崇侯没有德行，而讨伐他。围了三十天，崇侯不投降，退回来再修整教化而又讨伐他，军队才到城底下，崇侯就投降了。《诗经》上说：‘先立礼法对于自己的妻子，再扩充到兄弟，渐及于全国。’现在你的德行还有阙失，而想要讨伐别人，这怎么可以呢？何不姑且反省自己的德行，等到没有阙失，然后再采取行动。”

经 冬，会陈人、蔡人、楚人、郑人，盟于齐。

**传** 陈穆公请修好于诸侯[1]，以无忘齐桓之德[2]。冬，盟于齐[3]，修桓公之好也。

**今注**

1 修好于诸侯：与诸侯修好。

2 以无忘齐桓之德：以免忘记齐桓公的德行。

3 盟于齐：在齐国都城盟会，所以齐孝公也加入。

**今译**

陈穆公请求和诸侯各国和平，以表示不忘记齐桓公的德行。到了冬天，会盟于齐国的都城，表示重申齐桓公时的友好。

**经** 梁亡。

**传** 梁亡，不书其主，自取之也[1]。初，梁伯好土功[2]，亟城而弗处[3]，民罢而弗堪[4]，则曰："某寇将至。"乃沟公宫[5]。曰："秦将袭我[6]。"民惧而溃[7]，秦遂取梁。

**今注**

1 不书其主，自取之也：《春秋》上不写为何人所灭，这是由于梁国自己找的。

2 土功：修建城池的工作。

3 亟城而弗处：很急切地修建城池而又不去居住。

4 民罢而弗堪：人民很辛苦而不能忍受。罢音意皆同疲。

5 乃沟公宫：使人民在公宫的四面挖成沟渠，作为防御。

6 秦将袭我：秦国将暗中侵略我。

7 民惧而溃：人民全害怕就崩溃了。

**今译**

梁国亡了，没有记载梁国君主的名字，因为梁国的灭亡是自找的。起初，梁伯喜好修建城池，急切地修建城池，又不去居住，人民疲惫而不能忍受，梁伯于是就说：“某一个敌寇将来。”使人民在梁伯的宫室四面挖成沟渠。又说：“秦国将暗中侵略我。”人民害怕，就全体溃散，于是秦国就取得了梁国。

## 僖公二十年（公元前六四〇年）

经　二十年春，新作南门。

传　二十年春，新作南门[1]，书不时也[2]。凡启塞从时[3]。

**今注**

1　新作南门：这是鲁都城的南门，本名稷门，僖公使之更加高大，所以改名高门。

2　书不时也：因为这不是土功的时候，所以特别加以记载。

3　凡启塞从时：门户桥梁叫作启，城郭叫作塞，修建启塞都要按着时候。

**今译**

二十年春天，僖公使鲁都城的南门更加高大，《春秋》记上一笔，因为这不是土功的时候。因为凡是修筑门户桥梁及城郭都要按着时候。

经　夏，郜子[1]来朝。

**今注**

1　郜子：郜是姬姓国，在今山东省城武县东南八十里。此经无传。

**今译**

夏天，郜子来鲁国朝聘。

**经** 五月乙巳，西宫灾[1]。

**今注**

1 西宫灾：西宫是鲁僖公的别宫，灾是火。此经无传。

**今译**

五月，乙巳那一天，鲁僖公的别宫失火。

**经** 郑人入滑。

**传** 滑人[1]叛郑而服于卫；夏，郑公子士[2]、泄堵寇[3]帅师入滑[4]。

**今注**

1 滑人：滑，地应在郑卫之间，今河南睢县西北的滑亭。

2 公子士：郑文公子。

3 泄堵寇：郑大夫。

4 帅师入滑：他们两人就领着兵进入滑的都城。

**今译**

滑人背叛郑国而顺服卫国；夏天，郑文公子士及郑大夫泄堵寇就率领军队进入滑国都城。

**经** 秋，齐人、狄人盟于邢。

**传** 秋，齐、狄盟于邢，为邢谋卫难也[1]，于是卫方病邢[2]。

**今注**

1 为邢谋卫难也：这是为邢国计划对付来自卫国的患难。

2 于是卫方病邢：这时卫国方成为邢国的患难。

**今注**

秋天，齐人和狄人在邢国会盟，这是为邢国计划对付来自卫国的患难，这时候，卫国才真正成为邢国的患难。

**经** 楚人伐随。

**传** 随以汉东诸侯[1]叛楚。冬，楚鬬穀於菟[2]帅师伐随，取成而还[3]。君子曰："随之见伐，不量力也[4]，量力而动，其过鲜矣[5]。善败由己，而由人乎哉[6]！《诗》曰：'岂不夙夜，谓行多露[7]。'"

### 今注

1 汉东诸侯：诸侯分在汉水以东的，据说多半是姬姓。

2 鬬穀於菟：即令尹子文；於音乌，菟音徒。

3 取成而还：取成就是盟誓讲和。讲和后还是班师回来。

4 随之见伐，不量力也：随国的被楚国讨伐，是他自己不知道他的力量有多少。

5 量力而动，其过鲜矣：要研究自己的力量，然后动作，他的过错就会很少。

6 善败由己，而由人乎哉：成功与失败全在乎自己，难道是由旁人吗？

7 岂不夙夜，谓行多露：这是《诗经·召南》篇的诗，意思说，岂不肯早晨或晚上而去，但是怕走路遇见很多露水。

### 今译

随国借着在汉水以东的姬姓诸侯背叛楚国。到冬天，楚国的令尹子文就率领军队征伐随国，于是楚与随两国盟誓讲和，楚军即班师回来。君子说："随国被楚国讨伐，是他自己不知道他的力量有多少。凡先研究自己的力量，然后行动，他的过错就会很少。成功与失败全在乎自己，难道是由旁人吗？《诗经》上说：'难道是不肯早晨或晚上而去，只是怕走路时，遇见很多露水。'"

**传** 宋襄公欲合诸侯，臧文仲闻之曰："以欲从人则可，以人从欲鲜济[1]。"

**今注**

1　以欲从人则可，以人从欲鲜济：将自己的私心随从众人的好处则可以，希望众人从自己的私欲很少能成功。

**今译**

宋襄公想要联合诸侯各国，鲁大夫臧文仲听到了这件事就说：“将自己的私心随从众人的好处则可以，希望众人从自己的私欲则很少能成功。”

## 僖公二十一年（公元前六三九年）

**经**　二十有一年春，狄侵卫[1]。

**今注**

1　狄侵卫：这是为邢的缘故。此经无传。

**今译**

二十一年春天，狄人侵伐卫国。

**经**　宋人、齐人、楚人，盟于鹿上。

**传**　二十一年春，宋人为鹿上[1]之盟，以求诸侯于楚[2]，楚人许之。公子目夷曰：“小国争盟，祸也[3]。宋其亡乎，幸而后败[4]。”

**今注**

1　鹿上：鹿上，宋地，在今安徽省太和县西有原鹿城。江永说：“原鹿在宋之西南，于楚差近。”

2　以求诸侯于楚：是跟楚国要求准许诸侯来。

3　小国争盟，祸也：小国指宋国，与大国争做盟主，这是祸害。

4　宋其亡乎，幸而后败：宋岂不要亡国，宋军如果被楚国的军队打败，这还是幸运的。

**今译**

二十一年春天，宋人在鹿上举行盟誓，并且跟楚国要求准许诸侯各国前来，楚国人答应了。宋公子目夷说："宋国以一个小国而与大国争做盟主，这是种祸害。宋国岂不要亡国吗？宋军若被楚国的军队打败，这还是幸运的。"

**经** 夏大旱。

**传** 夏大旱，公欲焚巫尪[1]，臧文仲曰："非旱备也[2]，修城郭、贬食、省用、务穑、劝分，此其务也[3]。巫尪何为？天欲杀之，则如勿生；若能为旱，焚之滋甚[4]！"公从之。是岁也，饥而不害[5]。

**今注**

1 公欲焚巫尪：巫尪是女巫，尪音汪。僖公要想烧死女巫。

2 非旱备也：这不是防备旱灾该做的。

3 修城郭、贬食、省用、务穑、劝分，此其务也：修理内城同外城，减少吃食，俭省用途，增产粮食，使粮食有无相济，这就是真正要做的事务。

4 若能为旱，焚之滋甚：她们若能为旱灾，把她们烧死，旱灾一定更加甚。

5 饥而不害：农作物歉收，但是没有伤害到老百姓。

**今译**

夏天大旱，鲁僖公要想烧死女巫，臧文仲就说："这并不是防备旱灾该做的，只有修理内城同外城，减少吃食，俭省用途，增产粮食，使粮食有无相济，这才是真正要做的事务。女巫有什么用呢？上天要杀死她，不如不要生她；假使她们能够造成旱灾，把她们烧死，旱灾一定更加厉害。"僖公听从了他的说法。这一年，虽有饥荒，却不伤害人民。

**经** 秋，宋公、楚子、陈侯、蔡侯、郑伯、许男、曹伯会于盂，执宋公以伐宋。

**传** 秋，诸侯会宋公于盂[1]，子鱼曰："祸其在此乎？君欲已甚[2]，其何以堪之？"于是楚执宋公以伐宋。冬，会于薄以释之[3]，子鱼曰："祸犹未也，未足以惩君[4]。"

**今注**

1 盂：宋地，今河南省睢县西北有盂亭。

2 君欲已甚：君的私欲已经很厉害。

3 会于薄以释之：于是又会盟于薄，就放回宋襄公。薄是宋地，在今河南省商丘西北。

4 祸犹未也，未足以惩君：祸害尚没有完全来到，这尚不足以惩戒宋君。

**今译**

秋天，诸侯在盂地与宋公会盟。子鱼就说："祸害将要在此地发生吗？君的私欲已经很厉害了，诸侯将不能忍受他的作为。"于是楚国人拘拿宋公去征伐宋国。到了冬天，又会盟于薄地，就放回宋襄公。子鱼说道："祸害尚没有完全来到，这尚不足以惩戒宋君。"

**经** 冬，公伐邾[1]。

**今注**

1 公伐邾：这是为邾国灭了须句国的缘故。此经无传。

**今译**

冬天，鲁僖公征伐邾国。

**经** 楚人使宜申来献捷[1]。

**今注**

1　宜申是楚大夫鬭宜申。献捷是楚国战胜宋国的战利品。此经无传。

**今译**

楚国人派遣大夫宜申到鲁国献上战胜宋国的战利品。

**经** 十有二月，癸丑，公会诸侯盟于薄，释宋公。

**今注**

此经的传见“秋，宋公、楚子、陈侯、蔡侯、郑伯、许男、曹伯会于盂，执宋公以伐宋”。

**传** 任、宿、须句、颛臾，风姓也[1]，实司大皞与有济之祀[2]，以服事诸夏[3]。邾人灭须句，须句子来奔，因成风也[4]。成风为之言于公曰：“崇明祀，保小寡，周礼也[5]；蛮夷猾夏，周祸也[6]。若封须句，是崇皞济而修祀纾祸[7]也。”

**今注**

1　任、宿、须句、颛臾，风姓也：任在今山东省任城县。宿在今山东省东平县东二十里。须句在山东省须冒县西北。颛臾在今山东省费县西北八十里有颛臾城。

2　实司大皞与有济之祀：他们管理大皞与有济的祭祀。大音泰，皞音浩。

3　以服事诸夏：以服从侍奉诸夏。可见春秋的时候并没有把大皞列入诸夏之中，所以杜预说“与诸夏同服王事”。不是春秋人的思想。

4　因成风也：因为成风的缘故，须句是成风的母家。

5　崇明祀，保小寡，周礼也：因为大皞与有济的祭祀，所以应当推崇他，保护小国寡民，这是周的礼节。

6　蛮夷猾夏，周祸也：猾等于乱。蛮夷是指着邾国。蛮夷来乱夏的制度，这是周代的祸乱。

7　修祀纾祸：修建从前的祭祀而缓和祸乱。

**今译**

任、宿、须句与颛臾同为风姓的国家。他们是管理大皞与有济的祭祀，用来服从侍奉诸夏。邾国人灭了须句国，须句的子爵来投奔鲁国，因为成风的缘故。成风为了他们对鲁僖公说："因为大皞与有济的祭祀，所以应当推崇他，保护小国寡民，这是周的礼节。蛮夷（指邾国）来乱夏的制度，这是周代的祸乱。如果加封了须句国，则是推崇大皞与有济，并且修建从前的祭祀而缓和祸乱。"

## 僖公二十二年（公元前六三八年）

**经**　二十有二年春，公伐邾取须句。

**传**　二十二年春，伐邾取须句，反其君焉，礼也[1]。

**今注**

1　反其君焉，礼也：将它的国君送归须句的国都，这是合于抚恤寡小的礼的。

**今译**

二十二年春天，征伐邾国而取得须句国，并且送归它的国君，这是合于抚恤寡小的礼节。

**传**　三月，郑伯如楚。

**今译**

三月，郑伯到了楚国。

**经** 夏，宋公、卫侯、许男、滕子伐郑。

**传** 夏，宋公伐郑，子鱼曰："所谓祸在此矣[1]！"

**今注**

1 所谓祸在此矣：我所说的祸乱就在这里。

**今译**

夏天，宋公侵伐郑国，子鱼说："我所说的祸乱就在这里啊！"

**传** 初，平王之东迁也[1]，辛有适伊川[2]，见被发而祭于野者，[3]曰："不及百年，此其戎乎[4]？其礼先亡矣[5]！"秋，秦晋迁陆浑之戎于伊川[6]。

**今注**

1 平王之东迁也：在平王东迁洛邑的时候。

2 辛有适伊川：辛有是周大夫，往伊水边上去。

3 见被发而祭于野者：看见散着头发而在野地里祭祀的人。

4 不及百年，此其戎乎：不到一百年，这就会变成戎的区域。

5 其礼先亡矣：因为他们是披散着头发祭祀，所以已经没有礼节了。

6 秦晋迁陆浑之戎于伊川：陆浑在今河南省嵩县东北五十里。伊川，杜注："伊川，周地，伊水也。"此句谓秦国同晋国联合把陆浑的戎迁到伊水边上。陆浑之戎是允姓，居住在今甘肃省安西县西南的瓜州城。

**今译**

最初，周平王东迁洛邑的时候，周大夫辛有往伊水边上去，看见散着头发而在野地里祭祀的人，说道，“不到一百年，这里就会变成戎的区域了，因为他们已经没有礼节了。”秋天，秦国同晋国联合把陆浑的戎迁到伊水边上。

传　晋大子圉[1]为质于秦，将逃归[2]，谓嬴氏[3]曰：“与子归乎？”对曰：“子晋大子，而辱于秦，子之欲归，不亦宜乎[4]？寡君之使婢子[5]，侍执巾栉[6]，以固子[7]也。从子而归，弃君命也[8]。不敢从，亦不敢言[9]。”遂逃归[10]。

**今注**

1　大子圉：即晋怀公。

2　将逃归：预备逃回晋国。

3　嬴氏：即怀嬴，为秦穆公女。

4　子之欲归，不亦宜乎：你想回晋国，不也是应当的吗？

5　婢子：杜预注：“婢子，妇人之卑称也。”这可以证明在韩之战以前，秦穆公的女儿自称婢子这句话，是不见于《左传》原本的，否则杜预不必在此注。

6　侍执巾栉：栉音至。侍奉你并给你拿手巾同梳子，表示谦虚的意思。

7　以固子：为的使你能安心在秦国。

8　从子而归，弃君命也：同你回晋国，这岂不是废弃君主的命令。

9　不敢从，亦不敢言：我不敢与你一同回晋国，也不敢说你逃走。

10　遂逃归：于是子圉逃回晋国。

**今译**

晋国太子圉在秦国做人质时，预备逃回晋国，对妻子怀嬴说：

“与你一起回去？”回答说：“你是晋国的太子，却在秦国受到屈辱，你想回到晋国，不也是应当的吗？父王派我来侍奉你，为的是使你能安心在秦国。我同你回晋国，这岂不是废弃君王的命令了。我不敢与你一同回晋国，也不敢说你逃走。”于是子圉逃回晋国。

**传** 富辰[1]言于王曰：“请召大叔[2]。《诗》曰：‘协比其邻，昏姻孔云[3]。’吾兄弟之不协，焉能怨诸侯之不睦[4]？”王说[5]，王子带自齐复归于京师，王召之也[6]。

**今注**

1 富辰：周大夫。

2 请召大叔：大叔即王子带，在僖公十二年奔齐国。请召，是叫他回周都。

3 协比其邻，昏姻孔云：先同他的邻居和谐，于是近亲的婚姻就完全归附了。这是《诗经·小雅》的一句诗。

4 吾兄弟之不协，焉能怨诸侯之不睦：我们兄弟的不和谐，安能怨望诸侯的不和睦。

5 说：音义同悦。

6 王召之也：这是周王召他回来的。

**今译**

周大夫富辰对周王说：“请叫王子带回周都。《诗经》说：‘先同他的邻居和谐，于是近亲的婚姻就完全归附了。’我们兄弟间的不和谐，怎能够怨望诸侯的不和睦呢？”周王听了很高兴，于是王子带又回到了周的京都，这是周王召他回来的。

**经** 秋八月，丁未，及邾人战于升陉。

**传** 邾人以须句故出师，公卑邾[1]，不设备而御之[2]。臧文仲曰：

"国无小不可易也[3]；无备，虽众不可恃也[4]。《诗》曰：'战战兢兢，如临深渊，如履薄冰[5]。'又曰：'敬之敬之，天唯显思，命不易哉[6]！'先王之明德，犹无不难也，无不惧也[7]。况我小国乎？君其无谓邾小，蜂虿有毒[8]，而况国乎？"弗听，八月丁未，公及邾师战于升陉[9]，我师败绩[10]，邾人获公胄[11]，县诸鱼门[12]。

**今注**

1　公卑邾：鲁僖公看不起邾国。

2　不设备而御之：没有设防备就加以抵抗。

3　国无小不可易也：国不管是否小，也不可轻易地对待。

4　无备，虽众不可恃也：要没有预备，虽军队众多也不可以仗恃。

5　战战兢兢，如临深渊，如履薄冰：战战兢兢表示恐惧的样子，如同面临深水，如同脚踩在薄的冰上。这是《诗经·小雅》的一句诗。

6　敬之敬之，天唯显思，命不易哉：为国君者应当敬天，天是很明白的，并且承受天命并不容易。这是《诗经·周颂》的诗。

7　先王之明德，犹无不难也，无不惧也：先王有那么多的德行，仍旧无所不畏难，无所不恐惧。

8　蜂虿有毒：蜂虿，是蝎的一种。蜂同蝎子全有毒。

9　升陉：鲁地。在今山东省曲阜县西南二十里。

10　我师败绩：鲁国的军队整个崩溃。

11　邾人获公胄：邾人得到僖公的战盔。

12　县诸鱼门：鱼门是邾国的都城门。县同悬，挂在鱼门上。

**今译**

邾国人因为须句的缘故而来征讨鲁国，鲁僖公因为看不起邾国，没有防备就加以抵抗。臧文仲说道："国家不管是否小，也不可轻易地对待。要是没有备战，军队众多也是不可以仗恃的。

《诗经》上说：‘时刻有戒惧的心，如同面临深水，如同脚踩在薄的冰上。’又说：‘为国君者应当敬天，天意是很明白的，并且承受天命并不容易。’先王虽有那么多的德行，仍旧什么都畏难，什么都害怕。何况我们要对付的是一个国家呢！君你不要说邾国很小，既然蜂虿全有毒，何况是一个国家呢？”僖公不听，八月丁未，鲁公同邾国军队交战于升陉地，鲁国的军队整个崩溃，邾人得到僖公的战盔，而把它悬挂在邾国的都城门上。

**传** 楚人伐宋以救郑。宋公将战。大司马固[1]谏曰：“天之弃商久矣[2]，君将兴之，弗可赦也已[3]。”弗听。

**今注**

1 大司马固：杜预注说：“大司马固，庄公之孙，公孙固也。”另一说：固谏是动词，为强力地谏诤，而大司马是公子鱼。从此说。

2 天之弃商久矣：上天不保护商，已经很久了。宋是商朝的后裔。

3 君将兴之，弗可赦也已：你想要再兴盛宋国，这种罪过是不可赦免的。

**今译**

楚国人去讨伐宋国为的援救郑国。宋公将要迎战。大司马公子鱼强力地谏诤道：“上天不保护商，已经很久了。你若想要再兴旺宋国，这种罪过是不可赦免的。”宋公不听从。

**经** 冬十有一月，己巳朔，宋公及楚人战于泓，宋师败绩。

**传** 冬十一月，己巳朔，宋公及楚人战于泓[1]。宋人既成列[2]，楚人未既济[3]。司马[4]曰：“彼众我寡，及其未既济也，请击之。”公曰：“不可。”既济，而未成列[5]，又以告。公曰：“未可。”

既陈而后击之[6]，宋师败绩，公伤股[7]，门官歼焉[8]。国人皆咎公[9]。公曰："君子不重伤[10]，不禽二毛[11]。古之为军也，不以阻隘也[12]。寡人虽亡国之余[13]，不鼓不成列[14]。"子鱼曰："君未知战，勍敌之人[15]，隘而不列，天赞我也[16]。阻而鼓之，不亦可乎？犹有惧焉[17]。且今之勍者，皆吾敌也，虽及胡耇[18]，获则取之，何有于二毛？明耻教战，求杀敌也[19]。伤未及死，如何勿重[20]？若爱重伤，则如勿伤。爱其二毛，则如服焉[21]。三军以利用也，金鼓以声气也[22]。利而用之，阻隘可也[23]。声盛致志，鼓儳可也[24]。"

**今注**

1　泓：水名，在今河南省柘城县北三十里，是涡水的支流。

2　宋人既成列：宋人已经排成行列。

3　楚人未既济：楚人尚未能完全渡过泓水。

4　司马：即公子目夷，子鱼也。

5　既济，而未成列：已经渡过泓水，但是没有排好队伍。

6　既陈而后击之：等到楚人已经排好阵势，然后宋人就来攻打。

7　公伤股：宋襄公的腿受伤。

8　门官歼焉：歼音尖，谓杀尽。门官是守门的官吏。

9　国人皆咎公：春秋时代所称的国人皆指贵族，《左传》中能找出不少的例子。贵族们全都归罪于宋襄公。

10　君子不重伤：君子也指贵族。不重伤是对已经受伤的敌人，不再使他受伤。

11　不禽二毛：二毛指头发有黑白两种颜色的人，即指年长之人。不禽是不擒获。

12　古之为军也，不以阻隘也：古人的打仗，不因为关塞险阻以求胜。

13　寡人虽亡国之余：宋是商的后人，所以自称为亡国之余。

14　不鼓不成列：鼓是进攻的行动。所以这里是说，不进攻不成列的敌人。

15　君未知战，勍敌之人：勍音擎，勇武貌。你不知道打仗，在强敌的面前。

16　隘而不列，天赞我也：在险隘的地方楚国没有方法陈列阵势，这是天帮我们的忙。

17　犹有惧焉：这样子还怕不能够战胜。

18　胡耇：是高寿的人。《周书·谥法解》，弥年寿考曰胡。《尔雅》：耇寿也。

19　明耻教战，求杀敌也：明耻辱教导人民作战，目的在求杀死敌人。

20　伤未及死，如何勿重：受伤尚没有死亡，为什么不可以再杀害他？

21　爱其二毛，则如服焉：要喜欢老人，则不如服从他。

22　三军以利用也，金鼓以声气也：三军必因战有利而动，金同鼓是用声响鼓舞士气。

23　利而用之，阻隘可也：军队有利而动，那么就是碰到地形有阻隘时也可以获胜。

24　声盛致志，鼓儳可也：金鼓的声音使士气旺盛，就是碰着恶劣地形，不能做成阵势，也仍可获胜。

## 今译

冬天十一月初一的这天，宋公和楚国人交战于泓地。宋人已经排成行列，而楚人尚未能完全渡过泓水。司马公子鱼说：“他们军队众多而我军寡少，在他们还未能全渡过泓水时，请击溃他们。”宋公说：“这不可以。”在楚军已经渡过泓水，但是还未排好队伍时，公子鱼又劝告宋公先战。宋公说："还是不可以。"等到楚人已经排好阵势，然后宋人就来攻打，宋国军队打了败仗，宋襄公的腿受了伤，守门的官吏也全都被杀尽。贵族们都归罪于宋襄公。宋公说："贵族对已经受伤的敌人，不再使他受伤。不擒获头发有黑白两种颜色的老人。古时打仗的人，不凭借关塞险阻以求胜。我宋国虽是亡国之后，但还是不进攻不成列的敌人。"子鱼说："你不知道作战，在强敌的面前，在险隘的地方，楚军没有方法陈列阵势，这是上天帮我们的忙。敌人受阻而我军就进攻，这不也是可以吗？这样子还怕不能战胜，况且现今所有的劲敌，皆是我们的敌人。虽然是老人家，擒获到就杀了，何必顾到他头发是否花白呢？明耻辱教导人民作战，目的在求杀死敌人。受伤尚没有死亡，为什么不可以再杀害他？如不忍杀害他，那就干脆不要伤他。要爱怜他是头发花白的老年人，倒不如去服从他。三军必因战有利而动，金同鼓是用声响来鼓舞士气。能善利用军队，就是碰到地形有阻隘时也可以获胜。金鼓的声音使士气旺盛，就是碰着恶劣地形，不能做成阵势，也仍可以获胜。"

传 丙子晨，郑文夫人芈氏、姜氏[1]劳楚子于柯泽[2]，楚子使师缙[3]示之俘馘[4]。君子曰："非礼也。妇人送迎不出门，见兄弟不逾阈[5]，戎事不迩女器[6]。"丁丑，楚子入飨于郑[7]，九献[8]，庭实旅百[9]，加笾豆六品[10]。飨毕夜出，文芈送于军，取郑二姬[11]以归。叔詹曰："楚王其不没乎[12]！为礼卒于无别[13]，无别不可谓礼[14]，将何以没[15]？"诸侯是以知其不遂霸也[16]。

### 今注

1 芈氏、姜氏：芈氏是楚国的女儿，姜氏是齐国的女儿。

2 柯泽：郑地，在今河南省新郑县东南。

3　师缙：楚国的乐师。

4　示之俘馘：馘音国。杀敌献左耳曰馘。给她们看俘虏同敌人的左耳。

5　妇人送迎不出门，见兄弟不逾阈：阈音域，门限也。女人送宾客皆不出大门，见自己的兄弟也不能超越屋子的门限。

6　戎事不迩女器：意思是说俘虏或者死敌的左耳，皆不是能近妇人的物品。

7　入飨于郑：到郑国都城去受飨宴。

8　九献：献酒九次。

9　庭实旅百：院中所陈列的物品有好几百件。

10　加笾豆六品：再加笾豆礼品六件。

11　郑二姬：文芈的女儿。

12　楚王其不没乎：不没是不能寿终；楚王恐怕要不能寿终。

13　为礼卒于无别：行礼到末了却弄成男女无分别。

14　无别不可谓礼：男女没有分别就不可以说行礼。

15　将何以没：他怎么能够寿终。

16　诸侯是以知其不遂霸也：所以诸侯也就明白，他不能够成为霸主。

## 今译

丙子早晨，郑文公的夫人芈氏、姜氏劳问楚王在柯泽地，楚子派师拿给她们看俘虏同敌人死后割下的左耳。君子说："这不合于礼节。女人送迎宾客皆不出大门，见自己的兄弟也不能超越屋子的门限，而俘虏或者死敌的左耳，皆是不能近妇人的物品。"丁丑，楚子到郑国都城去受飨宴，献酒九次，院中所陈的物品有好几百件，再加笾豆礼品六件。飨宴完后，文芈夫人（楚国之妹）夜送于军，楚王带回文芈的二个女儿。叔詹说："楚王恐怕要不能寿终。因为行礼到末了却弄成男女无分别。男女没有分别，就不可以说行礼，他怎么能够寿终呢？”所以诸侯也就明白他不能够成为霸主。

## 僖公二十三年（公元前六三七年）

经　二十有三年春，齐侯伐宋，围缗。

传　二十三年春，齐侯伐宋，围缗[1]，以讨其不与盟于齐也[2]。

**今注**

1　缗：宋地，在今山东省金乡县东北二十三里。

2　以讨其不与盟于齐也：因为僖公十九年，诸侯皆盟于齐国，以免忘了齐桓公的德行，而宋独不往会，而僖公二十一年，宋人又召齐共盟于鹿上，所以现在加以讨伐。

**今译**

二十三年春天，齐侯讨伐宋国，并且包围缗邑，是为了讨伐他不参加诸侯与齐国的盟会。

经　夏五月，庚寅，宋公兹父卒。

传　夏五月，宋襄公卒[1]，伤于泓故也[2]。

**今注**

1　宋襄公卒：宋襄公曾与鲁国三次同盟，所以《春秋》上写他的名字。

2　伤于泓故也：这就是公子鱼所说的得死为幸。

**今译**

夏天五月，宋襄公死，因他在泓水之战中受了腿伤，这就是公子鱼所说的得死为幸。

**经** 秋，楚人伐陈。

**传** 秋，楚成得臣[1]帅师伐陈，讨其贰于宋也[2]，遂取焦、夷[3]城顿[4]而还。子文以为之功[5]，使为令尹[6]。叔伯[7]曰："子若国何[8]？"对曰："吾以靖国也[9]！夫有大功而无贵仕[10]，其人能靖者与有几[11]？"

**今注**

1 成得臣：就是楚大夫子玉。

2 讨其贰于宋也：这是讨伐陈国背着楚国与宋国勾结。

3 焦、夷：焦是陈邑，在今安徽省亳县。夷亦是陈邑，杜注一名城父，故城在今安徽省亳县东南七里。

4 城顿：顿是姬姓国，在今河南省商水县东南。在那里修顿国的城。

5 以为之功：以为这是他的功劳。

6 使为令尹：叫子玉接着子文做令尹。

7 叔伯：楚大夫薳吕臣。

8 子若国何：你如何对国家交代。

9 吾以靖国也：我是为安定国家。

10 夫有大功而无贵仕：要是这个人有大的功劳而没有贵显的位子。

11 其人能靖者与有几：这种人能安定国家的能有几个呢？

**今译**

秋天，楚大夫子玉率领军队征伐陈国，因陈国背着楚而与宋国勾结，于是攻下焦、夷，并修了顿国的城墙才班师回国。子文以为这是他的功劳，叫子玉接着子文做令尹。楚大夫薳吕臣说："你如何对国家交代？"回答说："我是为安定国家！若这个人有大的功劳，而没有贵显的位子，这种人能安定国家的又有几个呢？"

传 九月，晋惠公卒。怀公立命无从亡人[1]，期期而不至[2]，无赦。狐突[3]之子毛及偃[4]，从重耳在秦[5]，弗召。冬，怀公执狐突曰："子来则免[6]。"对曰："子之能仕，父教之忠，古之制也。策名委质，贰乃辟也[7]。今臣之子，名在重耳有年数矣[8]，若又召之，教之贰也[9]。父教之贰，何以事君[10]？刑之不滥，君之明也，臣之愿也[11]。淫刑以逞，谁则无罪[12]？臣闻命矣！"乃杀之。卜偃称疾不出[13]，曰："《周书》有之，乃大明服[14]。己则不明，而杀人以逞，不亦难乎？民不见德而唯戮是闻[15]，其何后之有[16]？"

**今注**

1 怀公立命无从亡人：王念孙说："怀公下脱立字……《太平御览·人事部》五十九，治道部二，两引此文，皆作'怀公立命无从亡人'，则宋初本尚有未脱立字者。"此谓不许随从公子重耳，亡人指重耳。

2 期期而不至：第一个"期"是动词，为约定时期。第二个"期"是名词，为过了时期。而不至是到时不来到。

3 狐突：是晋公子重耳的外祖父。

4 毛及偃：狐毛及狐偃皆是重耳的舅父。

5 从重耳在秦：他们随从着重耳在秦国。

6 子来则免：你的儿子要来了就可以赦免你。

7 策名委质，贰乃辟也：策名是把名字写在竹简上。委质是贡献贽见的礼物。贰乃辟也是指改变心意，这是犯罪的。

8 名在重耳有年数矣：他的名字写在重耳那里已经有若干年了。

9 教之贰也：这是教给他改变心意。

10 父教之贰，何以事君：父亲教儿子背叛，那怎么能够侍奉君上。

11　刑之不滥，君之明也，臣之愿也：刑法的不滥加施行，这是君上的贤明，也是做臣子的愿望。

12　淫刑以逞，谁则无罪：滥施刑罚，以快君心，那么谁还没有罪呢？

13　称疾不出：借口生疾以免除上朝。

14　《周书》有之，乃大明服：《周书》是《尚书·康诰》篇的文辞。乃大明服是说君能贤明，人民自然服从。

15　唯戮是闻：人民只听见杀戮。

16　其何后之有：这怎么样能有后代？

**今译**

九月，晋惠公死。怀公命晋人不许随从公子重耳，若过了约定时期，还不回来的，则不可赦免。狐突的儿子毛及偃都跟随重耳在秦国，狐突未召他们回国。冬天，怀公捉拿狐突说："你的儿子要来了就可以赦免你。"回答说："若儿子到了能做官的年龄，做父亲的教导他应忠心于职守，这是古时的礼制。要把名字写在竹简上，并贡献贽见的礼物，若背叛君上，这是犯罪的。现在我的二个儿子，追随重耳已有数年了，若把他们召回来，这是教给他们背叛君上。做父亲的人教儿子背叛君上，那又怎么能够侍奉君上？刑法的不滥加施行，这是君上的贤明，也是做臣子的愿望。滥施刑法，以快君心，那么谁能免于罪呢？臣子愿听君上的命令。"于是狐突被杀。卜偃借口生病，以避免上朝，说道："《周书》有句话，是说君能贤明，人民自然服从。自己既不够贤明，而又任意杀戮以逼人民服从，这不是很难的吗？人民不见德行，只听见杀戮，这又怎么样能够有后代呢？"

**经**　冬，十有一月，杞子卒。

**传** 十一月，杞成公[1]卒。书曰“子”杞夷也[2]。不书名，未同盟也[3]，凡诸侯同盟，死则赴以名[4]，礼也。赴以名则亦书之，不然则否，辟不敏也[5]。

**今注**

1 杞成公：成公名王臣，为杞国君。

2 书曰“子”杞夷也：《春秋》上写着杞子，因为杞国用夷人的礼节。

3 不书名，未同盟也：不写他的名字，因为鲁国没有同他同盟。

4 死则赴以名：要是他死的时候，就以他的名字来讣告。

5 不然则否，辟不敏也：要没有同盟，而又不以他的名字来讣告，就不写在《春秋》上，这是为了避免不审慎。

**今译**

十一月，杞成公死。《春秋》上写着杞子，因为杞国用夷人的礼节。不写他的名字，因为鲁国没有同他同盟，凡是诸侯加入了同盟，他死的时候，就以他的名字来讣告，这是种礼。用他的名字来讣告，《春秋》上也就写上名字，要没有同盟，而又不以他的名字来讣告，就不写在《春秋》上，这是为了避免不审慎。

**传** 晋公子重耳之及于难也[1]，晋人伐诸[2]蒲城。蒲城人欲战[3]，重耳不可，曰：“保君父之命而享其生禄，于是乎得人[4]。有人而校，罪莫大焉[5]。吾其奔也。”遂奔狄。从者狐偃、赵衰[6]、颠颉[7]、魏武子[8]、司空季子[9]。狄人伐廧咎如[10]，获其二女叔隗、季隗，纳诸公子[11]。公子取季隗，生伯儵[12]、叔刘。以叔隗妻赵衰，生盾[13]。将适齐，谓季隗曰：“待我二十五年不来而后嫁。”对曰：“我二十五年矣，又如是而嫁，则就木焉[14]，请待子。”处狄十二年而行[15]。过卫，卫文公不礼[16]焉。出于五鹿[17]，乞食于野人[18]，野人与之块[19]，公子怒，欲鞭之。子犯[20]曰："天赐也[21]。"稽首受而载之[22]。及齐，齐桓公妻之[23]，有马二十乘[24]。公子安之[25]，从者以为不可[26]。将行，谋于桑下[27]。蚕妾在其上[28]，以告姜氏。姜氏杀之，而谓公子曰："子有四方之志[29]，其闻之者，吾杀之矣。"公子曰："无之[30]。"姜曰："行也。怀与安，实败名[31]。"公子不可。姜与子犯谋，醉而遣之[32]。醒，以戈逐子犯。及曹，曹共公[33]闻其骈胁[34]，欲观其裸[35]，浴，薄而观之[36]。僖负羁[37]之妻曰："吾观晋公子之从者皆足以相国[38]，若以相，夫子[39]必反其国。反其国，必得志于诸侯[40]。得志于诸侯而诛无礼，曹其首也。子盍蚤自贰[41]焉。"乃馈盘飧，寘璧焉[42]。公子受飧，反璧[43]。及宋，宋襄公赠之以马二十乘。及郑，郑文公[44]亦不礼焉。叔詹[45]谏曰："臣闻天之所启，人弗及也。晋公子有三焉，天其或者将建诸[46]，君其礼焉。男女同姓，其生不蕃[47]，晋公子，姬出也，而至于今[48]，一也。离外之患，而天不靖晋国，殆将启之[49]，二也。有三士足以上人而从之[50]，三也。晋、郑同侪[51]，其过子弟[52]，固将礼焉[53]，况天之所启乎[54]？"弗听。及楚，楚子飨之[55]，曰："公子若反晋国，则何以报不穀[56]？"对曰："子女玉帛则君有之[57]，羽毛齿革则君地生焉。其波及晋国者，君之余也[58]，其何以报君？"曰："虽然，何以报我[59]？"对曰："若以君之灵得反晋国，晋楚治兵，遇于中原，其辟君三舍[60]，若不获命[61]，其左执鞭弭，右属櫜鞬，以与君周旋[62]。"子玉请杀之。楚子曰："晋公子广而俭[63]，文而有礼[64]。其从者肃而宽[65]，忠而能力[66]。晋侯无亲，外内恶之[67]。吾闻姬姓，唐叔之后，其后衰者也，其将由晋公子乎[68]？天将兴之，谁能废之？违天必有大咎[69]。"乃送诸秦。秦伯纳女五人，怀嬴与焉[70]。奉匜沃盥，既而挥之[71]。怒曰："秦、晋匹也，何以卑我[72]。"公子惧。

降服而囚[73]。他日，公享之[74]。子犯曰："吾不如衰之文也[75]，请使衰从。"公子赋《河水》[76]，公赋《六月》[77]，赵衰曰："重耳拜赐[78]。"公子降拜稽首[79]，公降一级而辞焉[80]。衰曰："君称所以佐天子者命重耳[81]，重耳敢不拜[82]？"

**今注**

1　重耳之及于难也：重耳遭受到骊姬的患难。

2　伐诸：伐他，他指公子重耳。

3　欲战：想着抵抗。

4　保君父之命而享其生禄，于是乎得人：保有君父的命令而受他的养禄，然后才能聚人得众。

5　有人而校，罪莫大焉：有很多的人众，而与君父校胜负，罪过很大。

6　赵衰：衰音崔。为赵夙的弟弟。

7　颠颉：晋文公的大夫。

8　魏武子：即魏犨，毕万的儿子。

9　司空季子：即胥臣。

10　廧咎如：是赤狄的别种，隗姓，廧音墙，咎音糕。

11　纳诸公子：嫁给公子重耳。

12　伯儵：儵音酬。

13　生盾：盾即赵宣子，后为晋国的忠臣。

14　我二十五年矣，又如是而嫁，则就木焉：我今年已经二十五岁，再过二十五年而再嫁人，那将进入棺木。

15　处狄十二年而行：晋文公以僖公五年出奔狄，到僖公十六年方才离开狄国，所以说他居住在狄国共十二年。

16　卫文公不礼：卫文公不以礼款待他。

17　五鹿：卫地，在今河北省濮阳县南三十里。

18　乞食于野人：同野人要吃食。野人就是农夫。《论语》中孔子曰："先近于礼乐，野人也。"与此同义。

19　与之块：给他一个土块。

20　子犯：就是狐偃。

21　天赐也：得一块土，这是代表得国家的祥瑞，所以说它是天所赏赐的。

22　稽首受而载之：稽首就是首至地，等于汉朝以后的磕头。

23　齐桓公妻之：齐桓公将女儿嫁给他。

24　有马二十乘：每四匹马为一乘，二十乘共八十匹。

25　公子安之：公子不想回到晋国，就安居在齐国。

26　从者以为不可：侍从的人以为这不可以。

27　谋于桑下：在桑树底下讨论。

28　蚕妾在其上：养蚕的女子在桑树上。

29　子有四方之志：你有到四方去的志愿。所谓四方是东、西、南、北。

30　无之：没有这回事。

31　行也。怀与安，实败名：走吧。怀念同安居，这全是毁名誉的事。

32　醉而遣之：将他灌醉后送他上车离开齐国。

33　曹共公：名让。

34　骈胁：骈就是合，胁就是肋骨，骈胁是说肋骨合并的意思。

35　欲观其裸：想看见他赤身的样子。

36　薄而观之：接近去看他。

37　僖负羁：是曹大夫。

38　相国：做国家的宰相。

39　夫子：春秋的时候贵族相互称皆曰子，可是在贵族不在面前的时候就称他为夫子。

40 必得志于诸侯：必定在诸侯之中得志。

41 盍蚤自贰：你何不早点自己跟他接近。

42 乃馈盘飧，寘璧焉：就送了他一盘食品，暗中在里头安置一块玉。

43 反璧：公子退还那块玉，表示明白他的意思。

44 郑文公：名捷。

45 叔詹：郑大夫。

46 天其或者将建诸：天意或者将立他为晋国君。

47 男女同姓，其生不蕃：男女同姓结婚，生下的后人不会很繁昌。

48 晋公子，姬出也，而至于今：晋公子的母亲是大戎狐姬，而他一直能活到现在。

49 离外之患，而天不靖晋国，殆将启之：公子重耳，他逃奔在外，而上天并不安定晋国，这是将要启用他为晋国的君。

50 有三士足以上人而从之：他有三个从者皆能超过旁人而追随他。

51 晋、郑同侪：晋国与郑国同等级。

52 其过子弟：所经过的子弟。

53 固将礼焉：全都将以礼貌对他。

54 况天之所启乎：何况是上天所启用的人？

55 楚子飨之：楚子宴享他。

56 则何以报不穀：将怎么样来报答我？不穀，乃是古时候王者自称，因楚自称王也。

57 子女玉帛则君有之：子女指人民，玉帛是指宝玉同钱币。

58 其波及晋国者，君之余也：凡是能够送到晋国的，那全是你所余剩的。

59　何以报我：你如何报答我呢？

60　其辟君三舍：那我必定躲避你九十里。三十里为一舍。

61　若不获命：晋军若三次后退，而楚人仍旧进攻。

62　其左执鞭弭，右属櫜鞬，以与君周旋：櫜音高，为敛藏兵器之具，如弓衣、甲衣等。鞬音坚，为马上盛弓矢之器。鞭是马鞭，弭是弓套。此句谓左手拿着马鞭与弓套，右手拿着甲衣与盛弓矢的器具，与你相追逐。

63　晋公子广而俭：晋公子志向很宽广而生活很节俭。

64　文而有礼：温文而有礼貌。

65　其从者肃而宽：他的从人全都敬肃而宽大。

66　忠而能力：对于晋公子有忠心而能够效力。

67　晋侯无亲，外内恶之：晋惠公没有亲人，外人同晋国人全都恨恶他。

68　其后衰者也，其将由晋公子乎：姬姓是后来才衰落的，他的兴起将由于晋公子吗？

69　天将兴之，谁能废之？违天必有大咎：天意将使他兴起，谁又能废除他？违背了天意必定得大的罪过。

70　秦伯纳女五人，怀嬴与焉：秦穆公嫁给他五个女儿，怀嬴在其中。

71　奉匜沃盥，既而挥之：匜音移，沃盥器，奉音义皆同捧。他捧着洗面同洗手的器具，后来他却拿水洒溅在重耳身上。

72　秦、晋匹也，何以卑我：秦同晋是两个对等的国家，你怎么能看不起我。

73　降服而囚：去了上身的衣服而自己以囚犯自待。

74　公享之：秦穆公享宴公子重耳。

75 吾不如衰之文也：我不如赵衰的文雅。

76 《河水》：佚诗。

77 《六月》：是《小雅·六月》篇。

78 重耳拜赐：重耳赶紧下台阶拜受秦穆公的恩赐。

79 公子降拜稽首：公子由台上到台下去行稽首礼。

80 公降一级而辞焉：秦穆公下一个台阶来辞谢。

81 君称所以佐天子者命重耳：君是指秦穆公。你称道如何辅佐天子来命令重耳。

82 重耳敢不拜：重耳不敢不拜首道谢。

**今译**

晋公子重耳遭受到骊姬谗害的那次患难时，晋献公差人去蒲城伐他。蒲城人想要抵抗，重耳不肯，说："保有君父的命令，而受他的养禄，然后才能聚人得众。有很多的人众，而与君父校胜负，再没有比这更大的罪恶了，我还是逃罢。"便逃到狄国去，跟从他的人有狐偃、赵衰、颠颉、魏武子、司空季子。后来狄人攻打廧咎如，虏了他的两个女儿，名叫叔隗、季隗，狄人便送给公子，公子只娶了季隗，生两个儿子伯鯈、叔刘。把叔隗给了赵衰做妻子，生了赵盾。公子快要到齐国去了，对季隗说："等我二十五年，如果我不来，你再出嫁。"季隗回答道："我已经二十五岁了，再过这些年出嫁，怕便要入棺木了，终身等你就是了。"重耳留在狄国，过了十二年，方才离去。经过卫国，卫文公不用礼待他。走到五鹿，向乡野人讨食吃，乡野人却给他一块土，公子发怒，要想鞭打他。子犯说："得一块土这是得国的祥瑞，恐怕是天赐的呢！"便叩头谢了，受着土块，载在车上。到了齐国，齐桓公将女儿嫁给他，有马八十匹。公子不想回到晋国，就安居齐国，侍从的人全以为这不可以，将要往他国去，相聚在桑树底下讨论。

恰好有个养蚕的女子在桑树上听到他们的计谋，便去告诉姜氏，姜氏怕她泄露，把她杀了，却对公子说道：“你有经营四方的志愿，听得你计谋的人，我已经把她杀了。”公子道：“我没有这回事！”姜氏道：“你走吧！怀念同安居，这全是毁名誉的事。”公子却不肯他去，姜氏和子犯商量后，把重耳灌醉，送他上车离开齐国。公子酒醒后，恼怒他们的作弄，拿了戈追赶子犯。到了曹国，曹共公听说重耳的肋骨是成片生的，想看他赤身的样子，等到重耳洗浴时，共公便逼近去看他。曹大夫僖负羁的妻子对她丈夫说：“我看晋公子的随从，都可以做国家的宰相。如果重耳用他们辅佐，定能回到晋国。回到晋国以后，必定能做诸侯的霸主。做霸主以后，如果追责前日无礼的各国，曹国必定是第一个。你何不早点自己接纳他？”僖负羁便送重耳一盘食品，暗中在底下放了一块玉。公子接受了食物，却把玉还给他。到了宋国，宋襄公送他八十匹马。到了郑国，郑文公也不以礼貌待他。郑大夫叔詹谏说：“臣听说天意要启用他，别人便不能及他。晋公子有三件事，天意或者将立他为晋国的国君，您应该以礼待他。凡男女同姓结合的，他的子孙一定不繁盛。晋公子的母亲是大戎狐姬，而他却能活到现在，这是第一种天意。他遭受骊姬之难，逃奔在外，而上天并不安定晋国，这将是启用他为晋国的国君。这是第二种天意。他有狐偃、赵衰、贾佗三个从者，皆才具超过他人，而始终跟随重耳，这是第三种天意。晋、郑本是同等的国家，就是晋国的子弟经过，郑国也应该以礼对他，何况是上天将启用的人呢？”郑文公不听他的话。重耳到了楚国，楚成王设宴飨他，而且说道：“公子若回到晋国，用什么东西来谢我？”公子回答说：“人民、宝玉和钱币，是你有的，至于飞鸟的羽毛，走兽的齿革，是你国土上产的。凡是能够在晋国的，那全是你所余剩的，叫我用什么报答你呢？”

成王道："话虽如此，你到底如何报答我呢？"公子回答说："若靠你的威灵，能够回到晋国，倘使将来晋、楚二国有战事，在中原之地相遇，那么我们晋兵必定退避九十里，来报答你的恩德。若楚人仍旧进攻，那么只有左手执鞭和弓套，右手拿了甲衣与弓袋，与你相追逐了。"子玉请成王杀死他。楚王说："晋公子志愿虽大，但生活很节俭。温文而有礼貌。他的随从皆敬肃而宽大，对于晋公子有忠心且有能力。晋惠公没有亲人，诸侯臣民都厌恶他。我听说姬姓是唐叔的后代，他的衰是最迟的。恐怕要从晋公子兴起来呢！天意将使他兴起，谁又能废除他？违背了天意，必定有大灾祸的。"便送他到秦国去。秦穆公将五个女儿嫁给他，怀嬴也在其中。一天怀嬴捧了脸盆侍候公子洗脸，后来却拿水洒溅重耳，怒道："秦、晋是对等的国家，为什么看轻我？"公子害怕，便去了上身的衣服而自己以囚犯自待。有一天，秦穆公享宴公子重耳。子犯说："我不如赵衰的文雅，请使赵衰随从你罢。"公子赋《河水》一章诗，穆公赋《六月》一章诗；赵衰说："重耳！拜受秦赐罢！"公子便走下阶去拜谢，行叩首礼。穆公走下一层阶辞谢。赵衰说："你把帮助天子的事吩咐重耳，重耳怎敢不拜呢？"

## 僖公二十四年（公元前六三六年）

**经** 二十有四年春王正月。

**传** 二十四年春王正月，秦伯纳之[1]，不书不告入也[2]。及河，子犯以璧授公子曰："臣负羁绁[3]从君，巡于天下，臣之罪甚多矣！臣犹知之，而况君乎？请由此亡[4]。"公子曰："所不与舅氏同心者，有如白水[5]。"投其璧于河[6]。济河，围令狐[7]，入桑泉[8]，取臼衰[9]。二月甲午，晋师军于庐柳[10]。秦伯使公子絷如晋师。师退，军于郇[11]。

辛丑，狐偃及秦、晋之大夫盟于郇[12]。壬寅，公子入于晋师，丙午，入于曲沃。丁未，朝于武宫[13]。戊申，使杀怀公于高梁[14]，不书亦不告也，吕郤畏偪[15]，将焚公宫而弑晋侯[16]，寺人披请见[17]，公使让之，且辞焉[18]，曰："蒲城之役，君命一宿，女即至[19]。其后余从狄君以田渭滨[20]，女为惠公来求杀余，命女三宿，女中宿至[21]，虽有君命，何其速也[22]？夫袪犹在，女其行乎[23]！"对曰："臣谓君之入也，其知之矣[24]！若犹未也，又将及难[25]，君命无二，古之制也[26]。除君之恶，唯力是视[27]。蒲人、狄人，余何有焉[28]。今君即位，其无蒲、狄乎[29]！齐桓公置射钩而使管仲相[30]，君若易之，何辱命焉[31]？行者甚众，岂唯刑臣[32]。"公见之，以难告[33]。三月，晋侯潜会[34]秦伯于王城。己丑晦，公宫火，瑕甥、郤芮不获公，乃如河上[35]。秦伯诱而杀之。晋侯逆[36]夫人嬴氏[37]以归。秦伯送卫于晋三千人，实纪纲之仆[38]。初，晋侯之竖头须，守藏者也[39]，其出也，窃藏以逃[40]，尽用以求纳之[41]。及入，求见。公辞焉以沐[42]，谓仆人[43]曰："沐则心覆，心覆则图反，宜吾不得见也[44]。居者为社稷之守，行者为羁绁之仆[45]，其亦可也，何必罪居者？国君而仇匹夫，惧者其众矣[46]。"仆人以告，公遽见之[47]。狄人归季隗于晋而请其二子[48]。文公妻赵衰，生原同、屏括、楼婴[49]。赵姬请逆盾与其母[50]。子余辞。姬曰："得宠而忘旧，何以使人，必逆之[51]。"固请，许之[52]。来，以盾为才[53]，固请于公，以为嫡子，而使其三子下之[54]，以叔隗为内子，而己下之[55]。

**今注**

1　秦伯纳之：秦穆公派兵护送重耳入晋国。

2　不书不告入也：《春秋》不书此事，因为晋国也没有告诉鲁国说重耳返晋国。

3　臣负羁绁：羁音鸡，马络头，绁是马缰的意思。我背着牵马的工具。

4　请由此亡：请你自己回到晋国，我就从此逃去。

5　所不与舅氏同心者，有如白水：舅氏指狐偃，此句是重耳的誓词。我若与你不同心，就等于这白水一样。

6　投其璧于河：就把他那块玉石扔到河水里。

7　令狐：在今山西省猗氏县西十五里。

8　桑泉：在今山西省临晋县东十三里。

9　臼衰：在今山西省解县西北二十五里有臼城。

10　庐柳：在今山西省猗氏县西北。

11　郇：旧为姬姓国，文王子所封，后灭于晋。在今山西省猗氏县西南。

12　狐偃及秦、晋之大夫盟于郇：狐偃同秦国、晋国的大夫全在郇参加盟誓。

13　丁未，朝于武宫：王引之以为应当做“丁未入于绛，朝于武宫”。因为武宫在绛，不在曲沃，必先入于绛，而后朝于武宫。武宫是文公之祖武公的庙。

14　高梁：晋地，在今山西省洪洞县南临汾县东北。

15　吕郤畏偪：吕郤是指吕甥，与郤芮皆晋惠公的旧臣。畏偪是恐怕公子重耳对他们压迫。

16　将焚公宫而弑晋侯：将烧晋文公的宫室，并且把晋文公杀掉。

17　寺人披请见：寺人是太监，名字叫披。请见是请求见晋文公。

18　公使让之，且辞焉：晋侯让仆人责备他，并且辞谢不见。

19　蒲城之役，君命一宿，女即至：在晋献公派人伐公子重耳于蒲城的时候，当时命你第二天来，而你当天就来到。

20　以田渭滨：在渭水河边上打猎。

21　女为惠公来求杀余，命女三宿，女中宿至：女音同汝。你当时被晋惠公派来，来求狄国的君来杀我，命你经过三天来到，而你中间那天就来。

22　虽有君命，何其速也：虽然这是奉了君的命令，但是为何有这等的快？

23　夫袪犹在，女其行乎：袪音驱，即袖口。这个衣袖仍旧存在，那么你还是去吧！

24　臣谓君之入也，其知之矣：我以为你回到晋国以后，必定已经能知道为君的道理。

25　若犹未也，又将及难：你要尚未能知道，又将遇上祸难。

26　君命无二，古之制也：君的命令不能改变，这是古来的制度。

27　除君之恶，唯力是视：去除君的不满意的人，只有尽力。

28　蒲人、狄人，余何有焉：蒲人及狄人，对我有什么意义？

29　今君即位，其无蒲、狄乎：现在你即了君位，难道就没有什么蒲人、狄人了。

30　齐桓公置射钩而使管仲相：齐桓公忘记射带钩的羞辱，而使管仲任宰相。

31　君若易之，何辱命焉：你要改变齐桓公的行为，那又何必你下命令？

32　行者甚众，岂唯刑臣：因此出走的人恐怕很多，岂止是我这种受刑的人。因为寺人披是太监，故以刑臣自称。

33　公见之，以难告：晋文公就见了他，他就以吕、郤将烧毁公的宫室告诉他。

34　潜会：暗中会见。

35　乃如河上：就到河边上去。

36　逆：迎接。

37　夫人嬴氏：就是秦穆公之女文嬴。

38　秦伯送卫于晋三千人，实纪纲之仆：秦穆公派兵共三千人保卫晋侯，实际上是路上管理各种事的人。

39　晋侯之竖头须，守藏者也：头须是人名，竖是小吏。晋文公的小吏名叫头须，是替他看守库藏的。

40　其出也，窃藏以逃：在晋文公出奔的时候，他就把库藏偷盗走了。

41　尽用以求纳之：他完全用这批财货，以求诸侯，使文公回晋国。

42　公辞焉以沐：晋文公辞谢他说正在洗头。

43　谓仆人：头须就对晋文公的仆人说。

44　沐则心覆，心覆则图反，宜吾不得见也：洗澡则心正翻过来，心翻过来则图谋必是反过来，所以这时间我来求见而见不到这是合理的。

45　居者为社稷之守，行者为羁绁之仆：住到国内的人是为社稷而守，出奔在外边的人是为背着牵马工具的仆人。

46　其亦可也，何必罪居者？国君而雠匹夫，惧者其众矣：这就可以了，何必以居住国内的为罪犯。一国的君而反对一个无权的人，那么因此畏惧你的人就很多了。

47　公遽见之：晋文公马上就见他。

48　请其二子：请留着他所生的两个儿子伯鯈、叔刘。

49　文公妻赵衰，生原同、屏括、楼婴：晋文公以女儿嫁给赵衰，生三个儿子，名字是赵同、赵括、赵婴。而原、屏、楼是他们的封邑。

50　赵姬请逆盾与其母：赵姬是文公的女儿，请求迎接赵盾和他的母亲。

51　得宠而忘旧，何以使人，必逆之：新得了宠幸而忘了旧人，怎么样能够使用旁人，必定要去迎接他。

52　固请，许之：坚持邀请，赵盾就允许了。

53　来，以盾为才：来了以后，赵姬以赵盾为有才干。

54　以为嫡子，而使其三子下之：以赵盾为赵氏的嫡子，而使她所生的三个儿子次于他。

55　以叔隗为内子，而己下之：内子等于嫡夫人。以叔隗为嫡夫人，而赵姬自己请求次于她。

**今译**

二十四年春天，秦穆公将晋文公送到晋国去。不写在《春秋》上，因为晋国没来通知鲁国，说晋文公回到晋国。到了黄河边上，狐偃拿玉璧交给公子说："我背着各种牵马的缰绳随着你在天下走，我的罪状已经很多，我还知道，何况你呢？请就由此离开你。"公子说："我若与舅舅不同心，就等于这白水一样。"他把玉璧投在黄河里。过了黄河就围了令狐，进了桑泉，拿下臼衰。二月甲午，晋怀公所派的抵抗的军队在庐柳屯居。秦穆公叫公子挚到晋国军队里去。晋军就退下来，一直到郇城。辛丑这天，狐偃同秦、晋两国的大夫在郇盟誓。壬寅，公子重耳进到晋国的军队中。丙午这天，进到曲沃。丁未这天，到文公的祖父武公的庙中朝见。戊申，派人在高梁这地方把怀公杀掉。不写在《春秋》上，也因为晋国没有通知鲁国。吕甥、郤芮恐怕文公迫害他们，想把他的宫殿烧掉，同时杀掉晋文公。寺人披请求见晋文公，公派人责备他，并且辞谢不见，说："蒲城那件事，君叫你第二天到，你当天就来了。后来我跟着狄君到渭水边上打猎，你奉惠公命来杀我，命你三天后来，你中间那天就来了，虽然有君的命令，但是来得怎么那么快呢？被你斩断的衣服袖子仍旧存在，你可以走了。”回答说：“臣以为你已经回国了，必定知道为君的道理，要是还没有知道，你恐怕又将遇着祸难。君的命令必须服从，是自古以来的制度。除掉君所痛恨的人，只有尽着力量来做。蒲人同狄人我又何必管，现在你即位以后难道就没有蒲狄了？齐桓公不管射钩的事情，而任命管仲做宰相，你要改变齐桓公的做法，何必你下命令呢？要走的人很多，岂止我刑臣一个人。”文公见了他，他把吕甥、郤芮的计谋告诉文公。三月，晋文公偷着在王城这地方与秦穆公相会。己丑傍晚，公宫着火，吕甥、郤芮没有得到文公，就到了黄河边上。秦穆公引诱他们将他们杀掉。晋文公就迎接夫人嬴氏回来。秦穆公派三千人送他回晋国，纪纲之仆，实际上是管理各种事务的人。当初，晋文公有一个小吏叫头须，是给他看管钱财的，等到文公出国的时候，他把那些钱财全带着逃走了。后来他就用这笔钱来请求别的国人来使文公回国。文公回来以后，他要求见。文公辞他说正在洗头，他就对仆人说：“洗头时心翻覆了，心翻覆所想的正相反，所以我不能见。住在这里的是看守着国家，跟着出亡的就是拿着马缰绳的仆人，这都是可以的。何必以住的人为罪犯呢？国君而拿匹夫做仇人，害怕的人恐怕很多了。”仆人告诉晋文公，公赶紧见他。狄人把季隗送到晋国，而请留下他的两个儿子。晋文公把女儿嫁给赵衰，生了原同、屏括、楼婴。赵姬请把赵盾同他母亲接来。赵衰辞谢。赵姬说：“得到新的宠爱而忘掉旧人怎样来用人呢？非要迎接他不可。”坚持邀请，赵盾就允许了。来了以后，以赵盾有才干，屡次要求晋文公，使他做嫡子，而使她的三个儿子在他底下，以叔隗为嫡妻，而自己在底下。

传　晋侯赏从亡者[1]，介之推不言禄[2]，禄亦弗及[3]。推曰：“献公之子九人，唯君在矣[4]！惠怀无亲，外内弃之，天未绝晋，必将有主[5]，主晋祀者，非君而谁？天实置之[6]，而二三子[7]以为己力，不亦诬乎？窃人之财，犹谓之盗，况贪天之功，以为己力乎[8]？下义其罪，上赏其奸[9]，上下相蒙，难与处矣[10]！”其母曰：“盍亦求之，以死谁怼[11]？”对曰：“尤而效之，罪又甚焉[12]！且出怨言，不食其食[13]。”其母曰：“亦使知之若何[14]？”对曰：“言，身之文也[15]。身将隐，焉用文之，是求显也[16]。”其母曰：“能如是乎，与女偕隐[17]。”遂隐而死。晋侯求之不获，以绵上为之田[18]，曰：“以志吾过，且旌善人[19]。”

**今注**

1　晋侯赏从亡者：晋文公赏赐追随他出晋国的人。

2　不言禄：不说到禄位。

3　禄亦弗及：所以禄位也轮不到他。

4　唯君在矣：只有你还存在。

5　天未绝晋，必将有主：上天如果不想使晋国断绝，必将有为君的人。

6　天实置之：这件事实在是上天所安置的。

7　二三子：是第三位指定代名词。指的是从晋文公出亡在外的人。

8　况贪天之功，以为己力乎：何况贪求上天的功劳，变成自己的力量吗？

9　下义其罪，上赏其奸：在下者有罪，却自以为义，在上者不但不罚他的罪，反而赏他。

10　上下相蒙，难与处矣：蒙是欺骗。上下互相欺骗，这种人很难与他相处。

11　盍亦求之，以死谁怼：怼音对，怨恨的意思。为何不去求他，假设死了，那怨谁呢？

12　尤而效之，罪又甚焉：责备而又仿效他，则岂不又加重罪状。

13　且出怨言，不食其食：并且我说过怨望的话，不愿意吃他的食。怨言指“上下相蒙，难与处矣”这句话。

14　亦使知之若何：也让他知道怎么样。

15　言，身之文也：说话是代表身体的文章。

16　身将隐，焉用文之，是求显也：身体将要隐遁，何必还用文章来表明志向，这是要求显赫的意思。

17　能如是乎，与女偕隐：能这样子吗？我将与你一同隐遁。

18　以绵上为之田：用绵上为他的封田。绵上是告地，在今山西省介休县西。

19　以志吾过，且旌善人：这为的记住我的过错，且用以旌表有美德的人。

**今译**

晋文公将赏赐同他出亡的人，介之推不要求禄位，所以俸禄也到不了他身上。介之推说：“献公的儿子九个人，只有你还存在，惠公、怀公没有亲属，国外同国内全都反对他们，天要不会使晋国绝后，必将有主人，主持晋国祭祀的人，不是你又是谁呢？这是天安排的，而他们以为是自己的力量，不也是胡说吗？偷到旁人的财物，尚且称他为盗贼，况且贪图天的功劳以为自己的功劳吗？下边以他的罪过为有义，在上的不但不罚他的罪，反而赏他，上下互相欺骗，这种人很难同他们相处在一块。”他母亲说：“何不去求他，假设你死了，还会怨恨谁？”介之推回答说：“说他们不对而又仿效他，岂不更加厉害吗？并且我已经说了怨望的话，不吃他的饭。”他母亲说：“也让他知道为什么？”介之推说：“言语就是身上的文章，身体将要隐藏，何必再用文章来表明态度，这岂不是要求显赫吗？”他母亲说：“能这样办吗？我同你一同隐居吧！”就隐居到死了。晋文公去寻找他们得不到，把绵上的田地封给他说：“这为的是记住我的过错，并且旌表一个好人。”

传 郑之入滑也[1]，滑人听命。师还，又即卫[2]。郑公子士、泄堵俞弥[3]帅师伐滑。王使伯服、游孙伯[4]如郑请滑[5]。郑伯怨惠王之入而不与厉公爵也[6]，又怨襄王之与卫、滑也[7]，故不听王命，而执二子[8]。王怒，将以狄伐郑。富辰[9]谏曰：“不可。臣闻之，大上以德抚民[10]，其次亲亲以相及[11]也。昔周公吊二叔之不咸[12]，故封建亲戚以蕃屏周[13]。管[14]、蔡、郕、霍、鲁、卫、毛[15]、聃[16]、郜、雍[17]、曹、滕、毕[18]、原、酆[19]、郇，文之昭也[20]。邘[21]、晋、应[22]、韩[23]，武之穆也[24]。凡、蒋[25]、邢、茅[26]、胙[27]、祭[28]，周公之胤也[29]。召穆公思周德之不类[30]，故纠合宗族于成周而作诗[31]曰：‘常棣之华，鄂不韡韡[32]，凡今之人，莫如兄弟[33]。’其四章曰：‘兄弟阋于墙，外御其侮[34]。’如是，则兄弟虽有小忿，不废懿亲[35]。今天子不忍小忿以弃郑亲[36]，其若之何[37]？庸勋，亲亲，昵近，尊贤，德之大者也[38]；即聋，从昧，与顽，用嚚，奸之大者也[39]。弃德，崇奸，祸之大者也[40]。郑有平、惠之勋[41]，又有厉、宣之亲[42]，弃嬖宠而用三良[43]，于诸姬为近[44]。四德具矣。耳不听五声之和为聋[45]，目不别五色之章为昧[46]，心不则德义之经为顽[47]，口不道忠信之言为嚚[48]，狄皆则之，四奸具矣。周之有懿德也，犹曰莫如兄弟，故封建之。其怀柔天下也，犹惧有外侮[49]。扞御侮者莫如亲亲[50]，故以亲屏周。召穆公亦云[51]。今周德既衰，于是乎又渝周、召以从诸奸[52]，无乃不可乎？民未忘祸，王又兴之，其若文、武何[53]？”王弗听，使颓叔、桃子出狄师[54]。

## 今注

1　郑之入滑也：滑是姬姓国，在今河南偃师县南二十里。郑国军队占领滑国。

2　师还，又即卫：等到军队回去，滑人又同卫人联合。

3　洩堵俞弥：洩是姓，堵俞弥为郑大夫。洩堵俞弥即洩堵寇，亦称堵俞弥。

4　伯服、游孙伯：皆周大夫。

5　如郑请滑：到郑国去请求免除对滑国的讨伐。

6　郑伯怨惠王之入而不与厉公爵也：郑伯指郑文公。郑文公怨望周惠王到成周而不给郑厉公爵杯。此事在鲁庄公二十一年。

7　又怨襄王之与卫、滑也：又怨望周襄王助卫国和滑国。

8　执二子：就是拘捕伯服与游孙伯。

9　富辰：周大夫。

10　大上以德抚民：以德抚民指着无亲疏远近。

11　其次亲亲以相及：再次等先讲最亲近的，然后及于疏远。

12　昔周公吊二叔之不咸：二叔指着夏同殷的末世。有人以为二叔是指着蔡叔与管叔者非，因为管、蔡也在文王十六国之内，而封在前。此句谓从前周公哀伤夏同殷的末世与其亲戚不能和善。

13　故封建亲戚以蕃屏周：所以广封他的兄弟以为周室的屏藩。

14　管：姬姓国，在今河南省郑县县治。

15　毛：姬姓国，在今河南省宜阳县境。

16　聃：姬姓国，在今河南省新郑县东。

17　雍：姬姓国，在今河南省修武县西。

18　毕：姬姓国，在今陕西省咸阳县北五里。

19　酆：姬姓国，在今陕西省户县东五里。

20　文之昭也：文王的后而属于昭级。古人由于初民的传统，分为昭、穆两级，所以为定婚姻的制度，《中国古代社会新研》这部书中说：中国古代的昭、穆等于现在初民社会的婚级。

21 邘：姬姓国，在今河南省沁阳县西北三十里。

22 应：姬姓国，在今河南省鲁山县东三十里。

23 韩：姬姓国，在今陕西省韩城县南十八里。

24 武之穆也：四国皆是武王的后人，而属于穆级。《周书·酒诰》："乃穆考文王，肇国在西土。"《诗·载见》："率见昭考，以孝以享。"《毛传》："昭考武王也。"于是："昭生穆，穆生昭。"循环不已。

25 蒋：姬姓国，在今河南省固始县西北七十里。

26 茅：姬姓国，在今山东省金乡县西北四十里。

27 胙：姬姓国，在今河南省延津县东北二十五里。

28 祭：姬姓国，在今河北省长垣县东北。

29 周公之胤也：周公的后代。

30 召穆公思周德之不类：召穆公即召虎，他想到周的后人不能和洽。

31 故纠合宗族于成周而作诗：这篇属于《毛诗·小雅·鹿鸣之什》。

32 常棣之华，鄂不韡韡：韡音韦。韡韡是光明貌。常棣是棣树。此句意思是常棣树的花，没有不发光的。

33 凡今之人，莫如兄弟：凡是现在的人，没有比兄弟再好的。

34 兄弟阋于墙，外御其侮：兄弟在墙内可以相争夺，但是在墙外则要一起抵抗外人的侮辱。

35 不废懿亲：但是不忘记他们美的亲属。

36 今天子不忍小忿，以弃郑亲：现在天子不能忍让小的争执，以至于放弃郑国的亲属。

37　其若之何：这怎么可以？

38　庸勋，亲亲，昵近，尊贤，德之大者也：用勋劳，亲敬亲属，亲近近人，尊重贤者，皆是最大的德行。

39　即聋，从昧，与顽，用嚚，奸之大者也：接近聋人，随从眼睛看不清楚者，心中不明道义者，口中不能说忠信话的人，这类皆是祸乱之最大的。

40　弃德，崇奸，祸之大者也：舍德行聚集奸邪，祸是最大的。

41　郑有平、惠之勋：郑国在周平王惠王时皆有功劳，《左传》记载“我周之东迁晋郑是依”。周惠王出奔，郑厉公又纳王，皆见《左传》。

42　又有厉、宣之亲：郑国始封的桓公友是周厉王的儿子，周宣王的母弟，所以说郑国又与周厉王、宣王皆极亲近。

43　弃嬖宠而用三良：僖公七年郑杀嬖臣申侯，十六年又杀宠子子华，用三良臣是指的叔詹、堵叔、师叔。

44　于诸姬为近：在各姬同姓国中距离王都最近。

45　耳不听五声之和为聋：耳不能分辨宫、商、角、徵、羽的调和名为聋。

46　目不别五色之章为昧：眼睛不能辨别青、黄、蓝、白、黑五种颜色为昧。

47　心不则德义之经为顽：心不听从德及义的准绳名为顽。

48　口不道忠信之言为嚚：口中不能说忠及信的言辞名为嚚。

49　犹惧有外侮：尚且怕有外来的侮辱。

50　扞御侮者莫如亲亲：能抵抗外侮的以亲近亲属为最。

51　召穆公亦云：按《国语·周语·常棣》这篇实是周公所作，召穆公重新赋所以说亦云。

52　于是乎又渝周、召以从诸奸：渝等于变，又变乱周公召公亲近兄弟的道理，而从奸乱的方式。

53　其若文、武何：那如何对得起文王、武王吗？

54　使颓叔、桃子出狄师：颓叔、桃子皆周大夫，桃子作姚子。使他们令狄人出军队。

**今译**

郑国的攻入滑国，滑人就听从命令。等到郑国军队班师以后他又同卫国联合。郑国的公子士、洩堵俞弥率领军队来讨滑国。王就派伯服、游孙伯到郑国请求不要攻滑国。郑厉公很恨惠王到都城而又不给郑厉公爵杯，又恨襄王帮助卫国和滑国，所以不听王的命令就把两人全逮起来。周襄王也恼怒，将用狄国军队伐郑国。富辰就进谏说："不可以。我听说过，最好的办法是以德来抚慰人民，第二种就是先亲而后疏。从前周公因为夏、殷两末世不尊重王的命令，所以大封亲戚为周室的屏藩。管、蔡、郕、霍、鲁、卫、毛、聃、郜、雍、曹、滕、毕、原、酆、郇，这是文王的后人而列入昭级的。邘、晋、应、韩是武王的后人列入穆级的。凡、蒋、邢、茅、胙、祭全是周公的后人。从前召穆公想到周之后人会不和洽，所以联合宗族在成周都城做了一首诗说：'常棣的花没有不光辉的，现在的人没有兄弟不亲爱的。'第四章又说：'兄弟在墙内可以互相争夺，可是对外要共同抵抗侮辱。'如此兄弟虽有小的不高兴但不会废掉美的亲戚。现在天子不忍小愤怒，而弃掉郑的亲戚，这怎么可以？庸勋、亲亲、昵近、尊贤，这是德行最大的；即聋、从昧、与顽、用嚚，这是最大的奸行。弃德崇拜奸行这是祸害最大的。郑国对平王、惠王有功，与厉王、宣王亲近，放弃喜爱的人而用三良，在诸姬姓中为最近。四种德行全都完具了。耳听不到五声的和谐叫作聋，眼睛不能看到五色叫作昧，心里不能听从德义的经叫作顽，嘴里不说忠信的话叫作嚚，狄人全以为准则，这四种奸行全都完具了。周最好的时候，尚且说，没有比兄弟再好的，所以大事封建。这是为的安定天下，尚且怕有外边的侮辱，可以抵抗外侮的，没有再比亲戚更好的，所以拿亲戚来屏藩周。召穆公也这么说。现在周的德行已经衰弱，又变了周、召亲近兄弟的道理来随从各奸乱的办法，这大约是不可以的。人民没有忘了祸乱，王又兴起他，这怎么对得起文王、武王呢？”王不听这些话，叫周大夫颓叔、桃子使狄国的军队出动。

经 夏，狄伐郑。

传 夏，狄伐郑，取栎[1]。王德狄人[2]，将以其女为后。富辰谏曰：“不可。臣闻之曰，报者倦矣，施者未厌[3]。狄固贪惏[4]，王又启之[5]。女德无极，妇怨无终[6]，狄必为患。”王又弗听。初，甘昭公[7]有宠于惠后[8]，惠后将立之，未及而卒。昭公奔齐[9]，王复之[10]。又通于隗氏[11]。王替[12]隗氏。颓叔、桃子曰：“我实使狄，狄其怨我[13]。”遂奉大叔以狄师攻王[14]。王御士[15]将御之。王曰：“先后其谓我何[16]，宁使诸侯图之[17]。”王遂出。及坎欿[18]，国人纳之[19]。秋，颓叔、桃子奉大叔以狄师伐周。大败周师，获周公忌父、原伯、毛伯[20]、富辰。王出适郑，处于氾[21]。大叔以隗氏居于温[22]。

**今注**

1 栎：郑地，在今河南省禹县。

2 王德狄人：周襄王感谢狄人。

3 报者倦矣，施者未厌：报答的人已经很疲倦，施舍的人不能满足。

4 狄固贪惏：惏音同婪。狄人固然很贪心，好杀人取财。

5 王又启之：而王又开启他的贪心。

6 女德无极，妇怨无终：妇女的心愿永远没有完，而妇女的愤怨也永远没有停止。

7　甘昭公：就是王子带。食邑在甘邑。甘在今河南省洛阳县西二十五里。

8　有宠于惠后：为周惠王皇后所宠爱。惠后是周襄王及叔带的母亲。

9　昭公奔齐：即叔带奔齐，在鲁僖公十二年。

10　王复之：王又召他回周的都城，在鲁僖公二十二年。

11　又通于隗氏：又私通于周襄王所立的狄后。

12　王替：王废掉皇后隗氏。

13　我实使狄，狄其怨我：是我出使迎隗氏来，如今隗氏被废，狄人将怨恨我。

14　遂奉大叔以狄师攻王：于是奉着叔带用狄人的军队攻击周王的军队。

15　王御士：据《周礼》说："王之御士十二人。"

16　先后其谓我何：先后是周惠王的皇后。此句意思为诛大叔带，恐违背先后的志愿。

17　宁使诸侯图之：宁可让诸侯来计谋他。

18　坎欿：周邑，在今河南省巩县东。

19　国人纳之：春秋的时候，所谓国人，全都是指贵族而言。纳之是说迎接他回周都。

20　周公忌父、原伯、毛伯：皆是襄王的党羽。

21　氾：郑地，在今河南省襄城县南一里。

22　温：周地，在今河南省温县西南三十里。

**今译**

夏天，狄国人侵伐郑国，占据了栎这地方。周襄王感谢狄人，将以他的女儿做王后。富辰就进谏说："不可以，我听见有人说过，报答的人已经疲倦，施舍的人没有满足，狄国人本来就很贪心，王你又开启他。女人的心愿没有完的，妇人的怨望也没有完，狄人必定为患难。”周襄王又不听。最早的时候，王子带很得惠后宠爱。惠后想立他为王，没有成功，惠后就死了，王子带就逃奔到齐国，后来王又叫他回来。他又同周襄王所定的狄后隗氏通奸。王废掉隗氏。颓叔、桃子说：“是我出使迎隗氏来，如今隗氏被废，狄人一定很怨恨我们。”就同王子带用狄人的军队攻打周襄王，王的左右军队将抵抗。周襄王说：“先王太后会怎样批评我呢？宁可叫诸侯来管。”周襄王就出去。到了坎欿这地方，国里贵族全叫他回来。秋天，颓叔、桃子，侍奉王子带用狄国军队来伐周国，大败周国军队，捕获周公忌父、原伯、毛伯、富辰。王到郑国去，住到氾这地方。王子带同隗氏住到温这地方。

**传** 郑子华之弟子臧出奔宋[1]，好聚鹬冠[2]，郑伯闻而恶之[3]，使盗诱之[4]。八月，盗杀之于陈、宋之间，君子曰：“服之不衷，身之灾也[5]，《诗》曰：‘彼己之子，不称其服[6]。’子臧之服，不称也夫[7]。《诗》曰：‘自诒伊戚[8]。’其子臧之谓矣！《夏书》[9]曰：‘地平天成称也[10]！’”

**今注**

1 郑子华之弟子臧出奔宋：因为郑子华在鲁僖公十六年被杀，所以他的弟弟子臧出奔到宋国。

2 好聚鹬冠：鹬音玉，水鸟名，嘴长，背灰色，常栖田泽，捕食小鱼及昆虫。此句意思是喜欢将水鸟的羽毛，做成一顶帽子。

3 郑伯闻而恶之：郑伯听说后不喜欢他。

4 使盗诱之：用强盗来引诱他。

5 服之不衷，身之灾也：穿衣服不合适，这是对身体很有灾害的。

6　彼己之子，不称其服：他这个人对于他穿的衣服很不合适。

7　子臧之服，不称也夫：子臧的衣服，是很不合适的。

8　自诒伊戚：自己找到忧虑。这是《小雅》诗篇。

9　《夏书》：是逸书。

10　地平天成称也：地平了他的教化，天也成了他的施为，上下相称为宜。

**今译**

郑国子华的弟弟子臧逃到宋国去，喜欢用鹬鸟的羽毛做的帽子，郑伯听说后很不高兴，用强盗来引诱他。八月，强盗将子臧杀在陈、宋的中间。君子说："衣服的不合适是身体的灾害。《诗经·曹风》说：'这个人穿的衣服不合适。'子臧的衣服是很不合适的。《诗经·小雅》说：'自己找的麻烦。'这是指着子臧说的。《夏书》说：'地平同天成这全是因为相称的关系。'"

**传**　宋及楚平[1]，宋成公如楚。还，入于郑[2]。郑伯将享之[3]，问礼于皇武子[4]。对曰："宋，先代之后也[5]，于周为客，天子有事，膰焉[6]，有丧，拜焉[7]。丰厚可也[8]。"郑伯从之，享宋公有加[9]，礼也。

**今注**

1　宋及楚平：宋同楚国和谈。

2　还，入于郑：回来的时候，进入郑国首都。

3　郑伯将享之：郑伯将用宴享礼来待他。

4　皇武子：是郑国的卿。

5　宋先代之后也：宋国是先代殷王的后人。

6　于周为客，天子有事，膰焉：膰音烦，祭祀所用的熟肉。对于周朝等于客人，周王祭祖庙，送祭肉给他。

7　有丧，拜焉：如果周朝有丧事，宋国来吊，王特别拜谢他。

8　丰厚可也：对于各种礼节全加以丰满富厚。

9　享宋公有加：对于宋公的享宴特别加丰。

**今译**

宋国同楚国和谈，宋成公到楚国去。回来路过郑国。郑伯将享宴他，问礼于皇武子。回答说："宋国是先代殷王的后人，对于周朝等于客人，天子有事要祭宗庙就送给他祭肉，有丧事国王就拜谢他。丰厚就可以了。"郑伯就听从他的话，享宴宋成公特别加丰，这很合于礼节的。

**经**　冬，天王出居于郑。

**传**　冬，王使来告难[1]，曰："不穀不德[2]，得罪于母之宠子带[3]，鄙在郑地氾[4]，敢告叔父[5]。"臧文仲对曰："天子蒙尘于外[6]，敢不奔问官守[7]。"王使简师父告于晋，使左鄢父告于秦[8]，天子无出[9]，书曰："天王出居于郑[10]。"辟母弟之难也[11]。天子凶服降名[12]，礼也。郑伯与孔将钼、石甲父、侯宣多[13]，省视官具于氾，而后听其私政[14]，礼也。

**今注**

1　王使来告难：周王派人来告诉他的祸难。

2　不穀不德：我没有德行。

3　得罪于母之宠子带：宋本于母字后有弟者非，《考文提要》："据僖五年，《正义》弟作氏，是也。"开罪于母亲最喜欢的弟弟子带。

4　鄙在郑地氾：我现在处在郑国的地方氾。

5　敢告叔父：《曲礼》说："天子谓同姓诸侯曰伯父。"按伯父、叔父的分别，皆看当时始封的诸侯与彼时天子的亲疏关系而定。比如鲁国最初始封者是周公，而周公是武王的弟弟，所以对于鲁国天子永远称他为叔父。

6 蒙尘于外：蒙尘意思说为尘土所骚扰。于外，是指在都城以外。

7 敢不奔问官守：不敢不跑去问候周王的各官。

8 使简师父告于晋，使左鄢父告于秦：派遣简师父与左鄢父分告于晋、秦。

9 天子无出：天子没有出奔。

10 天王出居于郑：天王出来到郑国居住。

11 辟母弟之难也：这是躲避母弟的患难。

12 天子凶服降名：天子穿着素衣服，并自称不穀。

13 孔将钼、石甲父、侯宣多：皆是郑大夫。

14 省视官具于氾，而后听其私政：先来看所供给周王用的器具在氾的地方，然后再听他郑国的政治。

**今译**

冬天，周襄王派人来告诉他的困难说："我没有德行，得罪了王子带，现住在氾的地方，我派人敬告于叔父。"臧文仲回答说："天子在外边蒙尘，敢不去问候他的官守。"周襄王并派简师父到晋国告诉，左鄢父到秦国告诉。天子没有出奔，《春秋》上写道："天王到郑国去住。"这是躲避母弟的祸难。天子穿着素服自称不穀，这是合于礼节的。郑伯同孔将钼、石甲父、侯宣多，先到氾去看供周王用的器具，而后再听郑国的私政，这是合于礼的。

**传** 卫人将伐邢，礼至[1]曰："不得其守，国不可得也[2]。我请昆弟仕焉[3]。"乃往得仕[4]。

**今注**

1 礼至：卫大夫。

2　不得其守，国不可得也：守是指着邢国政权，此句指若得不到邢国的政权，邢国就无法得到。

3　我请昆弟仕焉：我请我的兄弟去出仕。

4　乃往得仕：去到邢国就得到官做。

**今译**

卫国人将伐邢国，礼至说："没有掌握邢国的政权，没法得到他的国家，我请派我的兄弟去做官。"就去了，得到官做。

**经**　晋侯夷吾卒[1]。

**今注**

1　晋惠公定了君位，而后告诉鲁国，与鲁国没有同盟过，例外地将他的名字写在《春秋》上。此经无传。

**今译**

晋惠公夷吾死了。

## 僖公二十五年（公元前六三五年）

**经**　二十有五年春王正月，丙午，卫侯燬灭邢。

**传**　二十五年春，卫人伐邢，二礼从国子巡城[1]，掖以赴外杀之[2]。正月丙午，卫侯燬灭邢，同姓也，故名[3]。礼至以为铭[4]曰："余掖杀国子，莫余敢止[5]。"

**今注**

1　二礼从国子巡城：二礼指礼至与他的弟弟。从国子巡城是说随从邢国的执政巡视都城。

2　掖以赴外杀之：掖音夜，以手扶人臂也，见《说文》；后通用作扶持的意思。此句谓扶持他到外面，把他杀掉。

3　同姓也，故名：因为邢同卫都是姬姓，所以在《春秋》上写卫侯的名字。

4　铭：是在器物上刻了他立功勋的词句。

5　余掖杀国子，莫余敢止：我扶持国子去杀掉，没有人敢阻挡我。

**今译**

二十五年春天，卫国人攻伐邢国，礼至与他的弟弟随从邢国的执政巡视都城，扶持他到外面，就把他杀掉。正月丙午，卫侯燬灭了邢国，因全都是姬姓，故竹简上写卫侯的名字。礼至自己做了个器物，上刻了他立功勋的词句："我扶持国子去杀掉，没有人敢阻挡我。"

**传**　秦伯师于河上[1]，将纳王[2]。狐偃言于晋侯曰："求诸侯莫如勤王[3]，诸侯信之，且大义也[4]。继文之业，而信宣于诸侯，今为可矣[5]。"使卜偃卜之，曰："吉，遇黄帝战于阪泉之兆[6]。"公曰："吾不堪也。[7]"对曰："周礼未改，今之王，古之帝也[8]。"公曰："筮之。"筮之，遇大有䷍之睽䷥[9]，曰："吉。遇公用享于天子之卦[10]。战克而王飨[11]，吉孰大焉[12]？且是卦也，天为泽以当日[13]，天子降心以逆公[14]，不亦可乎？大有去睽而复，亦其所也[15]。"晋侯辞秦师而下[16]。三月甲辰，次于阳樊[17]。右师围温，左师逆王[18]。

**今注**

1　秦伯师于河上：秦穆公驻军队在黄河边上。

2　将纳王：将派军队送王回到都城。

3　求诸侯莫如勤王：想得到诸侯来听从你，没有再高过勤劳于王室的了。

4　诸侯信之，且大义也：诸侯因此就会信服你，并且这是大的义气。

5 继文之业，而信宣于诸侯，今为可矣：接续晋文侯辅佐周平王的事业，而大信宣告于诸侯，现在是可以的。

6 遇黄帝战于阪泉之兆：遇见黄帝跟神农在阪泉的地方打胜仗的龟兆。

7 吾不堪也：我实在不能相配。

8 周礼未改，今之王，古之帝也：周礼尚没有改过，现在的周王等于古代的皇帝。

9 遇大有☲☰之睽☲☱：由大有卦变到睽卦。

10 遇公用享于天子之卦：这是大有九三的爻辞。

11 战克而王飨：打仗战胜而王来享宴他。

12 吉孰大焉：没有再比这个吉祥的。

13 天为泽以当日：上天用水泽以对付太阳。

14 天子降心以逆公：天子降下心来以迎接你。

15 大有去睽而复，亦其所也：大有去掉睽卦，而仍旧讨论大有，这仍旧有天子降心的现象。

16 晋侯辞秦师而下：晋侯就辞谢秦国的军队，就顺着黄河向东下。

17 次于阳樊：晋国军队停止在阳樊。阳樊即樊，在河南省济源县东南三十里。

18 左师逆王：当时晋国仍同晋献公时代的制度，分为左右二军。左师就去迎接周王。

**今译**

秦穆公驻军队在黄河边上，将派军队送王回到都城。狐偃就对晋侯说："想得到诸侯来听从你，没有再高过勤劳于王室的了。诸侯因此就会信服你，并且这是大的义气。接续晋文侯辅佐周平王的事业，而大信宣告于诸侯，现在是可以的。”差卜偃去占卜，他说：“是吉祥的，遇见黄帝跟神农在阪泉的地方打胜仗的龟兆。”晋侯说：“我实在不能相配。”回答道：“周礼尚没有改过，现在的周王等于古代的皇帝。”公又说：“再用筮占。”由大有卦变到睽卦，说道：“大吉。这是大有九三的爻辞。打仗战胜而受到的享宴。没有再比这个吉祥的。并且这个卦，是上天用水泽以对付太阳，天子降下心来以迎接你，这不也是可以的吗？大有去掉睽卦，而仍旧讨论大有，这仍旧有天子降心的现象。”晋文公就辞谢秦国的军队，顺着黄河向东下。三月甲辰，晋国军队停止在阳樊。右师去包围温地，左师去迎接周王。

经 夏四月，癸酉，卫侯燬卒[1]。

**今注**

1 卫侯燬卒：卫侯五次与鲁同盟，所以写上他的名字。此经无传。

**今译**

夏天四月，癸酉，卫侯燬死了。

传 夏四月丁巳，王入于王城。取大叔于温，杀之于隰城[1]。戊午，晋侯朝王。王享醴命之宥[2]。请隧弗许[3]，曰：“王章也[4]，未有代德而有二王[5]，亦叔父之所恶也。”与之阳樊、温、原、欑茅[6]之田。晋于是始启南阳[7]。阳樊不服，围之，苍葛[8]呼曰：“德以柔中国，刑以威四夷[9]，宜吾不敢服也。此谁非王之亲姻，其俘之也[10]。”乃出其民[11]。

**今注**

1 隰城：周地，在今河南省武陟县西南十五里。

2 王享醴命之宥：宥音又，帮助的意思。在宴席以后，加上币帛以助欢乐。

3　请隧弗许：普通的葬礼皆用悬柩而下，但是王的葬礼，是用一个斜坡逐渐地将柩木下去，这种斜坡就叫作隧。

4　王章也：这是王的制度。

5　未有代德而有二王：所谓代德是说用新德替代旧德而有两个王，因为有了隧道，就等于另有一个王。

6　欑茅：杜注以欑茅为一邑，《括地志》及《一统志》，以欑茅为二邑，姑存两说。欑为周地，在今河南省修武县西北二十里。茅亦周地，在今河南省获嘉县东北二十里。

7　南阳：南阳在晋国太行山脉以南，黄河以北，所以名为南阳。

8　苍葛：是阳樊人。

9　德以柔中国，刑以威四夷：德行是为的安抚中国，刑是为的威震四夷。

10　此谁非王之亲姻，其俘之也：这里的人谁不是王的亲戚，为何将他们做俘虏看待。

11　乃出其民：就把他的人民放出城。

**今译**

夏天四月丁巳，周王回到都城。捕获大叔于温地，把他在隰城杀了。戊午，晋侯朝觐周王。在宴会以后，加上币帛以助欢乐。请用王的葬礼，王不允许，就说："这是王的制度，从来没有用新德替代旧德后，会有两个王，这也是叔父所不喜欢的。"给了他阳樊、温、原、欑茅的田地，于是晋国才开发了南阳地方。阳樊人不服气，就包围他。有名苍葛高呼："德行是为的安抚中国，刑是为的威震四夷。以夷狄待我，故我不降服。这里的人谁不是王的亲戚，为何将他们做俘虏看待呢？"就把他的人民放出城，只让晋侯得到土地。

经 宋杀其大夫[1]。

**今注**

1 因为大夫无罪，所以照例不称他的名字。此经无传。

**今译**

宋国杀其大夫。

经 秋，楚人围陈，纳顿子于顿。

传 秋，秦晋伐鄀[1]，楚鬬克[2]、屈御寇[3]，以申息之师戍商密[4]。秦人过析[5]，隈入而系舆人以围商密[6]，昏而傅焉[7]。宵坎血加书[8]，伪与子仪子边盟者。商密人惧曰："秦取析矣，戍人反矣[9]。"乃降秦师。秦师囚申公子仪，息公子边以归。楚令尹子玉追秦师弗及，遂围陈，纳顿子于顿[10]。

**今注**

1 鄀：鄀音若，是古国名，在今河南省内乡县西南一百二十里。

2 鬬克：即申公子仪。

3 屈御寇：即息公子边。

4 以申息之师戍商密：用申邑及息邑的军队戍守商密。商密为鄀地，在今河南省内乡县。

5 秦人过析：秦国军队经过析的地方。析为楚邑，在今河南省内乡县，析亦名曰羽。

6 隈入而系舆人以围商密：隐藏着进去并系缚众人诈为克析所得俘虏，包围商密。

7 昏而傅焉：到夜晚就去爬城。傅是爬城。

8 坎血加书：把地下挖了坑，埋上盟誓所用的血，再加上盟书。

9 秦取析矣，戍人反矣：秦国把析地占领，看守的人造反了。

10　纳顿子于顿：于是把顿子送归顿国。顿是姬姓国，在今河南省商水县东南。

**今译**

秋天，秦、晋两国同伐鄀国，楚申公子仪、息公子边用申邑及息邑的军队戍守商密。秦国军队经过析的地方，隐藏着进去并系缚众人诈为克析所得俘虏，包围商密，到傍晚就去爬城。深夜就把地下挖了坑，埋上盟誓所用的血，再加上盟书，伪装是与子仪、子边同盟的人。商密人很害怕，说道："秦国把析地占领了，看守的人造反了。"于是投降秦军。秦军囚禁申公子仪、息公子边后撤军。楚国令尹子玉追击秦师未追上，便包围陈，于是把顿子送归顿国。

**经**　葬卫文公[1]。

**今注**

1　卫文公：即卫侯燬。此经无传。

**今译**

埋葬卫文公。

**传**　冬，晋侯围原，命三日之粮[1]。原不降，命去之[2]。谍出[3]，曰："原将降矣！"军吏[4]曰："请待之。"公曰："信，国之宝也，民之所庇[5]也。得原失信，何以庇之，所亡滋多[6]。"退一舍而原降，迁原伯贯[7]于冀[8]。赵衰为原大夫，狐溱[9]为温大夫。

**今注**

1　命三日之粮：命令军队预备下三天的粮食。

2　命去之：命令军队离开原地。

3　谍出：间谍出来了。

4 军吏：是军队中的小官。

5 信，国之宝也，民之所庇也：诚信是国家的宝贝，人民所得以被保护的。

6 得原失信，何以庇之，所亡滋多：得到原地而失了诚信，人民如何得到保护，所失去的必然很多。

7 原伯贯：是周守原的大夫。

8 冀：是国名，在今山西省河津县东北五里。

9 狐溱：溱音珍，是狐毛的儿子。

**今译**

冬天，晋侯包围原地，命令军队预备下三天的粮食。原人不投降，命令军队离开原地。间谍出来了，报说："原人将投降了！"军中小官吏又说："请等待。"晋文公说："诚信是国家的宝贝，人民所得以被保护的。得到原地而失去了诚信，人民将如何得到保护，所失去的必然很多。"退后三十里而原人投降，迁原伯贯到冀国。赵衰做了原的大夫，狐溱做了温大夫。

**经** 冬十有二月癸亥，公会卫子莒庆盟于洮。

**传** 卫人平莒于我[1]，十二月盟于洮[2]，修卫文公之好，且及莒平也[3]。

**今注**

1 卫人平莒于我：卫国人使鲁人与莒国修好，莒国因为僖公元年郦之役怨恨鲁国。

2 洮：鲁地，在今山东省泗水县。

3 修卫文公之好，且莒平也：这是重修卫文公与鲁国的相好，并且与莒国和平，因为卫成公称为卫子，是他自己要求降低名分，以完成他父亲的志向。

**今译**

卫国人使鲁人与莒国修好，十二月会盟于洮地，这是重修卫文公与鲁国的相好，并且与莒国和平。

**传** 晋侯问原守于寺人勃鞮[1]，对曰："昔赵衰以壶飧从径，馁而弗食[2]。"

**今注**

1 寺人勃鞮：《后汉书·宦者传》曰："其能者则勃貂管苏，有功于楚晋。"注云："勃貂即寺人披，一名勃鞮，字伯楚。"

2 昔赵衰以壶飧从径，馁而弗食：从前赵衰带着食物跟着晋文公，他自己饿了而不敢吃。

**今译**

晋侯向太监勃鞮问谁可做原的大夫，回答说："从前赵衰带着食物跟着你，他自己饿了而不敢吃。"所以叫他做守原的大夫。

## 僖公二十六年（公元前六三四年）

**经** 二十有六年春王正月己未，公会莒子、卫甯速盟于向。

**传** 二十六年春王正月，公会莒兹丕公[1]、甯庄子盟于向[2]，寻洮之盟也[3]。

**今注**

1 莒兹丕公：莒国君的号，因为莒国是夷人，所以没有谥号，以号称呼。

2 甯庄子盟于向：甯庄子是卫大夫，即甯速。向是鲁地，在今山东省临沂县西南一百二十里。

3 寻洮之盟也：洮盟在鲁僖公二十五年。

**今译**

二十六年春，王正月，鲁僖公同莒兹丕公、卫国的甯速，在向这个地方会盟，重申洮的盟誓。

**经** 齐人侵我西鄙，公追齐师至酅弗及。

**传** 齐师侵我西鄙，讨是二盟也[1]。

**今注**

1 讨是二盟也：为的是讨伐向同洮的盟誓。又经中的酅，音希，为齐地，在今山东省东阿县西南。

**今译**

齐国军队先侵犯我们的西鄙，就是为这两个盟誓。

**经** 夏，齐人伐我北鄙。卫人伐齐。

**传** 夏，齐孝公[1]伐我北鄙，卫人伐齐，洮之盟故也[2]。公使展喜[3]犒师，使受命于展禽[4]，齐侯未入竟[5]，展喜从之[6]，曰："寡君闻君亲举玉趾[7]，将辱于敝邑[8]，使下臣犒执事[9]。"齐侯曰："鲁人恐乎？"对曰："小人恐矣，君子则否[10]。"齐侯曰："室如县罄，野无青草[11]，何恃而不恐[12]？"对曰："恃先王之命[13]。昔周公大公股肱周室，夹辅成王[14]，成王劳之，而赐之盟[15]，曰：'世世子孙，无相害也。'[16]载在盟府，大师职之[17]。桓公是以纠合诸侯，而谋其不协[18]。弥缝其阙，而匡救其灾[19]，昭旧职也[20]。及君即位，诸侯之望[21]，曰其率桓之功[22]。我敝邑用不敢保聚[23]，曰岂其嗣世九年而弃命废职[24]，其若先君何[25]？君必不然，恃此以不恐。"齐侯乃还。

**今注**

1 齐孝公：齐桓公的儿子，名昭。

2　洮之盟故也：这由于与卫国和鲁国在洮地的盟誓。

3　展喜：鲁大夫，为公子展的后代。

4　使受命于展禽：使他受犒师的言辞于展禽。展禽名获字禽，柳下是其所食的封邑，谥曰惠，所以我们又称他为柳下惠。

5　齐侯未入竟：竟同境，此言齐孝公尚未进到鲁国的领土上来。

6　展喜从之：展喜去迎接他。

7　亲举玉趾：亲自来到我们鲁国。

8　将辱于敝邑：将来到我们国家。

9　使下臣犒执事：下臣是展喜谦称，使我犒劳你的执事的人。

10　小人恐矣，君子则否：小人会害怕，至于贵族的君子则不然。

11　室如县罄，野无青草：县同悬垂也。罄，尽也，县罄就是垂尽的意思。又阮元《校勘记》说："罄有房室中空之象，室无资粮，故曰如县罄也。"野无青草是说现在正是夏四月，即殷历的二月，野地里连青草也没有。

12　何恃而不恐：仗着什么而不害怕。

13　恃先王之命：这是仗着周先王的命令。

14　昔周公大公股肱周室，夹辅成王：大音泰。从前周公、太公为周王室的股肱，两边夹辅着成王。

15　成王劳之，而赐之盟：成王看见他们很辛苦，而赏给他们盟誓。

16　世世子孙，无相害也：历代的子孙，互相不得侵害。

17　载在盟府，大师职之：大音泰。这个盟誓的书，存在周朝的盟府里，太师则是管理司盟的官，就职掌盟书。

18　桓公是以纠合诸侯，而谋其不协：齐桓公因此聚合诸侯，而化解他们的不和。

19　弥缝其阙，而匡救其灾：凡是他的缺漏的地方，就想法补救。

20　昭旧职也：这是为的昭明他的旧职务。

21　及君即位，诸侯之望：等到你即位以后，诸侯的希望。

22　其率桓之功：希望你一定要尊重桓公的功劳。

23　我敝邑用不敢保聚：所以我们国家也不敢保守聚众。

24　岂其嗣世九年而弃命废职：岂能刚接着做了九年的君，就丢掉了从前的命令，废弃了职务。

25　其若先君何：那怎么样对得起先君桓公。

**今译**

夏天，齐孝公侵伐我的北鄙，卫国人也伐齐国，这是为了洮的盟誓的关系。鲁僖公使展喜去犒劳齐国军队，使他受犒劳的言词于展禽，齐孝公没有到鲁境内，展喜就找到他，说："我们的鲁君听见你要亲自到鄙国来，派下臣来犒劳你的官吏。"齐孝公说："鲁国人害怕了吗？"回答说："小人就害怕，君子没有。"齐孝公又说："屋里没有吃食，野外也没有青草，仗着什么还不害怕呢！"回答说："仗着先王的命令。从前周公同姜太公为周室的辅佐，互相两面辅助成王，成王看见他们的功劳而赏给他们的盟誓说：'辈辈的子孙不要相侵害。'盟誓的书藏在盟府里，太师管理他。桓公所以联合诸侯，化解他们的不和，弥缝他们的阙失，匡救他们的灾害，这是昭明他的旧职务。等到你即位以后，成了诸侯的希望，说你可以遵行桓公的功业。我们国家也不敢聚众保守城郭，就说岂能即位九年的工夫，就废除了命令，弃掉职守，这怎么样对得起先君？你一定不是这样，就仗着这个而不害怕。"齐孝公就回去了。

经 公子遂如楚乞师。

传 东门襄仲[1]、臧文仲如楚乞师[2]。臧孙见子玉而道之伐齐宋[3]，以其不臣也[4]。

**今注**

1 东门襄仲：就是鲁国公子遂，因住在鲁都城的东门，故以东门为氏。

2 乞师：要求军队帮助。

3 而道之伐齐宋：道音导。想领着他去伐齐、宋两国。

4 以其不臣也：因为他对于周王室不太礼貌。

**今译**

东门襄仲公子遂同臧文仲到楚国去求援军，臧文仲见着子玉就劝他伐齐国同宋国，因为他们对于周室不礼貌。

经 秋，楚人灭夔，以夔子归。

传 夔子不祀祝融与鬻熊[1]，楚人让之[2]，对曰："我先王熊挚有疾[3]，鬼神弗赦而自窜于夔[4]，吾是以失楚，又何祀焉[5]？"秋，楚成得臣[6]、鬬宜申[7]帅师灭夔，以夔子归。

**今注**

1 夔子不祀祝融与鬻熊：夔音葵。芈姓国，在今四川省巫山县南。祝融是火正，鬻熊是祝融的后人。夔子不祭祀他的祖先祝融与鬻熊。

2 让之：责备他。

3 先王熊挚有疾：挚音志。先王熊挚有病了。

4 鬼神弗赦而自窜于夔：鬼神不赦免我的疾病，所以自己逃到夔这地方。按：熊挚是楚国的嫡子，但是因为有病，所以封到夔的地方。

5　吾是以失楚，又何祀焉：我所以失掉楚国的君位，那又何必祀奉祖先？

6　成得臣：即令尹子玉。

7　鬬宜申：即司马子西。

**今译**

夔国的国君不祭祀祝融同鬻熊，楚国人责备他，他回答说："我们的先王熊挚有病，鬼神全不赦免他，只能自己跑到夔的地方，我因此丢掉楚国的君位，那又何必祭祀呢？"秋天，楚国令尹子玉、鬬宜申率着军队灭了夔，把夔的君带到楚国去。

**经**　冬，楚人伐宋围缗，公以楚师伐齐取穀。

**传**　宋以其善于晋侯也[1]，叛楚即晋[2]。冬，楚令尹子玉、司马子西帅师伐宋围缗[3]。公以楚师伐齐，取穀[4]。凡师能左右之曰以[5]，置桓公子雍于穀，易牙奉之以为鲁援[6]，楚申公叔侯戍之[7]，桓公之子七人，为七大夫于楚[8]。

**今注**

1　宋以其善于晋侯也：因为从前晋文公出亡的时候，宋襄公曾送给他马二十乘，见鲁僖公二十三年《左传》。

2　叛楚即晋：跟楚国反叛，而与晋国亲近。

3　缗：宋地，在今山东省金乡县东北二十里。

4　穀：齐地，在今山东省东阿县县治。

5　凡师能左右之曰以：凡是出兵，能够随意指挥别国军队，就叫作"以"。

6　易牙奉之以为鲁援：易牙是齐国的寺人（太监），奉着公子雍以为鲁国的援助。

7　楚申公叔侯戍之：楚国的申公，名叫叔侯的率军队来戍守。

8　桓公之子七人，为七大夫于楚：桓公的儿子有七个人，皆在楚国做大夫。

**今译**

宋国因为对晋文公很好，叛离了楚国，而与晋国和睦。冬天，楚令尹子玉、司马子西率领军队讨伐宋国，围了缗的地方。鲁僖公指挥楚国军队去伐齐国，占领了榖这地方。凡是出兵，能够指挥别人的军队叫作“以”。把齐桓公的儿子雍摆到榖这地方，齐国的太监易牙侍奉他，以援救鲁国，楚国的申公叔侯领着军队来戍守，齐桓公的儿子七个人在楚国全做了大夫。

# 卷八　僖公下

## 僖公二十七年（公元前六三三年）

**经**　二十有七年春，杞子来朝。

**传**　二十七年春，杞桓公来朝[1]，用夷礼，故曰子[2]。公卑杞，杞不共也[3]。

**今注**

1　桓公来朝：杞桓松来到鲁国朝见。

2　用夷礼，故曰子：他虽然是夏的后人，但与东夷杂居，故变成东夷化，所以《春秋》上就以杞子称呼他。

3　公卑杞，杞不共也：共同恭。鲁国君轻视杞国，就是因为杞国不恭敬鲁国的缘故。

**今译**

二十七年春，杞桓公来到鲁国朝见，因为他用东夷的礼节，《春秋》上所以称他杞子，鲁僖公轻视杞君，因为他对鲁国不恭敬。

**经**　夏六月庚寅，齐侯昭卒。

**传**　夏，齐孝公[1]卒，有齐怨，不废丧纪，礼也[2]。

**今注**

1　齐孝公：即齐桓公的儿子公子昭。

2　有齐怨，不废丧纪，礼也：在鲁僖公二十六年，齐国再伐鲁国，即使这样对于吊赠物品的数量也不废除，这是很合于礼的。

**今译**

夏天，齐孝公死了，虽然与齐国有怨恨，但是对于吊丧全不废除，这是合于礼的。

**经**　秋，八月乙未，葬齐孝公[1]。

**今注**

1　此经无传。

**今译**

秋天，八月乙未这天给齐孝公行葬礼。

**经**　乙巳，公子遂帅师入杞。

**传**　秋，入杞，责无礼[1]也。

**今注**

1　责无礼：责他对鲁国不恭敬的失礼。按："责无礼，本或作责礼也。"《释文》亦作责礼，按淳化本以下，皆作责无礼，今从淳化本。

**今译**

秋天，鲁国军队攻入杞国，这是责备他没有礼貌。

**经**　冬，楚人、陈侯、蔡侯、郑伯、许男围宋。

**传**　楚子将围宋。使子文治兵于睽[1]。终朝而毕[2]，不戮一人。子玉复治兵于蒍[3]。终日而毕，鞭七人，贯三人耳[4]。国老皆贺子文[5]，子文饮之酒。蒍贾[6]尚幼，后至不贺。子文问之。对曰：“不知所贺[7]。子之传政于子玉，曰以靖国也[8]。靖诸内而败诸外，所获几何[9]？子玉之败，子之举也[10]，举以败国，将何贺焉[11]？子玉刚而无礼，不可以治民[12]。过三百乘，其不能以入矣[13]。苟入而贺，何后之有[14]？”冬，楚子及诸侯围宋。宋公孙固如晋告急[15]。先轸[16]曰：“报施救患，取威定霸，于是乎在矣[17]。”狐偃曰：“楚始得曹而新昏于卫[18]，若伐曹、卫，楚必救之，则齐、宋免矣[19]。”于是乎蒐于被庐[20]，作三军[21]，谋元帅[22]。赵衰曰：“郤縠[23]可。臣亟闻其言矣[24]？说礼乐而敦诗书[25]。诗书，义之府也；礼乐，德之则也[26]；德义，利之本也[27]。《夏书》[28]曰：‘赋纳以言，明试以功，车服以庸[29]。’君其试之。”乃使郤縠将中军，郤溱[30]佐之。使狐偃将上军，让于狐毛而佐之[31]。命赵衰为卿[32]，让于栾枝[33]、先轸，使栾枝将下军，先轸佐之。荀林父[34]御戎，魏犨为右。晋侯始入而教其民[35]。二年，欲用之[36]。子犯曰：“民未知义，未安其居[37]。”于是乎出定襄王[38]，入务利民，民怀生矣[39]，将用之。子犯曰：“民未知信，未宣其用[40]。”于是乎伐原以示之信[41]，民易资者，不求丰焉，明征其辞[42]。公曰：“可矣乎？”子犯曰：“民未知礼，未生其共[43]。”于是乎大蒐以示之礼[44]，作执秩以正其官[45]。民听不惑而后用之[46]。出穀戍，释宋围[47]。一战而霸，文之教也[48]。

**今注**

1 使子文治兵于睽：睽为楚邑，其地应在湖北江陵县郢都附近。这时候子文已经不做令尹了，所以叫子文治兵习号令。

2 终朝而毕：一早晨就训练完了。

3 子玉复治兵于蒍：子玉当时为令尹，就在蒍的地方治兵习号令，蒍在睽左近。

4 鞭七人，贯三人耳：拿鞭子打了七个人，用箭穿了三个人的耳朵。

5　国老皆贺子文：国老指楚国的卿大夫及致仕的人。这些人全都给子文道喜。

6　芳贾：即是伯嬴，为孙叔敖的父亲。

7　不知所贺：不知为什么来庆贺。

8　曰以靖国也：说为的是能安定国家。

9　靖诸内而败诸外，所获几何：在国内安定而在国外失败，那所获的好处又有多少。

10　子玉之败，子之举也：子玉的失败是由于你的推荐。

11　举以败国，将何贺焉：推举他出来使国家失败，又何必来道贺。

12　子玉刚而无礼，不可以治民：子玉这个人刚强而没有礼貌，不能够用来治理人民。

13　过三百乘，其不能以入矣：如果带领的军队超过了三百辆车，就不能够使全部的军队返回国家。据《司马法》说："三百乘为二万二千五百人。"

14　苟入而贺，何后之有：假设能够全军回到国家，然后再贺，那又有什么晚呢？

15　公孙固如晋告急：公孙固是宋庄公的孙子。如晋告急是往晋国求援。

16　先轸：即晋国下军佐原轸。

17　报施救患，取威定霸，于是乎在矣：报答宋国送马的施舍，救宋国的患难，得到了威风，定了霸主的地位，就在这一举了。

18　楚始得曹而新昏于卫：楚方才得到曹国的拥护，而新近与卫国有婚姻的约盟。

19　则齐、宋免矣：自从僖公二十六年，楚国使申公叔侯戍守縠的地方，以压迫齐国，那齐国、宋国就可以免被灾殃。

20　蒐于被庐：蒐是春天打猎的礼节。晋国常常以春蒐的礼节改革政令。被庐为晋地，应在晋都东南境。

21　作三军：闵公元年，晋献公始作二军，现在又恢复大国的礼节三军。

22　谋元帅：元帅就是中军的帅，总管三军的政令。

23　郤縠：晋大夫郤芮的儿子。

24　臣亟闻其言矣：我常听见他说过的话。

25　说礼乐而敦诗书：说等于悦。喜欢礼和乐而嗜好诗和书。

26　诗书，义之府也；礼乐，德之则也：诗和书是藏义的府库；礼和乐是德行的规则。

27　德义，利之本也：德和义是胜利的根本。

28　《夏书》：即《虞夏书》中的话。

29　赋纳以言，明试以功，车服以庸：通过言辞以观其志向，拿立功以考验他，用车及官服以报答他的功，这是《尚书·虞夏书》中的话。

30　郤溱：是晋国中军佐，郤溱是郤谷的族人。

31　让于狐毛而佐之：狐毛是狐偃的哥哥。此句谓狐偃将上军将让给狐毛，而他自己为上军佐。

32　命赵衰为卿：命赵衰做卿，也就是三军将佐之一。

33　栾枝：是樊宾的孙子，亦称栾贞子。

34　荀林父：即中行桓子。

35　晋侯始入而教其民：晋文公方才回到国里就教令他的人民，这是僖公二十四年的事。

36　二年，欲用之：经过两年，就要用他打仗。

37　民未知义，未安其居：百姓尚未能知道义礼，还未能够安于生活。

38　于是乎出定襄王：于是就派遣他的军队，安定周襄王，这是僖公二十五年的事。

39　入务利民，民怀生矣：回到国里就想使人民得到福利，于是人民就获得了生机。

40　民未知信，未宣其用：人民尚没有知道信用，没能宣布信用的用处。

41　伐原以示之信：讨伐原的地方，以表现晋国的信用。伐原在僖公二十五年。

42　民易资者，不求丰焉，明征其辞：人民做生意的，不求更多的钱财，明白地重视他所定的契约。

43　民未知礼，未生其共：人民尚不知道礼节，还不能产生恭敬之心。

44　大蒐以示之礼：大蒐是把年长的同年少的排列秩序，分明军队的贵同贱。

45　作执秩以正其官：定了执秩专为主持爵秩的官。

46　民听不惑而后用之：人民听上面的话，就没有疑惑，然后用他们作战。

47　出穀戍，释宋围：迫使楚国从穀地撤兵，解救宋国之围。

48　一战而霸，文之教也：这是指第二年在城濮的那个胜仗，晋文公就成了霸主，这说明晋文公对人民的教化成功。

**今译**

楚王将围宋都城，使子文在睽这地方治理军队。一早晨就训练完了，不杀戮一个人。子玉又在苏这地方治理军队，一天方才训练完毕，他鞭打了七个人，贯穿了三个人的耳朵。楚国的老人全都恭贺子文，子文将酒供给他们喝了。苏贾尚很年轻，到得很晚也不贺喜。

子文问他，回答说：“不知道所贺的在哪里。你想把政权传给子玉目的是使国家安定。在内里安定，而在外边失败，所得的能有多少？子玉的失败是由于你的推举，推举他来使国家失败，这又何必贺呢？子玉这个人是刚而无礼，他不可以管理人民。过了三百辆车，他就没办法带回来了。假设等他回来，我再贺喜那有什么晚呢？”冬天，楚王同诸侯围了宋国都城。宋国公孙固到晋国去告急。先轸就说：“报各种恩德，救助灾患，取威严而定霸业，全在这里了。”狐偃说：“楚刚刚得了曹国的拥护，而同卫国定婚姻，若先伐曹、卫两国，楚国必定去救援，则齐、宋可以免了。”于是就在被庐举行大蒐，改作三军，推举中军元帅。赵衰说：“郤縠可以。我常听见他说的话，他喜欢礼乐，而又好阅诗书。诗书是义的府藏，礼乐是德行的法则，德义是胜利的本源。《夏书》说：‘听他的言语，再拿功劳来试验他，然后拿车服来奖励他，你何不试试呢！’”就使郤縠将中军，郤溱辅佐他。派狐偃将上军，他让给他哥哥狐毛而自己辅佐他。派赵衰做卿，他就让给栾枝和先轸。叫栾枝将下军，先轸为他的辅佐。荀林父赶车，魏犨做戎右。晋文公刚回到晋国就教令他的人民。二年以后就想用他的人民作战。狐偃说：“人民尚没有知道义礼，不能安定于生活。”于是就出去安定周襄王，回到晋国就想办法使他的人民得到福利，人民就获得了生机。又想用他们作战，狐偃说：“民没有知道信用，没有宣示他的信用。”于是就伐原这地方以表示信用，人民做生意的并不求着多得钱，以言辞为规定。晋文公说：“可以了吗？”狐偃说：“人民尚没有知道礼节，未生恭顺之心。”于是就大蒐来表示礼节，作执秩以表示他的官职，然后人民就不疑惑，才用人民来作战。迫使楚国从穀地撤兵，解救宋都城的围困。一战就成了霸主，这是晋文公的教化成功。

## 僖公二十八年（公元前六三二年）

**经** 二十有八年春，晋侯侵曹。晋侯伐卫。

**传** 二十八年春，晋侯将伐曹，假道于卫，卫人弗许，还自南河济[1]，侵曹，伐卫[2]。正月戊申，取五鹿[3]。二月，晋郤縠卒，原轸将中军，胥臣佐下军，上德也[4]。晋侯齐侯盟于敛盂[5]，卫侯请盟，晋人弗许。卫侯欲与楚，国人不欲，故出其君以说于晋[6]，卫侯出居于襄牛[7]。

**今注**

1 还自南河济：按《水经注》："河水又迳东燕城故城，河水于是有棘津之名，又谓之石济，故南津也。《春秋》僖公二十八年还自南河济即此。"江永说："棘津在今河南汲县南七里，为有名之津济处。"阮刻本误作"河南"，今据《四部丛刊》本改正。

2 侵曹，伐卫：《春秋》记侵曹、伐卫为两事，杜注以为"曹卫两次来告。"

3 五鹿：卫地，在今河北省濮阳县南三十里。

4 原轸将中军，胥臣佐下军，上德也：原轸以下军佐越级将中军，所以说是尊重德行。胥臣即司空季子，遂接原轸下军佐任。

5 敛盂：卫地，《纪要》："今河北濮阳县东南有敛盂聚。"

6 以说于晋：以便对晋人解说。

7 襄牛：卫地，江永说："以卫人出君，不应出诸国境，襄牛即卫之襄邱，今山东濮县东南，濮水所经也。"

**今译**

二十八年春天，晋文公将伐曹国，从卫国借道，卫人不肯，他回去从南河渡过黄河，侵略曹国，讨伐卫国。正月戊申占据了五鹿。二月，晋国的中军元帅郤縠死了。原轸就升为中军元帅，胥臣就为下军的佐，这是以德行为上。晋文公与齐侯在敛盂这地方盟誓，卫侯要请加入盟誓，晋人不答应。卫侯想着跟楚国联合，他的国里人全不愿意。所以就把卫侯驱逐出去，以便对晋人解说，卫侯就住到襄牛这地方。

经 公子买戍卫，不卒戍刺之。

传 公子买戍卫[1]，楚人救卫不克，公惧于晋，杀子丛以说焉[2]。谓楚人曰："不卒戍也[3]。"

**今注**

1 公子买戍卫：公子买，鲁大夫，字子丛，奉鲁僖公命令，率军队往戍守卫国。

2 公惧于晋，杀子丛以说焉：鲁僖公畏惧晋国的力量，所以将公子买杀掉以解说。意在表明戍卫出自公子买，而非僖公所命令。

3 谓楚人曰："不卒戍也。"：鲁国告诉楚国人说：他不能完成戍守的责任。

**今译**

鲁国的公子买到卫国戍守，楚国人派兵救卫国，没有成功，鲁僖公怕了晋国，就杀公子买向晋人解说，又对楚国人解说："他没能完成他的戍守责任。"

经 楚人救卫[1]。

**今注**

1 此经无传。

## 今译

楚国人救卫国。

**经** 三月丙午，晋侯入曹，执曹伯畀宋人[1]。

## 今注

1 此经无传。

## 今译

三月丙午，晋侯进入曹国，逮着曹伯给了宋人。

**经** 夏四月己巳，晋侯、齐师、宋师、秦师及楚人战于城濮，楚师败绩。

**传** 晋侯围曹，门焉多死[1]。曹人尸诸城上[2]。晋侯患之，听舆人之谋[3]。称："舍于墓[4]。"师迁焉[5]，曹人凶惧[6]。为其所得者棺而出之[7]。因其凶也而攻之[8]。三月丙午，入曹。数之以其不用僖负羁[9]。而乘轩者[10]三百人也，且曰献状[11]。令无入僖负羁之宫[12]。而免其族[13]。报施也[14]。魏犨、颠颉怒曰："劳之不图[15]，报于何有[16]？"爇[17]僖负羁氏。魏犨伤于胸[18]，公欲杀之而爱其材[19]。使问，且视之，病，将杀之[20]。魏犨束胸[21]见使者[22]曰："以君之灵，不有宁也[23]。"距跃三百[24]，曲踊三百[25]。乃舍之[26]。杀颠颉以徇于师[27]，立舟之侨[28]以为戎右。宋人使门尹般[29]如晋师告急[30]。公曰："宋人告急，舍之则绝[31]，告楚不许[32]，我欲战矣。齐秦未可[33]，若之何？"先轸曰："使宋舍我，而赂齐秦[34]，借之告楚[35]。我执曹君，而分曹卫之田以赐宋人。楚爱曹卫必不许也。喜赂怒顽能无战乎[36]？"公说[37]，执曹伯，分曹卫之田以畀宋人[38]。楚子入居于申[39]使申叔去穀[40]，使子玉去宋，曰："无从晋师[41]。晋侯在外十九年矣，而果得晋国[42]。险阻艰难备尝之矣[43]，民之情伪尽知之矣[44]！天假之年，而除其害[45]。天之所置，其可废乎？《军志》曰：‘允当则归[46]。’又曰：‘知难而退[47]！’又曰：‘有德不可敌[48]！’此三志者，晋之谓矣！”子玉使伯棼请战[49]，曰：“非敢必有功也，愿以间执谗慝之口[50]！”王怒，少与之师，唯西广、东宫[51]与若敖之六卒[52]实从之。子玉使宛春[53]告于晋师曰：“请复卫侯而封曹，臣亦释宋之围。”子犯曰：“子玉无礼哉！君取一，臣取二[54]，不可失矣[55]！”先轸曰：“子与之，定人之谓礼[56]，楚一言而定三国[57]，我一言而亡之[58]。我则无礼，何以战乎[59]！不许楚言，是弃宋也。救而弃之，谓诸侯何[60]？楚有三施，我有三怨[61]，怨仇已多，将何以战[62]？不如私许复曹卫以携之[63]，执宛春以怒楚，既战而后图之[64]。”公说，乃拘宛春于卫，且私许复曹卫。曹、卫告绝于楚[65]。子玉怒，从晋师，晋师退。军吏曰：“以君辟臣，辱也。且楚师老矣[66]，何故退？”子犯曰：“师直为壮，曲为老[67]，岂在久乎？微楚之惠不及此[68]，退三舍辟之所以报也[69]。背惠食言，以亢其仇[70]，我曲楚直，其众素饱，不可谓老[71]！我退而楚还，我将何求？若其不还，君退臣犯，曲在彼矣[72]！”退三舍，楚众欲止，子玉不可。夏四月戊辰，晋侯、宋公、齐国归父、崔夭[73]，秦小子慭[74]次于城濮[75]。楚师背酅而舍[76]，晋侯患之，听舆人之诵曰：“原田每每，舍其旧而新是谋[77]。”公疑焉。子犯曰：“战也！战而捷，必得诸侯，若其不捷，表里山河，必无害也[78]！”公曰：“若楚惠何？”栾贞子曰：“汉阳诸姬，楚实尽之[79]。思小惠而忘大耻，不如战也[80]！”晋侯梦与楚子搏[81]，楚子伏己而盬其脑[82]，是以惧。子犯曰：“吉，我得天[83]，楚伏其罪，吾且柔之矣[84]！”子玉使鬭勃请战[85]曰：“请与君之士戏，君冯轼而观之，得臣与寓目焉[86]。”晋侯使栾枝对曰：“寡君闻命矣！楚君之惠，未之敢忘，是以在此，为大夫退，其敢当君乎？既不获命矣，敢烦大夫谓二三子[87]，戒尔车乘，敬尔君事，诘朝将见[88]。”晋车七百乘，韅、靷、鞅、靽[89]。晋侯登有莘之虚[90]以观师，曰：“少长有礼，其可用也！”遂伐其木以益其兵。己巳，晋师陈于莘北[91]，胥臣以下军之佐当陈、蔡，子玉以若敖之六卒将中军曰：“今日必无晋矣！”子西将左，子上将右[92]。胥臣蒙马以虎皮[93]，先犯陈、蔡，陈、蔡奔，楚右师溃。狐毛设二旆而退之[94]，栾枝使舆曳柴而伪遁[95]，楚师驰之。原轸、郤溱以中军公族横击之[96]，狐毛、狐偃以上军夹攻子西，楚左师溃，楚师败绩。子玉收其卒而止，故不败。晋师三日馆谷[97]，及癸酉而还。甲午至于衡雍[98]，作王宫于践土[99]。乡役之三月[100]，郑伯如楚致其师。为楚师既败而惧，使子人九行成于晋[101]，晋栾枝入盟郑伯。五月丙午，晋侯及郑伯盟于衡雍。丁未，献楚俘[102]于王，驷介百乘，徒兵千[103]。郑伯傅王，用平礼也[104]。己酉，王享醴，命晋侯宥。王命尹氏及王子虎、内史叔兴父策命晋侯为侯伯[105]，赐之大辂之服，戎辂之服[106]，彤弓一，彤矢百；玈弓矢千[107]，秬鬯一卣[108]，虎贲三百人[109]。曰：“王谓叔父，敬服王命，以绥四国，纠逖王慝[110]。”晋侯三辞从命，曰：“重耳敢再拜稽首，奉扬天子之丕显休命[111]。”受策以出，出入三觐[112]。

## 今注

1　门焉多死：晋国军队攻曹国的城门，守门的将士多死伤。

2　曹人尸诸城上：曹国人把死人的尸首就陈列在曹都城的城墙上，以使城下的晋军害怕。

3　晋侯患之，听舆人之谋：晋侯很以这件事为忧患，舆人是指着众人。听舆人之谋是说听从众人的计谋。

4　称：“舍于墓”：宣称使军队住在曹人的墓室中，暗示将要发掘曹人坟墓。

5　师迁焉：晋国的军队就迁入曹人的墓地住。

6　曹人凶惧：曹都城里的人甚为恐慌。

7　为其所得者棺而出之：曹人将晋国人的尸首全都敛入棺材

中而搬到城外。

8　因其凶也而攻之：因为曹人很害怕，晋国军队就利用这个机会加紧攻城。

9　数之以其不用僖负羁：责骂他，因为他不用僖负羁。

10　而乘轩者：轩是大夫所坐的车。此谓做大夫官位的人。

11　献状：是把这些大夫所有的功状全交上来。

12　令无入僖负羁之宫：命令他们不要进入僖负羁的家中去。

13　而免其族：而免除了他的族中人的责任。

14　报施也：是报答上一回僖负羁送他盘餐时，中间藏有玉璧的惠施。

15　劳之不图：大家从亡的劳苦，为什么不图报。

16　报于何有：那么又有什么可以报答的呢？

17　爇：音同若，烧的意思。

18　伤于胸：胸部受伤。

19　公欲杀之而爱其材：晋文公想要杀他，而又爱惜他的才能。

20　病，将杀之：如果他受伤很重，就把他杀掉。

21　束胸：是用布把胸部的伤痕包起来。

22　见使者：见晋文公派来的使者。

23　以君之灵，不有宁也：因为君的神灵，不敢自己安宁。

24　距跃三百：向远处跳了三百次。

25　曲踊三百：向高处跳了三百次。

26　乃舍之：就赦免他，不杀。

27　杀颠颉以徇于师：把颠颉的头在军队中示众。

28　舟之侨：是从前虢国的臣，他在闵公二年逃到晋国。

29　门尹般：是宋大夫。

30　如晋师告急：往晋国军营中求援。

31　宋人告急，舍之则绝：宋人来求援，如果不管他，那么就是晋国要跟他绝交。

32　告楚不许：如果告诉楚国使他退兵，他也不会答应。

33　齐秦未可：齐国同秦国尚未肯打仗。

34　使宋舍我，而赂齐秦：使宋国不要再求我，而用贿赂来求救齐国同秦国。

35　借之告楚：之是指着齐国同秦国。经由这两国向楚国请求。

36　喜赂怒顽能无战乎：使齐国同秦国喜欢宋国的贿赂而恼怒楚国的冥顽，能够不发生战事吗？

37　公说：晋文公欢喜了。

38　以畀宋人：将田地送给宋国人。

39　入居于申：申在方城以内，申是姜姓国，在今河南省南阳县北二十里。申被楚国所灭以后，就列入在方城以内，所以说入居于申。

40　使申叔去穀：在僖公二十六年，楚子使申叔戍穀城，现在叫他离开穀城。

41　无从晋师：不要追赶晋国的军队。

42　而果得晋国：果然得到晋国的君位。

43　险阻艰难，备尝之矣：各种险阻困难的事全都尝到过。

44　民之情伪尽知之矣：各国人民的真性情及假做作，全都能够知道了。

45　天假之年，而除其害：献公之子九人，现在唯文公存在，所以说上天使他长寿，而除掉晋惠公同晋怀公与吕甥、郤芮的侵害。

46　《军志》曰：“允当则归。”：《军志》上说：“要能够满意，就回来。”

47　知难而退：知道有困难的地方就告退。

48 有德不可敌：遇到有德行的人就不可以抵挡他。

49 使伯棼请战：伯棼是鬬伯比的孙子鬬越椒。派遣伯棼到楚王那里去，请求与晋国作战。

50 非敢必有功也，愿以间执谗慝之口：我不敢说必定会成功，但是用战事可以堵塞说我坏话的人口。

51 唯西广、东宫：楚国有左右广，只给他一半只有西广。东宫是指太子宫的军队。

52 与若敖之六卒：若敖是子玉的祖父。六卒是子玉同宗的兵六百人。

53 宛春：楚大夫。

54 子玉无礼哉，君取一，臣取二：子玉很无礼貌，晋国君只得到解除宋都包围的功劳，而子玉反得到复卫侯、封曹君的二种功劳。

55 不可失矣：那么这个机会不可以错过。

56 子与之，定人之谓礼：你称许过，安定人的国家，这是一种礼。

57 楚一言而定三国：楚国一句话，就能够安定卫、曹及宋三国。

58 我一言而亡之：我一句话就把三国全亡掉了。

59 我则无礼，何以战乎：我就不合于礼，怎么样能够打仗。

60 救而弃之，谓诸侯何：救他而将他抛弃，诸侯将如何评论晋国。

61 楚有三施，我有三怨：楚国对卫、曹、宋三种施舍，而我有三种怨恨。

62 怨仇已多，将何以战：怨恨同仇人已经很多，将怎么样打仗？

63　不如私许复曹卫以携之：我们不如暗中答应使曹卫恢复国家，以使他们对楚国离心。

64　执宛春以怒楚，既战而后图之：将楚国的使臣宛春逮捕起来，使楚国人发怒，等到定了胜负以后，再商量解决办法。

65　曹、卫告绝于楚：曹国同卫国就派人到楚国绝交。

66　以君辟臣，辱也。且楚师老矣：晋文公是君，楚子玉是臣，用君来躲避臣，这是一种耻辱，并且楚国军队已经很疲劳。

67　师直为壮，曲为老：军队如果有理等于强壮，没有理便是衰老。

68　微楚之惠不及此：要没有楚国的恩惠就不能到今天这种程度。

69　退三舍辟之所以报也：一舍为三十里。退九十里来躲避他，这是报答他的恩惠。

70　背惠食言，以亢其仇：背了楚国的恩惠，而自反悔在楚国当时说的话，来抵抗他的仇人楚国。

71　我曲楚直，其众素饱，不可谓老：我们没有理，而楚国有理，而他的军队素来很壮饱，不可以说他是衰老。

72　若其不还，君退臣犯，曲在彼矣：若他不退军队，君退了而臣来侵犯，就是臣没有理。

73　国归父、崔夭：皆是齐大夫。

74　小子慭：秦穆公的儿子。慭音同印。

75　次于城濮：驻军队在城濮。城濮：卫地，濮水所经，在今山东省濮县东南六十里的临濮集。

76　楚师背酅而舍：楚国军队背后靠着丘陵而驻扎。酅音西，指丘陵险阻者。

77　原田每每，舍其旧而新是谋：原田每每是指高处的田地，草长得很茂盛。比喻晋国军队如同高处的田地，草那般茂盛，舍其旧的恩惠而能谋新的战功。

78　若其不捷，表里山河，必无害也：如果晋国战事不能打胜，外临着黄河，而内里有太行山，这也不会有什么害处。

79　汉阳诸姬，楚实尽之：水北叫阳。汉水北边各姬姓国，皆为楚国所灭。

80　思小惠而忘大耻，不如战也：想小的恩惠，而忘了这种大的耻辱，不如打一仗。

81　晋侯梦与楚子搏：楚子是楚成王。晋文公梦见与楚成王打架。

82　楚子伏己而盬其脑：盬音古，吸脑子里的血。晋侯梦见楚子伏在自己的身上，而吸他脑子里的血。

83　吉，我得天：因为在梦中晋文公头仰着，所以说是看着天，就是得到天佑。

84　楚伏其罪，吾且柔之矣：楚成王趴着就等于他承认自己的罪过，我们已经将他柔服了。

85　子玉使鬬勃请战：鬬勃，楚大夫，即子上，子玉派他往晋军请求开战。

86　君冯轼而观之，得臣与寓目焉：冯音义同凭，轼是车前的横木。你可以倚伏车轼来观看，我也可以看两军的作战。

87　谓二三子：二三子是指的多数，请他转告楚国其余将领。

88　戒尔车乘，敬尔君事，诘朝将见：戒备你们的作战车辆，恭敬做你们君的事务，明天清早请见面。

89　韅、靷、鞅、靽：在马背叫韅，音显；在马胸叫作靷，音引；在马腹叫作鞅，音快；在马后叫作靽，音半。这四种说法是指晋国军备的齐整。

90　晋侯登有莘之虚：杜预注："有莘故国名。"《续山东考古录》："莘国故城在曹县北十八里，今莘仲集。孟子、伊尹耕于有莘之野，春秋城濮之战，晋侯登有莘之墟，又晋师陈于莘北均在此。"

91　晋师陈于莘北：晋国军队在有莘之墟北方排列成阵势。

92　子西将左，子上将右：子西即鬬宜申，子上即鬬勃。

93　胥臣蒙马以虎皮：晋下军佐将马上蒙盖着老虎皮以使楚军队畏惧。

94　狐毛设二旆而退之：晋上军将立着的两个大旗向后退着走，表示晋上军的败退。

95　栾枝使舆曳柴而伪遁：栾枝领下军而处在上军的位置，使车后边带着薪枝假作逃遁，令楚人看见尘土飞扬。

96　原轸、郤溱以中军公族横击之：原轸、郤溱率领晋中军即晋侯自己的军队横着攻击楚军的左师。

97　三日馆谷：晋军在这里吃楚军存余的食粮三天。

98　衡雍：郑地，《汇纂》："今河南原武县西北五里有衡雍城。"

99　作王宫于践土：践土，郑地，在今河南省广武县东北。

100　乡役之三月：这次战役前的三月。

101　使子人九行成于晋：子人九，郑大夫，以子人为氏，名九。使他往晋国请求和平。

102　献楚俘：贡献楚国的俘囚。

103　驷介百乘，徒兵千：带甲的马四百匹，步兵一千人。

104　郑伯傅王，用平礼也：傅等于相，郑伯相王行礼，这是用周平王享晋文侯的礼节。

105　策命晋侯为侯伯：用策来命晋文公为诸侯之长。

106　赐之大辂之服，戎辂之服：赏给他金的车同战争的戎车，各带有合礼当穿的衣服。

107　彤弓一，彤矢百；玈弓矢千：彤弓彤矢是赤色的弓箭，玈弓玈矢是黑色的弓箭。

108　秬鬯一卣：秬音巨，是黑黍；鬯音唱，古时祭祀所用之香酒。秬鬯是用黑黍制成的香酒，盛在卣中。卣音有，古时盛酒器。

109　虎贲三百人：虎贲是周王的卫队。

110　以绥四国，纠逖王慝：以安定各国，使诸侯见恶于周王的，避而远去。

111　奉扬天子之丕显休命：敬奉并宣扬周王伟大明达的命令。

112　出入三觐：从来到去共朝见周王三次。

**今译**

晋侯围住曹国，攻它的都城门，晋人死的很多，曹人把晋国的死尸在城上陈列给他们看。晋侯恐怕动摇军心，非常忧愁，征求众人的计谋。说："宣称驻军曹人墓地。"晋兵便迁到曹人的墓地上去，曹人害怕得很，把所得的尸体都棺殓送出城去，想免除被发冢的祸患。晋军队却因为曹人的恐惧乘势再攻他的城门。三月丙午这一天，攻进曹国，责备曹君为何不用僖负羁。那些乘坐大夫车子的，倒有三百人呢，而且说："献上他们的功状来。"又下令："不可进入僖负羁的家中，不要伤害他的族人。"这是报答他盘飧的施与。魏犨、颠颉生气地说："我们跟从逃亡的功劳没有图报，他有什么值得报施呢？"便把僖负羁家中放火焚烧，魏犨胸部受了伤，文公想把他杀死，却爱惜他的才干，差人去问侯魏犨，而且看他的病状，等复命后，要是伤得厉害再杀他。魏犨用布束缚了胸部的伤口，来见使者说："因为君的威灵，不敢有病，自图安逸呢！"便远跳三百次，高跳三百次。文公因此便赦了他不杀，单杀了颠颉，传示军中，立了舟之侨做戎右，代替魏犨。宋国差门尹般到晋军中来告诉急难，文公说："宋人前来告急，如果不理睬，便和我断绝关系，如果请楚国解了宋围，楚国又不许。我想和楚国交战了，齐、秦二国倒不肯助我，怎么办呢?”先轸说：“使宋人舍了我，私下去贿求齐、秦，经由齐、秦，请楚国放过宋国。我一方面令人拘执了曹君，却分曹、卫的田地，赐给宋人。楚人爱惜曹、卫，一定不允许齐、秦的请求的，齐、秦喜欢宋国私贿，恼怒楚国的顽钝，能够不同他作战么?”文公心中快乐，便拘执了曹伯，分曹、卫的田地，给予宋人。楚子见晋军这般行动，便进去住在申城，使申叔收回守穀的军队，差子玉撤回围宋的军队，而且对他们说：“不要和晋军争战，晋侯出亡在外已经十九年了，却果真得到了晋国，各种的险阻艰难都已尝了，所以心志很坚定；各国人民的真性情与假做作，都统统知道了，所以见识很明确。加以天赐给他长寿，又除去惠怀吕郤的祸害，他是天所安置的，难道可以废除么？兵书上说：‘基本满意便回去，不要过分。’又说：‘知道难于取胜，便当退回。’又说：‘有德的人是不可以抵抗的。’这三句话，好像是对晋国而说的。”子玉差伯棼到楚王面请去请兵出战，说：“不敢自以为必定可以有功劳，但愿一战堵塞了说坏话人的嘴。”成王怒他不肯离开宋国，反来请兵要和晋军作战，便故意少给他军队，只有西广东宫和若敖氏同宗的兵六百人跟从于他。子玉使宛春告诉晋军说：“请你复了卫侯、封了曹伯，臣也解掉宋围就回去。”子犯说：“子玉真真没礼，晋君只得一件好处，臣却取两件好处，万不可再失去这个机会了。”先轸说：“你称许过，安定他人的国家，叫作有礼，楚国一句话却安定了三个国家，我一句话却把三个国家都亡掉了，我便没礼，怎样作战呢？况且不允许楚国的话，分明是弃掉宋国。既来救宋，又弃掉它，叫那些诸侯怎么评价我们晋国呢？楚国有三种恩惠，我却有三种怨恨，怨仇既已众多，怎能作战呢？不如私下允许恢复曹、卫，教他们自去断绝与楚国的关系，再拘执了宛春激怒楚国，等到胜负既决，再定计谋。”晋文公听了很愉快，就在卫国拘执宛春，又私下允许恢复曹、卫，使曹、卫到楚国去通告绝交。子玉大怒，便追着晋师要作战，晋师退却，军吏说："以君避着臣，未免耻辱，而且楚兵连年在外，疲敝已极，为什么退师避他呢？"子犯说："用兵要理直才算强壮，理曲了便算衰老，难道在乎长久出征于外的吗？不是楚王的恩惠，我的君也不能到这地步，退了三舍避他，就是所以报答楚王的恩惠；如果违背楚国的恩惠又自食避楚的言语，来抵挡楚人的怨仇，那么我的理曲，楚国的理直。楚国军队素来强壮，不可说他衰老。我退了，楚国若便收兵，我还想什么？如果他不收兵回去，这是君退避，臣犯了逆，曲在他们了。"就退避三舍九十里，楚军都要停止追击，只有子玉不肯。夏天四月戊辰那天，晋侯、宋公、齐大夫国归父、崔夭、秦穆公的小儿子慭，都驻军在城濮，楚军背靠丘陵扎营，晋侯忧愁难攻，听众人说："晋军好像原田上的草很是茂盛，可以谋立新功，不要记念旧恩了！"文公听了这话心疑众人说自己舍旧谋新，子犯说："下决心作战吧！战胜了必定可得诸侯的心，如果战不胜，我们晋国外临着黄河，而内里有太行山，也没有大害的。"文公说："对于楚国的恩惠如何报答呢？"栾贞子说："汉水以北的姬姓各国，都被楚国灭掉了，这是最大的羞耻呢！想着楚国赠送的小惠却忘掉灭亡诸姬的大羞耻！不如和他一战吧！"那天晋侯正梦见和楚子空手相打，楚子伏在他上面用口吸他的脑浆，因此心中害怕。子犯说："这倒是吉兆，我向上，得了天的帮助；楚向下，伏着他的罪，而且我已经柔服他了。"子玉差鬬勃来请战说："请和君的兵士戏耍一回，君只靠在车前横木上看吧！让我得臣也可以同看。"晋侯差栾枝回答说："寡君闻知贵国要下出战的命令了，从前楚君所赠送的恩惠，心中不敢忘记，所以退让在此，是为了你大夫退避，哪里敢挡你的君呢？既然得不到停止的命令，敢请大夫转致你们的人说：'戒备你们的车马，敬奉你们君事，等明天天亮的时候，见面就是了。'"晋国有兵车七百乘，马的前后上下都套起皮带，军威非常整备，晋侯走上从前有莘国的高地，察看晋师的强弱，说："少的在前，长的在后，很有军纪，可以使用的。"便下令砍了许多树木，增添攻战的器具。己巳这一天，晋兵在有莘之墟北边排列阵势，胥臣用下军助手的名义去抵敌陈、蔡。楚军将领子玉把宗党的兵六百人，作为亲兵自卫，带领了中军说："今天必定要灭掉晋师了！"子西领了左军。子上领了右军。胥臣用老虎皮蒙在马身上，先去犯陈、蔡，陈、蔡人奔逃，楚国的右师便溃败。狐毛竖立了两面大旗，假装大将退却的样子，栾枝又使人把柴系在车后，使尘埃飞扬起来，诈作众人奔走的情形，楚师以为晋军已败退，便追赶他们。原轸、郤溱便领了中军和公族的兵从横面邀击他，狐毛、狐偃拿上军夹攻子西，楚国的左师也就溃退。楚军便大败，子玉却收住他的中军停留不战，所以不败。晋军大胜以后，休息三天，吃楚军遗留的粮食，到癸酉方才回来。甲午那天，到了衡雍，替周王造一所宫在践土那里。当战事发生以前的三月，郑伯曾到楚国去引诱他出兵，现在因为楚兵既败，心中恐惧，便差子人九到晋国去求和。晋栾枝便进郑国去和郑伯订盟。五月丙午那天，晋侯和郑伯盟于衡雍。丁未，献楚国的俘囚给周天王，有带甲的马四百匹、步兵一千名。郑伯赞相了周王，是用周平王享晋文侯的礼节呢！己酉那天，天王用醴酒享晋侯，又劝晋侯多用些酒。王吩咐卿士尹氏、王子虎、内史叔兴父用策书命令晋侯做侯伯，赐他祭祀时用的一套礼服和金色大车。有兵事时用的一套戎衣和兵车，又有红弓一件，红箭一百枝，黑弓十件，黑箭一千枝，使他得专有征伐的威权。又有黑黍酿成的香酒一瓶，虎贲的卫队三百个，并且说："王说叔父要恭敬服从王的命令，要安抚四方的诸侯，凡对见恶于周王的诸侯要纠正他，使他们远离。"晋侯三次推辞不敢当，方才依了命令说："重耳敢再拜叩头，奉扬天子伟大明达的命令呢！"受了策书出来，从来到去觐见过三次。

侗案在1954年《中国战史论集》中曾发表《城濮之战》一文，颇为学界所称赏，文略如下：

在城濮之战以前楚成王力谋向北方发展。在南方的陈（今河南淮阳县）及蔡（今河南上蔡县）久已归入他的势力范围；河南中部的郑（今河南新郑县）也与楚人有勾结；山东的鲁国（今山东曲阜县）因为常受齐国的侵扰，故也求援于楚国。楚曾派兵会同鲁国去讨伐齐国的穀城（今山东东阿县）遂将他的势力伸入山东。在今山东定陶的曹国，也早与楚国结好；在黄河以北的卫国（今河北滑县）也与楚国通婚姻。这时楚虽尚未能囊括中原，但中原各国多已服从；不服从楚国的只有宋国（今河南商邱县）。若没有城濮之战，楚国必将渐渐并吞诸国。周室的覆亡，中国的统一，不必等到秦始皇时方才实现，而且统一中国的将是楚而不是秦。刘项虽然能够颠覆秦国，但汉及以后各代，所有制度皆承秦而来，秦楚制度不同，若楚统一中国，后世政治的面貌必与由秦所统一者不同。而楚之不能统一中国，城濮之战实为其重要因素，也就是说，这一战役关系于我国后来的历史，亦极重大。故本节的述说不厌其详明。因为不服从楚国的只有宋，在鲁僖公二十七年（公元前六三三年），楚人遂围宋都，宋国请援于晋，晋国的战略，不直接救宋，反先伐曹、卫。次年攻入曹都。晋人以为如此，楚人必移师救曹卫，则宋围可解。但是楚国的元帅子玉，仍旧围宋不却。到了三月，宋又派遣使者求救于晋。这时，齐国和秦国虽然都站在晋国的一方，反对楚国，但是并未决意作战。故晋文公不得不用外交手段，“使宋舍我，而赂齐、秦，借之告楚。我执曹君，而分曹、卫之田以赐宋人。楚人爱曹、卫，必不许也。喜赂怒顽，能无战乎？”（《左传·僖公二十八年》）齐秦得宋贿赂以后，要求楚国停战；但晋国并不愿楚国应允停战，所以，另一方面，故意拘执曹君，又将曹、卫之田分与宋人，以激怒楚国，使楚国不允许停战。齐、秦既喜得宋的贿赂，又怒楚的冥顽，自然愿意作战，楚帅子玉，果然坠入晋的计策中。但子玉也是一个能手，提出反和平条件，假如晋侯使曹、卫复国，他便不再围宋，晋人对这一条件是应允与拒绝两难，于是使用第二次外交策略。晋一面暗中与曹、卫交涉，答应他们复国；另一面将楚国使者拘禁，以再激怒子玉。曹、卫因为与晋地势相近，也就与楚国断绝，子玉果然大怒，战事遂不可阻止。夏四月，晋楚二军会于城濮（旧说在山东濮县南临濮集，但其地望似嫌过北，另一说在河南陈留县境，似较合理）。楚以元帅子玉将中军，子西将左军，子上将右军，右军且杂有陈、蔡二国的军队。晋以原轸、郤溱将中军，狐毛、狐偃将上军，胥臣佐下军，各对楚军为阵。栾枝则以下军将的地位率领下军的一部，列于上军阵后。晋国军队的组织，每军各有一将一佐，各率有一部分军队。当时晋楚二方会战前的阵容略如下图：

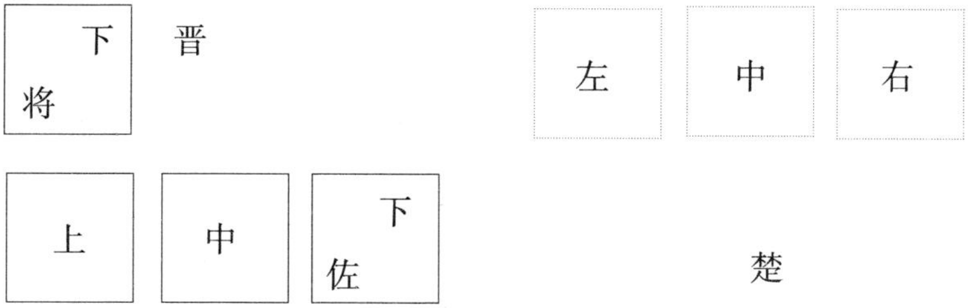


既会战，晋下军佐胥臣"蒙马以虎皮"，先攻击楚右军所属的陈、蔡，陈、蔡溃乱，楚右军遂败。晋上军设二帅旗退行，下军栾枝更用车曳柴，使尘土飞扬，因此楚人疑惑晋上军已经败退，遂往前追逐。晋上军乃用旋转行军式突击楚左军侧翼，晋中军则攻击其另一侧翼，以收夹击之效，而栾枝的下军则攻击楚左军的正面，于是楚左军陷入三面包围中。楚帅子玉观上下二军皆败，独力难支，遂收兵而退。会战中的形势图如下：

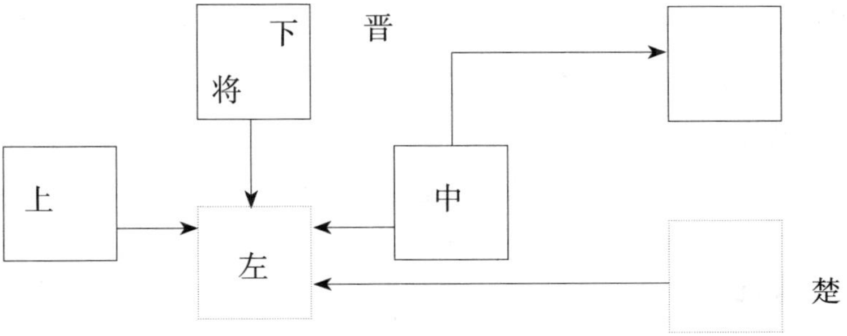


城濮战役楚的失败，有几种原因，第一：楚成王本意就不愿作战，所以他“使子玉去宋，曰：‘无从晋师。’”；等到子玉不从，请成王增加军队时，王又“少与之师”，可见楚王与将兵的元帅，其战略根本不同。在将要会战的时候，因为晋军稍退，楚国的众军官亦想就此不战而罢，但子玉坚持不可，可见前方将领的意志，亦不见得一致。在晋国方面，则上下一致主战，故楚国的战斗意志可说低于晋国。第二：晋国用种种的策略以激怒子玉，其详情已见前述，而子玉不能忍耐，策略不免有些紊乱。第三：楚若出倾国之兵，亦未必失败，可惜楚王不肯多遣预备队，以致前方兵力不足。观晋文公在战前之畏惧战败，及子玉在败后之尚能保全中军，完整退却，楚国若不犯以上几点错误则胜负实未可知。古人说“师克在和”，可于此役见之。

**经** 楚杀其大夫得臣。

**传** 初，楚子玉自为琼弁玉缨[1]，未之服也[2]。先战，梦河神[3]谓己曰：“畀余，余赐女孟诸之麋[4]。”弗致也[5]，大心与子西使荣黄谏[6]，弗听。荣季曰：“死而利国，犹或为之[7]，况琼玉乎？

是粪土也[8]。而可以济师，将何爱焉[9]？”弗听，出告二子曰：“非神败令尹，令尹其不勤民，实自败也[10]。”既败，王使谓之曰：“大夫若入，其若申、息之老何[11]？”子西、孙伯曰：“得臣将死[12]。二臣止之曰：‘君其将以为戮[13]。’”及连穀而死[14]。晋侯闻之，而后喜可知也[15]。曰：“莫余毒也已[16]。𫇭吕臣[17]实为令尹[18]。奉己而已，不在民矣[19]。”

**今注**

1　自为琼弁玉缨：弁是拿鹿皮做的帽子，琼弁是镶上玉，而又拿玉做的帽缨子。自为是自己做的。

2　未之服也：他没有穿用过。

3　先战，梦河神：在城濮战争以前，梦见黄河的神。

4　畀余，余赐女孟诸之麋：你要给了我这顶帽子，我就把宋国孟诸泽的麋鹿送给你。

5　弗致也：他没有送给河神。

6　大心与子西使荣黄谏：大心是子玉的儿子，子西是子玉的同族。荣黄即荣季。派荣黄去谏诤子玉。

7　死而利国，犹或为之：如果对国家有利的话，死也可以做。

8　况琼玉乎，是粪土也：何况是玉石，这等于粪土。

9　而可以济师，将何爱焉：就可以帮助军队打仗成功，这有什么可惜的？

10　非神败令尹，令尹其不勤民，实自败也：不是河神使令尹打败仗，令尹不关爱人民，实在是自己打败仗。

11　大夫若入，其若申、息之老何：大夫你要回到楚国，那么怎么对得起申同息二邑的父老呢？因为这二邑的子弟，有很多战死在城濮。

12　得臣将死：得臣将要自杀。

13 君其将以为戮：楚王将拿他公开地诛戮。

14 及连穀而死：到了连穀的地方就死了。连穀在今河南方城县以东。

15 晋侯闻之，而后喜可知也：晋文公听见以后，就自然地露出笑容。

16 莫余毒也已：没有人再能害我了。

17 蒍吕臣：楚大夫。

18 实为令尹：将要做令尹。

19 奉己而已，不在民矣：只是为的保守自己，目的不在人民的利益。

**今译**

最初的时候，楚国子玉自己做了玉石的帽子同玉石的帽缨子，而他没有戴过。在打仗以前，梦见黄河的神对他说："把这顶帽子给了我，我将把孟诸的麋鹿赏给你。"而他不给。子玉的儿子大心和子西，派荣黄去进谏，子玉不听。荣黄就说："死对国家有利，仍旧可以做，何况是玉石呢？这等于是粪土。假使可以帮助军队成功，又何必爱惜它呢？"子玉仍旧不听。荣黄出去告诉那二人说："这不是神使令尹失败，令尹不关爱人民，这是自己败亡的。"既然打败以后，楚成王派人告诉说："大夫若回来，怎么样能对得起申和息两个地方的人民？"大心和子西告诉王说："子玉将死了，我们两个人阻止他不死,他说：'你要将他杀了。'"到了连穀，子玉就自杀了。晋文公听说了以后，高兴得见于颜色。说："没人再能害我了。蒍吕臣以后做令尹，就是为自己，不是为的人民。"

**经** 卫侯出奔楚。

**经** 五月癸丑，公会晋侯、齐侯、宋公、蔡侯、郑伯、卫子、莒子盟于践土。

传 卫侯闻楚师败，惧，出奔楚，遂适[1]陈，使元咺[2]奉叔武[3]以受盟。癸亥，王子虎盟诸侯于王庭[4]，要言[5]曰："皆奖王室，无相害也[6]。有渝此盟，明神殛之[7]。俾队其师，无克祚国[8]。及其玄孙，无有老幼[9]。"君子谓是盟也信[10]，谓晋于是役也，能以德攻[11]。

**今注**

1 适：往。

2 元咺：咺音选，卫大夫。

3 叔武：是卫侯的弟弟，暂时摄理卫国的政事，也就参加盟会，所以在《春秋》上写为卫子。

4 王庭：践土宫中所修的庭院。

5 要言：即是盟誓所说。

6 皆奖王室，无相害也：全都奖助周王室，不要互相侵害。

7 有渝此盟，明神殛之：如果要是违背这个盟誓，明神来诛杀他。

8 俾队其师，无克祚国：队音义同坠。就把他的军队毁坏了，不能再享受国家。

9 及其玄孙，无有老幼：一直到他孙子的孙子，不论年老的和年轻的。

10 君子谓是盟也信：君子说这个盟会很合于信义。

11 谓晋于是役也，能以德攻：说晋国在这次战役中，能以德先教化民众，然后再用他们去打仗。

**今译**

卫侯听见楚军打了败仗，害了怕，就逃往楚国，先到了陈国。就派元咺陪侍他弟弟叔武来受盟誓。癸亥，王子虎在王庭对诸侯盟誓，誓言上说："全要奖助王室，不要互相侵害。假设违背了这个盟誓，明神就来杀害他，把他军队也毁掉，没有方法享有国家，一直到他的孙子的孙子，不管年轻或年老。”君子说这盟誓很可靠，说晋国在这战事里中，能够以德先教化民众，然后，再用他们去打仗。

**经** 陈侯如会[1]。

**今注**

1 陈侯如会：陈本来与楚国联合，因楚战败而畏惧，所以转向晋国，来不及盟会，所以只称为如会。此经无传。

**今译**

陈侯到会去。

**经** 公朝于王所[1]。

**今注**

1 王所：指着在践土所修的王官。此经无传。

**今译**

鲁僖公到王住的地方去朝见。

**经** 六月，卫侯郑自楚复归于卫，卫元咺出奔晋。

**传** 或诉元咺于卫侯[1]曰："立叔武矣[2]！"其子角[3]从公，公使杀之。咺不废命，奉夷叔以入守[4]。六月，晋人复卫侯[5]，甯武子与卫人盟于宛濮[6]，曰："天祸卫国，君臣不协[7]，以及此忧也。今天诱其衷，使皆降心以相从也[8]。不有居者，谁守社稷[9]？不有行者，谁扞牧圉[10]？不协之故，用昭乞盟于尔大神，以诱天衷[11]。自今日以往，既盟之后，行者无保其力，居者无惧其罪[12]；有渝此盟，以相及也[13]。明神先君，是纠是殛[14]。"国人闻此盟也，而后不贰，卫侯先期入[15]，甯子先，长牂守门[16]，以为使也，与之乘而入[17]。

公子歂犬、华仲[18]前驱，叔武将沐[19]，闻君至，喜。捉发走出[20]，前驱射而杀之[21]，公知其无罪也，枕其股而哭之[22]。歂犬走出，公使杀之[23]，元咺出奔晋[24]。

**今注**

1　或诉元咺于卫侯：有人在卫侯面前说元咺的坏话。

2　立叔武矣：叔武是卫侯的弟弟，说他擅立叔武为君。

3　角：是元咺的儿子元角。

4　咺不废命，奉夷叔以入守：夷叔即是叔武的谥号。元咺不放弃他的职务，就侍奉夷叔去守卫国都城。

5　晋人复卫侯：晋国人把卫侯复职。

6　宛濮：卫地，在今河北省长垣县西南二十里。有宛亭，近濮水。

7　天祸卫国，君臣不协：上天使卫国祸乱，君同臣全都不相和睦。这是指卫侯当初欲联合楚国，而卫国贵族不愿意。

8　今天诱其衷，使皆降心以相从也：现在天引诱他的衷心，使他们互相改变思想，也互相服从。

9　不有居者，谁守社稷：要没有居住在国内的人，谁能看守社稷，也就是保卫国家。

10　不有行者，谁扞牧圉：要没有奔走在外的人，谁能够放牧牛马。

11　不协之故，用昭乞盟于尔大神，以诱天衷：由于不和谐的缘故，所以在你们各大神面前盟誓，用以引诱天心。

12　行者无保其力，居者无惧其罪：奔走在外边的必须尽力而为，居住在国内的不要畏惧犯罪。

13　有渝此盟，以相及也：如果要违背这个盟誓，就会受到惩罚。

14　明神先君，是纠是殛：大神同祖先就纠正他们，并且将他们杀死。

15　国人闻此盟也，而后不贰，卫侯先期入：贵族们听见这个盟誓以后全都没有二心，卫侯在约定的时间之前就进入卫国都城。据杜预注，说他是不相信叔武。

16　长牂守门：长牂是卫大夫，他看守着城门。

17　以为使也，与之乘而入：以为他是卫侯派的使臣，跟他车辆一同进去。

18　公子歂犬、华仲：歂音船。歂犬和华仲全是卫大夫。

19　叔武将沐：叔武将要洗头。

20　捉发走出：没洗完澡，握着头发就走出。

21　前驱射而杀之：前驱拿着箭射杀他。

22　枕其股而哭之：把头枕在他的腿上而哭他。

23　歂犬走出，公使杀之：因为歂犬射杀了叔武，就逃走，卫侯就叫人杀了他。

24　元咺出奔晋：元咺就逃到晋国，因为想述说杀叔武的缘故。

## 今译

有人说元咺的坏话，对卫侯说："立了叔武。"元咺的儿子角跟着卫侯，卫侯把他杀了。元咺也不放弃职守，侍奉着叔武，到卫国都城来守卫。六月，晋人使卫侯回国，甯武子同卫人在宛濮盟誓，说："天将祸灾给卫国，君臣不和，以达到这种忧愁。现在天使他们和谐，使他们全能相随从。没有在里边的人，谁能看守国家？没有在外边的人，谁能够帮着喂养牛马？因为不和谐的缘故，所以对于你们大神们乞求盟誓，以得到天意。从今天以后，既然盟誓了，在外边的人要为国家尽他的力量，而在里边的人不要怕有罪。违背了这个盟誓，就会受到惩罚，明神同先君全都来杀掉他。"贵族们听到这个盟誓，然后没有二心，卫侯提前进入国都，甯武子领先，卫大夫长牂看着城门，以为他是使臣，跟他坐着车一起进来。公子歂犬同华仲在前边走，叔武将要洗头，听见君来了很高兴，握着头发就走出来，前驱用箭把他射杀，卫侯知道他没罪，把头枕到他的腿上来哭他。歂犬逃走，公派人杀他，元咺就逃到晋国去。

**经** 陈侯款[1]卒。

**今注**

1 陈侯款：陈侯与鲁僖公曾四次同盟。此经无传。

**今译**

陈侯款死了。

**经** 秋，杞伯姬来[1]。

**今注**

1 杞伯姬来：杞伯姬是庄公的女儿。来是到鲁国归宁。此经无传。

**今译**

秋天，杞伯姬到鲁国归宁。

**经** 公子遂如齐[1]。

**今注**

1 如齐：到齐国聘问。此经无传。

**今译**

鲁国公子遂到齐国去聘问。

**传** 城濮之战，晋中军风于泽[1]，亡大旆之左旃[2]。祁瞒奸命[3]，司马杀之以徇于诸侯，使茅茷代之[4]。师还，壬午济河，舟之侨先归，士会摄右[5]。秋七月丙申，振旅恺以入于晋[6]。献俘，授馘，饮至，大赏，征会，讨贰[7]。杀舟之侨以徇于国，民于是大服。君子谓文公其能刑矣，三罪而民服[8]。《诗》云：“惠此中国，以绥四方[9]。”不失赏刑之谓也[10]。

**今注**

1　风于泽：中军牛马在湖泽里因风走失。

2　亡大旆之左旃：旆音沛，为旗帜的通称。旃音詹，是大旆上面用绸子所做的装饰品。

3　祁瞒奸命：祁瞒是掌军马及旗章的官吏。奸命是他管这两件事，而不能实行得甚好。

4　使茅茷代之：茅茷是晋大夫，他替祁瞒的职位。

5　士会摄右：士会是士蔿的孙子，他代理舟之侨的职位。

6　振旅恺以入于晋：恺是胜利的乐章。奏着胜利的军乐以进入晋国的都城。

7　献俘，授馘，饮至，大赏，征会，讨贰：馘音国。在宗庙中献楚国的俘虏，并割下死人的耳朵。在庙中喝酒，大赏有战功的人，征召诸侯预备在温会盟，讨伐对晋国有二心的人。

8　三罪而民服：三罪指颠颉、祁瞒、舟之侨三人认罪。民服是说人民全都服从。

9　惠此中国，以绥四方：对中国加以恩惠，以安定四方。这是《诗·大雅·生民之什·民劳》篇。

10　不失赏刑之谓也：这是指赏刑适当而言。

**今译**

城濮打仗的时候，晋国的中军牛马因为风在湖泽里失散，又丢掉大旆的左旃。祁瞒管这二件事，而没有做好，司马就把他杀了，徇示给诸侯看，叫茅筏替代他。军队回来，壬午过黄河，舟之侨先回去，士会替他做车右。秋天七月丙申，凯旋的军队进入晋国都城，献楚国俘虏在庙里，割下了耳朵也同献，大喝酒，大赏赐，征集诸侯，讨有二心的。杀了舟之侨在国中宣布，人民于是大服从。君子说文公能够使三人服罪，而人民全都服从。《诗经·大雅》说："对中国加以恩惠，以安定四方。"这是指赏刑适当而言。

**经** 冬，公会晋侯、齐侯、宋公、蔡侯、郑伯、陈子、莒子、邾人、秦人于温。

**传** 冬，会于温，讨不服也[1]。

**今注**

1 讨不服：是讨伐卫国同许国的不服从晋国。经中邾人，在石经、岳本则将邾人作邾子，与《穀梁》同。

**今译**

冬天在温的地方会盟，为的是讨伐不服从的国家。

**传** 卫侯与元咺讼[1]，甯武子为辅，鍼庄子为坐[2]，士荣为大士[3]。卫侯不胜[4]，杀士荣，刖[5]鍼庄子，谓甯俞忠而免之，执卫侯归之于京师[6]，置诸深室[7]，宁子职纳橐饘焉[8]。元咺归于卫，立公子瑕[9]。

**今注**

1 讼：是打官司。

2 甯武子为辅，鍼庄子为坐：甯武子即甯俞，做打官司辅助的人，因为春秋时代以为君不可与臣打官司。所以使鍼庄子为被告。

3 士荣为大士：士荣做治狱的官。

4　卫侯不胜：卫侯没有打胜。

5　刖：刖音月，断足，古肉刑名。

6　执卫侯归之于京师：把卫侯逮起来送到周的都城。

7　置诸深室：深室就是囚犯住的地方。置诸是搁到。

8　甯子职纳橐饘焉：甯俞就专管他的衣服，同饮食。

9　立公子瑕：立公子瑕为君。公子瑕即是公子适。

**今译**

卫侯跟元咺打官司，甯俞做辅，鍼庄子做被告，士荣做治狱的官，卫侯没能打胜，把士荣杀了，把鍼庄子的脚剁断，说宁俞忠实，免他罪，把卫侯送到京师去，搁到深的囚室里，宁俞管他的吃食。元咺回到卫国，立了公子瑕为君。

**经**　天王狩于河阳，壬申，公朝于王所。

**传**　是会也，晋侯召王，以诸侯见，且使王狩[1]。仲尼曰："以臣召君，不可以训。"故书曰："天王狩于河阳[2]。"言非其地也，且明德也[3]。壬申，公朝于王所。

**今注**

1　且使王狩：且叫周王打猎。

2　河阳：晋地，在今河南省孟县西三十里。

3　言非其地也，且明德也：意思说这地方狩猎不对，但是由于表明晋文公的功德。

**今译**

这次开会，晋文公召王去，叫诸侯来见他，并且使王打猎。仲尼说："用臣来召见君，不可以作训。"所以《春秋》上写着说："天王狩于河阳。"意思说在这地方打猎不对，且表示晋国的功德。壬申，鲁僖公在王的地方朝见。

经　晋人执卫侯归之于京师，卫元咺自晋复归于卫。

**今注**

此经的传见“秋，杞伯姬来”。

经　诸侯遂围许，曹伯襄复归于曹，遂会诸侯围许。

传　丁丑，诸侯围许，晋侯有疾，曹伯之竖侯獳货筮史[1]，使曰：“以曹为解[2]，齐桓公为会而封异姓[3]，今君为会而灭同姓，曹叔振铎，文之昭也[4]，先君唐叔，武之穆也。且合诸侯而灭兄弟，非礼也。与卫偕命，而不与偕复，非信也[5]；同罪异罚，非刑也[6]。礼以行义，信以守礼，刑以正邪[7]，舍此三者，君将若之何[8]？”公说，复曹伯，遂会诸侯于许[9]。

**今注**

1　曹伯之竖侯獳货筮史：曹伯的佣人名叫侯獳，用钱买通晋国占卦的史官。

2　以曹为解：用曹国为解说。

3　齐桓公为会而封异姓：齐桓公开会就封邢国同卫国，他们全是与齐国不同姓。

4　曹叔振铎，文之昭也：曹国的始封君，是周文王的儿子。

5　与卫偕命，而不与偕复，非信也：城濮之战中，晋国曾经私下许诺在战后恢复曹、卫的国君，而不与卫国一样恢复曹国君位，这是不讲诚信。

6　同罪异罚，非刑也：曹与卫同样的罪，而卫国君已经复国，这罚的不同，是不合于刑罚的。

7　礼以行义，信以守礼，刑以正邪：礼是用以实行义气，诚信是用以守礼节，刑罚是用以正邪辟。

8　舍此三者，君将若之何：舍掉礼、信、刑三种办法，你将怎么办?

9　遂会诸侯于许：遂使曹伯加入在许的盟会。

**今译**

丁丑，诸侯围了许国都城，晋侯有了病，曹伯的佣人侯獳给占卜的史官贿赂，叫他说："以灭曹为解说，齐桓公开会而封了异姓为邢同卫，现在你开会而灭了同姓，因为曹叔振铎是文王的儿子而是昭级的，晋国的先君唐叔是武王的儿子，属于穆级。并且会合诸侯而灭了同姓这是不合于礼的。与卫国同被答应恢复，而不跟他一同恢复，这是不诚信，同样的罪状，不同的刑罚，这不是合于刑罚的。礼是用以行义，信是用以守礼，刑是用以正邪，舍掉这三件，你将怎么办呢？"晋文公很高兴，就恢复曹伯地位，使曹伯加入在许的盟会。

**传**　晋侯作三行以御狄[1]，荀林父将中行，屠击将右行，先蔑将左行[2]。

**今注**

1　晋侯作三行以御狄：行音杭。晋文公另加中、右、左三行以抵抗狄人，因为避免天子六军的称呼，所以在三军外另加三行。

2　屠击，先蔑：皆晋大夫。

**今译**

晋文公在三军以外另加中、右、左三行以抵抗狄人。荀林父将领中行，屠击将领右行，先蔑将领左行。

## 僖公二十九年（公元前六三一年）

**经**　二十有九年春，介葛卢来。

**传** 二十九年春，（介）葛卢来朝[1]，舍于昌衍之上[2]，公在会[3]馈之刍米[4]，礼也。

**今注**

1 介葛卢来朝：阮本《校勘记》说："石经、宋本、淳熙本、岳本、纂图本、监本、毛本、春后有介字，是也。"又按《史通·言语》篇也说"如介葛之闻牛"，足证唐写本亦作"介葛卢"，今照加。介是东夷国，葛卢是其国的君名，《汇纂》："今山东胶县西南七十里有黔陬城，即古介国也。"

2 舍于昌衍之上：鲁地，《一统志》："在今山东曲阜县东南八十里之昌平城，即昌衍也。"在今山东省曲阜县东南五十里曲山之西，接邹县界。

3 公在会：僖公在翟泉开会，不在鲁国。

4 馈之刍米：以草及食粮送给介葛卢。

**今译**

二十九年春天，介葛卢来鲁国朝见。使他住在昌衍的上面，鲁僖公在开会，给他喂马的草及食粮，这是合乎礼的。

**经** 公至自围许[1]。

**今注**

1 自去年围许都城，至是始撤军队。此经无传。

**今译**

鲁僖公从围许国回来。

**经** 夏六月，会王人、晋人、宋人、齐人、陈人、蔡人、秦人盟于翟泉。

**传** 夏，公会王子虎、晋狐偃、宋公孙固、齐国归父、陈辕涛涂、秦小子慭[1]盟于翟泉[2]，寻践土之盟[3]，且谋伐郑也[4]。卿不书，罪之也。在礼，卿不会公侯，会伯子男可也[5]。

**今注**

1 秦小子慭：秦穆公子，因为他迟到，所以列在蔡人之后。

2 盟于翟泉：翟泉又作狄泉，《汇纂》："在今河南洛阳县东北二十五里，故洛阳城中。"

3 寻践土之盟：这是重申践土的前盟。

4 且谋伐郑也：这是为计谋讨伐郑国。

5 会伯子男可也：以卿的地位只能会公侯以下的诸侯。

**今译**

夏天，鲁僖公会周卿士王子虎、晋国狐偃、宋国公孙固、齐国国归父、陈国辕涛涂、秦国小子慭在翟泉开会，是为重申践土的盟誓，并且计谋讨伐郑国。卿不写在《春秋》上，因为他们不合理。按照礼节，卿不能会公侯，他们只能会伯子男。

**经** 秋，大雨雹。

**传** 秋，大雨雹，为灾也[1]。

**今注**

1 大雨雹，为灾也：天降下雹子，因为成灾所以写在竹简上。

**今译**

秋天，天降大雨，下雹子，在鲁国成灾。

**经** 冬，介葛卢来。

**传** 冬，介葛卢来。以未见公，故复来朝[1]，礼之加燕好[2]。介葛卢闻牛鸣曰："是生三牺皆用之矣，其音云[3]。"问之而信[4]。

**今注**

1　以未见公，故复来朝：上次他来鲁国时，鲁僖公正往翟泉开会，他不得见，故再来朝。

2　礼之加燕好：燕是宴享，好是货财，特别对于宴享及货财皆加增。

3　是生三牺皆用之矣，其音云：它生过三匹小牛，皆被用作祭品，它的声音如此。

4　问之而信：问过旁人果然如此。

**今译**

冬天，介葛卢来，因为上次没看见鲁僖公，所以又来朝，对他以礼相待，加以燕好。介葛卢听见牛叫说："生了三个小牛，皆用作祭祀，它的声音如此。"问了旁人，果然如此。

## 僖公三十年（公元前六三〇年）

**经**　三十年春王正月[1]。

**今注**

1　此亦必具四时的例子。

**今译**

三十年春天，周王的正月。

**经**　夏狄侵齐。

**传**　三十年春，晋人侵郑，以观其可攻与否。狄闻晋之有郑虞也[1]，夏狄侵齐[2]。

**今注**

1　狄闻晋之有郑虞也：狄国听说晋国有了郑国的忧虑。

2　狄侵齐：齐晋是联合国，现晋国亦有事，无法救齐。

**今译**

三十年春，晋国人侵略郑国，以观看他可以不可以打。狄国听说晋国有郑国的忧虑，夏天，狄国就侵略齐国。

**经**　秋，卫杀其大夫元咺及公子瑕。卫侯郑归于卫。

**传**　晋侯使医衍酖卫侯[1]，甯俞货医使薄其酖[2]，不死。公为之请，纳玉于王与晋侯，皆十瑴[3]，王许之，秋，乃释卫侯。卫侯使赂周歂、冶廑[4]曰：'苟能纳我，吾使尔为卿[5]。'周、冶杀元咺及子适、子仪[6]。公入祀先君；周、冶既服，将命[7]，周歂先入，及门[8]，遇疾而死[9]，冶廑辞卿[10]。

**今注**

1　晋侯使医衍酖卫侯：衍，医生的名字，晋文公使医生名衍的，用药酒毒杀卫侯。

2　甯俞货医使薄其酖：甯俞贿赂医衍将毒药减轻。

3　皆十瑴：玉一双为瑴，鲁僖公献给晋侯及周王每人各十对玉。

4　周歂、冶廑：周歂及冶廑皆是卫大夫。

5　苟能纳我，吾使尔为卿：若能纳我返国为君，我必使你们为卿。

6　子仪：他是子适的母弟。

7　周、冶既服，将命：周歂、冶廑既已穿着卿的礼服，并将入祖庙受命。

8　及门：到祖庙门时。

9　遇疾而死：恰好遇见病死了。

10　冶廑辞卿：冶廑因畏惧就辞去卿位。

## 今译

晋文公叫医生名衍的用药酒毒杀卫侯。甯俞买通医生，使用的毒药很少，所以卫侯能够不死。鲁僖公为他申请回国，送王跟晋文公玉各十双，周王就答应了，秋天就放卫侯出来。卫侯派人跟周歂、廑冶说："若能送我回国为君，我必定使你们做卿。"他们二人就杀了元咺同子适、子仪。卫侯去祭卫国的先君，周歂、冶廑即穿了卿服，将到庙去受命，周歂先进去，到了庙门恰好有病就死了。冶廑害怕，赶紧辞去卿的位置。

经　晋人秦人围郑。

传　九月甲午，晋侯、秦伯围郑，以其无礼于晋[1]，且贰于楚也[2]。晋军函陵[3]，秦军氾南[4]。佚之狐[5]言于郑伯曰："国危矣[6]！若使烛之武[7]见秦君，师必退。"公从之。辞曰："臣之壮也，犹不如人[8]；今老矣，无能为也已[9]！"公曰："吾不能早用子！今急而求子，是寡人之过也[10]！然郑亡，子亦有不利焉[11]！"许之，夜缒而出[12]。见秦伯曰："秦晋围郑，郑既知亡矣[13]！若亡郑而有益于君，敢以烦执事[14]！越国以鄙远，君知其难也[15]！焉用亡郑以倍邻[16]？邻之厚，君之薄也[17]。若舍郑以为东道主[18]，行李之往来，共其乏困[19]，君亦无所害。且君尝为晋君赐矣[20]，许君焦瑕[21]，朝济而夕设版焉[22]，君之所知也。夫晋何厌之有[23]？既东封郑，又欲肆其西封[24]，若不阙秦，将焉取之[25]？阙秦以利晋[26]，唯君图之。"秦伯说，与郑人盟，使杞子、逢孙、杨孙戍之[27]，乃还。子犯请击之。公曰："不可！微夫人之力[28]不及此。因人之力而敝之，不仁[29]；失其所与，不知[30]；以乱易整，不武[31]；吾其还也！"亦去之。初，郑公子兰[32]出奔晋，从晋侯伐郑，请无与围郑[33]，许之，使待命于东[34]。

郑石甲父、侯宣多[35]逆以为大子，以求成于晋[36]，晋人许之。

**今注**

1　以其无礼于晋：晋公子重耳过郑，郑文公亦不礼焉，见僖公二十三年《左传》。

2　且贰于楚也："郑伯如楚致其师"见《左传·僖公二十八年》。

3　晋军函陵：《河南通志》说："在今河南新郑县北十三里，山形如函，故名函陵。"

4　秦军氾南：《一统志》说："在河南中牟县南三十里，一称东氾，所以别于南氾也。"

5　佚之狐：郑大夫。

6　国危矣：国家已甚危险了。

7　烛之武：郑大夫。

8　臣之壮也，犹不如人：我强壮的时候尚且不如旁人。

9　今老矣，无能为也已：现在老了，更不能有所作为啦！

10　今急而求子，是寡人之过也：现在事情急而求你，这真是我的错误！

11　然郑亡，子亦有不利焉：但是郑国若被灭亡，你亦有甚多的不利。

12　夜缒而出：乘着夜晚由城上缒着出去。

13　郑既知亡矣：郑国弱小既然自知必亡。

14　敢以烦执事：那就敢有劳秦国的执事人员。

15　越国以鄙远，君知其难也：经过旁的国家以达到远的地方，你亦知道这种困难。

16　焉用亡郑以倍邻：焉就是安，何必使郑国灭亡以增加它的邻国的封疆。

17　邻之厚，君之薄也：邻国的富厚就是你的薄浅。邻国指晋而言。

18　以为东道主：郑国可以为秦国往东方去的主人。

19　行李之往来，共其乏困：行李是指使臣，意说使臣路过，郑国可以供给各种缺乏的事物。

20　且君尝为晋君赐矣：晋君指晋惠公夷吾。

21　许君焦瑕：《地理志》说："陕县有故焦城。"在今河南省陕县南二里。至于瑕，顾炎武《日知录》说："晋有二瑕，其一《左传·成公六年》诸大夫皆曰必居郇瑕之地，在今山西临晋县境。其一文公十三年，晋侯使詹嘉处瑕，以守桃林之塞。《汉书·地理志》：'故曰胡，武帝建元元年更名湖。'古瑕胡二字通用，是瑕转为胡，又改为湖，而瑕邑即桃林之塞也。郦道元以郇瑕之瑕为詹嘉之邑，误矣。"《春秋大事表》以"陕县西南三十里有曲沃城，即晋之瑕邑"。

22　朝济而夕设版焉：晋惠公早晨由秦回晋渡过黄河，晚上就设版筑以拒秦国。

23　夫晋何厌之有：晋国什么时候能满足呢？

24　既东封郑，又欲肆其西封：既然东边的封疆已达到郑国，当然更想扩充他的西方边境。

25　若不阙秦，将焉取之：假如不取秦国土地，那将怎么办呢？

26　阙秦以利晋：使秦国国土受损而使晋国有利。

27　使杞子、逢孙、杨孙戍之：杞子、逢孙、杨孙三人皆是秦大夫。逢音旁。使他们三人以军队看守郑国。

28　微夫人之力：夫人是指秦穆公，意在说那个人。

29　因人之力而敝之，不仁：用他人的力量成功而损害他，这是不合于仁义的。第一句是指着晋文公的返回晋国，是受到秦穆公的帮助。

30　失其所与，不知：失掉与他合作的人，是不聪明的。知音义同智。

31　以乱易整，不武：用战乱换去整齐，不合于武猛。

32　郑公子兰：即郑穆公。

33　请无与围郑：请求不要参加围郑都。

34　使待命于东：使他在晋国东境等候命令。

35　郑石甲父、侯宣多：石甲父及侯宣皆郑大夫。

36　以求成于晋：用此以求达成与晋国和平。

**今译**

九月甲午那天，晋侯秦伯一同率兵围攻郑国，因为郑国对晋文公无礼而且有了二心，和楚国通好的缘故。晋兵驻扎在函陵，秦兵驻扎在氾南。郑大夫佚之狐对郑伯说："国家危险了，若派烛之武去见秦君，秦兵肯定会退回去的。"郑伯听从他的话，便去求烛之武，烛之武推辞说："臣年壮的时候，还不及他人，如今老了，越加没用了。"郑伯说："我不能早些用你，现在事情急了才来请求你，这都是寡人的过失，不过郑国灭亡以后，于你也有不利的呢！"烛之武只得应许了，夜间把身子用绳悬到城外。烛之武见秦伯说："秦晋两军围住郑国，郑国已经早知道要灭亡了。如果郑国灭亡以后，有益于君，自然要烦劳你们执事的官员。不过要路过他国，到边远地方去，君也该知道难保的罢。为什么要灭亡了郑国，增加那邻国的土地呢？邻国的土地多了，你的土地就显得少了。如果留下郑国，使它做个东道主，将来贵国有使臣往来，也可以供给种种缺少的东西，在你也并没有什么不利啊！而且你曾经受到晋君夷吾的赏赐，晋君允许把焦瑕二邑给你，哪知他早晨渡过黄河，晚上就筑城守住，这也是你所知道的。晋国哪里有满足的时候，若是东边灭了郑国，推广他的封疆，便又要扩充他西面的疆土了。如果不削弱你秦国，叫他到什么地方去取呢？弱了秦国，强壮晋国，请君自己思量罢！”秦伯听了这话，非常高兴，便和郑人订盟，反而使大夫杞子、逢孙、扬孙替郑国守城。自己领了兵回去。子犯请追击秦兵，晋文公说：“不可以的，没有穆公的帮助，我不能到这地步。依靠秦国得了国，如今反要损害他，这便叫作不仁；失掉共事的人，这便叫作不智；用一场混战代替原计划的阵容严整的协同作战，这是不符合用兵之道的。我们也回去吧！”于是晋国也带着兵回去了。最初的时候，郑穆公逃到晋国，跟着晋侯讨伐郑国，请求不要参加围郑国都城，晋侯答应了他，使他在晋国东境等候命令。郑大夫石甲父、侯宣多，迎接他以做太子，用这来达成与晋国的和平，晋人允许了。

**经** 介人侵萧[1]。

**今注**

1 此经无传。

**今译**

介人侵了萧国。

**经** 冬天王使宰周公来聘。

**传** 王使周公阅[1]来聘，飨有昌歜，白黑形盐[2]。辞曰：“国君文足昭也，武可畏也[3]，则有备物之飨[4]，以象其德；荐五味，羞嘉谷，盐虎形[5]，以献其功，吾何以堪之！”

**今注**

1 周公阅：亦称宰周公，是周王室的三公而兼宰的名阅的人。

2 飨有昌歜，白黑形盐：昌歜是用昌蒲做的菜泥；黑是用黍熬成的黑黍糕，白是用稻做成的白米糕，和虎形盐块。歜音触。

3　国君文足昭也，武可畏也：国君文治足显扬四方，武功可以使人畏惧。

4　则有备物之飨：备物是指文武兼有。

5　荐五味，羞嘉谷，盐虎形，以献其功：甘、咸、苦、辛、酸为五味，吃黍、稻两种嘉谷，并有虎形状的盐，以彰显他的功劳。

**今译**

周王派了周卿士周公阅来鲁国聘问，宴享中有昌蒲做的藻泥，白米糕黑米糕和虎形盐块。他辞让说："国君凡是文可以昭明者，武可以被人畏惧，就有备物之食，以表示他的德行，吃五味调和之食，另外吃美好的粮食，享用虎形的盐，以彰显他的功劳，我怎么当得起呢？"

**经**　公子遂如京师，遂如晋。

**传**　东门襄仲[1]将聘于周，遂初聘于晋[2]。

**今注**

1　东门襄仲：即公子遂。

2　遂初聘于晋：乘这机会，就往聘晋国，这是春秋时鲁始聘晋国。

**今译**

公子遂将聘问周国，这是遂第一次聘问晋国。

## 僖公三十一年（公元前六二九年）

**经**　三十有一年春，取济西田。

**经**　公子遂如晋。

**传**　三十一年春，取济西田[1]，分曹地也。使臧文仲往，宿于重馆[2]。重馆人告曰："晋新得诸侯，必亲其共[3]。不速行将无及也[4]！"从之，分曹地自洮[5]以南，东傅于济[6]，尽曹地也。襄仲[7]如晋，拜曹田也。

**今注**

1　取济西田：获取济水以西的田地。

2　宿于重馆：在重馆住宿，《一统志》说："在今山东省鱼台县西北十一里。"按：地当属鲁。

3　晋新得诸侯，必亲其共：按：共音义皆同恭。晋国新近得获诸侯，必亲近对他最恭顺的。

4　不速行，将无及也：不赶快前往，就甚难得到分曹国的田地。

5　洮：洮水名。

6　东傅于济：东边直达到济水。

7　襄仲：东门襄仲即公子遂。

**今译**

三十一年春天，鲁国取济水以西的田地，这是分曹国的土地。叫臧文仲去，住到重馆这地方。重馆人告诉他说："晋国新近得到各诸侯的拥护，必亲迎对他最恭敬的，不快去，将分不到曹国的土地。"臧文仲就听他的话。分到曹的地方，自洮水以南，东边连到济水，这全是曹地。公子遂到晋国去，拜谢分到曹国的田地。

**经**　夏四月，四卜郊，不从，乃免牲，犹三望。

**传**　夏四月，四卜郊[1]，不从，乃免牲[2]，非礼也。犹三望[3]，亦非礼也。礼不卜常祀[4]，而卜其牲日[5]。牛卜日曰牲[6]，牲成而卜郊，上怠慢也[7]。望郊之细也[8]，不郊亦无望可也[9]。

**今注**

1　四卜郊：四次占卜郊祭天的日子。

2　不从，乃免牲：占卜不听从，就舍除牛牲。按先卜得吉日，始定祭所用牛为牲。

3　犹三望：对于分野之星及国中山川皆于郊祀时远望去祭祀它们。

4　礼不卜常祀：按时须举行祭祀者按礼不须占卜。

5　而卜其牲日：只占卜用牛的日子吉或否。

6　牛卜日曰牲：占卜用日以后的牛就叫作牲。

7　牲成而卜郊，上怠慢也：在已经定名为牲以后，方才占卜郊天，这是在上的怠慢。

8　望郊之细也：望祭星辰与山川，是郊祭的细节。

9　不郊亦无望可也：不行郊祭亦不必行望祭礼。

**今译**

夏天四月，四次占卜郊祭的日子，占卜全不听从，就免去了郊祭的牲口，这是不合于礼的。而且三次望祭山川，也不是合礼的。常祭祀者按礼就不占卜，只占卜用牛的日子，牛占卜的日子以后就叫作牲。有牲以后而再占卜郊天，这是在上的怠慢。望祭山川是郊天的细节，不郊天也可以不望祭了。

**传**　秋，晋蒐于清原[1]，作五军以御狄[2]，赵衰为卿[3]。

**今注**

1　清原：《一统志》：“在（山西省）稷山县东南，与闻喜县壤地相接”。

2　作五军以御狄：以前晋在三军以外，另作三行。今作五军是在三军以外，更作上下新军。

3　赵衰为卿：僖公二十七年说“命赵衰为卿，让于栾枝先轸”，现在又命他为新军帅。

**今译**

秋天，晋国在清原大蒐，作五个军队以防备狄人，赵衰做卿。

**经** 秋七月[1]。

**今注**

1 此亦必具四时的例子。后不再注。

**今译**

秋天七月。

**经** 冬，杞伯姬来求妇[1]。

**今注**

1 杞伯姬来求妇：杞伯姬为她的儿子来求鲁女为妇。此经无传。

**今译**

冬天，杞伯姬到鲁国为她的儿子来求夫人。

**经** 狄围卫。十有二月，卫迁于帝丘。

**传** 冬，狄围卫，卫迁于帝丘[1]，卜曰："三百年。"[2]卫成公梦康叔[3]曰："相夺予享[4]！"公命祀相。甯武子不可，曰："鬼神非其族类，不歆其祀[5]，杞、鄫何事[6]？相之不享，于此久矣！非卫之罪也！不可以闲成王、周公之命祀[7]！请改祀命。"

**今注**

1 帝丘：《寰宇记》说："卫自文公徙楚丘，凡三十余年，其子成公迁都于此。"今河北濮阳县西南三十里，有颛顼城。

2 卜曰："三百年"：占卜说可在这里建都三百年。

3 康叔：周文王子，卫国的始封君。

4 相夺予享：相是夏后启之孙，他夺了我的祭享。

5 鬼神非其族类，不歆其祀：鬼神要不是他同族同类的人，不享受祭祀。

6 杞、鄫何事：杞国同鄫国全是夏的后人，他们有祭祀的义务，为什么他们不祭祀呢？

7 不可以闲成王、周公之命祀：不可以违反周成王与周公所命令的应该的祭祀。

**今译**

狄国围了卫国，卫国迁到帝丘去，占卜说："可以建都三百年。"卫成公梦见康叔说："相夺了我的享祀。"公就命人祭祀相，甯俞认为不可以。说："鬼神不是同族的不能够受他的祭祀，杞国同鄫国都是相的后人，他们有祭祀相的义务，为什么不祭祀呢？相不受祭祀已经很久了，这不是卫国的罪状；不可以违反成王与周公所命令的祭祀。请修改祭祀相的命令。"

**传** 郑泄驾[1]恶公子瑕[2]，郑伯亦恶之，故公子瑕出奔楚。

**今注**

1 泄驾：郑大夫。

2 公子瑕：郑文公的儿子。

**今译**

郑大夫泄驾痛恨公子瑕，郑伯也恨他，所以公子瑕逃到楚国去。

## 僖公三十二年（公元前六二八年）

**经** 三十有二年春王正月。

**传** 三十有二年春，楚鬬章[1]请平于晋[2]，晋阳处父报之[3]，晋楚始通[4]。

**今注**

1　鬬章：楚大夫。

2　请平于晋：请求与晋国和平相处。

3　晋阳处父报之：阳处父，晋大夫，到楚国去聘问。

4　晋楚始通：晋与楚开始相往来。

**今译**

三十二年春，楚大夫鬬章请求与晋国和平，晋大夫阳处父来聘问他。楚晋开始交往。

**经**　夏四月，己丑，郑伯捷[1]卒。

**今注**

1　郑伯捷：就是郑文公。

**今译**

夏天四月己丑，郑文公死了。

**经**　卫人侵狄。

**经**　卫人及狄盟。

**传**　夏，狄有乱，卫人侵狄，狄请平焉[1]。秋，卫人及狄盟[2]。

**今注**

1　狄请平焉：狄人请求和平。

2　卫人及狄盟：卫人同狄国人结盟。

**今译**

夏天，狄有乱事，卫人侵狄，狄人就请求和平。秋天，卫人同狄人盟会。

**经**　冬十有二月，己卯，晋侯重耳卒。

传 冬，晋文公卒，庚辰将殡于曲沃[1]，出绛，柩有声如牛[2]，卜偃使大夫拜曰："君命大事，将有西师过轶我[3]，击之必大捷焉[4]！"杞子自郑使告于秦曰："郑人使我掌其北门之管[5]，若潜师以来，国可得也！"穆公访诸蹇叔[6]，蹇叔曰："劳师以袭远，非所闻也[7]！师劳力竭，远主备之[8]，无乃不可乎？师之所为，郑必知之，勤而无所，必有悖心[9]，且行千里，其谁不知？"公辞焉[10]。召孟明、西乞、白乙[11]，使出师于东门之外。蹇叔哭之曰："孟子[12]！吾见师之出而不见其入也！"公使谓之曰："尔何知？中寿[13]，尔墓之木拱矣[14]！"蹇叔之子与师，哭而送之曰："晋人御师必于殽[15]。殽有二陵焉：其南陵，夏后皋之墓也[16]！其北陵，文王之所辟风雨也！必死是间，余收尔骨焉[17]！"秦师遂东。

**今注**

1 将殡于曲沃：古人在死以后将棺陈列在他祖庙中名为殡。

2 柩有声如牛：他的棺材里边出来的声音如同牛叫一般。

3 将有西师过轶我：将来有西方的军队经过我们这里。

4 击之必大捷焉：我们要去攻打他，必定可以打大胜仗。

5 郑人使我掌其北门之管：郑国的人使我掌管北门的锁钥。

6 穆公访诸蹇叔：秦穆公访问秦大夫蹇叔。

7 劳师以袭远，非所闻也：劳动军队去远处偷袭，这不是我所知道的。

8 师劳力竭，远主备之：军队很劳苦，而力量也已用完。远方的主人已有防备。

9 勤而无所，必有悖心：勤劳而没有结果，军队里必发生反叛的心。

10 公辞焉：秦穆公不接受他的劝告。

11 孟明、西乞、白乙：孟明是百里孟明视，西乞是西乞术，白乙是白乙丙，皆是秦国的将帅。

12　孟子：是蹇叔对孟明的称呼。

13　尔何知？中寿：你懂得什么？据古人的解释，上寿一百二十岁，中寿一百，下寿八十。

14　尔墓之木拱矣：你的坟上的树已经合抱。意思说你已经很老了。

15　晋人御师必于殽：晋国的军队抵抗秦国的军队必在殽这个地方。《河南府志》：“殽有东西二山，东殽在洛宁县北二十里，二陵在焉。西殽在陕县东南七十里。两殽相去三十五里，古道穿二殽之间，魏武帝西讨巴汉，恶其险而更开北道，至今便之。”

16　夏后皋之墓也：夏后皋是夏桀的祖父。

17　余收尔骨焉：我将在两个坟之间，去收你的尸骨。

**今译**

冬天，晋文公死了，庚辰这一天，将要出殡到曲沃去，刚巧走出绛都的时候，灵柩中发出一种声音，好像牛鸣一般。卜偃使大夫再拜，而且说：“这是君王吩咐将有战事，要有西方的军队侵犯我国，我们如果去攻击他，定能大胜！”杞子从郑国差人告诉秦穆公说：“郑国人差我掌管他北门的锁钥，如果你们暗中发兵到来，就可以取得郑国。”穆公就这事访问蹇叔。蹇叔说：“劳动了兵众，去袭攻远地方的国，我没有听说过呢！兵士劳苦了，其力必定耗尽，郑国的人已在防备我了。这事恐怕是不可做的呢！且出兵的举动，郑国定能知道的，倘使秦兵劳苦了，却没有所得，定要生背离的心。何况走这千里的远路，还有哪个不知道呢！”穆公不听他的话，便叫孟明、西乞、白乙，使他们出兵，走出东门的外面。蹇叔哭送说：“孟子，我只看见你们军队出去，却看不见你们再进来了！”穆公差人对他说：“你知道什么，你只享得中寿，你坟上的树木，已有两手合抱那么大了。”蹇叔的儿子也在军队中，蹇叔哭送他说：“晋人定在殽地，抵敌我兵，殽地有南北两个陵，南陵便是夏后皋的坟墓，北陵便是周文王避风雨的地方，你必定死在那里，我到那里收你的尸骨罢！”秦兵就此向东出发。

## 僖公三十三年（公元前六二七年）

**经** 三十有三年春王二月，秦人入滑。

**传** 三十三年春，秦师过周北门[1]左右免胄而下[2]，超乘者三百乘[3]。王孙满[4]尚幼，观之，言于王曰：“秦师轻而无礼，必败[5]。轻则寡谋，无礼则脱[6]，入险而脱，又不能谋[7]，能无败乎？”及滑[8]，郑商人弦高将市于周[9]，遇之，以乘韦先，牛十二犒师[10]，曰：“寡君闻吾子将步师出于敝邑[11]。敢犒从者[12]。不腆敝邑，为从者之淹[13]，居则具一日之积，行则备一夕之卫[14]。”且使遽告于郑[15]。郑穆公使视客馆[16]，则束载厉兵秣马矣[17]。使皇武子辞焉，曰：“吾子淹久于敝邑，唯是，脯资饩牵竭矣[18]。为吾子之将行也[19]，郑之有原圃，犹秦之有具囿也[20]，吾子取其麋鹿以闲敝邑[21]，若何[22]？”杞子奔齐。逢孙、杨孙奔宋。孟明曰：“郑有备矣，不可冀也[23]！攻之不克，围之不继，吾其还也[24]。”灭滑而还。

### 今注

1 秦师过周北门：秦国的军队经过周的北门外边。江永以为即昭公二十四年之乾祭门，在今洛阳县西北。

2 左右免胄而下：军队全都摘下铁帽子下车。

3 超乘者三百乘：跳着上车的一共有三百辆车。

4 王孙满：是周王孙，名字叫满。

5 秦师轻而无礼，必败：秦国的军队轻狂而不合礼节，必定会战败。

6 轻则寡谋，无礼则脱：轻狂就没有计谋，不合礼节，就容易疏忽。

7 入险而脱，又不能谋：进入险的地方，而竟有轻视的意思，又不能够计谋。

8 及滑：滑是姬姓国，在今河南省偃师县南二十里。

9 郑商人弦高将市于周：郑国的商人弦高将到周国去做生意。

10 以乘韦先，牛十二犒师：古代将献于人的物件，必定先献轻者，而后献重者。所以这次弦高先用熟皮革贡献，然后再用十二头牛送给秦国军帅。

11 将步师出于敝邑：你们领着军队经过我的国家。

12 敢犒从者：我要犒劳你们的左右。

13 不腆敝邑，为从者之淹：我这不富厚的地方，可以供给你们的停留。

14 居则具一日之积，行则备一夕之卫：你们要居留，就可以供给你们一天所用的食粮。你们要走，也可以作为一夜的保卫。

15 且使遽告于郑：并且赶紧派人乘车报告于郑国。

16 郑穆公使视客馆：郑穆公派人看秦国所派的杞子等三个大夫所住的客舍。

17 则束载厉兵秣马矣：看见他们已经预备车辆，整理军队喂马饱食，大概是预备迎接秦国的军队。

18 吾子淹久于敝邑，唯是，脯资饩牵竭矣：你们在此住了很久，恐怕你们的米粮同肉食，皆已经吃完了。

19 为吾子之将行也：为此你们要走了。

20 郑之有原圃，犹秦之有具囿也：《水经注》说："圃田泽西限长城，东极官渡，北佩渠水，东西四十许里，南北二十许里，中有沙冈上下二十四浦。”据洪亮吉说：“具囿就是具圃，在现今陕西省陇县西边。”

21　吾子取其麋鹿以闲敝邑：你们去拿那里有的鹿，使我们能够空闲些。

22　若何：怎么样。

23　郑有备矣，不可冀也：郑国已有了防备，不能有什么希望。

24　攻之不克，围之不继，吾其还也：我们要打它不容易战胜，包围他们后来军队难续援助，我只好回秦国去罢！

**今译**

三十三年春天，秦兵路过周朝王城的北门，军人全都去了头盔，跳下车来，又跳跃上车的，共有三百乘。这时候王孙满年纪还小，看见秦兵这样，对周王说：“秦兵轻狂无礼，定要打败仗的。因为轻狂了，便少谋略，没有礼法了，便一定疏忽，进了险地却很疏忽，又没有谋略，能够不给人打败吗？”秦兵到了滑国，郑国有个商人叫弦高的，正要到周朝去做买卖，路上碰到秦兵，用熟牛皮四张先献去，随后又用牛十二头犒赏秦国的兵士，而且说：“寡君闻知你们领了兵要来到敝邑，所以我来犒劳你们，敝邑很不富厚，但可以供给你们停留。如果住宿着，便替你们预备一天粮米、薪菜；如果行动了，便替你们预备一夜的保卫。”一面又派人迅速报告郑伯。郑穆公闻知这事，差人去打探杞子等三大夫的馆舍，他们早已装束完备，磨快兵器，喂饱马匹，等侯秦师了。穆公便差皇武子辞谢秦大夫说：“你们大夫长久留在敝邑，恐怕是粮食牲畜已经吃完了，为此你们快要离去，我郑国的有原圃和你秦国的有具圃是一样的。你们不妨自己去取些麋鹿，也让敝邑略得空闲些，不知大夫等以为怎样？”杞子听了这话，知道密谋已经走漏，便逃奔到齐国去，逢孙、杨孙逃奔到卫国去，孟明说：“郑国已经有了防备，无所希望了，攻它不能胜，围住它，兵少也没有用，我们不如回去吧！”灭了滑就回来了。

经 齐侯使国归父来聘。

传 齐国庄子[1]来聘，自郊劳至于赠贿[2]，礼成而加之以敏[3]，臧文仲言于公曰：“国子为政，齐犹有礼，君其朝焉[4]！臣闻之，服于有礼，社稷之卫也[5]。”

**今注**

1 国庄子：即国归父。

2 自郊劳至于赠贿：郊劳是来的时候迎接的礼，赠贿是送他走的礼。

3 礼成而加之以敏：这各种礼成以后更加上了敏捷。

4 国子为政，齐犹有礼，君其朝焉：国庄子国归父掌政权时齐国犹能行礼，你必须要往齐国朝见。

5 服于有礼，社稷之卫也：服从有礼的国家，这等于对本国的保卫。

**今译**

齐国的国庄子到鲁国聘问，自从郊劳到赠贿，礼节成了以后，而加上以敏捷，臧文仲对鲁僖公说：“国庄子掌政权，齐国还有很多礼，你应该到齐国朝见。我听见说过服从有礼的国家，这是对社稷的保卫。”

经 夏四月辛巳，晋人及姜戎败秦师于殽。

经 癸巳，葬晋文公。

传 晋原轸曰：“秦违蹇叔而以贪勤民[1]，天奉我也[2]。奉不可失，敌不可纵[3]，纵敌患生，违天不祥[4]，必伐秦师。”栾枝曰：

"未报秦施而伐其师，其为死君乎[5]？"先轸曰："秦不哀吾丧而伐吾同姓[6]，秦则无礼，何施之为？吾闻之，一日纵敌，数世之患也[7]。谋及子孙，可谓死君乎[8]？"遂发命，遽兴姜戎[9]，子墨衰绖[10]，梁弘御戎，莱驹为右[11]，夏四月辛巳，败秦师于殽，获百里孟明视、西乞术、白乙丙以归。遂墨以葬文公，晋于是始墨[12]。文嬴[13]请三帅[14]，曰："彼实构吾二君，寡君若得而食之，不厌，君何辱讨焉，使归就戮于秦，以逞寡君之志，若何[15]。"公许之[16]。先轸朝，问秦囚[17]。公曰："夫人请之，吾舍之矣。"先轸怒，曰："武夫力而拘诸原，妇人暂而免诸国[18]，堕军实而长寇仇[19]，亡无日矣。"不顾而唾[20]。公使阳处父追之[21]，及诸河，则在舟中矣。释左骖[22]，以公命赠孟明[23]。孟明稽首[24]曰："君之惠，不以累臣衅鼓[25]，使归就戮于秦，寡君之以为戮，死且不朽[26]。若从君惠而免之，三年将拜君赐[27]。"秦伯素服郊次[28]，乡师而哭[29]，曰："孤违蹇叔，以辱二三子，孤之罪也。"不替孟明[30]，曰："孤之过也。大夫何罪[31]？且吾不以一眚掩大德[32]。"

**今注**

1 秦违蹇叔而以贪勤民：秦国违背了蹇叔的忠谏，反因贪心想夺得郑国而劳苦秦国的人民。

2 天奉我也：这是天给我们机会。

3 奉不可失，敌不可纵：给我们的机会不可失掉，对于敌人不可放纵。

4 纵敌患生，违天不祥：放纵敌人祸患就会发生，违背天意，这是不祥瑞的。

5 未报秦施而伐其师，其为死君乎：没有报答秦国的施惠而反讨伐秦国的军队，不是违背了死去文公的心意？

6 秦不哀吾丧而伐吾同姓：秦国不哀痛我们晋文公的丧事，

反而讨伐我们同姓的国家郑国。

7　一日纵敌，数世之患也：一天放纵敌人这等于数世的患难。

8　谋及子孙，可谓死君乎：这是对于后代子孙的谋算，怎么能够说我们违背文公心意。

9　遽兴姜戎：遽然就起用姜戎的军队。按：姜戎在晋国的南部。

10　子墨衰绖：子是指晋襄公，将他的丧服染成黑的颜色。

11　梁弘御戎，莱驹为右：梁弘同莱驹，皆是晋国大夫。

12　晋于是始墨：晋国从此开始规定黑色为丧服。

13　文嬴：秦穆公的女儿，晋文公的夫人。

14　请三帅：请把孟明等三帅遣送到秦国，让秦国处理。

15　彼实构吾二君，寡君若得而食之，不厌，君何辱讨焉，使归就戮于秦，以逞寡君之志，若何：他们实在使我们两代君主不欢，秦国的国君若得到他们会把他们吃掉，还不满足，你何必杀他们，使他们回到秦国去被杀，用以满足秦君的志向，怎么样？

16　公许之：晋襄公就准许了。

17　先轸朝，问秦囚：先轸上朝，问到秦国的囚犯。

18　武夫力而拘诸原，妇人暂而免诸国：晋国的军队用了很大的力量，方能把他们拘执在野外，而文嬴一句话，就居然能把他们放纵到晋国以外。

19　堕军实而长寇仇：毁坏了晋国的军力，并且增长了寇仇的力量。

20　不顾而唾：他就不回看襄公，而唾口水于地上。

21　公使阳处父追之：阳处父是晋大夫，派他追回秦国的三将领。

22　释左骖：阳处父把他所坐的车左辕的副马解下。

23　以公命赠孟明：他拿晋襄公的命令送给孟明。

24　稽首：叩头。

25　君之惠，不以累臣衅鼓：你的恩惠，不把我这个囚徒来杀害。按：古人杀人以后，必把被杀的血涂到鼓上，所谓衅鼓。

26　使归就戮于秦，寡君之以为戮，死且不朽：使我们到秦国被杀，我们秦国的君若把我治罪，我虽然死了，死且值得。

27　若从君惠而免之，三年将拜君赐：要是从你的恩惠，而免除将我们杀掉，那么三年以后必定要报答你的赏赐。

28　秦伯素服郊次：秦穆公穿着素的衣服在城外等候。

29　乡师而哭：迎着归来的三个人，哭泣不止。

30　不替孟明：不撤销孟明的职务。

31　大夫何罪：你们三位大夫有什么罪呢？意思说过在秦穆公自己。

32　吾不以一眚掩大德：一眚等于是小的过错，等于一个人有了小病一样，不能掩盖打仗的大功。按：眚是眼睛小病。

**今译**

晋国大夫原轸说："秦穆公违反了蹇叔的忠谏，反而因贪心想夺得郑国而勤劳他的人民，这是天给我胜秦的机会，天赐的机会不可错过，敌人也是不可放纵的，放纵敌人是要生祸患的，违背天道是不吉祥的，必须要去攻打秦兵才好。"栾枝说："没有报答秦君的恩情，却去攻伐他的军队，难道因为文公已死，便忘掉秦国的恩情吗？"先轸说："秦国不哀痛我国有丧事，却来伐我同姓的郑国，秦国实在无礼，还管什么恩情呢！我听说，一天放纵了敌人，倒要有好几代的祸患呢！如今我们要给子孙打算，怎么可以说违背文公的心愿呢？"便发出号令，立即征发姜戎的军队。襄公把缞衣染作黑色，再加上麻衣，梁弘替他赶了兵车，莱驹做了车右。夏天四月辛巳那天，打败秦兵在二殽的中间，捉住百里孟明视、西乞术、白乙丙回来。便穿了黑色丧服葬晋文公，晋国从此便定黑色做丧服。襄公的母亲文嬴替秦国讨回三帅，说："都是他们引起我们二君的仇怨，秦君恨这三人，如果得到他们，哪怕吃了他们的肉，心中还没有满足呢，为什么要烦劳你讨伐他们呢！赶紧让他们回去就刑戮于秦国，也可畅快秦君的心愿，不知你以为怎样。"襄公就应许她。后来先轸上朝，问起秦国的囚徒到哪里去了，襄公说："夫人来请求我，已经放回他们了。"先轸怒道："武夫尽力在疆场拘获敌人，妇人猝然一说，便把他们放到国外，这枉费晋国的军力，却增添仇人的力量，晋国的灭亡没有日子了。"便不顾襄公在前，咳起痰来唾在地上。襄公就差阳处父去追赶三帅，到了黄河边上，三帅却已经在船中了。阳处父便解下左边的骖马，假托是襄公的命令，拿马送给孟明，想等他回转来谢，把他捉住。孟明知道是诈，便在船中叩头辞谢说："蒙你君的恩惠，不把我们杀了涂在他的鼓上，却使我们回去就刑戮于秦国，如果寡君治我败亡的罪，把我正法了，那么我身虽死，也是死得值得。如果我们蒙受晋君的恩惠免去死罪，那么三年之后还要来拜答君赐呢！"将到秦国，穆公着了素服，在郊外等候，向着兵众哭着说："我违反了蹇叔的忠谏，使你们受困辱于晋国，这都是我的罪过。"于是，不撤销孟明的职务，并且说："这都是我的差错，大夫等有什么罪？并且我终究不肯为了一小的过失，就抹杀他们的大德行的。"

**经** 狄侵齐。

**传** 狄侵齐，因晋丧也[1]。

**今注**

1 因晋丧也：因为晋文公死了，有丧事，所以不能保护齐国。

**今译**

狄国侵略齐国，因为晋国的丧事。

**经** 公伐邾取訾娄。

**经** 秋，公子遂帅师伐邾。

**传** 公伐邾取訾娄[1]，以报升陉之役[2]。邾人不设备[3]，秋，襄仲复伐邾[4]。

**今注**

1 訾娄：邾邑，《汇纂》说："在今山东济宁县境。"

2 以报升陉之役：升陉之役在僖公二十二年。

3 邾人不设备：邾国没有防备。

4 秋，襄仲复伐邾：秋天，公子遂又伐邾国。

**今译**

鲁僖公伐邾，取得訾娄这地方，以报复升陉战役的仇恨。邾人并不因此设防。秋天，公子遂又出兵伐邾国。

**经** 晋人败狄于箕。

**传** 狄伐晋，及箕[1]。八月戊子，晋侯败狄于箕，郤缺[2]获白狄子[3]。先轸曰："匹夫逞志于君[4]而无讨，敢不自讨乎[5]。"免胄入狄师，死焉[6]。狄人归其元[7]，面如生。初，臼季使过冀[8]，见冀缺耨[9]。其妻馌之[10]，敬，相待如宾。与之归[11]，言诸文公曰："敬，德之聚也，能敬必有德，德以治民，君请用之[12]，臣闻之，出门如宾[13]，承事如祭[14]，仁之则也。"公曰："其父有罪[15]，可乎？"对曰："舜之罪也，殛鲧。其举也，兴禹[16]。管敬仲，桓之贼也，实相以济[17]。《康诰》[18]曰：'父不慈，子不祗[19]，兄不友，弟不共，不相及也[20]。'《诗》曰：'采葑采菲，无以下体[21]。'君取节焉可也[22]。”文公以为下军大夫。反自箕，襄公以三命命先且居将中军[23]，以再命命先茅之县赏胥臣[24]，曰：“举郤缺，子之功也。”以一命命郤缺为卿[25]，复与之冀[26]，亦未有军行[27]。

**今注**

1 及箕：江永说：“白狄居河西，度河而伐晋，箕地当近河。成公十三年传云：‘秦入我河县，焚我箕郜。’是近河而有箕。今山西隰州蒲县东北有箕城，晋败白狄于箕，当在此。若太谷之箕，去白狄远，当别是一地。”江永之说极是。

2 郤缺：郤芮的儿子。

3 白狄子：白狄国君，子爵。

4 匹夫逞志于君：就是从前对晋襄公不顾而唾的事。

5 敢不自讨乎：君并没有讨我的罪，现在还能自己不讨自己吗？

6 免胄入狄师，死焉：摘去铁帽子，就冲锋作战，死在狄人的军队里。

7 狄人归其元：狄人把他的头归还晋国。

8 臼季使过冀：冀是晋国的城邑，《纪要》：“今山西河津县东十五里有如宾乡，即其地。”

9 见冀缺耨：看见冀缺正在野外除草。

10 其妻馌之：他的妻子给他送饭去。

11 与之归：臼季就同冀缺回到晋国。

12 敬，德之聚也，能敬必有德，德以治民，君请用之：恭敬是德行的聚会，能够恭敬必定有德行，德行是用来治理人民的，请你务必录用他。

13 出门如宾：出门就等于见到大的宾客。

14 承事如祭：就一件事情等于祭祀。

15　其父有罪：郤缺的父亲郤芮想杀晋文公。见僖公二十四年。

16　舜之罪也，殛鲧。其举也，兴禹：舜定罪的时候就杀了鲧，后来举贤荐能的时候就使禹兴起。

17　管敬仲，桓之贼也，实相以济：管仲曾经反对齐桓公，后来他做齐桓公的宰相而成功。

18　《康诰》：是《尚书·周书》篇名。

19　父不慈，子不祗：父不慈惠，儿子不恭敬。

20　兄不友，弟不共，不相及也：兄长不友爱，弟弟不恭敬，这是互不相连的。

21　采葑采菲，无以下体：这是《诗·邶风·谷风》篇句，因为葑同菲的菜全是上边好下边坏的菜，所以说不要管他下边。

22　君取节焉可也：你知道取他好的一段就可以了。

23　襄公以三命命先且居将中军：因为先轸是死在狄人手里，所以就命令先轸的儿子先且居继续做中军将领。

24　以再命命先茅之县赏胥臣：以再次命令把先茅这一县赏给胥臣。《一统志》说：“故茅亭即茅邑，在今山西平陆县西南。”

25　命郤缺为卿：叫郤缺为卿。

26　复与之冀：又把他父亲故邑还给他。

27　亦未有军行：虽然到卿的位置，但在军队里没有职务。

## 今译

白狄攻伐晋国，到了箕城。八月戊子这天，晋襄公在箕打败狄人，郤缺擒获白狄的君。先轸说：“一个普通的人放肆于君主面前，却没有哪个罚他，怎敢不自己责罚呢？”便去了头盔，杀进狄兵中去，战死在那里，后来狄人送还他的头颅，他的脸孔还和活人一般。最初，臼季出使他国，走过晋国的冀邑，看见冀缺在田中锄草，他的妻子给他送饭食，夫妻相敬如宾。臼季便和他一同回归晋国来，荐给文公说：“恭敬是德行的汇聚，能够恭敬的人，一定有德行；有德行的人，方可用以治民呢！君请任用他。臣听说：出门好像看见大宾，干事好像祭祀神明，这就是仁慈的标准。”文公说：“他的父亲有罪，可以用的吗？”臼季回答说：“从前舜治罪的时候曾经杀了鲧，后来推举贤能时，却又起用了禹；管敬仲是桓公的仇敌，桓公靠他帮助才成功霸业。《书经·康诰》篇上说：‘父不能慈爱，子不能孝顺，兄不能友爱，弟不能恭敬，都各有情况，是互不相连的。’《诗经·谷风》上说：‘采葑采菲的，不可因根部的不好，便丢掉它的叶。’君只要取他一节就可以了。”文公便使郤缺做下军大夫。晋军从箕城回来，襄公用三次命令吩咐先且居代他父亲带领中军，用两次命令吩咐把先茅的食邑赏给胥臣，说：“推举郤缺是你的功劳，所以赏你的。”用一次命令吩咐郤缺做卿，还给他冀的食邑，但在军队里没有职务。

**经** 冬十月，公如齐。十有二月，公至自齐。乙巳，公薨于小寝。

**传** 冬，公如齐朝[1]且吊有狄师也[2]，反薨于小寝[3]即安也[45]。

**今注**

1 冬，公如齐朝：僖公往齐国去朝见。

2 且吊有狄师也：并且慰问狄国军队的侵犯。

3 反薨于小寝：回来就死在他夫人的床上。

4 即安也：就便安息。

**今译**

冬天，鲁僖公到齐国朝见，并且吊慰狄国军队的侵犯，回来就死在夫人的寝宫里，可见他是就便安息的。

经 陨霜不杀草[1]，李梅实[2]。

**今注**

1 陨霜不杀草：下霜而未把草摧毁掉。

2 李梅实：李同梅全长实，因为这时间是周的十一月，等于夏的九月。

**今译**

下霜而未把草摧毁掉，李树同梅树全都结果。

经 晋人、陈人、郑人伐许。

传 晋、陈、郑伐许，讨其贰于楚[1]也，楚令尹子上侵陈、蔡，陈、蔡成[2]，遂伐郑，将纳公子瑕[3]。门于桔柣之门[4]，瑕覆于周氏之汪[5]，外仆髡屯禽之以献[6]。文夫人敛而葬之郐城之下[7]。

**今注**

1 讨其贰于楚：讨伐许国有联合楚国之心。

2 陈、蔡成：陈同蔡全都讲和了。

3 将纳公子瑕：公子瑕是郑文公的儿子，在僖公三十一年奔楚国。

4 门于桔柣之门：桔柣之门是郑国的城门。

5 瑕覆于周氏之汪：公子瑕的车翻在周氏之汪这地方。周氏之汪是水池的名字。

6 外仆髡屯禽之以献：郑国的仆人将公子瑕杀死献给郑文公。

7 郐城之下：服虔云："郐城故郐国之墟。"《一统志》："在今河南密县东北五十里，接新郑县界。"

**今译**

晋国、陈国、郑国讨伐许国，这是讨伐许国有联合楚国的二心。楚国令尹子上侵略陈国同蔡国，陈国同蔡国与楚国和平。楚国就接着伐郑国。将送公子瑕回国即君位。在桔柣之门攻城，瑕在周氏之汪翻了车，仆人髡屯把他杀了，献给郑文公。郑文公夫人把他收殓，葬在郐城的下面。

**传** 晋阳处父侵蔡，楚子上救之，与晋师夹泜[1]而军。阳子患之，使谓子上曰："吾闻之，文不犯顺，武不违敌[2]。子若欲战，则吾退舍，子济而陈[3]，迟速唯命，不然纾我[4]，老师费财，亦无益也[5]！"乃驾以待[6]。子上欲涉，大孙伯[7]曰："不可，晋人无信，半涉而薄我，悔败何及[8]，不如纾之[9]。"乃退舍[10]，阳子宣言曰："楚师遁矣[11]。"遂归，楚师亦归，太子商臣谮子上曰："受晋赂而辟之，楚之耻也，罪莫大焉[12]。"王杀子上[13]。

**今注**

1 夹泜：《一统志》："原出今河南鲁山县南之尧山，经宝丰、叶县至舞阳县北之霍堰入汝水。"夹泜是晋楚两军各在泜水的一边列阵。

2 文不犯顺，武不违敌：照文来说就不侵犯顺理的一方，照武来说，不回避敌人。

3 子若欲战，则吾退舍，子济而陈：你要想打仗，我就可以退让，让你渡过河，摆成阵式。

4 迟速唯命，不然纾我：你要渡得早晚，可随你的便，你要不渡河，就使我缓和。

5 老师费财，亦无益也：把军队驻得很久，花费财力，这也没有什么用处。

6 乃驾以待：他就驾好车辆等待着。

7 大孙伯：就是子玉的儿子，名成大心。

8 晋人无信，半涉而薄我，悔败何及：晋国人是没有信用的，我们渡河的一半而他们就打我们，那时候被打败了，后悔也无用了。

9　不如纾之：不如缓慢地让他们。

10　乃退舍：一舍是三十里，楚国军队退后使晋国的军队渡河。

11　楚师遁矣：楚国军队逃走了。

12　受晋赂而辟之，楚之耻也，罪莫大焉：子上受晋国的贿赂而躲避他们，这是楚国的耻辱，他的罪没有比这再大的。

13　王杀子上：楚成王就把子上杀了。

**今译**

晋国的阳处父侵略蔡国，楚国的令尹子上来救蔡国，跟晋国的军队在泜水的两边陈列阵式。阳处父以为忧患，就派人对子上说："我听人说过，有文德的人不伤害正义和公理，有武德的人不躲避自己的对手。你要想作战，我就退后三十里，你过了水来陈列阵式，时间早晚全听你的命令。要不如此，就使我们缓口气，使军队久守，费财用，这没有什么用处。"他就把车预备好等着。子上想渡过河。成大心就说："不可以，晋人是没有信用的，我们假若半渡过河去，而他打我们，失败了后悔来不及，不如让他们缓口气。"于是楚人就退了三十里，阳处父就宣布说："楚国军队逃走了。"晋国人就回国，楚国军队也回楚国，太子商臣说子上的坏话："接受晋国的贿赂，而躲避它的军队，这是楚国的耻辱，这种罪没有再大的。"楚成王就杀掉子上。

**传**　葬僖公缓[1]，作主，非礼也[2]，凡君薨，卒哭而祔[3]，祔而作主，特祀于主[4]，烝尝禘于庙[5]。

## 今注

1　葬僖公缓：在文公元年写着四月葬僖公，所以这是很缓慢的。

2　作主，非礼也：文公二年才作主，这也是不合礼节的。

3　凡君薨，卒哭而祔：凡是君死了以后，等到哭完了，就把他祔在祖先的庙中。

4　祔而作主，特祀于主：祔在祖庙中就作了神主，特别的祭祀就在神主的前边。

5　烝尝禘于庙：冬天祭祀就叫作烝，秋天祭祀就叫尝。等到君死以后，三年就大禘，烝、尝、禘三种礼节，在祖庙中举行。

## 今译

明年四月，方才给僖公下葬，又作神主牌位，这全不是合于礼的。凡是君死了以后，哭完了就祔在庙中，然后做神主牌位，特别祭祀这个神主牌位，三年后大禘，烝、尝、禘三种祭祀就在太庙中举行。

# 卷九　文公上

## 文公元年（公元前六二六年）

经　元年春王正月，公即位[1]。

**今注**

1　公即位：公指文公，名兴，僖公的儿子，他的母亲为声姜，据谥法“慈惠爱民曰文”，又“忠信接礼曰文”。即位是行即位的典礼。此经无传。

**今译**

文公元年春王正月，文公即位。

经　二月癸亥，日有食之[1]。

**今注**

1　二月癸亥，日有食之：这二月初一不写朔，这是史官的过失。

**今译**

二月癸亥，鲁国有日食。

经　天王使叔服来会葬。

传 元年春，王使内史叔服来会葬[1]，公孙敖[2]闻其能相人也，见其二子焉[3]。叔服曰："谷也食子，难也收子[4]。谷也丰下，必有后于鲁国[5]。"

**今注**

1 王使内史叔服来会葬：内史是官名，叔服是人名，来会同举行葬礼。

2 公孙敖：是庆父的儿子。

3 闻其能相人也，见其二子焉：听说他能够给人相面，就使他的两个儿子来见叔服。

4 谷也食子，难也收子：谷是孟文伯，难是孟惠叔。谷可以奉承你的祭祀，难可以葬你。难音同挪。

5 谷也丰下，必有后于鲁国：谷的面貌下边，他的子孙必定能在鲁国有后代。

**今译**

周天王叫内史叔服参加僖公的葬礼，公孙敖听说他能够给人相面，使他的两个儿子去看他。叔服就说："谷可以供奉祭祀，难能够给你下葬，谷的脸下边很丰满，必定在鲁国有后人。"

传 于是闰三月非礼也[1]。先王之正时也，履端于始，举正于中，归余于终[2]。履端于始，序则不愆[3]，举正于中，民则不惑[4]，归余于终，事则不悖[5]。

**今注**

1 于是闰三月非礼也：照历法上说，闰月应当在僖公末年。现在改在今年三月立闰，所以说不合礼。

2 先王之正时也，履端于始，举正于中，归余于终：先王在规正历法的时候，在每年最初，把正月摆在开始，而把以后的时间皆合于中气，然后将剩余的日子归到末了，成为闰月。

3　履端于始，序则不愆：把正月摆在开头，前后各月的次序就不会有错乱。

4　举正于中，民则不惑：把各月皆合于中气，寒暑皆不失掉常态，人民就没有疑惑了。

5　归余于终，事则不悖：把剩下的日子归到末了，事实全没有变化，所以并没有悖乱。

**今译**

这时间有闰三月，这是不合于礼的。先王规正历法，每年最初把正月摆在开始，以后各月皆合于中气，而把剩下的日子搁到末了，把正月摆在开头，四时的次序就不会错乱，各月份都合中气，人民就不会疑惑，把剩余的日子搁到末了，事情就不会悖乱。

**经**　夏四月丁巳，葬我君僖公。

**传**　夏四月丁巳，葬僖公[1]。

**今注**

1　夏四月丁巳，葬僖公：杜预说："这条传的后边已见僖公三十三年末。"

**今译**

夏天四月丁巳，给僖公举行葬礼。

**经**　天王使毛伯来锡公命。

**传**　王使毛伯卫来锡公命[1]，叔孙得臣如周拜[2]。

**今注**

1　王使毛伯卫来锡公命：毛国伯爵现在为王卿士，毛是伯爵，名卫。凡是诸侯即位的时候，周天子必定赏赐给他命圭。

2　叔孙得臣如周拜：叔孙得臣就到周国都城去拜谢。

**今译**

周天王派毛伯卫来赏赐鲁文公的命圭。叔孙得臣就到周国王城去拜谢。

**经**　晋侯伐卫。

**传**　晋文公之季年，诸侯朝晋，卫成公不朝[1]，使孔达侵郑[2]，伐绵訾及匡[3]。晋襄公既祥[4]，使告于诸侯伐卫，及南阳[5]。先且居曰："效尤祸也[6]。请君朝王，臣从师[7]。"晋侯朝王于温，先且居、胥臣伐卫[8]。五月辛酉，朔，晋师围戚[9]，六月戊戌取之，获孙昭子[10]。卫人使告于陈，陈共公曰："更伐之，我辞之[11]。"卫孔达帅师伐晋。君子以为古[12]，古者越国而谋[13]。

**今注**

1　卫成公不朝：卫成公不到晋国去朝见。

2　使孔达侵郑：孔达是卫国大夫。

3　伐绵訾及匡：江永说："绵訾，当与匡接近。"《水经注》说："濮水又东迳匡城北，孔子去卫适陈，遇难于匡者也。《一统志》：'匡在今河北长垣县西南十五里。'"

4　晋襄公既祥：晋襄公经过他父亲晋文公的祥祭以后。按《仪礼疏》："自祔以后十三月小祥。"

5　南阳：现今河内的地方。

6　效尤祸也：仿效错误，这是一种祸害。因为卫国不朝晋侯，假使晋国也不朝周王，那就等于效尤。

7　臣从师：我去领兵打卫国。

8　先且居、胥臣伐卫：且音疽。晋国的统帅，他领着军队去伐卫国。

9　戚：明《一统志》："在今河北濮阳县北七里，有古戚城。"

10　孙昭子：卫大夫，他是守戚的大夫。

11　更伐之，我辞之：你去伐晋国，我来跟他们说。

12　君子以为古：君子以为这属于粗心大意。

13　古者越国而谋：粗心指的是让别的国家为自己出主意。

**今译**

在晋文公晚年的时候，诸侯全到晋国朝见，唯独卫成公不去朝见，并且派孔达侵略郑国，进攻绵訾同匡这两地。晋襄公过了他父亲晋文公的祥祭之后，叫人告诉诸侯们伐卫，打到南阳。先且居说："仿效错误是祸害，请你朝见周王，我率领着军队去伐卫国。"晋襄公到温这地方去朝见周王，先且居同胥臣讨伐卫国。五月辛酉朔，晋国军队围了卫国戚这地方。六月戊戌占领了该地，捕获孙昭子。卫人叫人向陈国求救，陈共公说："你去伐他，我去跟他们说。"卫国孔达就率领军队伐晋国，君子以为这很粗心大意，粗心是指让别的国家为自己出主意。

**经**　秋，公孙敖会晋侯于戚。

**传**　秋，晋侯疆戚田[1]，故公孙敖会之[2]。

**今注**

1　秋，晋侯疆戚田：晋侯强占卫国戚的田地，将它划为自己的疆界。

2　公孙敖会之：鲁大夫去跟他开会。

**今译**

秋天，晋襄公强占卫国戚的地方的田地，所以，鲁国大夫公孙敖就拜会于他。

**经** 冬，十月丁未，楚世子商臣弑其君頵。

**传** 初，楚子[1]将以商臣[2]为大子，访诸令尹子上。子上曰："君之齿未也[3]，而又多爱，黜乃乱也[4]。楚国之举，恒在少者[5]。且是人也，蠭目而豺声，忍人也[6]，不可立也。"弗听。既又欲立王子职[7]而黜大子商臣。商臣闻之而未察[8]，告其师潘崇[9]曰："若之何而察之？"潘崇曰："享江芈而勿敬也[10]。"从之。江芈怒曰："呼[11]！役夫[12]，宜君王之欲杀女而立职也。"告潘崇曰："信矣。"潘崇曰："能事诸乎[13]？"曰："不能。""能行乎[14]？"曰："不能。""能行大事乎[15]？"曰："能。"冬十月，以宫甲[16]围成王。王请食熊蹯而死[17]，弗听。丁未，王缢，谥之曰灵[18]，不瞑[19]，曰成，乃瞑[20]。穆王立，以其为大子之室与潘崇[21]，使为大师，且掌环列之尹[22]。

**今注**

1 楚子：楚成王。

2 商臣：楚穆王。

3 君之齿未也：你的年岁尚没有老。齿等于年。

4 而又多爱，黜乃乱也：你有很多喜爱的妃嫔，如果立了一个太子，再废他，那就会发生乱事。

5 楚国之举，恒在少者：楚国的习惯，所立的常是年轻的儿子。

6 且是人也，蠭目而豺声，忍人也：并且这个人眼睛鼓起来，而有豺狼的声音，是很狠的人。

7 王子职：王子是商臣的庶弟。

8 未察：并没有确定。

9 潘崇：是楚大夫，穆王的老师。

10 享江芈而勿敬也：江芈是楚成王的妹妹，嫁给江国。你请江芈吃饭而不要对她恭敬。

11 呼：一种骂人的声音。

12 役夫：是职业贱的人。

13 能事诸乎：能不能侍奉王子职？

14 能行乎：能不能逃到别的国家去？

15 能行大事乎：大事指的是弑君。

16 宫甲：太子住的宫的军队。

17 王请食熊蹯而死：因为熊蹯很难熟，所以楚成王一再拖时间，以等着救援。

18 王缢，谥之曰灵：成王上了吊，给他坏的谥号，叫灵。

19 不瞑：不闭上眼。

20 曰成，乃瞑：将谥号改为成，就闭上眼了。

21 以其为大子之室与潘崇：将他做太子的时候所住的房子给潘崇。

22 使为大师，且掌环列之尹：使他成为太师，掌管王宫卫队。大音泰。

## 今译

最初的时候，楚成王想立商臣做太子，就此访问令尹子上，子上说："你的年纪尚轻，而且又有很多宠爱的嫔妃，如立太子以后再改变，就变成乱事。楚国立太子，常常立年轻的人。商臣眼睛鼓出，而有豺狼的声音，这是一个狠心的人，不可以立。"楚成王不听。后来又想立王子职，把太子商臣废掉。商臣听说了，但是未能确定，告诉他的师父潘崇说："怎么样能够确定呢？"潘崇说："宴请你的姑母江芈，而对她不要恭敬。"就照这样办了。江芈就发怒了说："啊，你这个贱人，所以君王想废了你，而立王子职。"商臣就告诉潘崇说："确定了。"潘崇说："你能够侍奉王子职吗？”回答说：“不能够。”“能够出奔到外国吗？”又回答说：“也不能够。”“能够办大事情吗？”回答说：“可以。”冬天十月，用太子宫中的军队包围了成王，王要求吃了熊掌再死，想以此拖延时间，商臣不听。丁未，楚成王上吊。给他谥号叫作灵，他不闭眼，叫作成，他方才闭眼。穆王立了以后，把当太子时所住的房屋给潘崇，叫他做太师的官，并且掌握着宫中的军队。

**经** 公孙敖如齐。

**传** 穆伯如齐，始聘焉，礼也[1]。凡君即位，卿出并聘。践修旧好，要结外援[2]，好事邻国，以卫社稷，忠信卑让之道也[3]。忠，德之正也；信，德之固也；卑让，德之基也[4]。

**今注**

1 穆伯如齐，始聘焉，礼也：穆伯是公孙敖，到齐开始聘问，这是合于礼的。

2 践修旧好，要结外援：这是为修整旧的盟好，团结外援。

3 好事邻国，以卫社稷，忠信卑让之道也：跟邻国要好，以保卫国家，这是忠诚信实而礼让的道理。

4 忠，德之正也；信，德之固也；卑让，德之基也：忠，是德行的纯正；信，是德行的固守；卑让，是德行的根基。

**今译**

公孙敖到齐国去，开始聘问，这是合于礼的。凡是君即位以后，卿就出国聘问。为的是修旧好，团结外援，对邻国示好，以保卫国家，这是忠信卑让的道理。忠是德行的纯正，信是德信的稳固，卑让是德行的根基。

**传** 殽之役，晋人既归秦帅，秦大夫及左右皆言于秦伯曰：“是败也，孟明之罪也，必杀之。”秦伯曰：“是孤之罪[1]也。周芮良夫之诗[2]曰：‘大风有隧，贪人败类[3]，听言则对，诵言如醉[4]，匪用其良，覆俾我悖[5]。’是贪故也[6]，孤之谓矣。孤实贪以祸夫子[7]，夫子何罪？”复使为政。

**今注**

1 是孤之罪：这是我的错误。

2 芮良夫之诗：芮良夫是周大夫芮伯，这是刺周厉王的事。

3 大风有隧，贪人败类：杜注：“隧，蹊径也，周大夫芮伯刺厉王，言贪人之败善类，若大风之行，毁坏众物，所在成蹊径。”

4 听言则对，诵言如醉：意思说昏乱的君王，听见道听途说的话，就可以答对，但是如果人家给他读书典的话，他就如同喝醉的人不细听。

5 匪用其良，覆俾我悖：我不听良臣的话，使我做的事情等于背乱。

6 是贪故也：这是因为贪心的缘故。

7 孤实贪以祸夫子：夫子指孟明。我实在贪心，因而害了孟明。

**今译**

在殽的战役之后，晋国人既然放回三个秦国将帅，秦大夫同秦穆公的左右，全对秦穆公说：“这个败仗是孟明的罪过，必须要杀掉他。”秦穆公说：“这是我的罪过。从前周代的芮良夫有诗说：‘大风迅猛地将一切摧毁，贪婪的人把善良屏退，昏乱的君听见道听途说的话就高兴，听见典雅的话，就如喝醉酒一样，我不听良臣的话，就使我做的事情等于悖乱。’这是贪的缘故，说的就是我呀。我实在是贪，害了孟明，孟明有何罪呢？”就叫他重新掌握政权。

## 文公二年（公元前六二五年）

**经** 二年春王二月甲子，晋侯及秦师战于彭衙，秦师败绩。

**传** 二年春，秦孟明视帅师伐晋，以报殽之役。二月，晋侯御之。先且居将中军，赵衰佐之[1]。王官无地御戎[2]，狐鞫居[3]为右。甲子，及秦师战于彭衙[4]。秦师败绩。晋人谓秦："拜赐之师[5]。"战于殽也，晋梁弘御戎，莱驹为右。战之明日，晋襄公缚秦囚，使莱驹以戈斩之。囚呼，莱驹失戈。狼瞫[6]取戈斩囚，禽之以从公乘，遂以为右。箕之役，先轸黜之[7]，而立续简伯。狼瞫怒。其友曰："盍死之。"瞫曰："吾未获死所[8]。"其友曰："吾与女为难[9]。"瞫曰："《周志》[10]有之，勇则害上，不登于明堂[11]。死而不义，非勇也。共用[12]之谓勇。吾以勇求右，无勇而黜，亦其所也。谓上不我知，黜而宜，乃知我矣[13]。子姑待之。"及彭衙，既陈，以其属驰秦师死焉。晋师从之，大败秦师。君子谓狼瞫于是乎君子[14]，《诗》曰："君子如怒，乱庶遄沮[15]。"又曰："王赫斯怒，爰整其旅[16]。"怒不作乱，而以从师[17]，可谓君子矣。秦伯犹用孟明，孟明增修国政[18]，重施于民。赵成子[19]言于诸大夫曰："秦师又至，将必辟之[20]，惧而增德，不可当也[21]。《诗》曰：'毋念尔祖，聿修厥德[22]。'孟明念之矣，念德不怠，其可敌乎[23]？"

### 今注

1 赵衰佐之：赵衰为中军佐，替代郤溱。

2 王官无地御戎：王官是氏，无地是人名，御戎是军车。

3 狐鞫居：即续简伯，鞫音居。

4 彭衙：秦邑，即陕西白水县东北之衙县故城，今为彭衙堡。

5 拜赐之师：因为当时孟明被秦国放归的时候曾经说："三年将拜君赐。"

6　狼瞫：是晋国的勇士。瞫音审。

7　先轸黜之：先轸就把狼瞫免职。

8　吾未获死所：我还没得到死的地方。

9　吾与女为难：我跟你去造反。

10　《周志》：周国的志书。

11　勇则害上，不登于明堂：勇敢而又害了上边的人，就不会到明堂去受降赐。

12　共用：以死力来供给国家的用途。

13　黜而宜，乃知我矣：现在我被免职是很合理的，上边已经知道我。

14　君子谓狼瞫于是乎君子：因为狼瞫先攻击秦师而死。晋师跟着他打了胜仗，所以君子说狼瞫等于是个君子。

15　君子如怒，乱庶遄沮：见《诗经·小雅·节南山之什·巧言》篇。意思说君子要发了怒，战乱就可以停止。

16　王赫斯怒，爰整其旅：见《诗经·大雅·文王之什·皇矣》篇。意思说文王要是发起脾气来整顿他的军队，就要讨伐祸乱了。

17　怒不作乱，而以从师：发怒而不为祸乱，反倒遵从军队的办法。

18　增修国政：孟明就修整秦国的政治，特别加重对人民的施舍。

19　赵成子：即赵衰。

20　秦师又至，将必辟之：秦国的军队又要来了，我们只好躲避。

21　惧而增德，不可当也：他害怕，增加了德行，那是不可以抵抗的。

22　《诗》曰："毋念尔祖，聿修厥德"：这是《诗经·大雅》

的一篇，意思说，你要时常想念你的祖先文王之德，来修明自己的德行。

23　念德不怠，其可敌乎：思念德行，永远不停止，那怎样能够抵挡。

**今译**

文公二年春王二月，秦国孟明视率领军队去伐晋国，用以报复殽的战役。二月，晋襄公率兵去抵御，先且居率领中军，赵衰佐助他，王官无地赶着车，狐鞫居作车右。甲子这天，同秦国的军队在彭衙开战，秦国大败，晋国人称秦军为“道谢的军队”。以前在殽打仗的时候，晋国梁弘赶着车，莱驹作车右。作战的第二天，晋襄公绑着秦人，使莱驹用戈杀他，囚徒大叫，使莱驹失了戈，狼瞫取起戈就将囚徒杀掉，擒莱驹，更登上公的车，就成了晋襄公的车右。箕那次战役，先轸将狼瞫免职，更以续简伯为车右。狼瞫生了气，他的朋友说：“何不去死呢？”他说：“我不知往哪里去死。”他的朋友又说：“我同你一起发难，去杀先轸。”狼瞫就说：“周国的志书上说，勇敢而又杀了上边的人，他死了以后就不能登上明堂。死了而不合义礼这不是勇敢。为国家来拼命这叫作勇。我是拿勇敢来得到车右，没有勇敢而被免职，这是很合理的。说是上边人不知道我，把我免职是应该的，就是了解我了。你就慢慢地看着吧。”到了彭衙，摆成阵势，带着他的属兵，攻打秦国军队战死了。晋国军队跟上去，把秦国军队打败了。君子说狼瞫这个人是个君子。《诗经·小雅》说过，君子若发怒，乱就可以止住。又说：文王要发怒，整理他的军队，就可以讨伐祸乱了。发怒而不作乱反倒领着兵，可以说是君子了。秦穆公仍旧用孟明，孟明就修整秦国的政治，特别加重对人民的施舍。赵衰对晋国大夫们说：“秦国军队假设又来，我们必定要躲避，害怕而增加德行，这是不可以抵挡的。《诗经·大雅》说：‘你要时常想念祖先文王之德，修明自己的德行。’孟明是记住这诗了，记住修德又不懈怠，这还能够抵挡吗？”

**经** 丁丑，作僖公主。

**传** 丁丑，作僖公主，书不时也[1]。

**今注**

1 作僖公主，书不时也：按：僖公葬已过十个月方才作神主牌，所以说是不合时候。

**今译**

丁丑这天，作僖公的神主牌，这是表示不合于时候。

**经** 三月乙巳，及晋处父盟。

**传** 晋人以公不朝来讨，公如晋。夏四月己巳，晋人使阳处父盟公以耻之[1]，书曰及晋处父盟，以厌之也[2]，适晋不书，讳之也。

**今注**

1 晋人使阳处父盟公以耻之：阳处父是晋大夫。使他与鲁君盟誓，以羞辱鲁君。

2 以厌之也：为的用以表示对他讨厌。

**今译**

晋国人因为文公不去朝见，就来讨伐鲁国，文公就到晋国去了。夏四月己巳，晋人叫阳处父来与公盟誓，这是为的羞辱鲁国。《春秋》上写着同晋国处父盟誓，这表示对晋国人的厌恶。到晋国去不写到《春秋》上，这是避讳的缘故。

**经** 夏六月，公孙敖会宋公、陈侯、郑伯、晋士縠盟于垂陇。

传 公未至，六月，穆伯会诸侯及晋司空士縠[1]盟于垂陇[2]，晋讨卫故也。书士縠，堪其事也[3]。陈侯为卫请成于晋，执孔达以说[4]。

**今注**

1 司空士縠：晋国的司空是官名，士縠是士蒍的儿子。

2 盟于垂陇：垂陇是郑地，在今河南省广武县，东北有旧陇城。

3 书士縠，堪其事也：司空不是卿，因为他很能够做卿的事情，所以写上士縠的名字。

4 执孔达以说：就使卫国把孔达捉拿起来，以作解说。说字也可作悦字解。

**今译**

鲁文公没到晋国以前，六月，公孙敖同诸侯开会，同晋国的司空士縠在垂陇这地方盟誓，这是由于晋国要讨伐卫国的缘故。《春秋》上写着“士縠”，因为他能够担任卿的事情。陈侯为卫国向晋国请求和平，让卫国把孔达逮起来，以取悦于晋国。

经 自十有二月不雨，至于秋七月[1]。

**今注**

1 自十有二月不雨，至于秋七月：虽然不下雨，但是并不成灾害，五谷均能丰收。此经无传。

**今译**

自去年冬天不下雨至今秋天七月。

经 八月丁卯，大事于大庙，跻僖公。

传 秋八月丁卯，大事于大庙[1]，跻僖公[2]，逆祀也[3]。于是夏父弗忌为宗伯[4]，尊僖公，且明见曰[5]：“吾见新鬼大，故鬼小[6]。

先大后小，顺也[7]。跻圣贤明也[8]，明顺礼也[9]。”君子以为失礼，礼无不顺。祀，国之大事也，而逆之，可谓礼乎[10]？子虽齐圣，不先父食久矣[11]！故禹不先鲧，汤不先契[12]，文、武不先不窋[13]，宋祖帝乙，郑祖厉王犹上祖也[14]，是以《鲁颂》曰：“春秋匪懈，享祀不忒，皇皇后帝，皇祖后稷[15]。”君子曰：“礼，谓其后稷亲而先帝也[16]。”《诗》曰：“问我诸姑遂及伯姊[17]。”君子曰：“礼，谓其姊亲而先姑也[18]。”仲尼曰：“臧文仲其不仁者三，不知者三。下展禽[19]、废六关[20]、妾织蒲[21]，三不仁也。作虚器[22]、纵逆祀[23]、祀爰居[24]，三不知也。”

**今注**

1　大事于大庙：大事是祭享，大庙是祖庙。大与泰同音。

2　跻僖公：僖公是闵公的哥哥。将僖公排在闵公之上。

3　逆祀也：因为僖公曾为闵公的臣子，可是现在摆在闵公的上面，所以称为逆祀。

4　夏父弗忌为宗伯：夏父是氏，弗忌是名字，宗伯是掌宗庙昭穆的礼节。

5　且明见曰：表明他亲眼看见。

6　吾见新鬼大，故鬼小：新鬼指新死的僖公，故鬼指久已死的闵公。

7　先大后小，顺也：将大鬼摆在前面，小鬼摆在后面，这是顺理成章的。

8　跻圣贤明也：使圣贤居在高位，是明白的事情。

9　明顺礼也：明同顺才是合于礼的。

10　祀，国之大事也，而逆之，可谓礼乎：祭祀是国家的大事情，而把它不顺着次序，可以说是合于礼吗？

11　子虽齐圣，不先父食久矣：儿子虽是圣贤，可是在祭祀中不能比他父亲先享受。这是久已常见的事情。

12　故禹不先鲧，汤不先契：所以禹不比他父亲鲧在先，而汤也不能比他十三世祖契在先。

13　文、武不先不窋：周文王同周武王，不能在后稷的儿子不窋之先。窋音竹。

14　宋祖帝乙，郑祖厉王犹上祖也：宋国以微子的父亲帝乙为祖先，郑国以郑桓公的父亲周厉王为祖先。可见对于祖上的恭敬。

15　春秋匪懈，享祀不忒，皇皇后帝，皇祖后稷：春天秋天全不懈怠，祭享不能有错误，后帝是很高美的，皇祖就是后稷。

16　礼，谓其后稷亲而先帝也：这是合于礼，说这句话指于后稷虽然亲近，但是要把上天帝摆在前面。

17　问我诸姑遂及伯姊：问我的诸位姑姑，遂后到长姊姊，这是《毛诗·邶风》的诗句。

18　礼，谓其姊亲而先姑也：这是合礼的，因为姊姊虽是亲，但是姑姑仍旧在先。

19　下展禽：展禽就是柳下惠。

20　废六关：六关是鲁国的六关，比如塞关、阳关等。

21　妾织蒲：他的家人织蒲席与人民争利。

22　作虚器：这就是所谓居蔡、山节、藻棁，没有位置，而作这种器具，所以叫作虚器。

23　纵逆祀：就是上文所说的听从夏父弗忌的话。

24　祀爰居：海鸟曰爰居，止于鲁东门外，文仲以为神，命国人祭祀也。

**今译**

秋天八月丁卯，在祖庙中祭祀，把僖公的神主排在闵公之上，这是不合礼的祭祀。这时间夏父弗忌做宗伯的官，他尊重僖公，并宣布他所看到的说："我看见新鬼很大，旧鬼很小。把大的摆在前边，把小的摆在后边，这是符合顺序的。把圣贤摆在上面，这是明智的，明智和顺序，是合于礼的。"君子以为，这是失礼的，礼没有不分顺序的。祭祀，是国家的大事，不按顺序，可以说它是合于礼吗？儿子虽然聪明圣哲，也不能在父亲之前享受祭品。所以禹不先鲧，汤也不先契，文、武不在不窋先。宋以帝乙为祖先，郑以厉王为祖先，全是尊重祖先的。所以《鲁颂》说："一年四季全不能懈怠，祭享顺序不能错误，后帝是很高美的，皇祖却是后稷。"君子说："这很合于礼，说后帝是亲，而把上帝推在上边。"《诗经》又说过："问我的诸位姑姑的好，顺便走访我的大姊。"君子说："这也是礼，虽然姊姊亲，而姑姑要在前。"仲尼说："臧文仲有不仁的三件事，不智的三件事。不使展禽在高位，废除六个关口，他的妾全都织蒲草，与民争利这是三种不仁的事。做没有用的器具，放纵夏父弗忌的逆祀，又祭祀爰居的海鸟，这是三种不智的事情。"

**经** 冬，晋人、宋人、陈人、郑人伐秦。

**传** 冬，晋先且居、宋公子成、陈辕选、郑公子归生[1]，伐秦，取汪及彭衙[2]而还，以报彭衙之役。卿不书，为穆公故，尊秦也[3]，谓之崇德[4]。

**今注**

1 宋公子成、陈辕选、郑公子归生：他们全是宋国、陈国同郑国的卿。

2 取汪及彭衙：汪是秦地，在今陕西省白水县境内，江永说："这应当与彭衙相近。"

3 卿不书，为穆公故，尊秦也：不写卿的名字，这是为了秦穆公的缘故，对秦国特别尊敬。

4　崇德：尊重德行。

**今译**

冬天，晋国的先且居、宋公子成、陈辕选、郑公子归生讨伐秦国，攻取了汪及彭衙就回来了，这是报复彭衙的战役。卿不写上，是因为秦穆公的缘故，尊重秦国，说是崇德。

**经**　公子遂如齐纳币。

**传**　襄仲如齐纳币[1]，礼也。凡君即位，好舅甥、修昏姻、娶元妃，以奉粢盛，孝也[2]。孝，礼之始也[3]。

**今注**

1　襄仲如齐纳币：襄仲就是公子遂，到齐国订婚。

2　好舅甥、修昏姻、娶元妃，以奉粢盛，孝也：舅是岳父，甥是女婿，修婚姻的好合，娶嫡夫人，为的是来共同祭祀，这是孝的道理。

3　孝，礼之始也：孝是礼的开始。

**今译**

公子遂到齐国订婚，这是很合于礼的。凡是在君即位以后，修甥舅的好，修婚姻，娶长妃，为的是祭祀，这是孝顺的。孝是礼的开始。

## 文公三年（公元前六二四年）

**经**　三年春王正月，叔孙得臣会晋人、宋人、陈人、卫人、郑人伐沈，沈溃。

**传**　三年春，庄叔会诸侯之师伐沈，以其服于楚也，沈溃[1]。

凡民逃其上曰溃，在上曰逃[2]。

**今注**

1　以其服于楚也，沈溃：因为沈国臣服于楚国。按：沈国姬姓，在今安徽省临泉县。

2　凡民逃其上曰溃，在上曰逃：凡是人民逃走，就叫溃散。假使在上的将帅逃走，就叫逃。

**今译**

三年春，叔孙得臣同诸侯的军队讨伐沈国，因为沈国臣服于楚国，沈国军队就溃散了。凡是人民逃走叫作溃，上位者逃走就叫作逃。

**传**　卫侯如陈，拜晋成也[1]。

**今注**

1　卫侯如陈，拜晋成也：卫侯到陈国去。拜谢陈侯使卫国和晋国讲和。

**今译**

卫侯到陈国去拜谢陈侯使卫国和晋国和好。

**经**　夏五月，王子虎卒。

**传**　夏四月乙亥，王叔文公卒[1]。来赴，吊如同盟，礼也[2]。

**今注**

1　王叔文公卒：王叔文公即王子虎，他曾与僖公同盟于翟泉。

2　来赴，吊如同盟，礼也：发给鲁国讣文，祭吊如同盟的国家，这是合于礼的。

**今译**

夏天四月乙亥，王子虎死了，发给鲁国讣文，祭吊如同盟国，这是合于礼的。

**经** 秦人伐晋。

**传** 秦伯伐晋，济河焚舟[1]，取王官及郊[2]，晋人不出，遂自茅津济[3]，封殽尸而还。遂霸西戎，用孟明也。君子是以知秦穆之为君也，举人之周也[4]，与人之壹也[5]。孟明之臣也，其不懈也，能惧思也[6]，子桑之忠也，其知人也，能举善也[7]。《诗》曰："于以采蘩，于沼于沚。于以用之，公侯之事[8]。"秦穆有焉！"夙夜匪懈，以事一人[9]。"孟明有焉！"诒厥孙谋，以燕翼子[10]。"子桑有焉。

**今注**

1 济河焚舟：渡过黄河，就把渡河的船用火烧掉，表示作战有必死的心。

2 取王官及郊：王官是晋地，据《一统志》说："在虞乡南，近王官谷，王官谷在虞乡县东南十里。"郊，晋地，与王官为近，在今虞乡县东南。

3 遂自茅津济：《元和志》："大阳故关，在河南陕县西北四里，即茅津也。因津济处有南北两岸，河北岸之茅津，在平陆之西南，其南岸之津济处，在陕县西北。今之大阳渡，即古之茅津渡也。"

4 举人之周也：举用人才考虑全面。

5 与人之壹也：任用人才专一无二。

6 其不懈也，能惧思也：他不懈怠，而且打过败仗以后，就能够因为畏惧敌人而细细思考。

7 其知人也，能举善也：子桑就是公孙枝，他能够知道孟明的能力，所以他就举孟明为卿。

8　于以采蘩，于沼于沚。于以用之，公侯之事：蘩是很薄的水草，在水池里，以供给公侯的祭祀。这是《诗经·召南》篇的。

9　夙夜匪懈，以事一人：昼夜毫不懈怠，以侍奉天子。这是《诗经·大雅》的诗句。

10　诒厥孙谋，以燕翼子：给后人的计谋，为的保卫子孙。这是《诗经·大雅》歌周武王的事。

**今译**

秦穆公领兵去伐晋，渡过黄河，便烧毁船只，表示士卒有必死之心。取了晋国的王官和郊两地，晋人不出兵，避着秦师。便从茅津渡过河去，埋葬前回战死在殽地的尸骨，方才回来。秦国做了西方戎狄的霸主，这是信用孟明的功效。君子因此知道秦穆公之做君主，他推举人才的周到，用人的专一。像孟明做臣子，能够不松懈，能够因为畏惧敌人而细细思考。像子桑的忠心，他能识得人，能够荐举好人。《诗经·采蘩》篇上说："到哪里去采白蒿？到方池小潭中去。什么用呢？是供给公侯祭祀的。"秦穆公就是这样对待人才的，一些小好处都不肯丢掉。《烝民》篇上说："从早到夜，不敢松懈，去服侍天子。"像孟明就是这样的。《诗经·大雅》篇上说："能够把好的谋划传给子孙，使子孙安定。"子桑就是这样的。

**经**　雨螽于宋。

**传**　秋，雨螽于宋，队而死也[1]。

**今注**

1　秋，雨螽于宋，队而死也：螽是蝗虫，跟下雨般地坠地而死。

**今译**

秋天，在宋国下蝗虫，掉到地下就死了。

经 秋，楚人围江。

传 楚师围江，晋先仆伐楚，以救江[1]。

**今注**

1 晋先仆伐楚，以救江：先仆是晋大夫，去打楚国，救江国。

**今译**

楚国的军队围了江，晋国大夫先仆讨伐楚国，以救江国。

经 冬，公如晋。十有二月，己巳，公及晋侯盟。

传 冬，晋以江故告于周，王叔桓公[1]、晋阳处父伐楚以救江。门于方城[2]，遇息公子朱而还[3]。

**今注**

1 王叔桓公：就是王叔文公的儿子。

2 门于方城：在今河南省方城县东北四十里。攻打方城门口。

3 遇息公子朱而还：子朱是楚大夫讨伐江国的统帅。看到楚大夫子朱才回来。

**今译**

冬天，晋国把江这件事告诉周国，王叔桓公会同晋国阳处父伐楚国，以救江国。攻打方城的门，碰见息公子朱就回来了。

传 晋人惧其无礼于公也，请改盟[1]，公如晋及晋侯盟。晋侯飨公，赋菁菁者莪[2]。庄叔以公降拜[3]，曰："小国受命于大国，敢不慎仪[4]，君贶之以大礼，何乐如之[5]！抑小国之乐，大国之惠也[6]。"晋侯降辞[7]，登成拜[8]。公赋《嘉乐》[9]。

**今注**

1 请改盟：改正文公二年，阳处父与鲁国的盟誓。

2　晋侯飨公，赋菁菁者莪：晋侯摆宴会并且歌“菁菁者莪”这篇诗。

3　庄叔以公降拜：庄叔叫鲁公下来拜谢。

4　敢不慎仪：不敢不慎重仪节。

5　君贶之以大礼，何乐如之：你还赏赐给他大的礼节，这是何等的快乐。

6　抑小国之乐，大国之惠也：并且小国的快乐是由于大国的恩惠。

7　晋侯降辞：晋襄公就降下台阶来辞谢。

8　登成拜：两国君都上去行拜礼。

9　公赋《嘉乐》：于是文公就歌唱《嘉乐》这篇诗。这是《诗经·大雅》的诗篇。

**今译**

晋国人因为曾经对鲁文公没有礼貌而害怕了，请求改了盟约。鲁文公到晋国去同晋襄公盟誓。晋襄公宴请文公，歌唱“菁菁者莪”这篇诗。叔孙得臣叫鲁文公降下台阶去拜谢说：“小国受大国的命令，敢不慎重礼仪，君又以大礼来赐给我们，这是何等的快乐！并且小国的乐是由于大国的恩惠。”晋侯下来辞让，再上台阶成礼。鲁文公歌唱《嘉乐》这篇诗。

## 文公四年（公元前六二三年）

经　四年春，公至自晋[1]。

**今注**

1　此经无传。

**今译**

四年春天，文公自晋国回来。

**传** 四年春，晋人归孔达于卫，以为卫之良也，故免之[1]。夏，卫侯如晋拜[2]，曹伯如晋，会正[3]。

**今注**

1 以为卫之良也，故免之：文公二年，卫人曾执孔达，为使卫人高兴，晋国以为他是卫国的良臣，就把他赦免了。

2 夏，卫侯如晋拜：卫侯朝谢晋国为释放孔达。

3 曹伯如晋，会正：曹伯也到晋国去，商谈纳贡之事。

**今译**

四年春，晋国人把孔达归还给卫国，以为他是卫国的良臣，所以把他赦免了。夏天，卫侯到晋国拜谢，曹伯也到晋国，商谈纳贡之事。

**经** 夏，逆妇姜于齐。

**传** 逆妇姜于齐，卿不行，非礼也[1]，君子是以知，出姜之不允于鲁也[2]，曰："贵聘而贱逆之[3]，君而卑之，立而废之[4]，弃信而坏其主[5]，在国必乱，在家必亡。不允宜哉[6]。《诗》曰：'畏天之威，于时保之。'敬主之谓也[7]。"

**今注**

1 逆妇姜于齐，卿不行，非礼也：在齐国，去迎接妇姜，卿自己不去，这不合于礼节。

2 君子是以知，出姜之不允于鲁也：这可以知道，出姜不为鲁国所尊敬。因为文公死了以后，出姜就被遣送回齐国，所以称呼她为出姜。

3 贵聘而贱逆之：当时是公子遂去订婚的，而现在卿不去，派低贱的官吏去迎接她。

4 君而卑之，立而废之：君是等于小君，不以夫人礼迎她是卑视她，立了以后又废掉她。

5　弃信而坏其主：背了信用，而毁坏他的主人。

6　不允宜哉：不被尊敬，这是很相宜的。

7　“畏天之威，于时保之”。敬主之谓也：敬畏上天的威严，于是保全福禄，这是恭敬主人的原因。

**今译**

夏天，到齐国去迎接妇姜，这次鲁国的卿不去，这是不合礼的。君子所以知道出姜不被鲁国所尊敬，说：“派贵人去聘问，而派低贱的人去迎接，以她为小君而看不起她，不以夫人礼迎她是卑视她，立为夫人以后又把她废掉，丢弃信用而坏了主人的名声，有这种事在国家必定要乱，在家里必定要亡。没有好下场，这很合宜的。《诗经·周颂》也说：‘怕上天的威严，就为的保持福禄。’这是尊敬主人所说的。”

**经**　狄侵齐。

**今注**

此经无传。

**今译**

狄人侵略齐国。

**经**　秋，楚人灭江。

**传**　楚人灭江，秦伯为之降服，出次，不举，过数[1]，大夫谏，公曰：“同盟灭，虽不能救，敢不矜乎[2]？吾自惧也[3]！”君子曰：“《诗》云：‘惟彼二国，其政不获，惟此四国，爰究爰度[4]。’其秦穆之谓矣？”

**今注**

1　秦伯为之降服出次，不举，过数：秦穆公为这件事穿着素服，不住正殿，不举行宴会，超过了应有的礼数。

2　同盟灭，虽不能救，敢不矜乎：同盟被灭，虽然不能援救他，不敢不自我庄敬。

3　吾自惧也：我为自己而害怕。

4　惟彼二国，其政不获，惟此四国，爰究爰度：那二国政治不安定，可是这四国是真正对于政治有所研究的。

**今译**

秋天，楚国人把江国灭掉，秦伯因为这件事，穿着素服，不住正寝，去掉所有的宴会，超过了应有的礼数。大夫劝谏，他说："同盟被灭掉，虽不能去救护他，敢不自我庄敬吗？我是为自己害怕。"君子说："《诗经·大雅》说：'那两个国家，政治不安定，可是这四个国家能够研究有度谋。'这就是指着秦穆公所说的。"

**经**　晋侯伐秦。

**传**　秋，晋侯伐秦，围邧新城[1]，以报王官之役[2]。

**今注**

1　围邧新城：邧音元，在今陕西省澄城县境。江永以为邧与新城是两个地方，俞樾以为新城就是邧，不是两个地方。《一统志》说："新城在今陕西省澄城县东北二十里。"

2　王官之役：见文公三年。

**今译**

晋侯伐秦国，围了邧同新城两个地方，这是为的报复王官的战役。

经 卫侯使甯俞来聘。

传 卫甯武子[1]，来聘，公与之宴，为赋《湛露》及《彤弓》[2]。不辞，又不答赋，使行人私焉[3]。对曰："臣以为肄业及之也[4]。昔诸侯朝正于王[5]，王宴乐之，于是乎赋《湛露》，则天子当阳诸侯用命也[6]。诸侯敌王所忾而献其功[7]，王于是乎赐之彤弓一，彤矢百，玈弓矢千，以觉报宴[8]。今陪臣来继旧好[9]，君辱贶之，其敢干大礼以自取戾[10]。"

**今注**

1 甯武子：即甯俞。

2 为赋《湛露》及《彤弓》：《湛露》及《彤弓》两篇诗，皆属于《毛诗·小雅》。

3 不辞，又不答赋，使行人私焉：他不辞让，也不另赋旁的诗篇来答谢，鲁文公就使掌管兵科的行任官，偷偷地问他。

4 臣以为肄业及之也：我以为是偶然地练习到此。

5 昔诸侯朝正于王：诸侯在周王那里上朝而受政教，叫朝正。

6 王宴乐之，于是乎赋《湛露》，则天子当阳诸侯用命也：王给他宴会，于是乐工歌唱《湛露》这篇诗，这就是天子在上边，诸侯全服从命令。

7 诸侯敌王所忾而献其功：忾是又恨又怒。诸侯反对王所愤怒的人，而献他的功劳。

8 彤弓一，彤矢百，玈弓矢千，以觉报宴：彤弓是红颜色的弓，玈弓是黑颜色的弓，玈音卢。彤矢是红颜色的箭。

9 今陪臣来继旧好：现在我来继续旧的和好。

10 君辱贶之，其敢干大礼以自取戾：你特别赐给我宴会，我何敢干犯大礼，以自己取得罪。

**今译**

卫国甯速来鲁国聘问，鲁文公给他举行宴会，叫乐工们歌唱《湛露》同《彤弓》两篇诗。他不辞谢也不另赋旁的诗篇来答谢，鲁文公派使者去私问。他回答说："我以为你们在练习，歌唱到这两篇诗。从前诸侯在周王那里上朝而受政教的时候，王设宴奏乐，乐工歌唱《湛露》，就是天子在上面，诸侯听指挥。诸侯反对王所恨的人而献上他的功劳，周王就赏给他彤弓一个，彤矢一百个，玈弓矢一千，以明示庆功宴会。我现在来续旧的和好，你就给我这么大的赏赐，我哪里敢干犯大的礼节，以自取罪戾。"

**经** 冬，十有一月壬寅，夫人风氏薨。

**传** 冬，成风薨[1]。

**今注**

1 成风薨：僖公的母亲即文公的祖母死了。

**今译**

冬天，僖公的母亲成风死了。

## 文公五年（公元前六二二年）

**经** 五年春王正月，王使荣叔归含且赗。

**经** 三月辛亥葬我小君成风。王使召伯来会葬。

**传** 五年春，王使荣叔来含且赗[1]，召昭公来会葬[2]，礼也。

**今注**

1 王使荣叔来含且赗：周王派卿士荣叔来送死者口中所含的珠玉，并且赠送车马。

2 召昭公来会葬：昭伯也是天子的卿士。

**今译**

五年春，周襄王叫周卿士荣叔来参加成风葬礼，送来死者口里含的珠玉，且送陪葬的车马，召昭公来参加葬礼，这是很合于礼的。

经 夏，公孙敖如晋[1]。

**今注**

1 此经无传。

**今译**

夏天，公孙敖到晋国去。

经 秦人入鄀。

传 初，鄀叛楚即秦[1]，又贰于楚[2]，夏，秦人入鄀[3]。

**今注**

1 鄀叛楚即秦：鄀国背叛了楚国而联合秦国。

2 又贰于楚：后来又联合楚国。

3 秦人入鄀：所以秦人就侵入鄀国的都城。

**今译**

最早的时候，鄀国人对楚国反叛，而同秦国联合，后来又跟楚国联合，夏天，秦国人就侵入鄀国。

经 秋，楚人灭六。

传 六人叛楚即东夷[1]，秋，楚成大心、仲归[2]，帅师灭六。

**今注**

1 六人叛楚即东夷：六是偃姓国，皋陶后。《一统志》：“在今安徽六安县北十三里。”六人反叛了楚国，而联合了东方的各种夷人。

2　楚成大心、仲归：成大心同子家。

**今译**

秋天，因为六国人对楚国反叛，联合东夷，楚国成大心同仲归率领军队灭了六国。

**传**　冬，楚子燮灭蓼[1]，臧文仲闻六与蓼灭，曰："皋陶庭坚不祀忽诸[2]，德之不建，民之无援，哀哉[3]。"

**今注**

1　楚子燮灭蓼：楚子燮是楚大夫，灭了蓼国。

2　皋陶、庭坚不祀忽诸：皋陶、庭坚不能受祭祀，这是忽然间的事。

3　德之不建，民之无援，哀哉：德行不建立，人民也没有救援，这真是可哀的事情。

**今译**

冬天，楚国子燮灭了蓼，臧文仲听见六同蓼被灭了，就说："皋陶同庭坚忽然得不到祭祀，德行的不建立，人民也没援助，这是悲哀的事。"

**传**　晋阳处父聘于卫，反过甯[1]，甯嬴从之[2]及温而还。其妻问之，嬴曰："以刚。《商书》曰：'沈渐刚克，高明柔克[3]。'夫子壹之，其不没乎！天为刚德，犹不干时[4]，况在人乎？且华而不实，怨之所聚也[5]。犯而聚怨，不可以定身[6]。余惧不获其利，而离其难。是以去之。"晋赵成子[7]、栾贞子[8]、霍伯[9]、臼季[10]皆卒。

**今注**

1　甯：《一统志》："今河南获嘉县治，即古修武，亦即甯邑，晋阳处父聘于卫，反过甯，即此。”

2　甯嬴从之：甯嬴是晋国的大夫。就跟着他去了。

3　沈渐刚克，高明柔克：沈渐就是滞溺，能由刚强的人来战胜他。对于高明的人要用温柔来战胜他。

4　夫子壹之，其不没乎！天为刚德，犹不干时：这位先生纯为刚强，将来不得好死。天是以刚强为德行，但是由长长的寒暑推移，气候永远不一样。

5　华而不实，怨之所聚也：并且只开花而不结果实，这是怨所招聚的。

6　犯而聚怨，不可以定身：侵犯旁人，而得到很多怨恨，这是没法安定身体的。

7　赵成子：晋大夫赵衰。

8　栾贞子：栾枝。

9　霍伯：先且居。

10　臼季：是胥臣。

**今译**

晋国阳处父到卫国聘问，返回晋国时，路过甯这地方，甯这地方的大夫嬴跟着他去，一直到温这地方就回来了。他的夫人问他阳处父怎么样，甯嬴说：“太刚强了。《商书》说过：‘深沉的人要用刚强来克服，高明的人要用柔弱来克服。’夫子个性纯刚，恐怕不得善终吧。天有刚的德行，尚且有四时变化，何况人呢？并且华而不实，这是怨望所聚集的。用刚来侵犯人，又聚集很多怨恨，这是不可以安身的，我恐怕得不到好处，而反得到他的祸难，所以离开他。”晋国的赵衰、栾枝、先且居以及胥臣全都死了。

## 文公六年（公元前六二一年）

**经** 六年春，葬许僖公[1]。

**今注**

1 此经无传。

**今译**

六年春，给许僖公下葬。

**传** 六年春，晋蒐于夷，舍二军[1]，使狐射姑将中军[2]，赵盾佐之[3]。阳处父至自温，改蒐于董[4]，易中军[5]。阳子成季之属也，故党于赵氏。且谓赵盾能，曰："使能，国之利也，是以上之[6]。"宣子于是乎始为国政[7]，制事典[8]，正法罪[9]，辟狱刑[10]，董逋逃，由质要[11]，治旧洿[12]，本秩礼[13]，续常职[14]，出滞淹[15]，既成以授大傅阳子与大师贾佗[16]，使行诸晋国，以为常法[17]。

**今注**

1 晋蒐于夷，舍二军：在僖公三十一年，晋始作五军，现在又抛去二军回复三军制度。夷是晋地，江永以为就是庄公十九年的夷，但是程发轫教授以为不对，应该距离晋国的都城绛不远。

2 使狐射姑将中军：替代先且居。射音亦。

3 赵盾佐之：赵盾是赵衰的儿子，他替代赵衰。

4 改蒐于董：《水经注》："涑水西迳董泽，陂南即古池，东西四里，南北三里，《春秋·文公六年》，蒐于董，即斯泽也。"

5 易中军：改换以赵盾为中军帅，而将狐射姑由中军帅改成中军佐。

6 使能，国之利也，是以上之：使派能干的人，是国家的利益，所以把赵盾改为中军帅，地位更高。

7　宣子于是乎始为国政：宣子是赵盾的谥号，于是开始管理国家的政治。

8　制事典：制定各种规章。

9　正法罪：使法律的轻重全都合适。

10　辟狱刑：治理刑狱事件。

11　董逋逃，由质要：清查因欠债而逃走的人，并用契约来防止逃债。

12　治旧洿：清理旧的错误。

13　本秩礼：分别贵同贱。

14　续常职：把所废的官职全恢复。

15　出滞淹：选拔贤能。

16　大师贾陀：大音太。贾陀是曾经随着晋文公流亡在外的人。

17　以为常法：拿它作为经常的法典。

**今译**

晋国在夷这地方检阅军队，去掉两个军，叫狐射姑为中军将，赵盾来辅佐他。阳处父从温这地方回来，改在董的地方检阅军队，换了中军的将佐。因为阳处父是赵衰的属下，所以跟赵盾为党并且说赵盾很能干，就说：使用能干的将领，是对国家有利的，所以把赵盾提拔为中军帅。赵盾就开始管理晋国的政权，制定规章，正法律的轻重，办理刑狱事件，清查因欠债而逃亡的人，并用契约来防止逃债，清理旧的错误，分别贵贱，把废的官职更立好，又提拔贤能，新的政令法规完成以后，就交给太傅阳处父同大师贾陀，使他们在晋国行使，以为常用的法典。

**经**　夏，季孙行父如陈。

**传**　臧文仲以陈卫之睦也，欲求好于陈[1]，夏，季文子聘于陈且娶焉[2]。

**今注**

1　臧文仲以陈卫之睦也，欲求好于陈：臧文仲因为陈国同卫国很和睦，所以想同陈国要好。

2　季文子聘于陈且娶焉：季文子即季孙行父，因此就往陈国聘问，并且在那里娶陈侯的女儿。

**今译**

臧文仲因为陈国同卫国很和睦，就希望同陈国要好，夏天，季文子到陈国聘问，并且娶了陈侯的女儿回来。

**经**　秋，季孙行父如晋。

**经**　八月乙亥，晋侯骥卒。

**传**　秦伯任好卒[1]，以子车氏之三子奄息、仲行、鍼虎为殉[2]，皆秦之良也。国人哀之，为之赋《黄鸟》[3]。君子曰："秦穆之不为盟主也宜哉，死而弃民[4]。先王违世犹诒之法[5]而况夺之善人乎？《诗》曰：'人之云亡，邦国殄瘁[6]。'无善人之谓，若之何夺之[7]？"古之王者知命之不长，是以并建圣哲[8]，树之风声[9]，分之采物[10]，著之话言[11]，为之律度[12]，陈之艺极[13]，引之表仪[14]，予之法制[15]，告之训典[16]，教之防利[17]，委之常秩[18]，道之以礼则，使毋失其土宜[19]，众隶赖之[20]，而后即命[21]，圣王同之[22]。今纵无法以遗后嗣，而又收其良以死[23]，难以在上矣[24]！君子是以知秦之不复东征也[25]。

**今注**

1　秦伯任好卒：任好是秦穆公的名字，他死了。

2　以子车氏之三子奄息、仲行、鍼虎为殉：子车是秦国大夫的氏，奄息、仲行、鍼虎是他族中的三个儿子，跟秦穆公一起下葬，殉是活葬的意思，这种殉葬是古代的方法，到春秋已经废除，不过秦国是西戎化的东夷，可能在这时候，仍旧保持古代的风俗。

3 《黄鸟》：秦国人就给他赋《黄鸟》这篇诗，现见于《毛诗·秦风》中。

4 死而弃民：死了以后而抛弃了人民。

5 先王违世犹诒之法：先王死的时候，尚且留下法律。

6 人之云亡，邦国殄瘁：这是《诗经·大雅》的一句，他说善人要死了，就使他的国家整个全像得了病一样。

7 无善人之谓，若之何夺之：这是讲没有善人的话，为什么还要把善人夺掉。

8 古之王者知命之不长，是以并建圣哲：古代的王者，知道命已不长，就养成很多圣哲，使他们管理人民。

9 树之风声：依土地同风俗建立了声教的方法。

10 分之采物：采物指的是旗子、衣服各有不同。

11 著之话言：写下很多好的言语。

12 为之律度：律度是指钟律和度量。

13 陈之艺极：贡献了很多的标准。

14 引之表仪：还给他引申出来很多威仪。

15 予之法制：给他各种法律制度。

16 告之训典：训典是先王所著的书册。

17 教之防利：教他防备坏事，兴发利益。

18 委之常秩：给他各官常用的职务。

19 道之以礼则，使毋失其土宜：用礼来导引他，叫他不要丢掉他这方面所应该用的事物。

20 众隶赖之：大家全都听从他的。

21 而后即命：然后方才死。

22 圣王同之：圣智的王跟古代一样。

23　今纵无法以造后嗣，而又收其良以死：现在虽然没有方法留下后来做君的人，又把他的善良的人殉葬了。

24　难以在上矣：难以在上面做君王。

25　君子是以知秦之不复东征也：所以秦国从此以后没有办法东征各诸侯而称霸。

**今译**

秦穆公死了，把子车氏的三个儿子奄息、仲行、鍼虎做了殉葬的人，这三人全是秦国的杰出人物，秦国人都哀悼他们，为他们赋《黄鸟》这篇诗。君子说："秦穆公不能作盟主，这是很相宜的，死了而抛弃人民。先王离开这个世界，尚且留下法典，何况又把国家的善人夺走呢？《诗经·大雅》说过：'善人要死了，邦国全像得了病。'这是指国家没有善人，为什么还要夺走他。"古代的王者，知道他的寿命不能长久，所以培养很多圣哲，来管理人民，因土地风俗建立教化方法，给他们分配旌旗衣服，写下很多善言，制作钟律度量，贡献了很多标准，引了很多威仪，并给他法制，告诉他先王的训典，教给他防恶兴利，还给他各官常用的职务，以礼指导他，使他不要违背了因地制宜，众人全仰赖他，而后才死。圣王也和这相同。现在既然没有法留给后嗣，而又让他的良臣去死，这很难为在上做君王的人了，君子所以知道秦国不能再往东边征伐了。

**传**　秋，季文子将聘于晋，使求遭丧之礼以行。其人曰："将焉用之[1]？"文子曰："备豫不虞，古之善教也[2]，求而无之实难[3]，过求何害[4]。"八月乙亥，晋襄公卒，灵公少，晋人以难故，欲立长君[5]，赵孟曰："立公子雍，好善而长。先君爱之，且近于秦，秦，旧好也。置善则固，事长则顺，立爱则孝，结旧则安[6]，为难故，故欲立长君，有此四德者，难必抒矣[7]。"贾季[8]曰："不如立公子乐[9]，辰嬴嬖于二君[10]，立其子，民必安之。”赵孟曰：“辰嬴贱，班在九人[11]，其子何震之有[12]？且为二君嬖淫也[13]，为先君子，不能求大，而出在小国，辟也[14]，母淫子辟，无威，陈小而远，无援[15]，将何安焉[16]？杜祁以君故，让偪姞而上之[17]，以狄故，让季隗而己次之，故班在四[18]，先君是以爱其子，而仕诸秦，为亚卿焉[19]。秦大而近，足以为援，母义子爱，足以威民[20]，立之，不亦可乎？”使先蔑、士会[21]如秦逆公子雍。贾季亦使召公子乐于陈，赵孟使杀诸郫[22]。贾季怨阳子之易其班也[23]，而知其无援于晋也[24]，九月，贾季使续鞫居[25]杀阳处父，书曰：“晋杀其大夫，侵官也。”

**今注**

1　将焉用之：有什么用处。

2　备豫不虞，古之善教也：事先预备好了，就不会发生困难，这是古人的好教导。

3　求而无之实难：如临时要寻找，不易得到，那就是困难。

4　过求何害：求得过分有什么错误。

5　晋人以难故，欲立长君：晋人因为国家多难，所以想立年长的为君。

6　置善则固，事长则顺，立爱则孝，结旧则安：立了善良的人则政治可以安稳，侍奉年长的君这是很顺理的，立了先君所爱的儿子，这是很孝顺，并且秦国是晋国的旧好，跟旧好的国家结合，就可以安全。

7　有此四德者，难必抒矣：有以上四种德行的人，国家的困难必定会抒除。

8　贾季：就是狐射姑。

9　公子乐：也是晋文公的儿子。

10　辰嬴嬖于二君：辰嬴是怀嬴，秦穆公的女儿先嫁晋怀公，后来秦穆公又叫她嫁给晋文公。

11 班在九人：在晋文公的各夫人中她列在第九位。

12 其子何震之有：她的儿子有什么威力（影响力）。

13 且为二君嬖淫也：曾经为二君喜爱，这是等于淫乱。

14 而出在小国，辟也：而他出在小的陈国，这是固陋。

15 陈小而远，无援：陈国小而且又远，这是没法帮助他回来的。

16 将何安焉：那么这将何以安定。

17 杜祁以君故，让偪姞而上之：杜祁是杜国的女孩子，祁是她的姓，以君故，是因晋襄公的缘故，使偪姞的地位在她上面。偪姞是偪国的女儿，姬姓，是襄公的生母。

18 以狄故，让季隗而已次之，故班在四：季隗是狄国的女儿，文公在狄国的时候所娶，所以杜祁让她，因而她的地位排于第四。

19 而仕诸秦，为亚卿焉：叫他到秦国做官，为第二等的卿官。

20 母义子爱，足以威民：母亲谦让，很有义气，儿子又为父亲所爱，这足以使人民威服。

21 先蔑、士会：先蔑是士伯，士会就是随季。全是晋大夫。

22 郫：是晋地，《一统志》："邵原废县，在济源县西一百二十里，古曰郫亦曰郫邵，今为邵原镇。"

23 易其班也：因为怒恨阳处父将他的中军帅变成中军佐。

24 而知其无援于晋也：因为族人少，而又得罪人多，所以晋国没人援助他。

25 鞫居：是狐射姑的族人。

## 今译

秋天，季文子将到晋国去聘问，让人询问遇见丧事应有的礼仪，然后才动身。他的随从说："这哪里有用？"文子说："预备意外的事，是古时候的好教训，临时要找那是很困难，多准备一下有什么害处。”八月乙亥，晋襄公死了，他的儿子灵公年幼，晋人因为祸难的缘故，想立年长的君，赵盾说：“立文公的儿子公子雍，他喜欢善事而年长。先君也很喜欢他，并且他近于秦国，秦国是与晋国要好的国家。立一个善良的人，政局就能稳固，侍奉长君也很顺理，立了先君所爱就是孝顺，联合旧的友好，就安定，因为祸难的缘故，所以想立年长的君，有了这四件事，这祸难必定可以解除了。”狐射姑说：“不如立公子乐，他的母亲辰嬴为两个君所喜欢，立了她的儿子为君，人民必定安定。”赵盾说：“辰嬴是很低贱的，班次在第九人，她的儿子有什么威信？并且她是两个君所喜欢，是淫乱的。公子乐为先君的儿子，不能到大国去，而出在小国，这是固陋，母亲淫乱，儿子固陋，没有威信，陈国很小而离晋国远，没法援助，这怎么能使国家安定呢？杜祁因为襄公的缘故，所以使偪姞在她的上边，因为狄国的缘故，让季隗而自己在下边，所以班次在第四，文公因为喜爱她的儿子，叫他到秦国做亚卿的官，秦国很大又近，可以做援助，母亲很有义气，儿子被怜爱，足以使人民畏惧，立他，不也可以吗？”就派先蔑、士会到秦国去迎接公子雍。狐射姑也派人去陈国去迎接公子乐，赵盾派人在郫这地方把他杀掉。狐射姑因为恨阳处父换了他的班次，又知他在晋国没有援助，九月，狐射姑使续简伯杀了阳处父，《春秋》上写着：“晋国杀他大夫。”这是因为阳处父侵夺官职。

经 冬十月，公子遂如晋，葬晋襄公。

经 晋杀其大夫阳处父。

经 晋狐射姑出奔狄。

传 冬十月，襄仲如晋葬襄公，十一月丙寅，晋杀续简伯[1]。

贾季奔狄[2]。宣子使臾骈送其帑[3]。夷之蒐，贾季戮臾骈，臾骈之人欲尽杀贾氏以报焉[4]。臾骈曰："不可，吾闻前志[5]有之曰：'敌惠敌怨，不在后嗣，忠之道也[6]。'夫子礼于贾季，我以其宠报私怨，无乃不可乎？介人之宠非勇也[7]，损怨益仇非知也[8]。以私害公非忠也[9]，释此三者，何以事夫子？"尽具其帑与其器用财贿[10]，亲帅扞之送致诸竟[11]。

**今注**

1　续简伯：即续鞫居。

2　贾季奔狄：贾季即狐射姑逃到狄国去了。

3　宣子使臾骈送其帑：赵盾叫臾骈（晋大夫）把他的家产及妻子全都送到狄国去了。

4　夷之蒐，贾季戮臾骈，臾骈之人欲尽杀贾氏以报焉：在夷检阅军队的时候，贾季曾经刑辱臾骈，所以臾骈的部属就想尽杀贾氏的人报仇。

5　吾闻前志：我听说从前的书上讲过。

6　敌惠敌怨，不在后嗣，忠之道也：敌人有恩惠同敌人有怨恨，无关他的后人。这是忠厚的道理。

7　介人之宠非勇也：利用人家的宠爱这不是勇敢。

8　损怨益仇非知也：消除了对贾氏的怨恨，却造成赵盾对我的仇恨，这是不智慧。知音义同智。

9　以私害公非忠也：因私人的事而害了公事，这不是忠正。

10　尽具其帑与器用财贿：完全将他的妻子与他所用的物品钱财。

11　亲帅扞之送致诸竟：亲自保卫护送到晋国同狄人的边境上。

**今译**

冬天十月，公子遂到晋国，为的晋襄公的下葬。十一日丙寅，晋国杀了续简伯，狐射姑也逃到狄国，赵盾派臾骈送他的妻子儿女到狐射姑那里去。夷那次阅兵的时候，狐射姑曾刑辱臾骈，臾骈的部下想把狐射姑的人全杀掉，以报这个仇。臾骈说："不可以。我听见古书中说：'同敌人有恩惠，或者敌人有怨望，全与他后嗣无干，这是忠的道理。'赵盾对狐射姑很有礼貌，我拿他的宠爱来报私的怨恨，这是不可以的。利用人的宠爱，这不是勇敢，消除了怨恨，增加了仇敌，这不是智，因为私事来害公家，这不是忠。没有这三种品德，怎么能够侍奉赵盾？"把他的妻子儿女跟他的物件同财贿，亲自率领他们送到边境上。

**经** 闰月不告朔，犹朝于庙。

**传** 闰月不告朔[1]，非礼也。闰以正时[2]，时以作事[3]，事以厚生[4]。生民之道于是乎在矣。不告闰朔，弃时政也，何以为民[5]？

**今注**

1 闰月不告朔：闰月而不告朔于庙中。

2 闰以正时：因为时间有差错，就加上闰月以修正。

3 时以作事：时间正了，就可以按着时间来做事情。

4 事以厚生：做事会有收获，可改善生活。

5 不告闰朔，弃时政也，何以为民：在闰月而不告朔于庙，这是丢掉时间同政令，怎样治理人民呢？

**今译**

闰月初一不在庙中告朔，这是不合礼的。闰是可以正四时的，时间正了就可以按时做事情。做事情可以使人民生活好，为人民的生存道理，就在这里。现在闰月不告朔在庙，这是丢掉时政，怎么样治理人民呢？

## 文公七年（公元前六二〇年）

**经** 七年春，公伐邾。

**经** 三月甲戌，取须句，遂城郚。

**传** 七年春，公伐邾，间晋难也[1]。三月甲戌，取须句[2]，置文公子焉[3]，非礼也。

**今注**

1 公伐邾，间晋难也：鲁文公侵伐邾国，利用晋国有难，所以文公就侵犯小国。

2 须句：风姓国，在今山东省东平县东北有须句故城。

3 置文公子焉：置是安置，将邾文公的儿子安置在那里，因为他反叛邾国，逃到鲁国，而鲁文公使他为守须句的大夫。

**今译**

七年春天，鲁文公伐邾国，乘着晋国有患难。三月甲戌，占领须句这地方，把邾文公的儿子安置到那里，这是不合礼的。

**经** 夏四月，宋公王臣卒。

**经** 宋人杀其大夫。

**传** 夏四月，宋成公卒[1]，于是公子成为右师[2]，公孙友为左师[3]，乐豫为司马[4]，鳞矔为司徒[5]，公子荡为司城[6]，华御事为司寇[7]。昭公将去群公子，乐豫曰：“不可，公族，公室之枝叶也[8]，若去之，则本根无所庇荫矣[9]！葛藟犹能庇其本根[10]，故君子以为比[11]，况国君乎？此谚所谓庇焉而纵寻斧焉者也[12]。必不可，君其图之。亲之以德皆股肱也[13]，谁敢携贰[14]？若之何去之？”不听。穆襄之族率国人[15]以攻公，杀公叔固、公孙郑于公宫[16]。六卿和公室[17]，乐豫舍司马以让公子卬[18]，昭公即位而葬，书曰宋人杀其大夫，不称名，众也[19]，且言非其罪也[20]。

**今注**

1 宋成公卒：即宋公王臣死了。

2 公子成为右师：公子成是宋庄公的儿子。宋国以左师、右师为主要官名。

3 公孙友为左师：公孙友是公子目夷的儿子。

4 乐豫为司马：乐豫是宋戴公的玄孙。

5 鳞矔为司徒：鳞矔是宋桓公的孙子。

6 公子荡为司城：公子荡也是宋桓公的儿子，宋国司城就是各国所称的司空。

7 华御事为司寇：华御事是华元的父亲。

8 公族，公室之枝叶也：公族等于公室的树枝同叶子。

9 本根无所庇荫矣：树的本身及树根，就没有可被保护的。

10 葛藟犹能庇其本根：藟就是藤，葛树及藤的枝叶很多，所以它能保护它的本根。

11 故君子以为比：所以《诗经·王风·葛藟》一篇为九族与弟兄的比喻。

12 此谚所谓庇焉而纵寻斧焉者也：这是俗话所说名为保护而实放纵斧头去砍。

13 亲之以德皆股肱也：拿德行与他亲近，都可以成为股肱。

14 谁敢携贰：谁还敢离心离德不合作。

15 穆襄之族率国人：宋穆公及宋襄公的子孙就是昭公想去掉的那班人，率领贵族作乱。按：春秋时，国人例指贵族。

16 杀公孙固、公孙郑于公宫：这二人全在宫中，所以为他们所杀。

17　六卿和公室：这六个卿给公室讲和。

18　以让公子卬：公子卬是宋昭公的弟弟。

19　宋人杀其大夫，不称名，众也：宋人杀他们的大夫不指哪一个人，因为很多。

20　且言非其罪也：并且说被杀的人并不是有罪的。

**今译**

夏四月，宋成公死了，这时间公子成做右师，公孙友做左师，乐豫做司马，鳞矔做司徒，公子荡做司城，华御事做司寇。昭公想把群公子杀掉。乐豫说："不可以，公族是公室的枝叶。要是去掉他们，则本根没有保护了！葛藟尚能够保护它的本根，所以君子拿这为比，何况是国君呢？这是俗谚所说，名为保护，而实在放纵斧头去砍，必不可以，你细想想。用德行来亲近他们，全都是股肱，谁还敢有二心，为什么要杀掉他们？"不听。穆公同襄公子孙的族人，率领贵族去攻击昭公，杀了公孙固、公孙郑在公宫里面。六卿调和公室，乐豫让司马的官给昭公弟弟公子卬，昭公即位才下葬被杀的人。《春秋》记载说宋人杀大夫，不称名字，因为死者众多，并且说不是他们犯了罪。

**经**　戊子，晋人及秦人战于令狐。

**经**　晋先蔑奔秦。

**传**　秦康公[1]送公子雍[2]于晋，曰："文公之入也，无卫。故有吕郤之难。"乃多与之徒卫[3]。穆嬴[4]日抱大子[5]以啼于朝，曰："先君何罪，其嗣亦何罪，舍適嗣不立而外求君，将焉置此[6]？"出朝，则抱以适赵氏，顿首于宣子[7]曰："先君奉此子也而属诸子[8]，曰：'此子也才，吾受子之赐；不才，吾唯子之怨[9]。'今君虽终，言犹在耳，而弃之，若何？”宣子与诸大夫皆患穆嬴且畏偪[10]，乃背先蔑而立灵公[11]，以御秦师。箕郑居守[12]，赵盾将中军，先克[13]佐之。荀林父佐上军[14]。先蔑将下军。先都[15]佐之。步招御戎，戎津为右[16]。及堇阴[17]，宣子曰：“我若受秦，秦则宾也；不受，寇也[18]。既不受矣，而复缓师，秦将生心[19]。先人有夺人之心[20]，军之善谋也。逐寇如追逃[21]，军之善政也。”训卒、利兵、秣马、蓐食，潜师夜起[22]。戊子，败秦师于令狐[23]，至于刳首[24]。己丑，先蔑奔秦，士会[25]从之。先蔑之使也，荀林父止之[26]，曰：“夫人大子犹在[27]，而外求君，此必不行[28]？子以疾辞若何？不然将及[29]。摄卿以往可也，何必子[30]？同官为寮，吾尝同寮[31]，敢不尽心乎。”弗听。为赋《板》之三章[32]，又弗听。及亡[33]，荀伯尽送其帑[34]，及其器用财贿于秦，曰：“为同寮故也。”士会在秦三年，不见士伯，其人[35]曰：“能亡人于国，不能见于此，焉用之[36]。”士季曰：“吾与之同罪，非义之也，将何见焉[37]。”及归[38]，遂不见[39]。

**今注**

1　秦康公：秦穆公的儿子。

2　公子雍：是晋文公的儿子。

3　多与之徒卫：多给他卫兵。

4　穆嬴：秦穆公的女儿，晋襄公的夫人。

5　大子：就是晋灵公。

6　将焉置此：意思说，何以安置少君。

7　宣子：就是赵盾。

8　先君奉此子也而属诸子：晋襄公当时把这小孩子交给你的时候，而托你照顾。

9　此子也才，吾受子之赐；不才，吾唯子之怨：这个小孩子，若能成才，我就拜受你的恩赐；要是没有才干，我就只有怨恨你。

10　且畏偪：很怕国人以正义来压迫。

11　灵公：即晋灵公。

12　箕郑居守：箕郑是晋国上军的将。留守在晋国。

13　先克：先且居的儿子。

14　荀林父佐上军：因为箕郑留守，所以他以上军佐独自作战。

15　先都：是先克的族人。

16　步招御戎，戎津为右：步招同戎津全是晋国大夫，为中军的御者，同为车右。

17　堇阴：晋地，《左通补释》："在今山西荥河县境。"

18　我若受秦，秦则宾也；不受，寇也：我要接受秦国护送公子雍，那么秦人就是宾客；若不接受，就是敌寇。

19　既不受矣，而复缓师，秦将生心：既然不接受，但是又缓兵不进，秦国将发生异心。

20　先人有夺人之心：先发动可以压倒敌人的战心。

21　逐寇如追逃：追敌人如追逃犯一样。

22　训卒、利兵、秣马、蓐食，潜师夜起：训练军队，把军器磨得尖锐，喂马的草料，在没起床的时候就吃饭，夜里偷着发动军队。

23　令狐：《一统志》说："在今陕西省郃阳县东南。"

24　刳首：《水经注》："刳首在猗氏县西三十里。"

25　士会：士蒍的孙子。

26　止之：劝他不要去。

27　夫人大子犹在：穆嬴同晋襄公的太子仍旧在。

28　此必不行：这件事必定行不通。

29　不然将及：你要不辞职必将及于祸害。

30　摄卿以往可也，何必子：可以派人代理卿的职位，去办这件事，何必你自己。

31　同官为寮，吾尝同寮：在僖公二十八年荀林父将中行，先蔑将左行，所以说是同官。

32　《板》之三章：《诗·大雅·生民之什》之末篇。第三章说："我虽异事，及尔同寮，我即尔谋，听我嚣嚣。我言维服，勿以为实，先民有言，询于刍荛。"意思说，刍荛的话，尚且不可以忽视，何况是同僚？

33　及亡：等到先蔑逃奔到秦国。

34　帑：即他的妻子。

35　其人：即士会左右的人。

36　能亡人于国，不能见于此，焉用之：能一起从晋国逃亡，而不能在秦国相见，有什么用处？

37　吾与之同罪，非义之也，将何见焉：我与他皆有迎接公子雍的罪状，不是以他为义气，那么为什么要相见。

38　及归：士会回晋国是在文公十三年。

39　遂不见：就不相见。

## 今译

秦康公送公子雍到晋国去，说："文公回到晋国，没有护卫，所以有吕郤的祸难。"就给他很多卫兵。穆嬴每天抱着太子到朝上啼哭说："先君有什么罪，他的后人有什么罪，不要太子而到外边去求君，那么对于这个人怎么办呢？"出了朝，就抱着太子到赵盾家，冲着赵盾就叩头说："先君把这个儿子交给你，说：'这个儿子成材，我是得到你的恩赐；不成材，我只有怨恨你。'现在先君虽然死了，言犹在耳。你就放弃他了，怎么办呢？"赵盾跟诸大夫全都以穆嬴为患，并且怕贵族用大义来逼迫自己，就背叛了先蔑而把灵公立为晋君，并且发兵以抵抗秦国的军队。箕郑在国内看守。赵盾将中军，先克辅佐他。荀林父佐上军，先蔑将下军，先都辅佐他。步招赶着车，戎津为戎右。到了堇阴，赵盾说："我要接受秦国送公子雍回来，秦人就是客人；不接受，他就是贼寇。既然已经不接受了，再缓兵不动，秦人必定要生了旁的心。先发动进攻就可有压倒敌人心的效果，这是作战中好的计划。追逐贼寇跟追逃犯一样，这是作战中好的政策。"训练军队，磨好刀枪，喂饱了马，早晨就吃饭，暗中在夜里就起兵。戊子这天，把秦的军队在令狐打败，一直追到刳首这地方。己丑这天，先蔑逃到秦国去，士会也随着他。先蔑最初出使的时候，荀林父劝他不要去，说："夫人同太子全在，反到外边去求君，这必不能办得通的。你装病告辞怎么样？不然祸必定到你身上。可以派人代理卿的职位，去办这件事，何必你自己呢？同官叫作同僚，我们曾同僚，敢不尽心来替你谋划。"先蔑不听。荀林父又给他歌唱《板》的第三章，又不听。到了先蔑逃到秦国去后，荀林父又把他的妻子儿女、家具同财贿全送到秦国去。荀林父说："这是为同僚的缘故。"士会在秦国三年的时间，没有去看先蔑。他随从的人说："能够同他从晋国一起逃出来，而在此地不见他，何必如此。"士会说："我与他罪过相同，不是因为他讲义气，见他干什么。"一直到他回晋国，始终不见先蔑。

**经** 狄侵我西鄙。

**传** 狄侵我西鄙，公使告于晋。赵宣子使因贾季问酆舒[1]且让之[2]。酆舒问于贾季曰："赵衰、赵盾孰贤？"对曰："赵衰冬日之日也[3]；赵盾夏日之日也[4]。"

**今注**

1 酆舒：是狄人的宰相。

2 且让之：责让他的侵伐鲁国。

3　赵衰冬日之日也：赵衰是冬天的太阳，温暖、可爱。

4　赵盾夏日之日也：赵盾是夏天的太阳，令人害怕。

**今译**

秋，狄人侵略我国的西边，鲁文公叫人告诉晋国。赵盾使正在狄国的狐射姑问狄国的宰相酆舒，并且责备他。酆舒问狐射姑说："赵衰同赵盾哪一个好？"回答说："赵衰是冬天的太阳，可爱又温暖；赵盾是夏天的太阳，令人害怕。"

**经**　秋，八月，公会诸侯晋大夫盟于扈。

**传**　秋，八月，齐侯、宋公、卫侯、郑伯、许男、曹伯会晋赵盾，盟于扈[1]，晋侯立故也。公后至，故不书所会。凡会诸侯不书所会，后也[2]，后至不书其国[3]，辟不敏也[4]。

**今注**

1　扈：《一统志》："今河南原阳县西北有扈亭。"

2　凡会诸侯不书所会，后也：凡是会诸侯，不详写所会盟的人名，就是因为后到的缘故。

3　后至不书其国：后到的不写他的国名。

4　辟不敏也：避免不敏之讥。

**今译**

秋天，八月，齐侯、宋公、卫侯、郑伯、许男、曹伯与晋国的赵盾在扈这地方盟誓，这是因为晋灵公新立的缘故。鲁文公到得很晚，所以《春秋》上没有记载他参加会议，凡是跟诸侯盟会，不记载参加会的国家，就是因为到得太晚，到得晚不写上他的国名，是为了避免不敏之讥。

**经**　冬，徐伐莒。

经 公孙敖如莒莅盟。

传 穆伯[1]娶于莒曰戴己，生文伯[2]，其娣声己生惠叔[3]。戴己卒，又聘于莒。莒人以声己辞[4]，则为襄仲聘焉[5]。冬，徐伐莒，莒人来请盟。穆伯如莒莅盟，且为仲逆[6]，及鄢陵[7]，登城见之美[8]，自为娶之。仲请攻之，公将许之。叔仲惠伯[9]谏曰："臣闻之，兵作于内为乱，于外为寇[10]。寇犹及人，乱自及也[11]！今臣作乱而君不禁，以启寇仇[12]，若之何？"公止之。惠伯成之[13]，使仲舍之[14]，公孙敖反之[15]，复为兄弟如初，从之。

**今注**

1 穆伯：即公孙敖。

2 文伯：是縠。

3 惠叔：难。

4 莒人以声己辞：莒国人以声己仍旧存在为理由，辞谢他的聘妻事。

5 则为襄仲聘焉：于是就为东门襄仲聘为妻子。

6 穆伯如莒莅盟，且为仲逆：穆伯就到莒国去，参加盟约，并且为东门襄仲迎接他的夫人。

7 鄢陵：莒地，据《春秋大事表》说在今山东省沂水县。

8 登城见之美：穆伯到城上看见莒女甚为美貌。

9 叔仲惠伯：叔牙的孙子。

10 兵作于内为乱，于外为寇：军队在国内作战就是乱事，在外边是贼寇。

11 乱自及也：乱是与自己发作的。

12 今臣作乱而君不禁，以启寇仇：现在国内的臣子作乱，而你不禁止，就开启了外寇入侵。

13 惠伯成之：惠伯就给两个人讲和。

14　使仲舍之：使东门襄仲舍莒女不娶。

15　公孙敖反之：公孙敖送还莒女。

**今译**

公孙敖在莒国娶了一位夫人叫作戴己，生了穀，她的娣声己生了难。戴己死了，穆伯又到莒国去聘另一位夫人。莒人就以声己仍旧存在为由辞谢，他就替公子遂聘了。冬天，徐国伐莒国，莒人来请求鲁国会盟。公孙敖到莒国去参加盟约，并且替公子遂迎娶新夫人，到了鄢陵这地方，上到城上看见莒国女子很美，他就自己娶了。公子遂请求攻公孙敖，文公想允许他。叔仲惠伯进谏说："我听说过，战争在里边发作叫作乱，从外边来叫作寇。寇的祸乱只能伤了旁人，乱就到了自己，现在臣作乱，而君不禁止，引来了外寇，怎么办？"鲁文公就阻止他。叔仲惠伯就给他们调停，叫公子遂放弃莒女，公孙敖也将莒国的女子退还莒国，于是他们重新恢复了兄弟的友情。

**传**　晋郤缺言于赵宣子曰："日卫不睦，故取其地。今已睦矣，可以归之。叛而不讨，何以示威[1]？服而不柔，何以示怀[2]？非威非怀，何以示德[3]？无德何以主盟？子为正卿，以主诸侯，而不务德，将若之何？《夏书》曰：'戒之用休[4]，董之用威[5]，劝之以九歌勿使坏[6]。'九功之德皆可歌也，谓之九歌。六府三事，谓之九功，水、火、金、木、土、谷谓之六府。正德、利用、厚生谓之三事[7]，义而行之谓之德礼[8]。无礼不乐所由叛也[9]。若吾子之德，莫可歌也，其谁来之[10]。盍使睦者歌吾子乎[11]？"宣子说之。

**今注**

1　叛而不讨，何以示威：反叛而不讨其罪，怎么能够表示威严。

2　服而不柔，何以示怀：服从了而不安定他，怎样能够表示安定远人。

3　非威非怀，何以示德：既不有威严，也不能安定远人，怎么样能够表示德行。

4　《夏书》曰，戒之用休：《夏书》是逸书，褒奖有贤行的人用恩赏。

5　董之用威：督促有罪的人用威信。

6　劝之以九歌勿使坏：拿九歌来劝他，不要再坏。

7　水、火、金、木、土、谷谓之六府。正德、利用、厚生谓之三事：水、火、金、木、土、谷就叫作六府。正德行、利财用、厚生民的生活，这叫作三事。

8　义而行之谓之德礼：依照这个来做，就叫作德同礼。

9　无礼不乐所由叛也：要是没有礼节，亦就不欢乐，这是他人之所以反叛的原因。

10　若吾子之德，莫可歌也，其谁来之：要是你的德行没有可以歌唱的，谁还会来归你。

11　盍使睦者歌吾子乎：何不使羡慕你的人来歌唱你的功德呢？

**今译**

晋国郤缺对赵盾说："从前卫国跟晋国不和睦，所以占领了他的一些地方。现在已经和好了，可以还给他这些地方。反叛了而不讨他罪，何以表示威严？服从了而不安定他，何以表示怀柔？不用威严、不用怀柔，怎么样表示德行，没有德行怎么样来做盟主？你是正卿，管理诸侯的事，而不致力于德行，打算怎么办呢？《夏书》说：'褒奖有贤行的人用恩赏，有罪就用威信来督促他，拿九歌来劝勉他，使他不要学坏了。'九功的德行，全可以歌唱，就叫作九歌。六府和三事叫作九功。水、火、金、木、土、谷叫六府，正德、利用、厚生叫三事。合于道义而推行这些叫作德礼。没有礼就不快乐，这是人民所以反叛的原因。假设你的德行，没有被人可以歌唱的，谁还来服从你。何不使和睦的人来歌唱你呢？”赵盾听了这番话，很高兴。

## 文公八年（公元前六一九年）

**经** 八年春王正月。

**传** 八年春，晋侯使解扬[1]归匡、戚之田于卫[2]，且复致公婿池之封[3]，自申至于虎牢之竟[4]。

### 今注

1 解扬：晋大夫。

2 归匡、戚之田于卫：匡本来是卫的地方，中间属过郑国，戚本来是卫国的地方。匡在今河南省洧川县东北的匡城。戚，据明《一统志》说：“在今河北省濮阳县北七里，有古戚城。”

3 且复致公婿池之封：晋国的女婿名字叫池，且恢复他的封邑。

4 自申至于虎牢之竟：申是郑地，《汇纂》：“在今河南汜水县界。”虎牢郑地，在今河南省泗水县西二里。

### 今译

八年春天，晋灵公派解扬归还匡、戚的田地给卫国，并且把公婿池的封地也还给卫国，由申这地方起一直到虎牢边境。

**经** 夏四月。

**传** 夏，秦人伐晋，取武城[1]，以报令狐之役[2]。

### 今注

1 武城：晋地，在今陕西省华县东北十三里。

2 令狐之役：见文公七年。

**今译**

夏天，秦人伐晋国，占领了武城这地方，这是为的报复令狐的战役。

**经** 秋，八月戊申，天王崩。

**传** 秋，襄王崩[1]。

**今注**

1 襄王崩：这是公孙敖往周都城吊唁的原因。

**今译**

秋天，周襄王死了。

**经** 冬，十月壬午，公子遂会晋赵盾，盟于衡雍。

**经** 乙酉，公子遂会雒戎，盟于暴。

**传** 晋人以扈之盟来讨[1]。冬，襄仲会晋赵孟盟于衡雍[2]，报扈之盟也[3]，遂会伊雒之戎[4]。书曰公子遂，珍之也。

**今注**

1 晋人以扈之盟来讨：因为在扈盟约的时候，鲁文公后到，所以晋国来讨鲁国。

2 衡雍：郑地，据《汇纂》说："在今河南省原武县西北三里有衡雍城。"

3 报扈之盟也：这是回报扈的盟约。

4 遂会伊雒之戎：会见伊水同雒水的戎。据《春秋地名补注》："暴在今河南省原武县境。"时戎将侵晋，因公子遂之会而止。

**今译**

晋国人因为扈盟的时候，文公迟到，就来讨伐鲁国。冬天，公子遂会晋国赵盾，在衡雍盟誓，这是为了补偿扈的盟会，他就会见伊雒的戎，《春秋》上写着公子遂，这表示重视他。

经 公孙敖如京师，不至而复。丙戌，奔莒。

传 穆伯如周吊丧[1]，不至以币奔莒，从己氏焉[2]。

**今注**

1 穆伯如周吊丧：穆伯到周都城吊祭周王的丧事。

2 从己氏焉：跟从莒国的女子己氏。

**今译**

公孙敖到周国去吊丧，没有到那里他就带着币帛逃到莒国，为的是追随莒国的女子己氏。

经 螽[1]。

**今注**

1 螽是蝗虫，此经无传。

**今译**

鲁国有蝗灾。

经 宋人杀其大夫司马，宋司城来奔。

传 宋襄夫人襄王之姊也[1]，昭公不礼焉[2]，夫人因戴氏之族[3]以杀襄公之孙孔叔、公孙钟离及大司马公子卬[4]，皆昭公之党也。司马握节以死，故书以官[5]。司城荡意诸来奔[6]，效节于府人而出[7]。公以其官逆之，皆复之[8]，亦书以官，皆贵之也[9]。

**今注**

1 宋襄夫人襄王之姊也：宋襄公的夫人是周襄王的姐姐。

2 昭公不礼焉：宋襄夫人是昭公的嫡祖母，而昭公对她没有礼貌。

3　戴氏之族：华氏、乐氏、黄氏，全是戴公的后人。

4　大司马公子卬：公子卬是昭公的弟弟，他做大司马的官。

5　司马握节以死，故书以官：司马手握着符信死了，所以特别写上司马的官名。

6　司城荡意诸来奔：宋国的司城官名叫荡意诸的，逃到鲁国来。

7　效节于府人而出：把他的符信交给府里的人才逃出来。

8　公以其官逆之，皆复之：鲁文公以他的官阶来迎接他，并且他的官属也全都逃来鲁国，所以鲁文公全都恢复了他们的官职。

9　亦书以官，皆贵之也：所以《春秋》上写的官名表示尊重他们。

**今译**

宋襄公的夫人是周襄王的姊姊，昭公对她没有礼貌。夫人用戴氏的族人杀了襄公的孙子孔叔、公孙钟离和大司马公子卬，这全是昭公的党羽。司马死的时候，手里拿着符节，所以《春秋》上写着他的官名。司城荡意诸逃到鲁国，把他的符节交给府人才逃出来。鲁文公按照他原来的官职迎接他，连他的官属都逃到鲁国，文公全都恢复了他们的官职。《春秋》上写着官名，表示对他们的尊重。

**传**　夷之蒐[1]，晋侯将登箕郑父、先都[2]，而使士縠、梁益耳将中军[3]，先克曰："狐赵之勋不可废也[4]。"从之。先克[5]夺蒯得田于堇阴[6]，故箕郑父、先都、士縠、梁益耳、蒯得作乱[7]。

**今注**

1　夷之蒐：在文公六年。

2　将登箕郑父、先都：升他们为上车的将领。

3　而使士縠、梁益耳将中军：士縠本来是司空，现在叫他将中军，使梁益耳为中军佐。

4　狐赵之勋不可废也：狐偃同赵衰有从晋文公在外出亡的功劳。

5　先克：是中军佐。

6　夺蒯得田于堇阴：在文公七年，晋国抵抗秦国的军队在堇阴，以军队夺蒯得的田地。

7　故箕郑父、先都、士縠、梁益耳、蒯得作乱：这是第二年晋人杀先克、先都、士縠、梁益耳等人的原因。

**今译**

夷那次检阅部队的时候，晋侯将把箕郑父、先都升到上军里，而使士縠、梁益耳将中军，先克说："狐、赵的勋劳不可以废免。"晋灵公也就听从他。先克夺到蒯得的田地在堇阴，所以箕郑父、先都、士縠、梁益耳、蒯得作乱。

## 文公九年（公元前六一八年）

**传**　九年春王正月，己酉，使贼杀先克[1]。乙丑，晋人杀先都、梁益耳[2]。

**今注**

1　使贼杀先克：这是箕郑父所派的人杀先克。

2　晋人杀先都、梁益耳：晋人杀先都、梁益耳。

**今译**

九年春天正月己酉，晋国使贼杀先克。乙丑，晋人杀先都、梁益耳。

**经**　九年春，毛伯来求金。

**传**　毛伯卫来求金，非礼也[1]。不书王命，未葬也[2]。

**今注**

1　毛伯卫来求金，非礼也：天子不应该对诸侯私求财货，所以说他非礼。

2　不书王命，未葬也：不写周王派他来，因为那时周王未下葬。

**今译**

周王的卿士毛伯卫到鲁国要求金子，这是不合礼的。不写王的命令，因为周襄王尚没有行葬礼。

**经**　夫人姜氏如齐[1]。

**今注**

1　夫人姜氏如齐：在没到齐国以前，曾经先告鲁国的祖庙，所以写在《春秋》上。

**今译**

文公的夫人姜氏到齐国去。

**经**　二月，叔孙得臣如京师，辛丑，葬襄王。

**传**　二月，庄叔如周，葬襄王[1]。

**今注**

1　庄叔如周，葬襄王：庄叔就是叔孙得臣，到周国参加襄王的葬礼。

**今译**

二月，叔孙得臣到京师去，辛丑，为周襄王行葬礼。

**经**　晋人杀其大夫先都[1]。

**今注**

1　晋人杀其大夫先都：因为先都作乱，晋人讨伐他，所以在

《春秋》上写着他的名字。此经无传。

**今译**

晋人杀了他们的大夫先都。

**经** 三月，夫人姜氏至自齐[1]。

**今注**

1 此经无传。

**今译**

三月，文公的夫人姜氏从齐国回来。

**经** 晋人杀其大夫士縠，及箕郑父。

**传** 三月甲戌，晋人杀箕郑父、士縠、蒯得[1]。

**今注**

1 晋人杀箕郑父、士縠、蒯得：他们与先都有同样的罪过，所以晋国人杀他们。

**今译**

三月甲戌，晋人杀箕郑父、士縠、蒯得。

**经** 楚人伐郑。

**传** 范山[1]言于楚子曰："晋君少，不在诸侯，北方可图也。"楚子师于狼渊[2]以伐郑，囚公子坚、公子龙及乐耳[3]，郑及楚平。

**今注**

1 范山：楚大夫。

2 楚子师于狼渊：据《河南通志》说："在临颍县西北繁城镇。"楚子率军队到此，为讨伐郑国。

3 公子坚、公子龙及乐耳：他们都是郑大夫。

**今译**

楚大夫范山告诉楚王说："晋国的君年轻，心思不在于称霸诸侯，我们可以图谋北方。"楚王将军队派到狼渊以讨伐郑国，把郑国的大夫公子坚、公子龙同乐耳囚禁起来，郑人同楚国讲和。

**经** 公子遂会晋人、宋人、卫人、许人，救郑。

**传** 公子遂会晋赵盾、宋华耦、卫孔达、许大夫，救郑，不及楚师[1]，卿不书，缓也，以惩不恪[2]。

**今注**

1 不及楚师：没赶得及楚国的军队。

2 卿不书，缓也，以惩不恪：各国的卿在《春秋》上全不写名字，因为他们出兵过于缓慢，这是惩戒他们办事不严肃认真。

**今译**

公子遂同晋赵盾、宋华耦、卫孔达、许大夫去救郑国，没有碰到楚国军队，《春秋》上不写卿的名字，因为他们出兵迟缓，以此惩戒他们办事不严肃认真。

**经** 夏，狄侵齐[1]。

**今注**

1 此经无传。

**今译**

夏天，狄人侵略齐国。

**经** 秋八月，曹伯襄卒[1]。

**今注**

1 曹伯襄：即曹共公。此经无传。

**今译**

秋八月，曹伯襄死了。

**经** 九月癸酉，地震[1]。

**今注**

1 地震：古人以为地震是一种灾害。

**今译**

九月癸酉，鲁国有地震。

**传** 夏，楚侵陈，克壶丘[1]，以其服于晋也[2]。

**今注**

1 壶丘：陈邑，《一统志》说："在今河南省，新蔡县东南。"

2 以其服于晋也：因为陈国服从晋国。

**今译**

夏天，楚国侵略陈国，得到壶丘这地方，因为陈国服从晋国。

**传** 秋，楚公子朱[1]自东夷伐陈，陈人败之，获公子茷[2]。陈惧[3]乃及楚平[4]。

**今注**

1 楚公子朱：即息公。

2 公子茷：也是楚国的公子。

3 陈惧：陈国因为小国胜大国，所以害怕了。

4 乃及楚平：就同楚国和好。

**今译**

秋天，楚国公子朱由东夷伐陈国，陈人打败他，捕获了公子茷，但是陈国人很害怕，就同楚国和好了。

经　冬，楚子使椒来聘。

传　冬，楚子越椒来聘，执币傲[1]。叔仲惠伯曰：“是必灭若敖氏之宗[2]，傲其先君，神弗福也[3]。”

**今注**

1　楚子越椒来聘，执币傲：子越椒是令尹子文的侄子，拿着礼物，表现出很傲慢的样子。

2　是必灭若敖氏之宗：这必定要使若敖的宗族全部灭亡。

3　傲其先君，神弗福也：在他祖先面前傲慢，神不会保佑他。若敖氏是子越椒的祖先，所以有此说。

**今译**

冬天，楚国子越椒来聘问，拿着礼物很不恭敬。叔仲惠伯说：“这必定要灭掉若敖氏的宗族。在他先君面前骄傲，神不会降福的。”

经　秦人来归僖公成风之襚。

传　秦人来归僖公成风之襚，礼也[1]。诸侯相吊贺也，虽不当事，苟有礼焉，书也，以无忘旧好[2]。

**今注**

1　秦人来归僖公成风之襚，礼也：秦国人来送僖公同僖公的母亲成风的丧衣，这是合于礼的。

2　诸侯相吊贺也，虽不当事，苟有礼焉，书也，以无忘旧好：虽然不及时，假设合于礼貌，《春秋》也加以记载，以表示不忘过去的友好。

**今译**

秦人来送僖公同成风的丧衣，这是合于礼的。诸侯的互相吊贺，虽然不及时，假设有礼，《春秋》也加以记载，以表示不忘旧的恩好。

## 文公十年（公元前六一七年）

**经** 十年春王三月，辛卯，臧孙辰卒[1]。

**今注**

1 臧孙辰即臧文仲，因为鲁文公参与小殓，所以写明日期。此经无传。

**今译**

十年春王三月，辛卯，臧文仲死了。

**经** 夏，秦伐晋。

**传** 十年春，晋人伐秦，取少梁[1]。夏，秦伯伐晋，取北征[2]。

**今注**

1 少梁：《汇纂》说："今陕西韩城县南二十二里，有少梁城。"

2 北征：《一统志》说："汉误征为澄，今陕西澄城县西南二十五里，有北征故城。"

**今译**

十年春，晋国人伐秦国，占据了少梁。夏，秦康公伐晋国，占据了北征。

**经** 楚杀其大夫宜申。

**传** 初，楚范巫矞似[1]谓成王、子玉、子西曰："三君皆将强死[2]！"城濮之役[3]，王思之，故使止子玉曰："毋死！"不及；止子西，子西缢而县绝[4]。王使适至[5]，遂止之，使为商公[6]。沿汉溯江将入郢[7]。王在渚宫[8]，下见之，惧而辞曰："臣免于死，又有谗言，谓臣将逃，臣归死于司败也[9]！"王使为工尹[10]。又与子家[11]谋弑穆王。穆王闻之，五月，杀鬬宜申[12]及仲归。

## 今注

1　楚范巫矞似：楚国范邑的巫人名叫矞似。

2　三君皆将强死：你们三位皆将不得善终。强死意指无疾病而死。

3　城濮之役：此役在僖公二十八年。

4　子西缢而县绝：子西上吊恰遇见悬挂的带子坏了。县音义皆同悬。

5　王使适至：楚成王所派来的使臣恰巧来到。

6　使为商公：江永说："楚成王时，楚地未能至商州。其使子西为商公或是商密之地。"《一统志》说："商密在今河南淅川县西。"

7　沿汉溯江将入郢：沿汉水顺流而下至江，又溯流至郢。

8　王在渚宫：渚宫在今湖北省江陵县城内西北隅。

9　臣归死于司败也：楚与陈皆谓司寇为司败，意说我将死于刑官之手。

10　工尹：掌百工的首领。

11　子家：就是仲归。

12　鬬宜申：就是子西。

## 今译

最早的时候，楚国范这地方的巫人矞似，告诉楚成王和子玉子西说："你们三位皆不得善终。"城濮之战以后，成王想到这事，就使人叫子玉说："不要死！"来不及，又叫子西不要死，子西已经上吊，而吊的绳子断了。成王派去的使臣恰好到了，就阻止了他自杀，让他做商公，子西沿汉江南下，逆长江而上，将入楚国的郢都。王正在渚宫，下来接见他，他害怕了就说："下臣免子一死，现在又有人造我谣言，说我将逃走，下臣现在回来请求死在刑官手里。”王就叫他做工尹的官。他又跟仲归打算弑穆王，穆王听说后，五月，就把子西和仲归全杀了。

**经** 自正月不雨至于秋七月[1]。

**今注**

1 这经的意义与文公二年同。此经无传。

**今译**

从正月不下雨一直到秋天七月。

**经** 及苏子盟于女栗。

**传** 秋七月，及苏子盟于女栗[1]，顷王立故也[2]。

**今注**

1 女栗：地名，自杜预以后各家皆注阙。

2 顷王立故地：因为周顷王初立的缘故。

**今译**

秋七月，同周王卿士苏子在女栗盟誓，因为周顷王新立的缘故。

**经** 冬，狄侵齐[1]。

**今注**

1 此经无传。

**今译**

冬天，狄国侵略齐国。

**经** 楚子蔡侯次于厥貉。

**传** 陈侯、郑伯会楚子于息。冬，遂及蔡侯次于厥貉[1]，将以伐宋。宋华御事曰："楚欲弱我也！先为之弱乎[2]？何必使诱我[3]？我实不能，民何罪[4]？"乃逆楚子，劳且听命[5]，遂道以田孟诸[6]。宋公为右盂，郑伯为左盂[7]，期思公复遂[8]为右司马，子朱及文之无畏[9]为左司马。命夙驾载燧[10]，宋公违命[11]，无畏抶其仆以徇[12]。

或谓子舟曰："国君不可戮也！"子舟曰："当官而行，何强之有[13]？《诗》曰：'刚亦不吐，柔亦不茹。毋纵诡随，以谨罔极[14]。'是亦非辟强也，敢爱死以乱官乎[15]。"

**今注**

1 厥貉：《汇纂》说在今河南省项城县境。

2 楚欲弱我也！先为之弱乎：楚国是想降服我国，何不先表示归服？

3 何必使诱我：何必使他来引诱我。

4 我实不能，民何罪：我们实在没有能力，但是人民有什么罪状？

5 乃逆楚子，劳且听命：就去迎接楚王，慰劳楚王，并且听候楚国的命令。

6 遂道以田孟诸：就引导他到孟诸去田猎。孟诸是宋国的大湖，在今河南省商邱县东北。

7 宋公为右盂，郑伯为左盂：右盂左盂都是打猎时候的阵名。

8 期思公复遂：期思是楚国的邑名，《汇纂》说古蒋国之都，在河南省固始县西北七十里。复遂是人名。

9 子朱及文之无畏：子朱是楚大夫，文之无畏也是楚大夫。

10 命夙驾载燧：叫他们很早就预备驾车，并且带着点火的燧。

11 宋公违命：宋国的君违背了这个命令。

12 无畏抶其仆以徇：无畏打他的仆人，并示众。

13 当官而行，何强之有：按照职责执行事情，有什么强横的。

14　刚亦不吐，柔亦不茹。毋纵诡随，以谨罔极：这是《诗经·大雅》的话，硬的也不吐，柔软也不吞下去。不纵容小人，要慎重。

15　是亦非辟强也，敢爱死以乱官乎：这也是不躲避强横的人，岂敢怕死，而乱职守呢？

**今译**

陈侯、郑伯在息与楚王相会。冬天，就同蔡侯领兵驻扎在厥貉这地方，将去讨伐宋国。宋国的华御事说："楚想使我归服，何不先表示归服呢？何必来逼迫我？我们实在无能力，人民又有何罪呢？"就去迎接楚王，加以慰劳，并且表示服从命令。于是引导楚王到孟诸去打猎，宋公任右盂，郑伯任左盂，期思公复遂为右司马，子朱及文之无畏为左司马，下令一早就驾车并载着燧火出发，宋公不听命令，文之无畏打宋公的仆人并示众，表示惩戒。有人对无畏说："国君不可以侮辱的！"无畏说："按照职责行事，有什么强横的？《诗·大雅》说：'硬的不吐出来，软的不吞下去。不要放纵狡诈的人，以使放荡的行为得到检点。'这也是不避强横的意思，我哪里敢爱惜生命而乱职守呢！"

**传**　厥貉之会，麇[1]子逃归。

**今注**

1　麇：江永及顾栋高皆说麇国在今湖北省郧县县境内。

**今译**

在厥貉开会的时候，麇子逃回去了。

# 卷十　文公下

## 文公十一年（公元前六一六年）

**经**　十有一年春，楚子伐麇。

**传**　十一年春，楚子伐麇[1]。成大心败麇师于防渚[2]，潘崇复伐麇，至于锡穴[3]。

**今注**

1　楚子伐麇：楚国讨伐麇国，因为去年逃厥貉的盟誓的缘故。

2　防渚：麇地，据《纪要》说："房陵城，在今湖北省，房县县治。"

3　锡穴：也是麇地，据《大事表》说："以锡穴即今湖北郧县县治。"

**今译**

十一年春楚王伐麇国，成大心败麇国的军队在防渚，潘崇文伐麇，一直打到锡穴。

**经**　夏，叔仲彭生会晋郤缺于承匡。

**传**　夏，叔仲惠伯[1]会晋郤缺于承匡[2]，谋诸侯之从于楚者[3]。

**今注**

1　叔仲惠伯：鲁大夫，就是叔彭生。

2　承匡：就是匡城，在今河南省睢县。

3　谋诸侯之从于楚者：商讨如何对付服从楚国的诸侯。

**今译**

夏天，鲁叔彭生到承匡去与晋国郤缺开会，商讨如何对付服从楚国的诸侯。

**经**　秋，曹伯来朝。

**传**　秋，曹文公来朝，即位而来见也[1]。

**今注**

1　即位而来见也：他掌君位以后来鲁国朝见。

**今译**

秋天，曹文公来鲁国朝见，这是因为他初即位而来朝见的。

**经**　公子遂如宋。

**传**　襄仲聘于宋，且言司城荡意诸而复之[1]，因贺楚师之不害也[2]。

**今注**

1　且言司城荡意诸而复之：文公八年，荡意诸逃到鲁国，到现在鲁国又对宋国说，准他回宋国。

2　因贺楚师之不害也：并且贺喜楚国的军队对宋国没有妨害，这是因为文公十年楚国的军队驻在厥貉，一直想侵略宋国。

**今译**

公子遂往宋国聘问，并提及司城荡意诸，想使他重回宋国，并道贺楚国军队对宋国无害。

**经** 狄侵齐。

**经** 冬十月甲午，叔孙得臣败狄于咸。

**传** 鄋瞒[1]侵齐遂伐我，公卜使叔孙得臣追之吉，侯叔夏御庄叔[2]，绵房甥为右，富父终甥驷乘[3]。冬十月甲午，败狄于咸[4]，获长狄侨如[5]，富父终甥摏其喉，以戈杀之[6]，埋其首于子驹之门[7]，以命宣伯[8]。初宋武公之世[9]，鄋瞒伐宋。司徒皇父帅师御之[10]，耏班御皇父充石[11]，公子穀甥为右，司寇牛父驷乘[12]，以败狄于长丘[13]，获长狄缘斯[14]，皇父之二子死焉[15]，宋公于是以门赏耏班，使食其征[16]，谓之耏门。晋之灭潞[17]也，获侨如之弟焚如[18]，齐襄公之二年，鄋瞒伐齐，齐王子成父获其弟荣如[19]，埋其首于周首之北门[20]。卫人获其季弟简如[21]，鄋瞒由是遂亡[22]。

**今注**

1 鄋瞒：鄋音搜。鄋瞒是狄国的君名，漆姓。

2 侯叔夏御庄叔：侯叔夏是鲁大夫，他为叔孙得臣驾车。

3 绵房甥为右，富父终甥驷乘：绵房甥与富父终甥皆是鲁大夫，普通三个人共一个车，这因为对于长狄害怕，所以车上另有第四个人，因而名为驷乘。

4 咸：据《山东通志》说："在山东巨野县南。"

5 长狄侨如：侨如是鄋瞒国君长，身高有三丈。

6 摏其喉，以戈杀之：用戈撞他的喉管，杀掉他。

7 埋其首于子驹之门：子驹之门是鲁都的国门，将他的头埋于此地。

8 以命宣伯：命就是名，宣伯是叔孙得臣的儿子，这也是古代社会的一种习惯。

9 宋武公之世：这是在春秋前的事情。

10　司徒皇父帅师御之：司徒皇父是宋戴公的儿子，领着军队来抵抗。

11　耏班御皇父充石：耏音而。耏班是宋大夫，充石是皇父的名字。

12　公子穀甥为右，司寇牛父驷乘：公子穀甥同司寇牛父皆宋大夫，因为长狄甚为可怕，所以四个人共一辆车以抵抗。

13　以败狄于长丘：长丘是宋地，《左通补释》说在今河南封丘县南八里，有长丘亭。

14　缘斯：是侨如的祖先。

15　皇父之二子死焉：皇父同穀甥牛父皆战死。

16　宋公于是以门赏耏班，使食其征：门是指着关税的门。使耏班享用这种关税。

17　晋之灭潞：晋国灭潞国的时候。

18　焚如：焚如是侨如弟弟的名字。

19　荣如：是焚如的弟弟。

20　周首之北门：《山东通志》说："周首在今山东省东阿县东北，与平阴县接界。"

21　简如：是侨如最小的弟弟。

22　鄋瞒由是遂亡：长狄也就从此绝种。

## 今译

鄋瞒先去侵掠齐国，顺便来侵掠鲁国。鲁文公占卜后，知道派叔孙得臣追击敌人，甚吉，便派侯叔夏去为得臣驾兵车，绵房甥做车右，富父终甥做同车的第四个人。冬天十月甲午这天，叔孙得臣在咸这地方打败了狄人，捉住长狄侨如，富父终甥用戈撞他的喉咙，杀了他，埋他的头在鲁国的子驹之门，得臣就把侨如的名字来叫他的第三个儿子宣伯。以前宋武公的时候，鄋瞒来伐宋国，宋国的司徒皇父率领军队去抵抗，耏班给皇父充石驾车，公子穀甥做车右，司寇牛父做同车的第四个人，在长丘这地方打败狄人，捉住长狄缘斯，皇父及穀甥同牛父皆受伤死了，宋公因此将此门赏给耏班，使他享受关门的税，就叫作耏门。晋国灭赤狄潞氏的时候，捕获侨如的弟弟焚如。齐襄公的二年，鄋瞒来伐齐，齐大夫王子成父擒获焚如的弟弟荣如，埋他的头在周首的北门。当狄人退走的时候，卫国人捉着他的小弟弟简如。鄋瞒从此就绝种了。

传 郕大子朱儒自安于夫钟[1]。国人弗徇[2]。

**今注**

1 郕大子朱儒自安于夫钟：郕国的太子名字叫朱儒，居住在夫钟。夫钟是郕邑，在今山东省宁阳县西北。

2 国人弗徇：国人不顺从他，这就是第二年郕伯来奔鲁国的原因。

**今译**

郕国太子朱儒自己住在夫钟这地方，郕国的贵族全不服从他。

## 文公十二年（公元前六一五年）

经 十有二年春王正月，郕伯来奔。

传 十二年春，郕伯卒，郕人立君[1]。大子以夫钟与郕邽来奔[2]，公以诸侯逆之，非礼也，故书曰郕伯来奔，不书地，尊诸侯也[3]。

**今注**

1 郕人立君：因为太子自己住在外邑，所以郕人就自己立了另外的君。

2 夫钟与郕邽来奔：杜注以为郕邽也是邑，但是《太平御览·黄亲部十二》引服虔注曰：郕圭，邑名也，一曰郕邦之宝圭，太子以其国宝与地夫钟来奔也，王引之谨案：宝圭之说是也，郕太子以郕圭来奔，犹莒太子仆以其宝玉来奔耳（见十八年）。郕为伯爵，当执躬圭，圭为郕国之宝故谓之曰郕圭，犹王子朝所用之圭称成周之宝圭也（见昭公二十四年）。

3　不书地，尊诸侯也：不写以夫钟来奔，这是所谓尊敬诸侯的原因。

**今译**

十二年春天，郕伯死了，郕人自己立了君，太子带着夫钟与郕国的宝圭，一同逃到鲁国来，鲁文公拿诸侯的礼节来迎接他，这是不合于礼的，所以《春秋》上写着郕伯来奔，不写以土地来奔，这是把郕伯作为诸侯来尊重。

**经**　杞伯来朝。

**经**　二月庚子，子叔姬卒。

**传**　杞桓公来朝，始朝公也[1]，且请绝叔姬而无绝昏[2]，公许之。二月，叔姬卒，不言杞，绝也[3]。书叔姬，言非女也[4]。

**今注**

1　始朝公也：开始朝见鲁文公。

2　且请绝叔姬而无绝昏：请和鲁女叔姬断绝关系，但是不要断绝婚姻，这意思是立她的从嫁的女娣为夫人。

3　不言杞，绝也：不称为“杞”叔姬，就因为她已经跟杞国断绝关系。

4　书叔姬，言非女也：只写上“叔姬”，意思是说，她是已结婚的女儿。因为女子要没有结婚就死，那就不加记载。

**今译**

桓公来鲁国朝见，头一次来朝鲁文公，并且请求与叔姬断绝关系，而不要断绝两国婚姻的关系，文公答应了他。二月，叔姬死了，不说杞叔姬，就是因为她已经与杞国断绝关系。只说“叔姬”，表示她不是未嫁的女子。

**经** 夏，楚人围巢。

**传** 楚令尹大孙伯卒，成嘉为令尹[1]。群舒[2]叛楚。夏，子孔执舒子平[3]及宗子，遂围巢[4]。

**今注**

1 成嘉为令尹：成嘉字子孔，是若敖的曾孙。

2 群舒：是偃姓的各国。比如，舒庸、舒鸠之类。在今安徽省卢江、舒城二县境。

3 子孔执舒子平：成嘉逮着舒国的君长叫平。

4 及宗子，遂围巢：同宗君的君长，就把巢国围住了。

**今译**

楚国令尹大孙伯死了，成嘉接着他做令尹。各舒国全都背叛了楚国。夏天，成嘉把舒子平同宗子全逮着，就围了巢国。

**经** 秋，滕子来朝。

**传** 秋，滕昭公来朝，亦始朝公也[1]。

**今注**

1 始朝公也：也是开始来朝见鲁文公。

**今译**

秋天，滕昭公来鲁国朝见，也是开始朝见鲁文公。

**经** 秦伯使术来聘。

**传** 秦伯使西乞术来聘，且言将伐晋。襄仲辞玉[1]曰："君不忘先君之好，照临鲁国，镇抚其社稷，重之以大器[2]，寡君敢辞玉。"对曰："不腆敝器，不足辞也[3]。"主人三辞，宾客曰[4]："寡君愿徼福于周公鲁公以事君，不腆先君之敝器[5]，使下臣致诸执事，以为瑞节[6]。要结好命，所以借寡君之命，结二国之好，是以敢致之。"襄仲曰："不有君子，其能国乎？国无陋矣[7]。"厚贿之。

**今注**

1 襄仲辞玉：公子遂辞谢玉器不受。

2 重之以大器：大器是指玉做的圭璋之类的东西。

3 不腆敝器，不足辞也：不丰富的坏玉器，这不值得辞谢。

4 宾客曰：石经、宋本淳熙本、岳本足利本，客作荅。

5 不腆先君之敝器：因为在出聘以前，必定先告于宗庙，所以称为先君之敝器。

6 使下臣致诸执事，以为瑞节：使我将它送到掌事人的手中，以作为祥瑞的信物。

7 不有君子，其能国乎？国无陋矣：要没有这种外交人才，还能维持国家吗？所以这种国家，并不会简陋。

**今译**

秦伯派西乞术来聘问，并且说将伐晋国。公子遂辞谢他所送的玉，说："贵国国君不忘与先君的友好，光临鲁国，镇抚我们的国家，十分厚重地赠给大的玉器，寡君不敢接受玉。"西乞术回答说："不值钱的玉器，你不要推辞。"主人三次辞让，客人说："寡君愿意在周公鲁公这里求取福禄以侍奉贵国国君，所以用不值钱先君的玉器，派遣下臣致送给执事，作为祥瑞的信物。相约友好，所以借寡君的命令，结两国的要好，所以敢把这玉致送。"

公子遂说:“没有这种外交人才,还能够立国吗?秦国不会简陋了。”就用重礼赠送给西乞术。

**经** 冬十有二月戊午,晋人、秦人战于河曲。

**传** 秦为令狐之役故,冬,秦伯伐晋,取羁马[1],晋人御之,赵盾将中军,荀林父佐之,郤缺将上军,臾骈佐之[2],栾盾[3]将下军,胥甲佐之[4]。范无恤御戎,以从秦师于河曲。臾骈曰:“秦不能久,请深垒固军以待之。”从之,秦人欲战,秦伯谓士会曰:“若何而战?”对曰:“赵氏新出其属曰臾骈,必实为此谋,将以老我师也[5]!赵有侧室曰穿,晋君之婿也。有宠而弱,不在军事[6],好勇而狂[7],且恶臾骈之佐上军也,若使轻者肆焉,其可[8]!”秦伯以璧祈战于河[9],十二月戊午,秦军掩晋上军,赵穿追之不及。反怒曰:“裹粮坐甲,固敌是求,敌至不击,将何俟焉[10]?”军吏曰:“将有待也[11]。”穿曰:“我不知谋。将独出。”乃以其属出。宣子曰:“秦获穿也,获一卿矣[12]!秦以胜归,我何以报?”乃皆出战交绥[13]。秦行人夜戒晋师曰:“两君之士,皆未憖也[14],明日请相见也!”臾骈曰:“使者目动而言肆,惧我也[15],将遁矣,薄诸河必败之。”胥甲赵穿当军门呼曰:“死伤未收而弃之,不惠也[16]。不待期而薄人于险,无勇也[17]。”乃止,秦师夜遁,复侵晋入瑕[18]。

**今注**

1 羁马:晋邑《寰宇记》:“名涉邱,今山西永济县南三十六里,有羁马城。”

2 臾骈佐之:臾骈替代荀林父。

3 栾盾:是栾枝的儿子。是替代先蔑的位置。

4 胥甲佐之:胥甲是胥臣的儿子,替代先都的位置。

5 赵氏新出其属曰臾骈,必实为此谋,将以老我师也:赵盾新派出他的部属叫臾骈，必定是他的计划，使我们的军心变老。

6　有宠而弱，不在军事：他得到晋君的宠爱而年青，不懂得作战的事情。

7　好勇而狂：喜欢打仗而又狂妄无知。

8　若使轻者肆焉，其可：肆是去挑战而又后退。要使一个轻锐的人去挑战，那就可以。

9　秦伯以璧祈战于河：秦康公拿玉璧向河水祈求战胜。

10　裹粮作甲，固敌是求，敌至不击，将何俟焉：吃着粮食，穿着铁甲，这是专门为着得到敌人，敌人来了而不打他，还等什么呢?

11　将有待也：因为是等到可以的时候再说。

12　秦获穿也，获一卿矣：秦国如果得到赵穿，这等于得到晋国一个卿。

13　“秦以胜归，我何以报?”乃皆出战交绥：秦国战胜回去，我怎样报告国家？于是全体出去作战。交绥，就是两方面一交战就后退。

14　两君之士，皆未憖也：憖方言说等于伤，两方面的人全没有受伤。

15　使者目动而言肆，惧我也：秦国派来的人，眼睛乱动，表示心在不安，而说的话非常之狂，可见他是怕我。

16　死伤未收而弃之，不惠也：死伤的人没有收埋起来，而遗弃他们，这是没有恩义。

17　不待期而薄人于险，无勇也：秦国本来约着明天打仗，而现在不等到明天，又在河边险要的地方去打，这是没有勇气。

18　秦师夜遁，复侵晋入瑕：秦军趁夜逃走，又侵了晋国，到瑕这个城。瑕是晋地，在今河南省阌乡县西。

## 今译

秦人因为令狐那次战败的缘故，冬天秦伯便领兵来伐晋，取了晋国羁马的地方。晋人出兵抵御他，赵盾带了中军，荀林父帮着他，郤缺带了上军，臾骈帮着他，栾盾带了下军，胥臣帮着他，范无恤做驾戎车的，在河曲迎战秦军。臾骈说："秦兵不能久留的，只请开深壕沟，高筑营垒，坚固的屯扎住，等到秦兵自己退去的时候，再攻击。"赵盾听从他的意见，不同秦国开战。秦人要想速战，秦伯问士会说："怎样可以使晋人出战呢？"士会说："赵盾属下的大夫，新出来佐上军的，名叫臾骈，一定是他想出这法子的，他是要使我们久驻在外感到疲乏！赵氏有个侧室的子弟，名叫赵穿，是晋君的女婿，很有荣宠，但是年纪还轻，不知道什么是军事，喜欢勇武又很轻狂，并且恨臾骈担任上军佐。如果差轻锐的兵士去激怒他，或者可以一战的。"秦伯便用璧玉向黄河祈求战胜。十二日戊午那天，秦伯听了士会的计策，差轻锐的兵士去攻打晋国的上军，上军不出动，只有赵穿独自追击，没有追上，回去便大怒说："带着粮食披着甲衣，不过是要抵御敌人，如今敌人来了，却不去追击，还等什么呢？"军吏回答说："要等候可击的机会呢！"赵穿说："我不懂什么计谋，我要独自出战了。"就领了自己的属下人出去。赵盾说："秦国如果捉住了赵穿，便是捉得我们一个卿了，秦国若因此得胜回去，我们怎样回报国家？"就大家出战，两边都接战了一下便退。秦国的军使夜间约晋师说："我们两军的兵士都没有受伤，只等明天再请相会吧！"臾骈说："秦国军使眼睛动，言语很放肆，他在惧我了，怕要逃走了。我只逼他们到黄河边，一定可打败他的。"胥甲、赵穿两人，立在军门前大叫说："死的伤的还没有收拾，却丢掉他去追赶敌人，这是没有恩义了。不等到相约的时候，却去逼人家于险要地方，这便是没有勇武了。”晋师便停止不进。秦兵果然趁夜间逃走，又侵掠晋地，进了瑕那地方。

**经** 季孙行父帅师城诸及郓。

**传** 城诸[1]，及郓[2]，书时也。

**今注**

1　诸：今山东诸城县西南，一名季孙城。

2　郓：《一统志》说：“今山东沂水县东北四十里，有员亭，在沭水西岸，即郓城也，是为东郓。”又成四年城郓，是为西郓。

**今译**

修理诸城同郓城，《春秋》上有记载，因为合于时宜。

## 文公十三年（公元前六一四年）

**经** 十有三年春王正月。

**传** 十三年春，晋侯[1]使詹嘉[2]处瑕以守桃林之塞[3]。晋人患秦之用士会也，夏，六卿[4]相见于诸浮[5]。赵宣子曰：“随会在秦，贾季在狄[6]，难日至矣，若之何？”中行桓子[7]曰：“请复[8]贾季，能外事[9]，且由旧勋[10]。”郤成子曰：“贾季乱，且罪大[11]。不如随会，能贱而有耻，柔而不犯[12]，其知足使[13]也，且无罪[14]。”乃使魏寿余[15]伪以魏叛者以诱士会，执其帑[16]于晋，使夜逸。请自归于秦[17]。秦伯许之。履士会之足于朝[18]，秦伯师于河西[19]，魏人在东[20]，寿余曰：“请东人之能与夫二三有司言者，吾与之先[21]。”使士会[22]，士会辞曰：“晋人，虎狼也，若背其言，臣死，妻子为戮，无益于君，不可悔也[23]。”秦伯曰：“若背其言，所不归尔帑者，有如河[24]。”乃行。绕朝[25]赠之以策[26]，曰：“子无谓秦无人，吾谋适不用也[27]。”

既济，魏人噪而还[28]。秦人归其帑[29]，其处者为刘氏[30]。

## 今注

1　晋侯：晋灵公。

2　詹嘉：是晋大夫。

3　桃林之塞：《地理通释》说："自潼关至函谷关历陕华二州之地，俱谓之桃林塞。今陕西华阴县以东，河南灵宝县以西皆是也。"《水经注》："谓桃林在河南阌乡县南谷中。"

4　六卿：就是中军、上军、下军各将佐。

5　诸浮：晋地，六卿相见当在晋都城左近的地方。

6　随会在秦，贾季在狄：随会即士会他在秦国，贾季即狐射姑，他逃到狄国。

7　桓子：就是荀林父。

8　请复：请狐射姑回国。

9　能外事：能够懂得外边的事情。

10　且由旧勋：并且由于狐偃从亡晋文公的旧功劳。

11　贾季乱，且罪大：贾季作乱，并且有杀阳处父的罪状。

12　不如随会，能贱而有耻，柔而不犯：不如随会好，能够做低贱的事而知羞耻，能够和柔，而不可以用不义的事情来侵犯他。

13　其知足使：并且他的智慧足够使用。

14　且无罪：是赵盾派他到秦国迎接公子雍的，他并没有罪。

15　魏寿余：毕万的后人。

16　执其帑：晋国把他的妻子逮起来。

17　请自归于秦：自己要求逃到秦国去。

18　履士会之足于朝：偷着践踩士会的脚在秦国的朝廷上。

19　秦伯师于河西：秦伯就把军队摆在黄河的西岸，以预备偷袭魏地，魏在今山西省芮城县。

20　魏人在东：魏人在黄河的东岸。

21　请东人之能与夫二三有司言者，吾与之先：请黄河东岸的人能同魏地的官员说上话的，我同他先去。

22　使士会：秦康公派士会去。

23　晋人，虎狼也，若背其言，臣死，妻子为戮，无益于君，不可悔也：晋国人等于是虎狼的性格，他要说降而不投降，我死了以后，妻子会被杀了，这对于你全无益处，要这样子，你也不可以后悔。

24　若背其言，所不归尔帑者，有如河：如果魏人违反他的话，而我不把你的妻子送还给你，可以黄河为誓言。

25　绕朝：是秦大夫。

26　赠之以策：把马鞭子送给他。

27　子无谓秦无人，吾谋适不用也：你不要说秦国无人，我的计划恰巧不为秦国所采用。用以表示他明白晋国的计谋。

28　既济，魏人噪而还：既然过了河，魏人喜欢得了士会，就欢呼拥护士会同回。

29　秦人归其帑：秦康公也就不违背他的誓言，就将士会的妻子归还到晋国。

30　其处者为刘氏：士会剩下的人留秦不回晋国的就改为刘氏。

**今译**

十三年春天，晋侯差大夫詹嘉住在瑕那里，防守桃林要塞，防备秦兵。晋人担心秦国任用士会。夏天，六卿便聚会在诸浮，赵盾说："士会在秦国，贾季在狄国，祸患每天都可能发生，怎么办呢？"中行桓子说："请让贾季回国吧！他能够处理外边的事，而且他的父亲是有旧功劳的。"郤成子说："贾季曾经作乱，况且罪也很大，不如士会的好，士会能够处在卑贱地位有廉耻，虽然柔顺，却不可拿不义的事冒犯他。他的智谋足够使用呢！况且他又没有罪。”便派魏寿余假装是拿魏地反叛晋国，去引诱士会，一面又捉住寿余的妻子，拘禁在晋国，使他趁夜偷逃出去。请求自愿投降秦国，秦伯允许他降秦，寿余便在朝中私下踏士会的脚，示意士会和他一起回归晋国。秦伯军队驻扎在河西，魏国军队驻扎在河东。寿余说：“请打发一个东方人能够和那边两三个官员说上话的，我和他先去。”秦伯便派遣士会。士会推辞说：“晋人是像虎狼一般的，如果他们口不应心起来，臣便要被晋人杀死，妻子又要被你秦国杀戮，毫没有益处于君，将来怕懊悔也来不及的。”秦伯说：“如果他们违反了说出的话，不让你回来，我若不送归你的妻子，就像这河一般！”士会便动身，刚要走的时候，秦大夫绕朝将根马鞭子送给他说：“你不要说秦国没有人，我的计谋恰不被用啊！”士会等既然渡过黄河去，魏人便鼓噪着拥他回去，秦人也果然送还士会的妻子，士会留在秦国的家人，后来便变姓刘氏。

**经** 夏五月壬午，陈侯朔卒[1]。

**今注**

1 此经无传。

**今译**

夏天五月壬午，陈侯朔死了。

**经** 邾子蘧蒢卒。

**传** 邾文公卜迁于绎[1]，史曰：“利于民，而不利于君[2]。”邾子曰：“苟利于民，孤之利也！天生民而树之君，以利之也[3]。

民既利矣！孤必与焉[4]。”左右曰：“命可长也，君何弗为？”邾子曰：“命在养民[5]，死之短长，时也，民苟利矣，迁也，吉莫如之！[6]”遂迁于绎，五月，邾文公卒。君子曰：“知命[7]。”

**今注**

1 绎：《一统志》说今山东省邹县东南二十二里有绎山，是年邾迁都于绎山旁，今绎山山阳有邾城，是也。

2 史曰：“利于民，而不利于君。”：占卜的说：“对人民有利，而对于你没有利。”

3 天生民而树之君，以利之也：天生了人民而给他们立了君主，是为的对他们有利。

4 民既利矣，孤必与焉：人民既然有利，我必定也有份。

5 命在养民：君王的命是为养育人民的。

6 死之短长，时也，民苟利矣，迁也，吉莫如之：生死的短长，是因为时代的关系，假若对人民有益，那就迁移，没有比这更吉祥的了。

7 君子曰：“知命。”：史官说：“这是知道天命的”。

**今译**

邾文公命令太史占卜迁到绎去，太史说：“利于人民却不利于君主。”邾文公说：“如能利于人民，就是我的利了。天生了人民，再设立个君主，原是要对他们有利的，现在人民既然有了利，我一定也有份儿！”左右都说：“不迁都，寿命可长些呢，君为什么不做呢？”邾文公说：“君王的命，是为养育人民。而死得或早或晚，那是由于偶然的因素！对人民如果有利的，便迁去就是了，没有再像这样吉利的了！”便迁到绎去。五月，邾文公死了，当时的君子说：“像邾文公才算知道天命呢。”

经 自正月不雨，至于秋七月[1]。

**今注**

1 自正月不雨，至于秋七月：这意思与文公二年的意思相同。此经无传。

**今译**

从正月开始不下雨，一直到秋天七月。

经 大室屋坏。

传 秋七月，大室之屋坏[1]，书不共也[2]。

**今注**

1 大室之屋坏：大音泰。大室是鲁国的祖庙，太庙的屋子坏了。

2 书不共也：因为官员不恭敬，所以记载在《春秋》上。

**今译**

七月，太庙的屋坏了，《春秋》所以记载，表示官员的不恭敬。

经 冬，公如晋，卫侯会公于沓。

经 狄侵卫。

经 十有二月己丑，公及晋侯盟。

经 公还自晋，郑伯会公于棐。

传 冬，公如晋朝，且寻盟。卫侯会公于沓[1]，请平于晋。公还，郑伯会公于棐[2]，亦请平于晋，公皆成之[3]。郑伯与公宴于棐，子家赋《鸿雁》[4]，季文子曰："寡君未免于此！[5]"文子赋《四月》[6]，子家赋《载驰》之四章[7]，文子赋《采薇》之四章[8]。郑伯拜，公答拜。

**今注**

1 沓：杜预以下各家皆注地阙，疑必在卫境内。

2　棐：郑地，《汇纂》说："一称棐林，今河南新郑县东二十五里，林乡城是也。"

3　亦请平于晋，公皆成之：卫国及郑国全请求同晋国讲和，鲁文公皆为他们完成这件事。

4　子家赋《鸿雁》：子家是郑大夫公子归生，唱《鸿雁》这首诗。《鸿雁》见《诗·小雅》。

5　寡君未免于此：我的君长也未免于此，同是有弱微小国的忧患。

6　文子赋《四月》：文子是季文子，他唱《四月》这首诗，《四月》见《诗·小雅》。

7　《载驰》之四章：《载驰》是《鄘风》。

8　《采薇》之四章：《采薇》是《诗·小雅》。第四章里说："岂敢定居，一月三捷。"意思说他不敢安居不管，仍旧欲往晋国为郑国奔走。

**今译**

冬天，鲁文公到晋国去朝见，并且重申从前的盟誓。卫侯到沓这地方去会见鲁文公，请求与晋国和解。等到鲁文公回来时，郑伯在棐这地方会见鲁文公，也为的是和晋国和平，鲁文公都成全了他们。郑伯跟鲁文公在棐宴会时，郑国子家歌唱《鸿雁》那篇诗。季孙行父说："我国君也未能免于这事。"季孙行父歌唱《四月》这篇诗。子家歌唱《载驰》第四章，季孙行父就歌唱了《采薇》的四章。郑伯就拜谢，鲁文公答拜。

## 文公十四年（公元前六一三年）

**经**　十有四年春王正月，公至自晋[1]。

**今注**

1　此经无传，是因为回到鲁国，告于祖庙。

**今译**

十四年春王正月，鲁文公从晋国回来。

**传**　十四年春，顷王崩，周公阅与王孙苏争政[1]，故不赴[2]。凡崩薨不赴，则不书[3]，祸福不告，亦不书，惩不敬也[4]。

**今注**

1　周公阅与王孙苏争政：周公阅与王孙苏都是周王的卿士。他们争夺政权。

2　故不赴：所以没有讣告给各诸侯。

3　凡崩薨不赴，则不书：凡是天子的崩，同诸侯的薨，要不赴告，那么就不写到《春秋》上。

4　祸福不告，亦不书，惩不敬也：祸乱同福祚不赴告，也不写在《春秋》上，这是惩戒怠慢不恭敬的。

**今译**

周顷王死了，卿士里周公阅同王孙苏争政权，也不讣告鲁国。凡是周王死了不讣告就不写到《春秋》上，他有祸福，不告也不写，这是为的惩戒不恭敬。

**经**　邾人伐我南鄙。

**经**　叔彭生帅师伐邾。

**传**　邾文公之卒也[1]，公使吊焉不敬[2]，邾人来讨伐我南鄙，故惠伯伐邾[3]。

**今注**

1　邾文公之卒也：邾文公死在去年。

2　公使吊焉不敬：鲁文公使人去吊祭，不恭敬。

3　故惠伯伐邾：惠伯即叔彭生，去打邾国。

**今译**

邾文公死的时候，鲁文公派人去吊祭他，不恭敬，邾人所以来讨伐，侵掠鲁国南边边境，所以叔仲惠伯去讨伐邾国。

**经**　夏五月乙亥，齐侯潘卒。

**传**　子叔姬[1]妃齐昭公生舍[2]，叔姬无宠，舍无威[3]，公子商人骤施于国[4]，而多聚士，尽其家，贷于公有司，以继之[5]。夏五月，昭公卒，舍即位。

**今注**

1　子叔姬：是鲁国的女子。

2　齐昭公生舍：齐昭公就是公子潘，生的儿子叫舍。

3　叔姬无宠，舍无威：子叔姬不得齐侯的宠爱，而舍也没有威严。

4　公子商人骤施于国：公子商人是齐桓公的儿子，叫齐懿公，屡次在国里施舍。

5　而多聚士，尽其家，贷于公有司，以继之：并且养很多壮士，用尽家财不足，就向齐国的官家借钱，仍旧养士。

**今译**

子叔姬嫁给齐昭公，生了儿子叫舍，叔姬不被宠爱，舍也没有威信，公子商人经常在齐国施舍，并且聚了很多勇士，把他的家产用尽又向公家借了很多，继续养士。夏五月，昭公死了，舍即国君位。

**传**　邾文公元妃，齐姜生定公[1]，二妃晋姬生捷菑[2]。文公卒，邾人立定公[3]，捷菑奔晋[4]。

**今注**

1 定公：名貜且。

2 捷菑：是晋国的女儿所生。

3 邾人立定公：因为定公年长，所以邾人就立他为君。

4 捷菑奔晋：捷菑逃到晋国，因为他母亲是晋国的女儿。

**今译**

邾文公的元妃齐姜生了定公，二妃晋姬生了捷菑。文公死了以后，邾国人立了定公，捷菑逃到晋国去。

**经** 六月，公会宋公、陈侯、卫侯、郑伯、许男、曹伯、晋赵盾，癸酉同盟于新城。

**传** 六月，同盟于新城[1]，从于楚者服[2]，且谋邾也[3]。

**今注**

1 新城：宋地，《一统志》："在今河南商邱县西南"。

2 从于楚者服：于是服从楚国的，譬如陈、郑、宋三国，从此皆服从晋国。

3 且谋邾也：并且计划送邾国的捷菑回国。

**今译**

六月在新城同盟，这次原来服从楚国的陈、郑、宋，全服从晋国，并且计谋邾国的事情。

**经** 秋七月，有星孛入于北斗。

**传** 秋七月乙卯，夜，齐商人弑舍而让元。元曰："尔求之久矣，我能事尔，尔不可，使多蓄憾，将免我乎[1]？尔为之。"有星孛入于北斗，周内史叔服[2]曰："不出七年，宋齐晋之君皆将死乱[3]。"

**今注**

1　尔求之久矣，我能事尔，尔不可，使多蓄憾，将免我乎：你想做君很久了，我可以侍奉你，你不能够侍奉我，你不做君长，积蓄的怨恨很多，你能赦免我吗？

2　周内史叔服：周国的内史官，名字叫叔服的。

3　不出七年，宋齐晋之君皆将死乱：在三年以后宋国是昭公，五年以后齐国是懿公，七年以后晋国是灵公，这皆在七年以内，他们全被杀。

**今译**

秋天七月乙卯夜，齐国商人杀了舍，而让位给他的哥哥齐惠公。齐惠公说："你想做君主很久了，我能够侍奉你，你不能侍奉我。你不做君长，会积蓄很多怨恨，到那时，你能赦免我吗？不如你做吧！"有彗星进入北斗，周国的内史叔服说："过不了七年，宋、齐、晋的君全部在乱事中死了。"

**经**　公至自会[1]。

**今注**

1　此经无传。

**今译**

鲁文公开会回来。

**经**　晋人纳捷菑于邾，弗克纳。

**传**　晋赵盾以诸侯之师八百乘[1]，纳捷菑于邾。邾人辞曰："齐出貜且长[2]。"宣子曰："辞顺而弗从，不祥[3]。"乃还。

**今注**

1　八百乘：照《司马法》说最多是六万人。

2　齐出貜且长：齐女所生的儿子貜且年长。

3　辞顺而弗从，不祥：说的话很合理，要不听他，是不吉祥的。

**今译**

晋国赵盾用诸侯的兵车八百辆，把捷菑送回邾国。邾国人辞谢说："齐国女子所生的貜且年长。"赵盾说："他说得有理，不听他的，就不吉祥。"于是，就回去了。

**传**　周公将与王孙苏讼于晋。王叛王孙苏[1]而使尹氏与聃启讼周公于晋[2]，赵宣子平王室而复之[3]。

**今注**

1　王叛王孙苏：王是周匡王，本来周匡王之父周顷王答应与王孙苏合作，现在周匡王不与他合作了。

2　尹氏与聃启讼周公于晋：尹氏，是周王的卿士，聃启是周大夫，告周公在晋国。

3　赵宣子平王室而复之：赵盾使王室里的人能够和睦，使周公与王孙苏都回到周都城。

**今译**

周公阅打算和王孙苏在晋国争讼。周匡王违叛了周顷王对王孙苏的承诺，而派尹氏同聃启在晋国替周公阅争讼。赵盾调停王室之间的纠纷而使各人恢复了原来的职位。

**传**　楚庄王立，子孔、潘崇将袭群舒，使公子燮与子仪守而伐舒蓼[1]，二子作乱[2]，城郢[3]而使贼杀子孔，不克而还。八月，二子以楚子出，将如商密[4]，庐戢梨及叔麇诱之[5]，遂杀鬬克及公子燮[6]。初，鬬克囚于秦[7]，秦有殽之败，而使归求成，成而不得志[8]，公子燮求令尹而不得[9]，故二子作乱。

## 今注

1　舒蓼：就是群舒。

2　二子作乱：二子就是鬬克与公子燮，叛乱。

3　城郢：郢是楚国国都，在今湖北省江陵县。修筑郢都。

4　二子以楚子出，将如商密：《国语·楚语》说："楚庄王文弱，子仪为师，王子燮为傅。"二人挟持楚子离开郢都，将到商密去。

5　庐戢梨及叔麇诱之：庐戢梨和叔麇引诱他们。

6　遂杀鬬克及公子燮：鬬克号子仪。就把鬬克及公子燮杀了。

7　鬬克囚于秦：鬬克在秦国被囚禁。

8　成而不得志：成是求和，但是已经和平了，而鬬克没有得到楚国的赏赐。

9　公子燮求令尹而不得：公子燮求做令尹的官，而没有成。令尹等于是楚国的宰相。

## 今译

楚庄王立了，子孔、潘崇将袭击舒蓼国，派公子燮与子仪留守而攻伐舒蓼，公子燮跟子仪作乱，修了郢都城，而派人去杀子孔，没能成功就回来了。八月，公子燮与子仪挟持楚王离开郢都城，将到商密去，庐戢梨同叔麇引诱他们，杀了子仪与公子燮。最早时，子仪在秦国被囚禁，恰好秦国遇到殽的败仗，就派他回楚国去要求和平，和平成了，而他没得到赏赐，公子燮因为求做令尹而没成功，所以他们两人作乱。

**经**　九月甲申，公孙敖卒于齐。

**传**　穆伯之从己氏也[1]，鲁人立文伯[2]，穆伯生二子于莒，而求复[3]，文伯以为请，襄仲使无朝听命，复而不出[4]。二年而尽室以复适莒，文伯疾而请曰："穀之子弱[5]，请立难也[6]！"许之，文伯卒，立惠叔。穆伯请重赂以求复[7]，惠叔以为请，许之。将来，九月卒于齐，告丧请葬，弗许[8]。

**今注**

1　穆伯之从己氏也：这件事在文公八年，公孙敖到莒国找己氏女子。

2　鲁人立文伯：文伯就是穆伯的儿子穀。

3　而求复：要求回鲁国。

4　襄仲使无朝听命，复而不出：公子遂叫他不要上朝，所以他回来而不能出门。

5　穀之子弱：穀的儿子就是孟献子，这时年纪尚轻。

6　请立难也：请就赶紧立我的弟弟难。

7　穆伯请重赂以求复：穆伯用很重的贿赂，要求回国。

8　请葬，弗许：请求归葬鲁国，不准许。

**今译**

公孙敖从前到莒国跟着己氏时，鲁人立了他的儿子穀，公孙敖在莒国生了两个儿子，要求再回鲁国，穀替他请求。公子遂叫公孙敖不要上朝，参与政事，公孙敖听从命令，再也不出门。过了二年，又把全家送到莒国去。穀有了重病，就要求说："穀的儿子尚年轻，请立我的弟弟难。"鲁国人答应他，穀死了立了难。公孙敖用重的贿赂，要求回国，难代他去要求，得到允许。公孙敖将回鲁国，九月，死在齐国。向鲁国报丧，请求归葬鲁国，不答应。

**经**　齐公子商人弑其君舍[1]。

**今注**

1　齐公子商人弑其君舍：见传秋七月乙卯，夜，齐商人弑舍而让元。

**今译**

齐公子商人杀他的君舍。

**经** 宋子哀来奔。

**传** 宋高哀为萧封人，以为卿[1]，不义宋公而出[2]，遂来奔。书曰：“宋子哀来奔。”贵之也[3]。

**今注**

1 宋高哀为萧封人，以为卿：宋国的高哀，先做宋国附庸的萧地的封人，后来升到宋国的卿。

2 不义宋公而出：不以宋国的君为合理，而逃出。

3 书曰：“宋子哀来奔。”贵之也：《春秋》上写着，宋子哀来奔，这是尊重他。

**今译**

宋国高哀为萧地方的守将，后来升到卿，他认为宋公不义而离去，逃奔到鲁国。《春秋》上写着：“宋子哀来奔。”这表示对他的尊重。

**传** 齐人定懿公，使来告难，故书以九月[1]。齐公子元不顺懿公之为政也，终不曰公，曰夫己氏[2]。

**今注**

1 故书以九月：齐国人不服从懿公，三个月后，方才安定，因而《春秋》上写上九月。

2 夫己氏：等于说那个人。

**今译**

齐国人已经安定了懿公，所以来告弑君的事，《春秋》上写着九月，齐惠公不服懿公的执政，始终不称他做“公”，而称他为“那个人”。

经 冬，单伯如齐。

经 齐人执单伯。

经 齐人执子叔姬。

传 襄仲使告于王，请以王宠求昭姬于齐[1]，曰：“杀其子，焉用其母，请受而罪之[2]。”冬，单伯如齐，请子叔姬，齐人执之[3]，又执子叔姬。

**今注**

1 昭姬于齐：昭姬即子叔姬。

2 杀其子，焉用其母，请受而罪之：杀了她的儿子舍，何必用他的母亲，请接受她并且治齐国的罪。

3 齐人执之：齐国人把单伯逮起来。

**今译**

公子遂报告周顷王，请求以周天子的尊荣往齐国求子叔姬，说：“杀她的儿子舍，哪里还用得着他的母亲，请求接纳她并治齐国的罪。”冬天，周卿士单伯到齐国请求送回子叔姬，齐人把他逮起来，又逮捕子叔姬。

## 文公十五年（公元前六一二年）

经 十有五年春，季孙行父如晋。

传 十五年春，季文子如晋，为单伯与子叔姬故也[1]。

**今注**

1 为单伯与子叔姬故也：就是为单伯与子叔姬被齐国逮捕的事。

**今译**

十五年春，季孙行父到晋国去，因为单伯同子叔姬的缘故。

**经** 三月，宋司马华孙来盟。

**传** 三月宋华耦来盟[1]，其官皆从之[2]，书曰："宋司马华孙。"贵之也。公与之宴，辞曰："君之先臣督得罪于宋殇公，名在诸侯之策[3]。臣承其祀，其敢辱君[4]！请承命于亚旅[5]。"鲁人以为敏[6]。

**今注**

1 宋华耦来盟：宋国的司马，名叫华耦来盟会。

2 其官皆从之：他的属员全都跟从他来，这是为的表示对鲁国的敬意。

3 君之先臣督得罪于宋殇公，名在诸侯之策：你从前的臣子华督他曾经杀宋殇公。见桓公二年《左传》，华耦是华督的曾孙，华耦以为这件事全都写在各诸侯的竹简上。

4 臣承其祀，其敢辱君：我接着他的奉祀，哪里敢使君王蒙受羞辱。

5 请承命于亚旅：请你不要亲自招待我，只派上大夫就可以了。亚旅即上大夫。

6 鲁人以为敏：鲁国人以为他语辞得体。

**今译**

三月宋华耦来盟誓，他的属官全跟着他来，《春秋》上记载："宋司马华孙。"这是尊重他。鲁文公请他吃饭，他辞谢说："君王的先臣华督，得罪了宋殇公，他的名字写在诸侯的竹简上。下臣继续他的祭祀，怎敢使君王蒙受耻辱！请派上大夫来招待我就可以了。"鲁国人认为华耦措辞得体。

经 夏，曹伯来朝。

传 夏，曹伯来朝，礼也。诸侯五年再相朝，以修王命[1]，古之制也。

**今注**

1 以修王命：以重温周王的命令。

**今译**

夏天，曹伯来鲁朝见，这是合于礼的。诸侯每五年再一次互相朝见，以重温王的命令，这是自古以来的制度。

经 齐人归公孙敖之丧。

传 齐人或为孟氏谋[1]，曰："鲁，尔亲也，饰棺置诸堂阜[2]，鲁必取之。"从之。卞人以告[3]，惠叔犹毁，以为请[4]，立于朝以待命，许之。取而殡之[5]，齐人送之。书曰："齐人归公孙敖之丧。"为孟氏，且国故也[6]。葬视共仲[7]。声己不视，帷堂而哭[8]。襄仲欲勿哭，惠伯[9]曰："丧，亲之终也，虽不能始，善终可也[10]，史佚有言曰：'兄弟致美[11]。'救乏、贺善、吊灾、祭敬、丧哀[12]，情虽不同，毋绝其爱，亲之道也。子无失道，何怨于人？"襄仲说，帅兄弟以哭之[13]。他年其二子来[14]，孟献子[15]爱之，闻于国。或谮之曰："将杀子[16]。"献子以告季文子。二子曰："夫子以爱我闻，我以将杀子闻，不亦远于礼乎？远礼不如死[17]。"一人门于句鼆[18]，一人门于戾丘[19]，皆死[20]。

**今注**

1 齐人或为孟氏谋：齐国有人为孟孙氏来计谋。

2 鲁，尔亲也，饰棺置诸堂阜：鲁国是你的亲属，你把公孙敖的棺材摆在齐鲁边界上的堂阜。《一统志》："在今山东蒙阴县西北三十里，有夷吾亭，即鲍叔解夷吾处。"

3　卞人以告：卞的大夫来报告。卞是鲁邑，在今山东省泗水县东五十里。

4　惠叔犹毁，以为请：惠叔这时仍在丧中，请求准许他下葬。

5　取而殡之：就拿他的棺材到孟孙氏的寝堂来出殡。

6　书曰："齐人归公孙敖之丧。"为孟氏，且国故也：《春秋》上写着，齐国人送还公孙敖的棺材，这是为的孟孙氏，并且为的鲁国的缘故。

7　葬视共仲：共仲是公孙敖的父亲庆父。都是因为有罪，所以降等下葬。

8　声己不视，帷堂而哭：声己是惠叔的母亲，她怨恨公孙敖喜欢莒国的女子，所以她不看他的棺材，在帐子里哭泣。

9　惠伯：是叔彭生。

10　丧，亲之终也，虽不能始，善终可也：丧是亲的终了，虽不能开始做得很好，仍旧当使他的终了很好。

11　兄弟致美：兄弟之间各尽他们的美德。

12　救乏、贺善、吊灾、祭敬、丧哀：缺乏钱财就接济他；如果有善的事情，就对他祝贺；如果有灾难的时候，就给他凭吊；祭祀必定恭敬，丧事必定哀祭。

13　帅兄弟以哭之：公子遂就率领着弟兄们去哭他。

14　他年其二子来：他年公孙敖在莒国所生的两个儿子来了。

15　孟献子：是穀的儿子孟孙蔑。

16　将杀子：他们将杀你。

17　夫子以爱我闻，我以将杀子闻，不亦远于礼乎？远礼不如死：夫子是指孟献子，以爱怜我闻于全国，我将以要杀他闻于全国，这不是很违背礼节吗？违背礼节就不如死。

18　句鼆：鲁邑，详地无考。

19　戻丘：是鲁邑，大概与句鼆皆在今山东省曲阜县以北。

20　皆死：二人都战死了。

**今译**

齐国有人为孟孙氏来谋划，说："鲁国是你的亲戚，你把公孙敖的棺材摆在齐鲁边界上的堂阜，鲁人必定来取它。"孟孙氏就照这样做。卞邑的大夫向朝廷报告此事，惠伯仍然很悲哀，请求准许敖还葬，并且立在朝廷上等着命令，鲁国答应了，就把棺材拿回来，在孟孙氏的寝室中来出殡，齐国人也来送葬，《春秋》记载说："齐国人送还公孙敖的棺材。"这是为的孟孙氏，并且为的鲁国的缘故。下葬的礼节比照庆父。声己怨恨公孙敖娶莒国女子，她不来看，在堂上挡着幔子而哭。公子遂也怨恨公孙敖，不想去哭丧，叔仲惠伯说："丧事是亲人最后的大事，虽然不能善始，善终也可以，史佚说过：'兄弟各尽其美。'救贫乏、贺好事、吊灾害、祭祀恭敬、丧事哀悼，这些事感情虽不一样，但是总有一份情，这是亲亲的道理。你没有失掉道理就可以，何必苛求别人？"公子遂很高兴，率领兄弟们，一起哭公孙敖。隔了一年，公孙敖在莒国所生的两个儿子到鲁国来，孟孙蔑喜欢他们两人，全国全知道。有人说二人的坏话："他们要杀孟孙蔑。"孟孙蔑告诉季孙行父。这两人说："夫子很喜欢我们全国都知道，而传言我们将杀他，这不也离着礼节很远吗？背离礼节还不如死。"一个人在句鼆这个门打仗，一个在戻丘的门打仗，全都战死了。

**经**　六月辛丑朔，日有食之，鼓用牲于社。

**传**　六月辛丑朔，日有食之，鼓用牲于社，非礼也[1]。日有食之，天子不举[2]，伐鼓于社[3]。诸侯用币于社，伐鼓于朝[4]，以昭事神，训民事君，示有等威[5]，古之道也。

**今注**

1　鼓用牲于社，非礼也：打鼓而用牛羊祭祀社神，这是不合于礼的。

2　天子不举：天子减膳撤乐。

3　伐鼓于社：在社神的庙中敲鼓，这是表示责备社神。

4　诸侯用币于社，伐鼓于朝：诸侯用礼物请求救援，而不敢责备社神。到自己的朝廷上打鼓，以表示自己责备自己。

5　以昭事神，训民事君，示有等威：这是表示，侍奉神明，训练民众，侍奉君长，都有等级的。

**今译**

六月辛丑朔，鲁国有日食，敲鼓用牺牲来祭祀社神，这是不合礼的。日食的时候，天子减膳撤乐，在社神庙中敲鼓，诸侯用礼物来祭社神，在朝廷上打鼓，以此表示侍奉神明，教训人民，侍奉君主，都有等差，这是自古以来的道理。

**经**　单伯至自齐。

**传**　齐人许单伯请而赦之，使来致命[1]，书曰：“单伯至自齐。”贵之也[2]。

**今注**

1　使来致命：使到鲁国来表示他已经得到送还子叔姬的命令。

2　书曰：“单伯至自齐。”贵之也：《春秋》上写着单伯从齐国来，这是尊重他。

**今译**

齐国人允许单伯的请求而赦免子叔姬，使他来报告。《春秋》上写着：“单伯从齐国来。”这是尊重他。

经 晋郤缺帅师伐蔡，戊申入蔡。

传 新城之盟[1]，蔡人不与[2]，晋郤缺以上军下军伐蔡[3]，曰："君弱不可以怠[4]。"戊申，入蔡，以城下之盟而还[5]，凡胜国，曰灭之[6]，获大城焉，曰入之[7]。

**今注**

1 新城之盟：在文公十四年。

2 蔡人不与：蔡国人不参加盟会。

3 晋郤缺以上军下军伐蔡：晋国郤缺统率上下两军，攻打蔡国。

4 君弱不可以怠：灵公太弱小，所以对于军政上不可以懈怠。

5 以城下之盟而还：在城边上订盟誓就退回。

6 凡胜国，曰灭之：战胜了一个国家，取消它的社稷，叫作灭。

7 获大城焉，曰入之：获了一个大城市，而不完全将它占领，这叫作入。

**今译**

新城的盟誓，蔡人不参加，晋国郤缺率着上军同下军去伐蔡国，他说："灵公太弱小，所以对于军政上不可以懈怠。"戊申，攻入蔡国，在城门下订了盟誓就回来。凡是战胜一个国家叫作灭，得到大城叫作入。

经 秋，齐人侵我西鄙。

经 季孙行父如晋。

传 秋，齐人侵我西鄙，故季文子告于晋[1]。

**今注**

1 季文子告于晋：季孙行父到晋国去告诉。

**今译**

秋天，齐国人侵鲁国西边边疆，所以季孙行父到晋国去告诉。

**经** 冬，十有一月，诸侯盟于扈。

**传** 冬，十一月，晋侯、宋公、卫侯、蔡侯、陈侯、郑伯、许男、曹伯，盟于扈[1]，寻新城之盟[2]且谋伐齐也[3]。齐人赂晋侯，故不克而还[4]。于是有齐难，是以公不会[5]。书曰诸侯盟于扈，无能为故也[6]。凡诸侯会，公不与，不书，讳君恶也[7]。与而不书，后也。

**今注**

1 扈：在今河南省原武县。

2 寻新城之盟：这是为的重申新城的盟会。

3 且谋伐齐也：且计划讨伐齐国。

4 齐人赂晋侯，故不克而还：齐人给晋侯贿赂，所以没有战胜就退兵了。

5 于是有齐难，是以公不会：因为那时有齐国的患难，所以文公不参与会。

6 无能为故也：因为没有能够成功。

7 不书，讳君恶也：不写在《春秋》上，就是避讳君的恶事。

**今译**

冬天十一月晋侯、宋公、卫侯、蔡侯、陈侯、郑伯、许男、曹伯在扈盟会，重申新城的盟誓，并且计谋讨伐齐国。齐国人贿赂了晋侯，所以没战胜就回来。这个时候发生了齐国进攻我国的患难，所以鲁文公没去开会。《春秋》上写着诸侯在扈开会，而不列诸侯之名，是因为没有能成功的缘故。凡是诸侯开会，鲁君不参加就不写，为避讳君的恶名。参加而不写到《春秋》上，因为迟到的缘故。

**经** 十有二月，齐人来归子叔姬。

**传** 齐人来归子叔姬，王故也[1]。

**今注**

1 王故也：这是周王的缘故。

**今译**

齐国人来归还子叔姬，这是为周王的缘故。

**经** 齐侯侵我西鄙。

**经** 遂伐曹，入其郛。

**传** 齐侯侵我西鄙，谓诸侯不能也[1]，遂伐曹，入其郛[2]，讨其来朝也[3]。季文子曰："齐侯其不免乎！己则无礼，而讨于有礼者，曰：'女何故行礼[4]？'礼以顺天，天之道也[5]！己则反天，而又以讨人，难以免矣！《诗》曰：'胡不相畏，不畏于天[6]。'君子之不虐幼贱，畏于天也[7]！在《周颂》曰：'畏天之威，于时保之[8]！'不畏于天，将何能保？以乱取国，奉礼以守，犹惧不终[9]。多行无礼，弗能在矣[10]！"

**今注**

1 谓诸侯不能也：他以为诸侯不能讨伐齐国。

2 郛：是城的外郭。

3 讨其来朝也：因为曹君在今年夏天来朝鲁文公，所以讨伐他。

4 女何故行礼：你为什么要行礼。

5 礼以顺天，天之道也：礼简是以顺奉上天，这是天的道理。

6 胡不相畏，不畏于天：为什么不互相害怕，因为不怕上天。这是《诗经·小雅》的一句诗。

7 君子之不虐幼贱，畏于天也：有仁义的人，不虐待年幼的和贫贱的人，因为他是怕天。

8　畏天之威，于时保之：畏惧天的威严就能够保存福禄。

9　以乱取国，奉礼以守，犹惧不终：用乱事来取得的国家，而奉礼节以看守，尚且怕不能够完成。

10　多行无礼，弗能在矣：多做无礼的事情，就不能保全他的国家。

**今译**

齐侯又侵我西边，他认为诸侯不能伐齐，于是伐曹国，进了它的外城，惩罚曹君到鲁国来朝见。季孙行父说："齐懿公恐怕不免于祸难！自己没有礼，而讨伐有礼的说：'你为什么行礼？'礼是来顺天的，这是天的道理！自己反了天命，而又来讨伐别人，这是难以免除祸难了！《诗经·小雅》说：'为什么不互相敬畏，因为你不怕天了。'君子不虐待幼小同贫贱的人，因为是怕天，《周颂》说：'怕天的威严，于是能保住福禄。'不怕天，怎么能保呢？以乱事取得国家，奉了礼节来保守，尚且恐怕不能善终，多行无礼之事的人，不能保全他的国家。"

## 文公十六年（公元前六一一年）

**经**　十有六年春，季孙行父会齐侯于阳谷，齐侯弗及盟。

**传**　十六年春王正月，及齐平。公有疾，使季文子会齐侯于阳谷[1]，请盟，齐侯不肯，曰："请俟君间[2]。"

**今注**

1　公有疾，使季文子会齐侯于阳谷：鲁文公有病，使季文子，即季孙行父，到阳谷去会齐侯。阳谷在今山东省阳谷县，东北五十里。

2　请俟君间：请等到鲁文公病好再说。

**今译**

十六年春天，同齐国和好。鲁文公有病，使季孙行父在阳谷会见齐懿公，请求盟誓，齐侯不肯，说："等你好了再说吧。"

经　夏，五月，公四不视朔。

经　六月戊辰，公子遂及齐侯盟于郪丘。

传　夏，五月，公四不视朔，疾也[1]。公使襄仲纳赂于齐侯，故盟于郪丘[2]。

**今注**

1　公四不视朔，疾也：诸侯每个月必定告朔于庙，现在因为疾病的缘故，四个月不能告朔。

2　郪丘：齐地，《释地》说："在临淄南侧之天齐渊。"

**今译**

夏天，五月，鲁文公四次不告朔，这是因为有病的缘故。派公子遂对齐懿公送贿赂，所以在郪丘这地方盟誓。

经　秋，八月辛未，夫人姜氏薨。

经　毁泉台。

传　有蛇自泉宫出，入于国，如先君之数[1]。秋，八月辛未，声姜薨[2]，毁泉台[3]。

**今注**

1　如先君之数：《鲁世家》，鲁公伯禽，子考公酋，弟炀公熙，子幽公宰，弟徽公濞，子厉公擢，弟献公具，子顺公濞，弟武公敖，子懿公戏，弟孝公称，子惠公弗皇，子隐公息姑，弟桓公允，子庄公同，子闵公开，兄僖公申。周公不之鲁，从鲁公数起为十七君。

濆音闭，滮音媲。

2　声姜薨：声姜是鲁僖公的夫人，鲁文公的母亲。

3　泉台：在今山东省曲阜县南郊。

**今译**

有长蛇从泉宫出来，到了都城里，跟先君的数目一样，就是十七个。秋天，八月辛未，鲁僖公的夫人声姜死了，因此就把泉台毁掉。

经　楚人、秦人、巴人灭庸。

传　楚大饥，戎[1]伐其西南，至于阜山[2]，师于大林[3]。又伐其东南，至于阳丘[4]，以侵訾枝[5]，庸[6]人帅群蛮以叛楚。麇人[7]率百濮[8]聚于选[9]，将伐楚。于是申息[10]之北门不启[11]，楚人谋徙于阪高[12]。蒍贾曰："不可，我能往，寇亦能往，不如伐庸。夫麇与百濮谓我饥，不能师，故伐我也。若我出师，必惧而归。百濮离居，将各走其邑，谁暇谋人？"乃出师，旬有五日[13]，百濮乃罢[14]。自庐以往[15]，振廪同食[16]，次于句澨[17]，使庐戢梨[18]侵庸，及庸方城[19]，庸人逐之，囚子扬窗[20]，三宿而逸[21]，曰："庸师众，群蛮聚焉，不如复大师[22]，且起王卒，合而后进。"师叔[23]曰："不可，姑又与之遇，以骄之[24]，彼骄我怒[25]而后可克。先君蚡冒[26]所以服陉隰[27]也。"又与之遇，七遇皆北[28]，唯裨、鯈、鱼人实逐之[29]，庸人曰："楚不足与战矣。"遂不设备。楚子乘驲[30]会师于临品[31]，分为二队。子越[32]自石溪[33]，子贝[34]自仞[35]以伐庸。秦人、巴[36]人从楚师，群蛮从楚子盟[37]。遂灭庸。

**今注**

1　戎：是山夷。

2　阜山：在今湖北房县南一百五十里。

3 大林：楚邑，《太平御览》引伍端休《江陵记》曰：“江陵城西北六十里有林，《春秋》师于大林，即此。”

4 阳丘：楚邑，阳丘的地方，应该在湖南岳阳、石首一带。

5 訾枝：《左传地名补注》：“谓訾枝，即今之枝江县。”

6 庸：国名，在今湖北省竹山县东四十里，有上庸故城。

7 麇：在今湖南省岳阳县。

8 百濮：在今湖北省石首县以南，直到湖南省常德等地，为百濮散处的地方。

9 选：楚地，在今湖北省枝江县南境。

10 申息：楚邑名，在今河南南阳、信阳一带，为楚国之北屏。

11 北门不启：向北方的城门全不开，以防备北方各国的侵入。

12 阪高：险要的高地，《汇纂》：“当在湖北省，襄阳府西境。”

13 旬有五日：十五天。

14 百濮乃罢：百濮就离散了。

15 自庐以往：庐在今湖北省，当阳远安之境，就从庐去伐庸。

16 振廪同食：振是发，打开仓库，上下同吃饭。

17 句澨：《汇纂》说在今湖北省均县的西边。

18 庐戢梨：名戢梨，是庐大夫。

19 方城：《括地志》：“今湖北竹山县东南四十里有方城山。山南有城长十余里，名曰方城。”

20 子扬窗：庐戢梨的官属。

21 三宿而逸：住了三天就逃走了。

22 复大师：把大的军队招来。

23 师叔：楚大夫潘尫。

24 姑又与之遇，以骄之：姑且再与他相遇，益发使他骄傲。

25　彼骄我怒：他骄傲，我们奋发。

26　蚡冒：楚武王的父亲。

27　陉隰：大约在湖北省宜昌宜都之间。

28　七遇皆北：七次遇见，楚国全打败仗。

29　裨、儵、鱼人实逐之：这三种人大约在湖北省，巫山、巫溪、溪山到竹山的地方，与上庸相近。

30　驲：驲是一种车辆。

31　会师于临品：临品是地名，大约在今湖北省均县境内，把军队全集中在此。

32　子越：司马子良之子鬭椒。

33　石溪：在今湖北省均县竹山之交。

34　子贝：是楚大夫。

35　仞：《汇纂》说在今湖北省，均县界。

36　巴：姬姓国，即今四川巴县。

37　群蛮从楚子盟：各种蛮夷全都同楚王盟会。

## 今译

楚国发生大饥荒，戎人伐它的西南，一直到阜山，军队驻扎到大林。又伐它的东南，一直到阳丘，去侵掠訾枝，庸人领着群蛮背叛楚国。麇人率领着百濮在选这地方相聚，也要伐楚国，这时申息的北门不敢开，楚人想迁到阪高这地方。蒍贾说："不可以，我能去，敌人也能去，不如讨伐庸国，因为麇同百濮全以为我们饥饿了，不能派军队，所以讨伐我们，若我派军队出去，他们必定害怕而回去。百濮散居各处，将各回自己的城里去，谁还有空打别人的主意？"于是，就出动军队，十五天的工夫，百濮军队就退了。就从庐去伐庸，把仓库中的食物同吃，到了句澨，叫庐戢梨侵伐庸国，到了庸国的方城。庸人赶走了楚军，囚禁子扬窗，但过了三夜，子扬窗就翻窗逃走回来了，说："庸的军队很多，群蛮聚在一起不如再领大军队来，并且把王的军队全动员起来，合在一起再进攻。"师叔说："不可以，姑且再与他交战，使他骄傲。他骄傲，我们奋发，然后可以打胜仗。这是先君蚡冒所以占领陉隰两地的方法。"楚军又跟庸人作战，七次全打败仗，庸国的裨、儵、鱼三个部族的人追逐楚军，庸人说："楚军不值得跟他打仗。"于是就不设防备。楚王乘着普通的车在临品会合军队，分成两队。子越由石溪，子贝由仞，两路来伐庸国。秦国人、巴国人跟着楚国军队，群蛮跟楚王盟誓，就把庸国灭了。

**经** 冬，十有一月，宋人弑其君杵臼。

**传** 宋公子鲍[1]礼于国人[2]，宋饥，竭其粟而贷之[3]，年自七十以上无不馈诒也，时加羞珍异[4]无日不数于六卿之门[5]，国之材人，无不事也[6]，亲自桓以下，无不恤也[7]。公子鲍美而艳，襄夫人欲通之[8]，而不可[9]，夫人助之施[10]。昭公无道，国人奉公子鲍以因夫人。于是华元为右师[11]，公孙友为左师，华耦为司马[12]，鳞罐为司徒，荡意诸为司城，公子朝为司寇[13]。初，司城荡卒。公孙寿[14]辞司城，请使意诸为之[15]。既而告人曰："君无道，吾官近，惧及焉[16]。弃官则族无所庇[17]，子身之贰也，姑纾死焉[18]！虽亡子，犹不亡族[19]！"既夫人将使公田孟诸而杀之。公知之尽以宝行[20]。荡意诸曰："盍适诸侯？"公曰："不能其大夫，至于君祖母以及国人[21]，诸侯谁纳我？且既为人君而又为人臣，不如死。"尽以其宝赐左右，以使行。夫人使谓司城去公，对曰："臣之而逃其难，若后君何[22]？"冬十一月甲寅，宋昭公将田孟诸，未至，夫人王姬使帅甸攻而杀之[23]，荡意诸死之[24]。书曰："宋人弑其君杵臼。"君无道也[25]。文公即位，使母弟须为司城[26]，华耦卒，而使荡虺为司马[27]。

**今注**

1　公子鲍：是宋昭公庶出的弟弟。

2　礼于国人：春秋时代所谓国人，皆指贵族而言。

3　宋饥，竭其粟而贷之：宋国荒年的时候，就用尽他所藏的谷子接济人民。

4　无不馈诒也，时加羞珍异：没有不煮饭给他们吃，并且时常加上珍贵的菜蔬。

5　无日不数于六卿之门：没有一天不到宋国六卿的家中拜访。六卿是指着右师、左师、司马、司徒、司城、司寇。

6　国之材人，无不事也：宋国所有的贤才，没有他不侍奉的。

7　亲自桓以下，无不恤也：亲族里，从他的曾祖宋桓公以下的族人，没有不周济的。

8　公子鲍美而艳，襄夫人欲通之：公子鲍长得美，宋襄公的夫人，即宋昭公的祖母，欲与他通奸。

9　而不可：公子鲍不愿意。

10　夫人助之施：襄夫人就帮助他施舍。

11　华元为右师：华元是华督的曾孙。

12　华耦为司马：华耦替代公子印。

13　公子朝为司寇：替代华御事。

14　公孙寿：是公子荡的儿子。

15　请使意诸为之：就请让他的儿子荡意诸为司城。

16　君无道，吾官近，惧及焉：现在的君没有道理，我所做的官又很接近君，恐怕将来有祸乱发生，就会连累到自己。

17　弃官则族无所庇：要丢掉这个官，我们全族就没有人保护。

18　子身之贰也，姑纾死焉：儿子等于本身的附体，姑且延缓死的日期。

19　虽亡子，犹不亡族：虽然丢了儿子，不敢丢了全族。

20　公知之尽以宝行：昭公知道了，把他的宝物全都带走。

21　不能其大夫，至于君祖母以及国人：不能跟宋国的大夫，甚至国君的祖母，并且同所有宋国的贵族和好。

22　臣之而逃其难，若后君何：给他做过臣子，而遇见患难就逃避，那么对以后的君长，怎么样侍奉？

23　夫人王姬使帅甸攻而杀之：襄夫人王姬使旁人率领野外的军队，攻昭公，杀掉他。

24　荡意诸死之：荡意诸随着昭公被杀了。

25　宋人弑其君杵臼，君无道也：宋国人把他们的君主，即宋昭公名杵臼杀了，是人君无道。

26　使母弟须为司城：替代荡意诸。

27　荡虺为司马：荡虺是荡意诸的弟弟。

**今译**

宋文公对国人很有礼貌，宋国有饥饿，用尽他的粟米接济人民，年在七十岁以上，没有不送的，并且加很多好吃的，每天常去见六卿，国中有贤才的人，没有不侍奉，亲戚自他曾祖桓公以下，没有不怜恤的。宋文公很美，宋襄公的夫人想着要和他通奸，但是宋文公不答应，夫人就帮助他施舍。昭公无道，贵族们因为襄公夫人的关系而拥护文公。那时华元做右师，公孙友做左师，华耦做司马，鳞鱹做司徒，荡意诸做司城，公子朝做司寇。最初时，司城荡死了。他的儿子公孙寿辞掉司城的官，使他的儿子荡意诸来做。后来荡告诉人说：“国君无道，我的官离着君很近，很怕祸患会连累自己。丢掉官则全族没人保护，儿子是我的代表，我姑且缓慢不死，虽然丢了儿子，还不至于丢了全族。”后来襄公夫人将使宋昭公到孟诸打猎而把他杀掉。昭公知道后，尽带着他的全部宝贝而出行。荡意诸说：“何不逃到诸侯那里去？”昭公说：“得不到大夫甚至祖母襄夫人并连贵族们的信任，诸侯谁肯接纳我？并且既为人君，怎能又做人的臣子，还不如死。”拿他的宝物，赏给左右的随行人员，并且使他们赶紧逃走。襄公夫人派人对荡意诸说，叫他离开昭公，他回答说：“给他做了臣子，而逃避他的祸难，那怎样侍奉后来的君主？”冬天十一月甲寅，宋昭公将去孟诸打猎，还没有到，襄公夫人王姬就叫野外的军队杀死了他，荡意诸为此死了。《春秋》上写着：“宋人杀了他的君杵臼。”这是由于国君无道。文公即位，使母弟须做司城，华耦死后，就使荡意诸的弟弟荡虺做了司马。

## 文公十七年（公元前六一〇年）

**经** 十有七年春，晋人、卫人、陈人、郑人伐宋。

**传** 十七年春，晋荀林父、卫孔达、陈公孙宁、郑石楚伐宋。讨曰：“何故弑君[1]？”犹立文公而还。卿不书，失其所也[2]。

### 今注

1 讨曰：“何故弑君？”：讨伐的话说：“你们为何把君杀了？”

2 卿不书，失其所也：只写上人而不写卿的姓名，这是因为他们改变了初衷。

### 今译

十七年春，晋荀林父、卫孔达、陈公孙宁、郑石楚讨伐宋国，质问说：“为什么你们把君杀了？”还是立了文公才回去。《春秋》

只写上人而不写卿的名字，这是因为他们改变了初衷。

**经** 夏四月癸亥，葬我小君声姜。

**传** 夏四月癸亥，葬声姜，有齐难是以缓[1]。

**今注**

1 有齐难是以缓：因为有齐国的患难，所以下葬得很晚。

**今译**

夏天四月癸亥，给声姜下葬，因为有齐国的患难，所以下葬得很晚。

**经** 齐侯伐我西鄙，六月癸未，公及齐侯盟于穀。

**传** 齐侯伐我北鄙[1]，襄仲请盟，六月盟于穀[2]。

**今注**

1 北鄙：指鲁国北方边境。

2 穀：齐地，在今山东省东阿县治。

**今译**

齐侯讨伐鲁国北边，公子遂请和他们盟会。六月在穀这地方盟誓。

**经** 诸侯会于扈。

**传** 晋侯蒐于黄父[1]，遂复合诸侯于扈[2]，平宋也[3]。公不与会，齐难故也[4]。书曰诸侯，无功也[5]。于是晋侯不见郑伯[6]，以为贰于楚也。郑子家[7]使执讯而与之书[8]，以告赵宣子，曰："寡君即位三年，召蔡侯而与之事君[9]。九月，蔡侯入于敝邑以行[10]，敝邑以侯宣多之难[11]，寡君是以不得与蔡侯偕。十一月，克灭侯宣多而随蔡侯以朝于执事[12]。十二年六月，归生佐寡君之嫡夷[13]，以请陈侯于楚而朝诸君[14]。十四年七月，寡君又朝，以蒇陈事[15]。十五年五月，陈侯自敝邑往朝于君。往年正月，烛之武往朝夷也[16]。八月，寡君又往朝。以陈蔡之密迩于楚而不敢贰焉，则敝邑之故也[17]。虽敝邑之事君，何以不免[18]？在位之中[19]，一朝于襄，而再见于君[20]，夷与孤之二三臣相及于绛[21]，虽我小国，则蔑以过之矣[22]。今大国曰：'尔未逞吾志。'敝邑有亡，无以加焉[23]。古人有言曰：'畏首畏尾，身其余几[24]？'又曰：'鹿死不择音[25]。'小国之事大国也，德则其人也[26]，不德则其鹿也[27]。铤而走险[28]，急何能择。命之罔极，亦知亡矣[29]。将悉敝赋以待于鯈[30]，唯执事命之。文公二年六月壬申，朝于齐[31]。四年二月壬戌，为齐侵蔡[32]，亦获成于楚[33]。居大国之间而从于强令[34]，岂其罪也。大国若弗图，无所逃命[35]。"晋巩朔[36]行成于郑[37]，赵穿、公婿池[38]为质焉。

**今注**

1　晋侯蒐于黄父：晋侯，晋灵公。黄父一名黑壤，晋地，即今山西沁水县乌岭。

2　扈：郑邑，今河南原武县西北有扈亭，先是，文公十五年冬十一月晋侯会宋公、卫侯、蔡侯、陈侯、郑伯、许男、曹伯盟于扈，至是，因黄父之蒐，再会于扈，所以说复合诸侯。

3　平宋也：上年冬十一月，宋昭公杵臼为襄夫人王姬使卫伯所攻杀，立公弟鲍，是为宋文公。晋灵公再合诸侯于扈，欲以平息宋乱。

4　公不与会，齐难故也：谓鲁文公未与此会。时齐侯伐鲁北鄙，文公方被胁盟于穀，故云齐难。

5　书曰诸侯，无功也：谓《春秋》只书"诸侯会于扈"。无功也。"盖欲平宋乱而又不能。"

6　郑伯：郑穆公，公名兰，文公捷的儿子。

7　子家：公子归生字，郑国的执政大夫。

8　执讯而与之书：通讯问的官。子家为书与赵盾，使执讯携书往晋，故云与之书。

9　寡君即位三年，召蔡侯而与之事君：即郑穆公三年，当鲁文公二年。时蔡未服晋，故郑召蔡庄侯而与之事晋。

10　以行：往朝晋君。

11　侯宣多之难：郑穆公为侯宣多所立，侯宣多遂恃宠专权，故云侯宣多之难。

12　克灭侯宣多而随蔡侯以朝于执事：谓消灭侯宣多，所以随蔡侯以朝于执事。

13　寡君之嫡夷：郑穆公十二年即鲁文公十一年事寡君之嫡夷，指郑穆公之太子，即郑灵公。

14　请陈侯于楚而朝诸君：请命于楚，与陈共公俱朝于晋。

15　以蒇陈事：郑穆公十四年即鲁文公十三年。以蒇陈事，完成陈侯朝晋之事。蒇读如谄，敕成前好曰蒇。

16　烛之武往朝夷也：鲁文公十四年往年，去年指郑穆公十七年，即鲁文公十六年。烛之武往朝夷也，谓烛之武将太子夷往朝晋。

17　以陈蔡之密迩于楚而不敢贰焉，则敝邑之故也：陈国、蔡国离楚国很近，但是不敢有二心，就是因为我们郑国的缘故。

18　虽敝邑之事君，何以不免：虽然我们侍奉你，为何不能免于罪。

19　在位之中：在我即位的时候。

20　一朝于襄，而再见于君：一次朝见晋襄公，再朝见于君，君指晋灵公。

21　相及于绛：不断地往来于晋国都城绛。

22　则蔑以过之矣：我没有再能超过这种情形。

23　“尔未逞吾志”，敝邑有亡，无以加焉：你现在说，你还未能完成我的志愿，就是我们亡了国，也没能够做得更好。

24　畏首畏尾，身其余几：头也怕，尾也怕，身上所剩余的就没有多少了。

25　鹿死不择音：音等于树荫。鹿要死的时候，不选择树荫的地方。

26　德则其人也：大国对我有德，小国就以人道来侍奉。

27　不德则其鹿也：大国对小国没有德，小国就像鹿一样。

28　铤而走险：铤是走得很快，急了就不怕危险了。

29　命之罔极，亦知亡矣：晋国的命令没有限度，那郑国也就知道必定亡国了。

30　将悉敝赋以待于鯈：将预备好军队，以等候于鯈这地方。鯈在郑国、晋国的边界上。

31　朝于齐：郑文公的二年，就是鲁僖公的二十三年，到齐国朝见。

32　为齐侵蔡：这是指的郑文公的四年，就是鲁僖公的二十五年，为齐国侵略蔡国。

33　亦获成于楚：郑国与楚国也获得和约。

34　居大国之间而从于强令：在两个大国的中间，只好服从强令。

35　大国若弗图，无所逃命：你们要不细想办法，我们也就没法逃命。

36　晋巩朔：巩朔是晋大夫。

37　行成于郑：与郑国讲和。

38　赵穿、公婿池：赵穿是晋国的卿，公婿池是晋国的女婿。

## 今译

晋侯春猎于黄父，就趁便再合诸侯于扈地，是要想平定宋国的乱事，鲁文公没有参加这会，因为有齐国攻鲁的缘故。《春秋》上单写着诸侯，因为讥刺平宋没有成功的缘故。这一次，晋侯不见郑伯，因为郑伯背晋而亲楚国。郑国子家就差通信的官拿封信去晋国送给赵盾，告诉他说："寡君即位的第三年，便去招了蔡侯一同侍奉你君；九月间，蔡侯到了敝邑，正要想动身，只因敝邑有侯宣多的乱事，寡君所以竟不能和蔡侯同来晋国；到了十一月中，克灭了侯宣多的乱事，就跟了蔡侯来朝你们的执事；到了十二年六月中，归生辅佐寡君的嫡子夷，到楚国去招请了陈侯，和他同来朝见贵国国君；十四年七月中，寡君又来朝见，以完成那陈国的事；十五年五月，陈侯从敝邑动身去朝见你君；去年正月间，烛之武又同嫡子夷来朝见；到了八月，寡君又亲自来朝。陈、蔡靠近楚国，却不敢有二心，这都是敝邑的缘故！虽然敝邑一心侍奉你君，为什么不能免于祸患呢？郑君在位期间，一次朝见你们襄公，两次见了现在的君，夷又和我的臣子接连着到你绛都来朝见，虽然我们是个小国，却没有谁能比我国对贵国更有诚意了。如大国说：'你们服侍我，还不能称我的心。'照这般说来，敝邑也只有灭亡的了，不会再好的了。古人有句话说：'畏首畏尾，身体还有多少呢？'又说：'鹿要死了，不拣躲荫的地方了。'我们小国服侍你们大国，如果大国好好相待，小国就以人道侍奉；如果不好好相待，小国便要像那鹿一般呢！铤而走险，急了，也没有什么选择了！你们大国的命令，既没有完，敝邑也明知要完了，只得完全发动敝邑当兵的人来，等候在边界儵那里了，该怎么办就听你的吩咐吧！我郑文公的二年六月壬申那天，朝过齐国，四年二月壬戌那天，又为齐国侵伐过蔡国，也因此和楚国讲过和的。居住在齐、楚两个大国的中间，也只可依着强国的吩咐，难道这就是我们的罪吗？你们大国若再不体谅我们，我们也没有法子逃命了。”赵盾看了这信，便使大夫巩朔到郑国去订和，又差赵穿和公婿池到郑国去做人质了。

经 秋，公至自穀[1]。

**今注**

1 此经无传。

传 秋，周甘歜[1]，败戎于邥垂[2]，乘其饮酒也[3]。

**今注**

1 甘歜：是周大夫。歜音触。

2 邥垂：在今河南省伊川县北境。

3 乘其饮酒也：乘戎人正在饮酒的时候。

**今译**

秋天，周大夫甘歜在邥垂这地方打败戎人，这是乘着戎人正在饮酒的时候。

传 冬十月，郑大子夷[1]、石楚[2]为质于晋[3]。

**今注**

1 大子夷：是郑灵公。

2 石楚：郑大夫。

3 为质于晋：到晋国去做人质。

**今译**

冬天十月，郑灵公和郑大夫石楚到晋国去做人质。

经 冬，公子遂如齐。

传 襄仲如齐，拜穀之盟，复曰[1]：“臣闻齐人将食鲁之麦[2]，以臣观之，将不能[3]，齐君之语偷[4]，臧文仲有言曰：‘民主偷，必死[5]。’”

**今注**

1 复曰：回来就说。

2 臣闻齐人将食鲁之麦：我听见齐国人说，将吃鲁国收获的麦子。

3 以臣观之，将不能：由我看起来，这是不可能的。

4 齐君之语偷：齐国的君，说话中间极不严肃。

5 民主偷必死：为人民的主人要极不严肃，就必定要死。

**今译**

公子遂到齐国去拜谢穀的盟会，回来就说：“我听说齐国人将吃鲁国收获的麦子，以我看起来，这是不可能的，齐国的君话说得极不严肃，臧文仲有话说：‘人民的主人要极不严肃，就必定死。’”

## 文公十八年（公元前六〇九年）

经 十有八年春王二月丁丑，公薨于台下。

传 十八年春，齐侯戒师期[1]，而有疾[2]，医曰：“不及秋将死[3]。”公闻之，卜曰：“尚无及期[4]。”惠伯令龟[5]，卜楚丘占之曰：“齐侯不及期，非疾也[6]。君亦不闻令龟有咎[7]。”二月丁丑公薨。

**今注**

1 齐侯戒师期：齐侯预备伐鲁国，已经定了日期。

2 而有疾：齐懿公有病。

3 不及秋将死：不到秋天，就会死了。

4　尚无及期：希望不要到打仗的时期，他就先死了。

5　惠伯令龟：惠伯是叔仲惠伯，他命令占卜的人占卜。

6　齐侯不及期，非疾也：齐侯不能到打仗的时候，但不是疾病所致。

7　君亦不闻令龟有咎：鲁君将听不到齐侯死讯，下令占卜的人亦有凶咎。

**今译**

文公十八年春，齐懿公规定伐鲁日期，可是有了病。医生说："到不了秋天他就要死。"鲁文公听了消息就占卜说："最好是到不了齐国动军队的时期。"叔仲惠伯令占卜，卜楚丘占卜说："齐侯不能活到出动军队的时候，并不是因为病。鲁君也不能听见齐侯死讯，下令占卜的人也有凶咎。"二月丁丑，鲁文公死了。

**经**　秦伯罃卒[1]。

**今注**

1　此经无传。

**今译**

秦伯罃死了。

**经**　夏五月戊戌，齐人弑其君商人。

**传**　齐懿公之为公子也[1]，与邴歜之父争田弗胜[2]，及即位，乃掘而刖之[3]，而使歜仆[4]，纳阎职[5]之妻，而使职骖乘[6]。夏五月，公游于申池[7]，二人浴于池[8]，歜以扑抶职[9]，职怒，歜曰："人夺女妻而不怒，一抶女庸何伤[10]。"职曰："与刖其父而弗能病者何如[11]？"乃谋弑懿公，纳诸竹中，归，舍爵而行[12]。齐人立公子元[13]。

## 今注

1 齐懿公之为公子也：齐懿公做公子的时候。

2 与邴歜之父争田弗胜：和邴歜的父亲争田地，但是没能得到胜利。

3 乃掘而刖之：邴歜的父亲已经死了，把他的尸首掘出来，把他的脚砍断。

4 而使歜仆：而命令邴歜给他驾车。

5 阎职：是齐国的官吏。

6 骖乘：陪他乘车。

7 申池：齐都城，南城的西门，门外的池塘叫申池。

8 二人浴于池：邴歜同阎职，在池塘里洗澡。

9 歜以扑抶职：邴歜用马鞭打阎职。

10 一抶女庸何伤：打一次有什么要紧？

11 与刖其父而弗能病者何如：比把他的父亲的脚砍下来，而不敢怨恨的人，怎么样？

12 归舍爵而行：回去，在宗庙里祭祀，摆好酒杯，再从容地逃走。

13 公子元：齐桓公的儿子，齐惠公。

## 今译

齐懿公做公子的时候，与邴歜的父亲争田地，而未能胜利。等到他即位以后，邴歜之父已死，就将他掘出把他的脚砍断了，并且派邴歜驾车，夺了阎职的妻子，而叫阎职在车上陪乘。夏五月，齐懿公到申池去游玩，邴歜同阎职在池中洗澡，邴歜用马鞭打阎职，阎职生了气。邴歜就说："人夺了你的妻反不发怒，那么打一下又有什么损伤呢？"阎职说："比砍断他的父亲的脚又不敢怨恨的人，怎么样？"于是二人一起策划，杀死了懿公，置放在竹子中间，回家，在宗庙里祭祀，摆好酒杯后，公然出走。齐国人就立了惠公。

经 六月癸酉，葬我君文公。

传 六月，葬文公[1]。

**今注**

1 六月，葬文公：六月，鲁文公下葬。

**今译**

六月，为鲁文公行葬礼。

经 秋，公子遂、叔孙得臣如齐。

传 秋，襄仲、庄叔如齐，惠公立故，且拜葬也[1]。

**今注**

1 惠公立故，且拜葬也：襄仲是为贺齐惠公的即位，庄叔是为拜谢齐国派人来参加鲁文公的葬礼。

**今译**

秋，公子遂及叔孙得臣往齐国，分着为贺齐惠公并谢他派使臣来参加鲁文公的葬礼。

经 冬，十月，子卒。

传 文公二妃敬嬴[1]生宣公。敬嬴嬖而私事襄仲[2]，宣公长而属诸襄仲[3]，襄仲欲立之，叔仲不可[4]，仲见于齐侯而请之[5]，齐侯新立而欲亲鲁[6]，许之。冬十月，仲杀恶及视[7]，而立宣公。书曰："子卒。"讳之也。仲以君命召惠伯[8]，其宰公冉务人[9]，止之曰："入必死。"叔仲曰："死君命，可也！"公冉务人曰："若君命可死，非君命何听[10]！"弗听乃入，杀而埋之马矢之中[11]，公冉务人奉其帑以奔蔡，既而复叔仲氏[12]。

## 今注

1 敬嬴：鲁文公的第二位夫人。

2 敬嬴嬖而私事襄仲：敬嬴很得鲁文公的宠爱，但是又偷着侍奉东门襄仲。

3 宣公长而属诸襄仲：宣公长大以后，文公把他交给襄仲。

4 襄仲欲立之，叔仲不可：襄仲想立宣公为君，但是叔仲惠伯不肯。

5 仲见于齐侯而请之：东门襄仲看见齐惠公，就请求立鲁宣公。

6 齐侯新立而欲亲鲁：齐惠公刚刚新立，而又想与鲁国亲善。

7 仲杀恶及视：恶是文公的太子，视是同母的弟弟。

8 仲以君命召惠伯：东门襄仲假以君的命令，召叔仲惠伯。

9 公冉务人：是叔仲惠伯的家宰。

10 非君命何听：要不是君的命令何必听他。

11 杀而埋之马矢之中：就把他埋在马粪里头。

12 既而复叔仲氏：不久，就回复叔仲氏，以表示不绝他的后人。

## 今译

鲁文公的第二位妃子敬嬴生宣公，敬嬴甚得文公宠幸而又私下结交公子遂，宣公长大就交给公子遂。公子遂想立宣公为君，但叔仲惠伯以为不可。公子遂见了齐惠公就请求立宣公为君，惠公新立，想要与鲁亲善，就允诺了他。冬，十月，公子遂杀太子恶与他的母弟视，而立了宣公。《春秋》上写着“子卒”，是为避讳。公子遂以国君的名义召叔仲惠伯，他的家宰公冉务人劝他不要进宫去，说：“进去必死。”叔仲说：“死于国君的命令，是可以的。”公冉务人说：“若是君命可以死，但若不是君命又顺从谁呢？”叔仲不听，就进宫去了，遂被杀，埋在马粪的中间。公冉务人带着他的妻子逃到蔡国，后来又重新回复叔仲氏。

经 夫人姜氏归于齐。

传 夫人姜氏归于齐，大归也[1]。将行，哭而过市曰：“天乎，仲为不道，杀適立庶[2]。”市人皆哭，鲁人谓之哀姜[3]。

**今注**

1 大归也：就是一去不再回来。

2 天乎，仲为不道，杀適立庶：天啊！东门襄仲，无道，杀了嫡出的太子，立了庶出的宣公。適，通嫡。

3 鲁人谓之哀姜：鲁国人就称她为哀姜。

**今译**

文公的夫人姜氏回到齐国，不再回来。将走的时候哭着过集市说：“天呀！东门襄仲不讲道理，杀了嫡子而立庶子。”集市上的人皆哭，鲁国人称她叫哀姜。

经 季孙行父如齐[1]。

**今注**

1 此经无传。

**今译**

季孙行父到齐国去了。

经 莒弑其君庶其。

传 莒纪公生大子仆，又生季佗[1]。爱季佗而黜仆，且多行无礼于国。仆因国人以弑纪公。以其宝玉来奔[2]，纳诸宣公。公命与之邑，曰：“今日必授。”季文子[3]使司寇出诸竟[4]，曰：“今日必达[5]。”公问其故，季文子使大史克[6]对曰：“先大夫臧文仲教行父事君之礼，行父奉以周旋，弗敢失队[7]，曰：‘见有礼于其君者，事之如孝子之养父母也。见无礼于其君者，诛之如鹰鹯之逐鸟雀[8]也。’先君周公制《周礼》曰：‘则以观德，德以处事，事以度功，功以食民[9]。’作誓命[10]曰：‘毁则为贼，掩贼为藏，窃贿为盗，盗器为奸[11]，主藏之名，赖奸之用[12]，为大凶德。有常无赦[13]。’在《九刑》，不忘[14]。行父还观[15]莒仆，莫可则也。孝敬忠信为吉德，盗贼藏奸为凶德。夫莒仆，则其孝敬，则弑君父矣；则其忠信，则窃宝玉矣。其人则盗贼也。其器则奸兆也。保而利之则主藏也。以训则昏，民无则焉，不度于善而皆在于凶德[16]，是以去之。昔高阳氏[17]有才子八人：苍舒、隤敳、梼戭、大临、尨降、庭坚、仲容、叔达[18]，齐圣广渊，明允笃诚，天下之民谓之八恺[19]。高辛氏[20]有才子八人，伯奋、仲堪、叔献、季仲、伯虎、仲熊、叔豹、季貍[21]，忠肃共懿，宣慈惠和，天下之民谓之八元[22]。此十六族也，世济其美，不陨其名[23]，以至于尧，尧不能举。舜臣尧[24]，举八恺，使主后土[25]，以揆百事[26]，莫不时序[27]，地平天成[28]。举八元，使布五教[29]，于四方，父义，母慈，兄友，弟共，子孝，内平外成[30]。昔帝鸿氏[31]有不才子，掩义隐贼，好行凶德，丑类恶物，顽嚚不友，是与比周[32]。天下之民谓之浑敦[33]。少皞氏[34]有不才子，毁信废忠，崇饰恶言，靖谮庸回，服谗蒐慝，以诬盛德[35]。天下之民谓之穷奇[36]。颛顼氏[37]有不才子，不可教训，不知话言，告之则顽，舍之则嚚，傲很明德，以乱天常[38]。天下之民谓之梼杌[39]。此三族也[40]，世济其凶，增其恶名。以至于尧，尧不能去。缙云氏[41]有不才子，贪于饮食，冒于货贿，侵欲崇侈，不可盈厌，聚敛积实，不知纪极，不分孤寡，不恤穷匮[42]。天下之民以比三凶[43]，谓之饕餮[44]。舜臣尧，宾于四门[45]，流四凶族浑敦，穷奇，梼杌，饕餮，投诸四裔，以御螭魅[46]。是以尧崩而天下如一，同心戴舜以为天子。以其举十六相，去四凶也，故《虞书》[47]数[48]舜之功，曰：'慎徽五典，五典克从。'无违教也[49]。曰：'纳于百揆，百揆时序。'无废事也[50]，曰：'宾于四门，四门穆穆。'无凶人也[51]。舜有大功二十[52]而为天子。今行父虽未获一吉人，去一凶矣。于舜之功，二十之一也，庶几免于戾[53]乎！"

**今注**

1 莒纪公生大子仆，又生季佗：莒纪公名字叫庶其。纪是号。莒夷无谥，故有别号。大子仆是庶其长子。季佗一名来，继祀公，号渠丘公。

2 来奔：奔到鲁国。这一年二月，文公薨，宣公虽拟明年正月即位，时已主国，故莒仆以宝玉献给宣公。

3 季文子：名行父，庄公母弟季友之子孙，鲁国的宗卿，亦称季孙行父，后为季孙氏。

4 使司寇出诸竟：季文子乘莒仆未及见公，即使司寇驱之出于鲁境。司寇是刑官。竟通境。

5 必达：必须达到，与上"必授"对照。

6 大史克：鲁国的史官，即里革。

7 行父奉以周旋，弗敢失队：奉先训，以遵循。失队即蹉失，队音义通坠。

8 如鹰鹯之逐鸟雀：喻御奸当尽心力打击，不要使他遁逃。鹯音毡。

9 则以观德，德以处事，事以度功，功以食民：则是君臣、父子、夫妇、朋友的法则。合于这法则就是吉德，违此法则就是凶德，故用以观察德。德的凶吉所以处制事的是非，事的是非所以量度功的成否，功的成否所以食养人民的厚薄。

10　誓命：申命以要信守的文辞。

11　毁则为贼，掩贼为藏，窃贿为盗，盗器为奸：毁则是坏法典，掩贼是掩庇盗贼，窃贿是窃取财物，盗器是盗取国器。

12　主藏之名，赖奸之用：以掩饰贼为名，事实上用奸器。

13　有常无赦：言犯此则国有常刑，不得赦免。

14　在《九刑》，不忘：言载在刑书，不能弃而忘，誓命以下所列之罪皆《九刑》之书，今亡。

15　还观：还犹周旋，还观，等于观察。

16　不度于善而皆在于凶德：言莒仆不居于孝敬忠信的善行，而皆在于盗贼藏奸的凶德。

17　高阳氏：就是帝颛顼。

18　苍舒、隤敳、梼戭、大临、龙降、庭坚、仲容、叔达：此八个人皆是颛顼的苗裔。隤音如颓，敳音如皑，梼音如桃，戭音如衍。

19　齐圣广渊，明允笃诚，天下之民谓之八恺：此并序八人，总言其德，或据其行，一字为一事，其义亦更相通。齐是举措皆中，圣是博达众务，广是器宇宏大，渊是知能周备，明是晓解事务，允是言行相副，笃是志性良谨，诚是秉性纯直。天下的人民为其美名的谓八恺，言其和于群物。

20　高辛氏：是帝喾的称号。

21　伯奋、仲堪、叔献、季仲、伯虎、仲熊、叔豹、季貍：杜预注："此即稷、契、朱虎、熊罴之伦。"

22　忠肃共懿，宣慈惠和，天下之民谓之八元：这也是总言其德于义亦得相通。元就是说他们能善于事也。

23　此十六族也，世济其美，不陨其名：疏曰："此十六人耳，而谓之族者，以其名有亲属，故称为族，世济其美，后世承前世之美，不陨其名，不坠前世之美名。言世代有贤人，积善而至其身也。”

24　舜臣尧：谓舜作尧臣的时候。

25　后土：地官，禹作司空，平水土，即掌土地的官。

26　以揆百事：揆度百工的事，犹言调度庶政。

27　莫不时序：百事皆得其次序，所以时程功无废举。

28　地平天成：言水土既平，天道亦成。

29　五教：又谓之五典，即下文父义、母慈、兄友、弟共、子孝。《尚书》契作司徒，五教在宽，故知契在八元之中。

30　内平外成：言内而诸夏，外而夷狄，俱获平成。

31　帝鸿氏：就是黄帝。

32　掩义隐贼，好行凶德，丑类恶物，顽嚚不友，是与比周：丑恶也，比近也，周密也。“心不则德义之经为顽。口不道忠信之言为嚚。”有义的人则掩蔽而不用。作贼盗的人则隐庇而必用。平日所好，唯行凶德，凡恶人之不可亲友的，则与之比近而周密。

33　浑敦：表示不开通，杜预注谓即驩兜。

34　少皞氏：就是少皞金天氏。

35　毁信废忠，崇饰恶言，靖谮庸回，服谗蒐慝，以诬盛德：毁去了忠信，聚积坏的语言，信用邪人施行谗言以谤贤人盛德之士。

36　穷奇：杜预注说就是共工。

37　颛顼氏：即前举的高阳氏。

38　不可教训，不知话言，告之则顽，舍之则嚚，傲很明德，以乱天常：他不受教训，不知好话，告诉以德义则不入于心，听其自然则不说忠信的话语。傲慢狠暴，不修明德，以悖乱天地的常理。

39　梼杌：杌读如音兀，杜预注指鲧。

40　此三族他：谓浑敦、穷奇、梼杌三族。

41　缙云氏：黄帝时官名，贾逵曰："缙云氏，姜姓也，炎帝之苗裔，黄帝时在缙云之官名。"

42　贪于饮食，冒于货贿，侵欲崇侈，不可盈厌，聚敛积实，不知纪极，不分孤寡，不恤穷匮：言专逞己欲，不恤他人；冒亦是；侵欲谓侵人之欲以自肥；崇侈谓崇尚奢侈；不可盈厌，不见满足积实，求足无底止；不知纪极，意与"不可盈厌"同；不分孤寡，不肯分惠于孤寡的人；不恤穷匮，不怜哀困乏的人。

43　天下之民以比三凶：缙云氏后非帝王子孙，故别以比三凶。三凶即浑敦、穷奇、梼杌。

44　谓之饕餮：贪财为饕，读如滔；贪食为餮，读如帖。"饕餮是坏名恶目。"

45　宾于四门：据甲骨文，宾是祭的一种，宾四门等于祭四门。

46　螭魅：读如蚩昧，山林异气所生，为害人者，实兽类物，亦作魑魅。投诸四裔，放之于四远的郊区地方，以御魑魅，使当魑魅的灾害。《尚书·尧典》："流共工于幽州，放驩兜于崇山，窜三苗于三危，殛鲧于羽山，四罪而天下咸服。"

47　《虞书》：《尚书》的开首，包括《尧典》《大禹谟》《皋陶益稷》等三篇。此从阎若璩说。

48　数：列举而指数他们。无违教也。

49　慎徽五典，五典克从：见《尧典》。无违教也，大史克《释文》之辞。典等于常，五典即五教。徽等于美，此言举八元之功。

50　"纳于百揆，百揆时序。"无废事也：亦见《尧典》。无废事也，这是史克的文辞，此言八恺的功劳。

51　"宾于四门，四门穆穆。"无凶人也：亦见《尧典》，穆穆静美貌。无凶人也，这是史克的文辞，这言去四凶的功劳。

52　舜有大功二十：舜举十六相，去四凶，故说有大功二十。

53 戾：等于过恶。

**今译**

莒纪公生了个太子叫仆，后来又生了一个小儿子名叫季佗。纪公喜爱季佗而废黜仆的太子之位，又在国中干了很多没有礼的事情，所以仆就靠了国人的助力，弑掉他的父亲，携带着国中的宝玉，逃到鲁国来，把宝玉献给宣公。宣公吩咐大夫给他一块地方，说道：“今天一定要给。”季文子便差司寇把莒仆赶出鲁国的国境，说道：“今天一定要达到目的。”宣公便问他这是什么缘故，季文子差太史名克的代他回答道：“从前先大夫臧文仲教导我行父侍君的礼仪，行父依了他的教导去干事，一直不敢丢失。他曾对臣道：‘看见有礼于君的，要服侍他像孝子奉养父母的一般；看见没有礼于君的，要诛伐他像鹰鹯驱逐鸟雀一般。’先君周公制作《周礼》说：‘五伦的法则，是观察人们的德行，德行是用来处置事情的，干事是用来衡量功劳的，成功与否全在人民是否丰衣足食。’又制作誓命道：‘毁坏了五伦的法则，便是贼；掩匿了贼便是窝藏；偷了财货便是盗；盗取了国器便是奸。坐实了窝藏的名声，利用奸人的器用，这是极大的凶德，国家对此有规定的刑罚，不能赦免的。’这都载在《九刑》的书中，不能忘记的。行父从几方面观察莒仆这个人，竟没有一件事可以效法的。孝敬忠信，算为吉德，盗贼藏奸，算是凶德，像那莒仆，如果要学他的孝敬，那么他不是弑过君父的吗？如果学他的忠信，那么他不是偷过宝玉的吗？他这人，就是盗贼呢！他的器用就是赃证呢！如果保护这个人而利用他的器物，就是窝藏呢！以此来教育百姓，百姓就无所取法而陷于昏乱了。莒仆的这些表现都不能算是吉德，而都算于凶德，所以才把他赶走。从前高阳氏有能干的才子八个人，名叫苍舒、隤敳、梼戭、大临、龙降、庭坚、仲容、叔达，为人都中正、通达、宽容、深远、明智、守信、厚道、诚实，天下的人民称他们叫八恺。高辛氏有能干的才子八个人，名叫伯奋、仲堪、叔献、季仲、伯虎、仲熊、叔豹、季貍，他们都忠诚、恭敬、勤谨、端美、周密、慈祥、仁爱、宽和，天下的人民称他们叫八元。这十六族，世代能继承他们的美德，不堕落他们的名声。一直到尧的时候，尧不能用他们，等到舜做了尧的臣子，方才举用八恺，让他们担任管理土地的官职，处理各种事务，没有不顺当的，地上和天上都平和无事。又举用八元，使他们宣扬五种教化于四方，于是父义、母慈，做兄的友爱，做弟的恭敬，做儿子的孝顺。里里外外，平安无事。从前帝鸿氏有个不能干的儿子，见有义的人，便搁阻着不用，见贼盗的人，便保庇着他，平日喜欢做坏事，凡凶恶不可亲近的人，他却专和他们结党，天下的人民喊他叫作浑敦。少皞氏有个不能干的儿子，毁坏诚信，废弃忠直，花言巧语，专说坏话，任用干邪事的人，造谣中伤，掩盖罪恶，诬陷有盛德的人，天下的人民喊他叫作穷奇。颛顼氏有个不能干的儿子，既不可教训，又不知道好坏话，告诉他听不进耳，离开他他就刁恶奸诈，骄傲狠毒，成了天性，完全违反了天然的常理，天下的人民，喊他叫作梼杌。这三族呢，世世代代继承他们的不好之处，增添他们的恶名声。到了尧的时候，尧也不能赶走他们。缙云氏有个不能干的儿子，专是追求吃喝，贪图财货，侵犯他人的东西，一味讲究奢侈，没有餍足的时候，积聚的货财多得算也算不清，却从来不肯分给些孤儿寡妇，不肯周济些穷人。天下的人民，拿他比三凶，喊他叫作饕餮。到舜做了尧的臣子，开了四城门接待贤人，一方面又撵掉这种恶人，把浑敦、穷奇、梼杌、饕餮，都赶到四面荒远的地方，使他们去防御螭魅。所以尧死后，天下就同心爱戴着舜，把他奉为天子，只因为他能够用十六相，去掉四凶的缘故。所以《虞书》上记舜的功业道：‘能够小心做好五常的道理。五常能够听他的话。’这便是说没有违背他的教导，又道：‘放他到百官中去，百官的事都有了次序。’这便是说他没有荒废的事啊！又道：‘接待四门的贤人，四门都肃静得很。’这是说没有坏人啊！虞舜有了大功二十种，便做了天子，如今行父虽然没有得到一个好人，却去掉一个坏人了，和舜的功业比起来，是二十分中的一分呢！哪怕不能说是有功，也差不多说可免掉罪了罢！”

**传** 宋武氏之族道昭公子[1]，将奉司城须以作乱。十二月，宋公杀母弟须及昭公子，使戴庄桓之族攻武氏于司马子伯之馆，遂出武穆之族，使公孙师为司城。公子朝卒，使乐吕为司寇，以靖国人。

**今注**

1 道昭公子：引导昭公的儿子。

**今译**

宋国武氏的族人，引导昭公的儿子，奉着司城须作乱事。十二月，宋文公杀了母弟须同昭公的儿子，派戴、庄、桓各公的后人，在司马子伯的馆中去攻打武氏，把武公、穆公的后人全逐出宋国，使公孙师任司城。公子朝死了，派乐吕任司寇，以安定宋国人民。